KB231264

그리스인 이야기
3

Civilisation Grecque

그리스인 이야기

에우리피데스에서 알렉산드로스까지

3

앙드레 보나르 지음 | 양영란 옮김 | 강대진 감수

cum libro
책과함께

차례

1권 차례

2권 차례

일러두기

1. 그리스의 옛 지명은 '헬라스'이나 표제에는 현대 독자들을 위해 '그리스'로 표기했으며, 본문에서는 문맥에 따라 적절하게 썼다.

2. 본문에 나오는 인명은 원 발음에 가깝게 표기했다(예: 오디세우스→오뒷세우스, 투키디데스→투퀴디데스, 히포크라테스→힙포크라테스). 지명의 표기는 고대 명칭을 따랐다(예: 아테네→아테나이, 아티카→앗티케). 다만 현재 통용되는 발음과 현저히 다른 경우에는 괄호 안에 병기했다(예: 쉬라쿠사이(시라쿠사), 아이티오피아(에티오피아)).

3. 저술의 인용에서는 원문의 지명을 싣고 괄호 안에 현재 지명을 넣었다. 예: 포이니케(페니키아), 네일로스 강(나일 강)

4. 각 장의 소제목과 본문 말미의 연표는 원서에 없는 내용을 덧붙였음을 밝혀둔다.

chapter 1

쇠락과 새로운 발견,
에우리피데스의 비극《메데이아》

문명은 발전 과정에서 자연적인 존재들, 이를테면 식물들과 같은 단계를 밟는다. 씨앗이 배태되어 싹이 나며, 성장하고, 흔히 문명의 고전시대라고 하는 시기에 만개했다가 피었던 꽃이 시들고, 노화하며, 쇠락기에 접어들어 결국 죽는다. 어쩌면 문명은 완전히 죽지는 않는다고 보아야 한다. 문명은 다음 세대에 올 인간들을 위해서, 마치 귓가를 맴도는 과거에 대한 추억처럼 아련히 남아 있게 마련이다. 그러니 후세들은 자신들의 사고를 펼쳐나갈 때, 또 새로운 창작품을 내놓을 때 그 추억들을 적절히 배합하기도 한다. 문명은 실패 속에서도, 다시 말해서 특정 시기까지는 출산에 이르지 못하고 유산만 거듭한다고 하더라도, 결코 완전히 무화(無化)되지 않는다. 그것은 여전히 희망의 불씨로 남아 있으면서 인류의 기억 속에서 다시 타오를 날을 위해서 끊임없이 몸을 뒤채고 있는 것이다.

　　문명의 쇠락기는 언제나 흥미롭다. 첫째, 무슨 이유로, 또 어떠어떠한 조건들이 결합했을 때 인류 공동체가 문화적 가치를 창출하게 되며, 그 가치가 사라져갈 때 무엇을 상실하게 되는지를 아주 분명하게 보여주기 때문이다. 그것은 늘 모호한 어둠으로 둘러싸여 있게 마련인 태동기보다 훨씬 극명하게 드러난다.

　　문명의 내리막길이라고 할 수 있는 이 쇠락기는 결코 부정적이거나 불모의 시기가 아니다. 쇠락기에도 여전히 새로운 것들이 창조된다. 또한 복잡한 문제들도 새롭게 제기되는데, 이때 등장하는 문제들이란 대개 태동기에 직면하게 되는 문제들보다 훨씬 복잡하고 복합적이다. 노화기에 접어든 공동체들은 어느 순간 갑자기 호흡이 힘들어지면서 숨이 가빠오며, 행동이 둔해진다. 요컨대 삶의 몸짓이 버거워진다. 늘 호흡하는 공기처럼 자연적인 기후이자 분위기였던 문명이 해체됨에 따라, 매일 매일의 양식이었던 신앙이 동요됨에 따라, 문명이나 신앙은 죽지 않기 위해서 새로운 사고방식을 탐구하고, 새로운 시와 지혜의 세계를 창조하며, 늙어갈수록 희망과 확신을 가져야 할 새로운 이유를 스스로에게 부여한다. 그러므로 문명의 쇠퇴기는 동시에 새로운 발견의 시기이기도 하다. 문명은 변화를 거듭할 뿐 죽지 않는다. 문명의 삶이란 말하자면 항구적인 태어남이라고도 할 수 있다.

　　어차피 지금 이 순간 쥐라 산맥(독일, 스위스, 프랑스가 만나는 곳에 위치한 산맥. 알프스 산맥의 북쪽에 위치한다―옮긴이) 위로 떨어지는 해는 이미 바다 위로 떠오름으로써 인간들에게 새로운 날의 약속을 지킨 해가 아니었던가?

　　이 책에서는 그리스 세계에서 보자면 매우 암울했던 두 세기, 즉 기원전 4세기와 3세기를 조명하게 될 것이다. 바로 도시국가들의 쇠망을 지켜보아야 했던 세기다. 데모스테네스는 편협하지만 매우 엄격한 사회적 틀을 제공했던 고전시대의 도시국가들이 낳은 으뜸가는 연설가이자 변론가였다. 천재적인 알렉산드로스 대왕은, 그에 앞서서 아버지 필립포스 왕이 다져놓은 초석을 기반으로 그리스의 정치적 공동체에 결정적인 치명타를 가한다. 알렉산드로스 대왕은 도시국가를 파괴하는 것으로 그치지 않았다. 그는 새로운 형태의 국가, 말하자면 현대적 국가의 형태를 창조했다. 그의 놀라운 대모험 이후 동방 세계에서는 군주들이 지배하는 거대한 왕국들이 왕조를 거듭하며 명맥을 이어나갔다. 이집트의 프톨레마이오스 왕조나 아시아의 셀레우코스 왕조 등이 대표적이다.

그런데 이 두 세기에 두 명의 대철학자가 새로운 토대 위에 고대 도시국가를 복권시키기 위한 방책을 모색했다. 플라톤과 아리스토텔레스가 바로 그들이며, 많은 철학자들이 두 사람의 뒤를 이었다. 하지만 이들의 시도는 아무런 기약도 할 수 없었다. 특히 플라톤은 아주 광범위한 영역에 걸쳐 노력을 기울였다. 그는 세속의 도시, 시민들에 의해서 이루어지는 타락한 민주주의 대신 모든 영혼이 사후의 내세에서 만나게 되는 곳, 즉 천상의 도시, 천상의 왕국인 신성한 세계를 내세웠다. 이렇듯 그리스 문명은 쇠망하면서, 이와 동시에 사회와 사상의 격변을 통해 기독교의 토대를 마련했으며, 이것이 기원전 4세기와 3세기에 나타나게 된 본질적인 지향점이라고 하겠다.

하지만 이는 이 책에서 다루게 될 여러 측면들 중의 하나에 불과하다. 오래된 그리스 문명, 다시 말해서 기원전 5세기에 융성했던 건전하고 원시적인 문명, 그리스 민족의 '이교도적인' 문명, 기원전 450

년부터 400년 사이에 풍성하게 고전적인 작품을 생산한 그 문명은 아직 수명이 다하지 않았다. 이 문명이 쇠망하게 되는 정치적인 배경을 묘사하기 위해서는 한 명의 역사학자, 누구보다도 그리스적인 정신, 즉 통찰력 있고 냉혹한 정신의 소유자였던 투퀴디데스의 작품을 살펴보는 것만으로도 충분하다. 사상가이자 예술가인 투퀴디데스는 기원전 5세기 후반 3분기부터 어떻게 해서 그리스의 내란이, 필립포스나 알렉산드로스 대왕보다 훨씬 더 확실하게 도시국가들을 파괴해나갔는지를 뛰어난 혜안으로 기술한다.

우리는 또한 그리스 민족이 이 세계를 설명하고, 이 세계를 움직이는 법칙을 알아서 이를 활용하고 주인이 되기 위해 기울여온 오랜 노력(이 노력은 그리스 문명의 초기부터 감지되어왔다. 오뒷세우스 같은 인물을 생각해보라)과도 다시 만나게 될 것이다. 고전시대의 경우, 물리적인 세계의 법칙을 연구하는 학문은 현대 의학의 진정한 아버지로 추앙받는 힙포크라테스라는 위대한(몰리에르[프랑스 고전주의 시대의 극작가. 저자는 여기서 그의 1666년 작품 《마음에도 없이 의사가 되어》를 암시하고 있는 것으로 보인다—옮긴이]는 그를 표적으로 삼아 비아냥거렸지만, 그럼에도 그는 위대하다) 인물로 상징된다. 그리스 문명의 쇠퇴기에는 아마도 과학만이 발전을 계속한 거의 유일한 인간 활동으로 기억될 것이다. 과학은 예컨대 천문학이나 생물학, 기계학 등의 분야에서 새로운 가설을 정립했으며, 이러한 가설들은 로마 시대와 중세라고 하는 암흑시대를 예외로 친다면 르네상스 시대의 학자들에 의해서 실험과 추리로 이어지고, 현재 우리가 사는 과학 시대의 학자들에 의해서 모든 분야와 모든 방향으로 계승되고 추월되며 발전을 거듭하게 된다.

마지막으로, 시인들도 빼놓을 수 없다. 고전시대에 비해서는 민중들로부터 멀어졌지만, 알렉산드리아의 시인들은 그들에게 너무도 깊은 상처를 안겨주는 당대 현실을 피하기 위해 감미로운 도피처, 인간의 노동에 허락된 휴가, 낙원(낙원을 뜻하는 '파라다이스'라는 말은 그리스적인 의미로는 대정원을 지칭한다)이라는 표현이 어울릴 만한 새로운 시의 세계를 열어나갔다. 하지만 이들이 꿈꾼 낙원은 플라톤이 생각한 영혼의 낙원과는 거리가 멀었다. 거리가 멀 뿐 아니라 덧없는 것이기도 했다.

이상이 내가 이 책에서 다루고자 하는 내용의 일부다.

비극의 완성, 에우리피데스

내가 이 책을 통해서 정의하고자 시도할 것이며, 이 책을 시종일관 관류하게 될 이 '쇠락'이라고 하는 개념을 좀 더 명확하게 하기 위해서 처음 몇몇 장은 아테나이의 황금기(기원전 5세기 후반)에 활동한 비극 시인 에우리피데스에게 할애할까 한다.

그 이유를 설명하겠다. 나는 우선 에우리피데스의 비극은 대중들에게 비판을 받는 만큼 사랑도 받고 있다는 사실을 짚고 넘어가려 한다. 그의 작품들은 동시대인들이나 19세기 비평가, 특히 니체 같은 사람들에게는 신랄한 혹평을 받았는가 하면, 고대 말엽에 살았던 세대들로부터는 아이스퀼로스나 소포클레스의 작품들보다 훨씬 사랑을 받았으며, 그 덕분에 알렉산드로스 대왕에게 정복당한 광대한 동방 지역 도처에서 절찬리에 공연되었다. 오늘날에도 에우리피데스는 그를 아끼는 사람들로부터 열렬한 지지를 받고 있다. 에우리피데스 예찬가들은 범작들에서 드러나는 부족함이나 단점들은 인정하면서

도 그가 쓴 몇몇 걸작 비극들에 아낌없는 찬사를 보낸다. 특히 어린 시절부터 에우리피데스의 작품들을 좋아했던 라신은 《페드르》를 써서 에우리피데스를 계승하고 완성시켰다.

에우리피데스에 관한 이 같은 다양한 평가는 그의 천재성이 지닌 이중성, 요즘 말로 하자면 양면성에 대한 경고라고도 볼 수 있다. 그렇다, 에우리피데스는 어떤 의미에서는 니체의 주장대로 비극을 파괴한 것이 사실이다. 그는 비극을 지적(知的)으로 만들었으며, 발단 부분이나 대단원 부분에 약간 경직된 감이 있는 진행 과정을 도입하거나 궤변가들이 주로 쓰는 논쟁 기법, 즉 당대에 직면한 문제들(이것들은 오늘날 우리가 직면한 문제이기도 하다)과는 딱히 관련이 없는 주제에 대한 논쟁을 차용함으로써 도식화했다. 이는 그가 지닌 심오한 인류애 때문에 대가를 치르는 것이라고도 말할 수 있다. 그는 인간들이 부딪히게 되는 문제들을 모르는 척하거나, 기회가 있는데도 아무런 논쟁을 벌이지 않기에는 지나치게 예민하고 민감한 사람이었다. 그는 노예제도나 여자의 생존조건, 남녀평등, 인간의 삶에 대한 신들의 역할, 신 또는 우연의 본질 등에 관심을 가졌다. 에우리피데스는 인간이 대면한 문제라면 모든 것에 대해서 개방적이었다. 그는 인간의 비참한 삶, 약점, 고독 등 자기 시대와 그 시대를 동요하게 만드는 모든 요소들에 관심을 보였다. 요컨대 그는 유연하고 융통성 있는 개방적인 정신의 소유자였다. 어쩌면 지나치게 그런 편이었다. 그는 너무 충격적인 상황에서도 그것을 잊는다거나 뒤로 몇 발자국 물러나지 못하는 성미였다. 그렇기 때문에 솔직히 그의 작품에는 이따금씩 비극적인 행위와 조화를 이루지 못하는 장면들이 삽입되어 전체 분위기를 흐려놓는 경우도 있다.

이 부적절한 장면들, 그런 장면들이 삽입된 작품들은 단연 쇠락기의 부정적인 요소라고 할 만했다.

하지만 에우리피데스에게서는 긍정적인 요소와 창의적인 요소도 많이 발견할 수 있다. 인간에 대한 주체할 수 없는 사랑으로 말미암아 시인이 인간 행위에 대한 논쟁으로 새는 통에 극의 흐름이 처지는 치명적인 약점에도 불구하고 그 사랑 덕분에 선배 비극 작가들은 알지 못했던 비극의 새 영역을 탐구할 수 있다. 그는 인간의 삶에 끼치는 신의 영향력을 소홀히 하지 않으면서도, 인간 안에 깃들어 있는 열정의 역할을 통해서 인간을 설명하려 노력했으며, 의지의 나약함으로 말미암아 파괴되고 허물어지는 인간을 표현하기도 했다. 바꿔 말해서, 에우리피데스는 인간을 쥐고 흔들며, 때로는 파멸의 길로 이끄는 인간 내부의 비극적인 요소, 인간적인 열정이 지니는 비극적인 면을 통해서 인간을 설명하고자 했다.

서정시, 그리고 그 뒤를 이어 고대 말엽부터 등장하기 시작한 소설, 르네상스 이후의 현대적 비극의 자양분이 되어줄 이러한 발견, 문학사상 가장 중요한 발견 중의 하나라고 해도 손색없는 이 발견은 아이스퀼로스나 소포클레스에게서는 전혀 감지되지 않는 에우리피데스만의 개성이었다.

요컨대 모든 쇠락은 새로움의 예고이기도 하다는 의미에서 볼 때, 에우리피데스는 대표적인 쇠락기의 시인이었다. 그는 고대 비극의 파괴자인 동시에 그 비극을 연장하고, 젊게 만들어 르네상스로 연결시켜주는 가교 역할을 한 시인이기도 하다. 다양하기 그지없는 인간의 마음을 천착함으로써 고대 비극을 인간화한 장본인인 것이다.

아이스퀼로스와 소포클레스의 작품에서 비극적인 것은 외부로부터

와서 주인공을 위협한다. 예컨대 신들이 영웅을 괴롭힌다. 하늘에서 폭탄이 투하되는 격이다. 그런데 에우리피데스는 비극적인 요소를 우리들 마음속에 들어 있으나 (우리 자신의 마음보다 우리와 더 가까운 것이 어디에 있단 말인가?) 알려지지는 않은 심연 속에 위치시킨다. 그 때문에 그는 우리와 훨씬 더 가깝게 느껴진다. 폭탄은 하늘에서 떨어지는 것이 아니라 우리 각자의 마음속에서 폭발한다.

최초의 여성 심리 비극, 《메데이아》

우리의 열정을 이용해서(이보다 더 기발한 발견이 있을 수 있을까?) 우리를 상심하게 만드는 이 비극적인 요소를 이해하기 위해서, 그의 작품 《메데이아》를 예로 들어보자.

메데이아는 남편에게 버림받은 여자다. 극이 시작되면, 유모가 등장해 수다를 떨면서 그녀가 남편에게 버림받게 된 상황을 우리에게 알려준다. 메데이아는 자신과 두 자식을 버린 남편 이아손을 멀리 떨어진 콜키스에서 만나 사랑했다. 메데이아는 그곳 왕의 딸이었으며, 이아손은 황금 양털을 찾기 위해 그곳에 온 것이었다. 메데이아는 아버지를 배반하고 이아손을 도와 그가 황금 양털을 손에 넣을 수 있게 해주었으며, 위기에 처한 그를 구해 그리스의 코린토스(극의 무대가 되는 곳)로 함께 탈출한다. 그런데 이아손은 이제 코린토스 왕의 딸과 결혼을 하려는 참이다. 그것은 이방인 여자와의 결혼보다 훨씬 실속 있는 결혼이었다. 그는 냉정하고 파렴치하게도 메데이아를 희생시키려는 것이다. 유모는 메데이아에 대해서 다음과 같이 말한다. "그의 모든 것이 이젠 전부 적이야. 사랑의 상처를 입었거든……. 이아손

이 배신했으니까." 이 배신 행위에 대해 메데이아는 어떤 응답을 보
내는가? 우선 여러 날을 눈물로 지새웠다. 소리 없는 절망. 두고 온
아버지와 고국에 대한 한탄. 이때 유모가 불길한 말을 덧붙인다. "아
이들이라면 끔찍하게 싫어하지." 이윽고 "사나운 영혼이야……. 아
주 무서운 사람이지"라는 말도 한다. 이쯤에서 남편으로부터 버림받
은 여자에게 우리가 품었던 연민의 정에는 일말의 불안감이 스며든
다. 메데이아 공주는 우리에게 일종의 수수께끼로 제시되는 것이다.
우리는 어떻게 해서 그녀가 남편에게 버림받았는지에 대해서는 속속
들이 알고 있지만, 정작 그 여자에 대해서는 몹시 격렬하고 사나운
불같은 영혼을 가졌다는 점 외에는 아무것도 알지 못한다. 그 여자에
게 몰아닥친 운명은 여자의 안에, 다시 말해서 여자 자신도 우리도
알지 못하는 어느 구석에 웅크리고 있다.

　시인은 유모와 체력 단련 수업을 마친 아이들을 데려온 나이 든 노
예가 등장하는 장면을 통해서 이 같은 의구심을 지속시켜나간다. 비
극적인 요소가 생뚱맞게 갑자기 극의 전면으로 부각되는 일은 적어
도 지금으로서는 일어나지 않는다. 어디까지나 은근하게 스며들 뿐
이다. 자, 여주인에게 충성을 다 하는 두 하인의 일상적인 대화를 들
어보자. 유모가 늙은 노예에게 샘물가에서 들은 이야기를 전해준다.
그저 평온한 일상이 펼쳐질 뿐이며, 유모의 입에서 튀어나온 몇 마디
의 말이 이 평온한 일상에 불현듯 공포감을 조장하지만 않았다면, 두
어린아이의 존재가 우리에게 기쁨을 안겨주었을 것이다. "아이들을
엄마에게서 멀리 떼어놓아야 해. 어머니가 애들을 바라보는 눈길이
어쩐지 심상치 않거든." 유모가 나이 든 하인에게 말한다……. 그때
갑자기 날카로운 고함소리가 궁전 안에서 새어나온다. "아기씨들,

어머니에게 가까이 가지 마세요." 유모가 나지막한 목소리로 아이들에게 말한다. 그러더니 곧 "그 강한 자존심을 무엇으로 지탱할 수 있을까? 그 어떤 것에도 굴복하지 못하는 불행에 휩싸인 영혼이 어디로 갈 수 있단 말인가?"라고 혼잣말을 한다. 이렇듯 불안감은 점차 또렷하게 윤곽을 드러낸다. 시시각각 전개되는 운명은 메데이아의 마음이 어느 쪽으로 움직일지에 달려 있다. 그리고 이것이 바로 극중 행위를 결정짓는 원동력이 될 것이다.

비극에 으레 등장하는 합창단은 소박하게 무대로 나온다. 합창단의 여자들은 걸어가다가 궁전으로부터 흘러나오는 야릇한 고함소리에 발걸음을 멈춘다. 불안감을 감추지 못하다가 무슨 일인지 알아보고는 이내 연민을 느낀다. 합창단은 비극이 벌어지는 길거리, 호기심과 선한 마음, 값싼 동정 등이 교차하는 길거리 민심을 대신한다. 하지만 평범한 이 여자들이 극에 깊이 개입하게 되리라는 추측은 금물이다. 여자들은 메데이아를 불쌍하게 여긴다. 공주라도 그네들과 똑같은 여자인 것이다. 하지만 그 여자는 이방인이며, 공주다. 그러니 합창단의 여자들은 권세가들의 싸움에는 아예 끼어들 생각을 하지 않는다. 속이 상하면 상하는 대로 이러저러한 사람들에 대해서 몇 마디 화풀이를 하고, 신에게 자신들 가정의 평화를 지켜달라고 기도나 할 뿐이다. 싸움엔 절대 개입하지 않는다. 에우리피데스는 약간 감상적이며 도덕적인 이 여자들을 통해서 메데이아를 사로잡고 있는 정념의 정도를 짐작하게 만든다. 그는 권세가들의 예사롭지 않은 운명이 지니는 비극적인 면과 소박한 사람들의 그렇고 그런 일상을 나란히 병치시킨다. 이로써 대조의 효과를 극대화하면서, 동시에 동병상련의 효과도 노릴 수 있다. 메데이아도 결국 한 명의 여자이기 때문이다. 우리는 여기에서 에우리피데스 비극의 인접성 효과를 접할 수 있다.

드디어 메데이아가 궁 밖으로 나와 호기심과 연민이 뒤섞인 합창단 앞에 선다. 우리가 상상했던 것과는 아주 다른 모습이다. 아, 얼마나 이상한 여자인가! 궁 안에서는 한탄하고 저주를 퍼붓던 여자였다. 그런데 평범한 여자들로 이루어진 합창단 앞에 서자, 평범한 민중이 활보하는 길거리에 나서자, 돌연 몸가짐을 추스르고 절제하는 모습을 보이는 게 아닌가. 한탄하는 태도라고는 전혀 엿보이지 않는, 기품 있는 자태에서는 오로지 씁쓸함이 어렴풋이 느껴진다. 낯선 도시에서 이방인으로 살아야 하는 데에서 오는 씁쓸함, 그것도 다른 사람이 아닌 남편으로부터 이방인 취급을 당하는 씁쓸함. 그 누구보다도 남성적인 영혼의 소유자임에도 불구하고, 여자이기 때문에 느껴야 하는 씁쓸함, 여자라는 저급한 신분에 따라 저급하게 취급되는 데에서 오는 씁쓸함. 아! 전쟁터에서 보이는 용기를 앞세워 한껏 허영을 부리며, 집 안에 머물러 있는 여자들을 경멸하는 남자들이라니! "부조리!"라고 메데이아는 합창단을 향해 외친다. "아이를 한 번 낳느니 차라리 방패를 들고 전쟁터에 세 번 나가는 편이 나으리!" 여자들에게 전쟁터가 있다면 그건 바로 남자와의 잠자리가 될 것이다. 메데이아는 적어도 그 잠자리를 지킬 권리가 있다. "그래, 여자는 비겁할 수 있고, 칼을 들이대면 무서워서 벌벌 떨 수 있어. 하지만 잠자리를 지킬 권리를 빼앗긴 여자보다 더 피에 굶주린 영혼은 어디에서도 찾아볼 수 없지." 이런 식으로 합창단 여자들에게 여자로서의 자존심을 한껏 고무시킨 다음 메데이아는 이제부터 남자를 상대로 혈전을 치르려고 하는 자신을 모든 여자들이 지지해줄 것을 당당하게 요구한다. 메데이아는 손쉽게 합창단으로부터 암묵적인 동의를 얻어낸다.

이 장면에서 우리는 처음으로 메데이아의 힘을 본다. 메데이아는 고통스러워하지만, 그래도 힘이 아주 센 자인 것이다. 스스로를 추스르는 메데이아의 절제력은 남에 대한 권능만큼이나 대단하다.

이제 그 메데이아가 한 남자와 대면한다. 남자는 메데이아에게 망명을 명하려고 온 코린토스의 왕 크레온으로, 그는 메데이아의 공공연한 적이다. 메데이아는 이 명령에 대항해서 투쟁을 벌일 것이다. 우리는 이 장면에서 남자들을 사로잡는 메데이아의 희한한 힘을 보게 된다. 드물게 보는 극단적인 정념과 극단적인 지성의 결합이 바로 이 힘의 원천이다. 메데이아에게서 정념은 정신을 흐리게 하는 것이 아니라 오히려 명철함을 한층 정화시킨다. 이에 대한 에우리피데스의 관점은 매우 설득력 있다. 그가 창조한 등장인물들에게 정념은(일반적인 통념과는 다르게) 결코 맹목적이지 않으며, 오히려 통찰력을 키워준다. 메데이아의 지성은 정념이 소용돌이치는 순간에도 점점 더 날카로워진다. 메데이아는 자신이 도달해야 할 목표를 절대로 잊지 않는다. 그뿐이 아니다. 목표에 도달하기 위해 정념적인 상황마저도 냉정하게 이용할 줄 안다. 크레온 왕을 마주하는 이 장면에서 메데이아는 연기를 할 필요조차 없다. 그저 왕 앞에서 고통스러워하기만 할 뿐이다. 다만 그녀는 크레온 왕에게 지나친 불안감은 안겨주지 않으면서 적당히 그의 마음을 동하게 만들 정도, 딱 그만큼만 고통스러워할 줄 아는 영리함을 겸비했다. 나는 이것을 자신의 정념을 지능적으로 이용한다고 표현한다. 이따금씩 메데이아는 조롱이 가득 담긴 말을 툭툭 던진다. "결혼할 테면 하세요. 그래서 어디 행복하게 잘 살아들 보시라니까요!" 이 장면은 전체적으로 볼 때, 진정하지만 절제된 정념의 장면이라고 할 수 있다. 동시에 메데이아의 대사가 이어질

때마다, 진정한 고통의 이면에서 놀라운 기쁨이 솟구치는 것을 우리
는 느낄 수 있다. 자신이 더 강하다는 판단에서 오는 기쁨, 투쟁해서
무찌르고 말겠다는 기쁨……. 메데이아는 이 장면에서 복수를 위해
반드시 필요한 것, 즉 하루라는 유예 기간을 얻었다. 메데이아는 극
중 행위를 이끌어가는 주인이다. 과연 그녀가 어떻게 할 것인가? 모
든 것은 메데이아의 사람 됨됨이가 어떤가에 달려 있다. 그런데 우리
는 그녀에 대해서 아직 아무것도 모른다. 메데이아라는 존재를 둘러
싼 수수께끼가 여전히 해결되지 않았다.

한 가지 확실한 건, 메데이아는 살인을 저지르려고 한다는 점이다.
메데이아는 자신의 적들을 죽이는 것 외에 다른 어떤 복수도 생각하
지 않는다. "하루 만에 시체 세 구를 보게 될 거야"라고 합창단을 향
해서 외친다. "내 남편, 남편의 약혼녀, 약혼녀의 아버지." 메데이아
의 상상력이 한껏 달아오른다. 스스로 방화범이 되는가 하면, 칼을
들고 살금살금 두 남녀의 침실로 들어가는 장면을 상상하기도 한다.
그러고는 기쁨에 들떠 외친다. "자, 이제 그들은 죽었어!" 그녀는 살
인이 주는 쾌감을 미리 맛본다. 살의에 가득 찬 독백과 그것이 주는
황홀경으로 너무도 승리감에 들떠 있는 메데이아 앞에서, 합창단은
이 끔찍한 여자 앞에서 뒤로 물러서는 것이 아니라 오히려 그녀의 도
취 속으로 빠져 들어간다. 합창단은 외친다. "강물은 수원으로 거슬
러 올라갈 수 있다……. 여자들이 승리를 쟁취할 순간이 왔다."

그때 갑자기 이아손이 무대에 등장한다. 예의 바르고 얼음장처럼
냉랭하다. 이제까지 그가 나오는 장면은 최대한 뒤로 늦추어져 있었
으므로, 그의 등장은 우리에게 크나큰 기쁨을 안겨준다. 메데이아의
힘을 미리 느껴본 우리는 이제 그와 동등한 또 하나의 힘, 즉 이아손

의 힘이 메데이아의 힘과 맞서는 장면을 보게 된다. 메데이아가 불길
처럼 타오르는 열정적인 인간이라면, 이아손은 얼음장처럼 차갑고
냉정한 인간이다.

　이아손은 아무도, 아무것도 사랑하지 않는다. 그는 이기주의자로
서 우리 앞에 선다. 이아손은 소피스트들로부터 수업을 받았으며, 그
들의 언어를 구사하는 냉소적인 인간이다. 그의 논리는 너무도 완벽
하기 때문에 오히려 역설적이다. 메데이아는 그에게 도움을 주었다.
이아손도 그 점을 인정하며, 거기에 대해서 "아무런 불평도 없다"고
말한다. 반면 메데이아는 그를 사랑했다. 따라서 사랑이 감사를 받아
마땅한 일이라면, 그는 사랑의 신 퀴프리스에게 감사를 드려야 한다.
사랑은 대가를 바라지 않거나, 바라거나 둘 중 하나다. 더구나 메데
이아는 준 것보다 더 많은 것을 받았거나 최소한 준 것만큼은 받았
다. 특히 거칠고 사나운 야만성이 지배하는 바르바로스(타지인)의 땅
이 아니라 정의가 지배하는 그리스 땅에서 살게 된 것만 하더라도 엄
청난 행운이다. 이렇듯 정의라고 하는 말이 이아손의 두 입술 사이로
흘러나온다. 이아손은 신성한 말들을 마구 남발한다. 한편 이아손은
자신의 재혼에 대해 자식들에 대한 사랑의 이름으로 정당화한다. 그
는 자신의 입으로 그렇게 말하고 이를 증명해 보인다. 그의 두 자식
은 이 결혼으로 막대한 재산과 좋은 교육을 받게 된다. 즉 그가 언약
한 높은 품격의 결합을 통해서 물질적인 이익과 정신적인 이익을 보
게 된다는 말이다. 메데이아도 자신의 잠자리만 생각하지 않고 다른
면으로도 눈을 돌린다면, 그 정도는 인정해야 할 것이다. 게다가 이
아손 자신은 지극히 신사적으로 행동할 것이다. 한 여자와의 인연을
정리하면서 그 여자에게 돈과 추천장을 들려서 타지로 보낼 것이다.

그 정도면 신사적인 행동이 아닌가 말이다. 완벽한 신사가 완벽한 불한당으로 변하는 경우도 얼마든지 있는 것이다.

이아손이라는 인물의 이기주의에 대해서는 놀라울 정도로 정확한 분석이 이루어지고 있다. 에우리피데스는, 그의 다른 작품에서도 늘 그렇듯이, 우리 행동의 뿌리를 파헤치는 데에서 희열을 느낀다. 이아손 같은 인물은 흥미롭기만 한 것이 아니라 우리를 동요시킨다. 이아손에게서 차마 고백하기 어려운 우리 자신의 치부를 발견하기 때문이다. 억압당하고 있는 것을 표현하는 재주야말로 에우리피데스 예술의 비법 중의 하나다.

이 장면에서 메데이아는 이아손과 거의 손끝도 스치지 않는다. 아무것도 사랑하지 않는 이아손은 난공불락이다. 오직 사랑만이 인간을 상처받기 쉽게 만들며, 메데이아는 그 사실을 몸소 뼈저리게 겪고 있다. 그런데 이아손은 정말로 아무것도 사랑하지 않는 걸까? 자식들에 대해서 그가 한 말, 그가 하는 말이 다 그렇듯이 아주 냉소적인 그 말을 보자. "나는 지금 있는 아이들로 충분하오. 아이들에 대해서는 전혀 불만이 없소." 이 말에는 그의 본심이 들어 있으며, 메데이아는 이를 놓치지 않는다. 그러므로 메데이아가 온갖 수모를 겪는 이 장면, 이아손이 이기주의의 극치를 보여주는 이 장면에서, 상황을 자신에게 유리하도록 이끄는 데 천부적인 소질이 있는 메데이아는 무시할 수 없는 무기를 한 가지 챙긴다. 이아손이 그래도 자식들에게는 애착을 가지고 있음을 알게 된 것이다. 그것이면 충분하다. 이아손이 잠시 승리를 거둔 것처럼 보이는 이 장면으로부터 이제 상당히 논리적으로 메데이아의 승리가 도출될 것이다.

자식을 살해하는 어머니

이번엔 다른 장면을 보자. 메데이아의 오랜 친구인 아테나이의 왕 아이게우스가 등장하는 장면이다. 아이게우스는 메데이아에게 설득되어 자신이 망명지를 제공하겠노라고 허락한다. 연극에서 이러한 장면들은 대개 등장인물들과 관객들에게 아주 무서운 생각, 이 연극의 경우 자식 살해라는 예감을 어렴풋이 불러일으킨다. 게다가 운명마저 공모자가 되어 가담한다. 아니 우리의 정념을 파국으로 치닫게 만드는 상황이 벌어진다고 해두자. 살다 보면 그 같은 기회가 생겨난다는 말이다. 게다가 메데이아는 기회를 포착하는 데 능하다. 범죄를 자행한 다음 죽는 것 따위는 전혀 두려워하지 않는다. 대신 복수를 마음껏 즐기고 싶어한다. 그렇기 때문에 메데이아는 아이게우스의 제안을 수락한다.

적과의 싸움에 대한 의지를 확고하게 굳혀준 두 사람의 대화가 끝나자, 메데이아는 두 자식을 이용해서 이아손의 새 부인에게 함정을 제시하기로 결심한다. 아이들 편에 독이 든 선물을 보내 여자를 죽인 다음, 아이들을 죽이기로 말이다. 그것만이 이아손에게 확실하게 치명타를 가할 수 있는 방법이었다. 그 치명타로 인해 자신마저 해를 입게 되더라도 상관없었다. 그렇게 하지 않고서는 자신의 힘을 보여줄 수가 없다……. 메데이아는 기쁨과 공포, 눈물과 승리의 흥분이 뒤섞인 채로 이 결심을 합창단에게 들려준다. 서막에서 이미 우리는 메데이아의 정념이 자식들에게 독화살이 되어 날아갈 수 있다는 경고를 들었지만, 그 예감이 정말 현실이 될 줄은 꿈에도 생각하지 않았다. 우리 눈에는 메데이아의 마음속에서도 아이들을 죽여야 할 필요성이 아직 확고하지 않은 것으로 보인다. 그러니 우리는

자기 자식을 죽이는 메데이아. 아풀리아식 단지의 부분. 뮌헨, 고대 소장품. G. 베호 라임의 사진.

합창단과 더불어 "너는 무릎을 꿇은 어린 자식들 앞에서 너의 손을 단호한 결심의 피눈물 속에 담글 수 없다"고 외친다.

하지만 계획은 이미 무서울 정도로 정확하게 착착 진행되기 시작했다. 메데이아는 쉽사리 이아손을 화해라고 하는 함정에 빠뜨린다. 이제 메데이아가 이아손을 상대로 이기주의의 꺼풀 아래에 드러나는 아버지로서의 마음을 떠보는 장면을 보자. 눈이 부시도록 잘 포장된 위선 속에서, 난공불락의 요새처럼 보이던 이아손에게도 단검을 후벼 넣을 틈이 있음을 발견한 메데이아는 기쁨에 전율한다. 기쁨과 공포의 전율이라는 편이 더 정확하다. 아이들을 향한 이아손의 사랑은 아이들을 죽음으로 몰아가는 사랑, 아이들을 메데이아 자신으로부터 떼어놓는 사랑이기도 하기 때문이다.

아이들과 혼자 남은 메데이아의 마음속에서는 최후의 전투가 시작된다. 아이들은 지금 자기 눈앞에 있다. 그녀는 마지막으로 아이들의 "또랑또랑한 눈망울"과 "마지막 미소"를 보고 있다. 아이들이 죽고 사는 것은 그녀의 손에 달려 있다. 메데이아는 아이들을 끌어안고 온몸에 한없이 입을 맞춘다. "오, 예쁜 손, 고운 입술…… 너희 둘 다 행복하거라, 그곳에서 말이다! 오, 이 부드러운 포옹, 보드라운 살결, 향기로운 내 아이들의 입김! 자, 가거라, 가거라……." 메데이아는 아이들을 떼어놓고는 집으로 돌아가라고 손짓한다.

연극 역사상 처음으로 극적인 갈등이 오로지 인간의 마음이라고 하는 좁은 테두리 안에서 벌어진다. 모성애와 복수의 악마는 때로는 연약한 살점 같아 보이는가 하면 때로는 강철같이 단단해 보이는 메데이아의 마음속 벽을 사이에 두고 여섯 번씩이나 충돌한다. 한순간 사랑이 승리를 거둔다. "아이들은 너의 기쁨이다." 하지만 곧 새로운 무

기로 무장한 복수의 악마가 메데이아에게 이제는 너무 늦었다, 그녀
는 더 이상 자유롭지 않다, "모든 것은 끝났다"면서 공격해 들어온다.
우리가 더 이상 자유롭지 않다고 믿게 하는 것은 악마가 늘 사용하는
고전적인 방법이다. 그 말에 넘어가는 순간 정말로 우리는 자유롭지
못하게 된다. 다시 한 번 극심한 마음의 동요를 느꼈던 메데이아는
결국 아이들을 죽이기로 결심을 굳힌다. 내부의 갈등이 해소된다.

　한편 외부의 갈등은 전광석화처럼 빠르게 진행된다. 메데이아는
유명한 시구로 이 갈등을 마무리 짓는다.

　　"나의 분노는 나의 결심보다 강하다네."

　"나의 분노", 이는 다시 말해서 정념이며, 메데이아의 마음속에 깃
들어 있는 악마, 살인적인 증오를 가리킨다.

　메데이아는 마음을 다잡는다. 그리고 맞수의 사망 소식을 기다린
다. 하인 한 명이 나타나 자초지종을 말하는 동안, 메데이아는 소름
끼치는 기쁨으로 전율하며 그 이야기를 듣는다. 하인의 이야기는 도
저히 견딜 수 없을 만큼 참혹하다. 어린 공주, 이아손이 여장부 메데
이아를 버리고 선택한 인형 같은 공주의 이미지는 진주처럼 빛난다.
그 진주를 이제 짓밟아버리려는 참이다. 공주는 맞수의 아이들을 보
자 고개를 돌려버린다. 하지만 아이들이 내민 선물에 마음이 동한 공
주는 기다리지 못하고 혼례용 왕관과 베일을 착용해본다. 거울 앞에
서 전개되는 이 장면은 놀라운 우아함(그리고 덧없음)으로 보는 이들을
매혹시킨다. 갑자기 올 것이 오고야 만다. 여자 하인들은 순간적으로
간질 발작을 의심한다. 하지만 곧 이마에서 붉은 불꽃이 인다. 그 참

혹함이란…….

메데이아는 게걸스럽게 이야기를 듣는다. 참혹함을 마지막 한 방울까지 남김없이 맛본다. 그러다가 갑자기 소스라치게 놀라 일어난다. 다시 행동에 나서야 할 순간이 왔다. 해야 할 일이 있다. 메데이아는 달려간다. 사랑하는 아이들에게 이끌리는 마음을 잠깐 열어 보인다. 그러고는 이내 굳어진다. 이제 갈등은 끝났다.

합창단이 눈부신 태양을 부르며 노래하는 동안 메데이아는 결심을 행동으로 옮긴다. 시인은 우리에게 차마 아이들의 죽음 이야기까지는 들려주지 않는다. 어쩌면 그 이야기가 끼어들게 되면 우리의 긴장감이 느슨해질 수도 있을 것이다. 살해당하는 아이들의 비명 소리가 합창단의 노래에 더해지면서…… 우리의 신경은 극도로 긴장한다……. 극중 행위는 전속력으로 전개된다. 벌써 무대에 등장한 이아손은 닫힌 방문 앞에 서 있다. 그는 문을 열기 위해 손가락이 부러지도록 두들겨댄다. 그는 젊은 아내의 죽음을 복수하고, 공주의 죽음으로 분개한 민중들의 보복으로부터 아이들을 구하려 한다. 그런데 합창단은 아이들이 이미 죽었다고 외친다. "너무 늦었다"는 한마디 말 때문에 얼마나 많은 비극이 일어나야 한단 말인가! 운명은 전속력으로 인간들을 몰아친다.

그런데 여기서 운명이란 바로 메데이아라고 할 수 있다. 메데이아는 날개 달린 수레를 타고 하늘에 나타난다. 승리에 도취한 모습이다. 옆에는 이아손과 그녀가 애지중지하였지만 서로에 대한 증오 때문에 죽임을 당한 아이들의 몸뚱이가 놓여 있다. 메데이아는 최후의 승리를 쟁취했다. 하지만 그 승리를 쟁취하기 위해서 그녀는 목숨보다 더 소중한 것을 내주어야 했다. 이아손은 메데이아에게 비방을 퍼붓는가 하면 이내 애원한다. 하지만 이아손의 말은, 그가 아무리 언변이 뛰어난 사람일지라도, 이내 나락으로 떨어지고 만다. 그의 말은 아무런 영향력도, 의미도 없는 공허한 말일 뿐이다. 자신이 쟁취한 끔찍한 승리 속에서 메데이아는 경직되어버린다. 피와 살은 사라져버리고 그 자리를 강철이 차지해버렸다고나 할까. 이아손의 얼굴을 향해 쏟아내는 광적인 웃음만이 이따금씩 요동칠 뿐, 메데이아의 얼굴에서는 무표정과 무감각만이 느껴진다.

이제 비로소 우리는 메데이아가 누구인지 알 수 있다.

인간의 마음속에 깃들어 있는 정념을 다루다

메데이아는 누구인가? 그녀는 물론 괴물이다. 하지만 우리와 너무도 가까운 괴물이다. 우리 중의 누구라도 괴물이 될 수 있다는 말이다. 좀 더 알아듣기 쉽게 설명을 해보자.

메데이아는 무엇보다도 정념으로 미쳐가는 영혼이다. 메데이아는 이아손을 사랑했으며, 이 점만큼은 확실하다. 그에 대한 그녀의 사랑에는 사랑이라는 감정과 자존심이라는 감정이 모두 포함되어 있다. 이아손은 말하자면 그녀의 포로 중의 하나였으며, 그녀는 그것을 자랑으로 여겼다. 그런데 이제 그에 대한 사랑은 증오로 바뀌었다. 그녀의 마음은 온통 증오로 가득 차 있다. 그러면서도 그녀가 여전히 사랑하고 있는 부분만큼은 증오하지 않는다. 그녀는 잃어버린 사랑과 상처 입은 자존심이라는 단계를 밟아가며 이아손을 증오하는 것이다. 바꿔 말해서, 그녀는 자신에게 모욕을 주는 이아손, 자신의 힘을 무시하는 이아손을 증오할 뿐이다. 그러므로 그녀가 아이들

을 죽임으로써 동시에 그 아이들의 아버지에게 치명타를 입히며, 그렇게 함으로써 이아손에게 받은 모욕을 복수하는 것은 무시당한 자신의 힘을 다른 사람에게는 물론 특히나 스스로에게 확인시키기 위함이다.

메데이아는 아이들을 사랑한다. 아이들은 그녀가 '가장 사랑하는 사람들'이다. 그녀는 아이들의 '빛나는 시선'을 사랑하며, 그 시선은 '그녀의 마음을 뒤집어지게 만든다.' 그녀는 아이들을 쓰다듬을 때도, 죽일 때도 항상 그 아이들을 사랑했다. 그녀는 적들이 자신을 우습게 보지 못하도록 하기 위해서 아이들을 죽였다. 지배에 대한 끔찍한 갈망이 그녀의 마음속에서 악마(악마라는 말은 이 작품 속에 여러 차례 등장한다)로 변해버렸으며, 그 악마를 그녀 스스로도 통제할 수 없게 되어버린 나머지 급기야 살인까지 저지른 것이다. 이 '악마'는 그녀의 밖에서 안으로 들어온 힘일까? 아니면 도저히 바닥을 가늠할 수 없는 존재의 비이성 속에 늘 깃들어 있던 분노일까? 아마도 둘 다일 것이다. 그러나 메데이아는 이런 사실을 알지 못하며, 오직 그 힘이 자신의 의지보다 강하다는 것만 안다.

이 모든 것은 지극히 사실적인 심리 상태를 그리고 있으며, 거기에서 뿜어져 나오는 힘은 그야말로 막강하다. 메데이아의 확고한 의지는 정념 앞에서 맥없이 무너진다. 정념은 메데이아를 사로잡는다. 그것은 어머니의 온화한 마음속에 깃들어 있는 악마적인 요소다. 그러니 이 작품에서는 심리라는 문제가 대두된다. 심리와 소유욕. 심리적인 힘은 우주를 움직이는 힘과 구별되지 않는다. 우리들 자신만 놓고 보더라도, 우리는 과연 우주와 구분되는가? 에우리피데스가 발견한 심리적 사실주의는 결국 우리를 이 질문으로 이끈다. 에우리피데스는 메데이아의 악마적인 정념을 통해서 세계에 대한 우리의 소속감, '코스모스'에의 복속을 강조한다. 이것을 의식하는 것은 어떤 의미에서는 이미 그것으로부터 해방되는 것을 뜻한다. 요컨대 비극적 진실은 우리를 해방시켜주는 힘이다.

에우리피데스는 이 악마적인 힘의 본질에 대해서 노골적으로 설명하지 않는다. 그가 분명하게 제시하는 것은 우리의 마음이 얼마나 복잡한지, 즉 우리도 알지 못하는 우리 마음의 복잡다단함이다. 또한 우리 안에 깃들어 있는 이 힘은, 우리 자신이 그 힘에 대항할 수 없고, 그 힘은 우리를 파괴할 수 있다는 점에서 비극적이다.

메데이아는 복수의 성공, 완전한 승리를 쟁취한 가운데 완전히 파괴되었다. 그녀 앞에는 지금까지 그녀의 힘을 회복시켜주던 장애물이 더 이상 존재하지 않는다. 모성마저도 넘어섰다. 이제 승리의 한 가운데에서 그녀는 허공에 부딪혀 산산조각이 나고 만다.

우리는 메데이아의 죽음(비유적인 의미에서의 죽음)을 마땅히 받아야 할 벌을 받은 것으로 받아들이기보다 그녀의 운명이 완성된 것으로 받아들인다. 자신의 본성이 이끌어가는 운명이 종착 지점에 도달한 것으로 말이다. 모든 성취가 그렇듯이, 이 같은 성취를 통해서 우리는 기쁨으로 충만해진다.

소녀상, 로마, 국립박물관.
독일 고고학연구소가 제공한 사진으로, H. 묄레슈타인의 《베일에 감춰진 신*Die verhüllten Götter*》
(Verlag Kurt Desch, 뮌헨, 1957)에서 차용.

chapter 2

《아울리스의 이피게네이아》에 나타난 비극성

에우리피데스가 발견했으며, 내가 《메데이아》를 통해서 분석해본 인간 마음의 비극성만이 이 시인이 주인공으로 내세운 등장인물들의 파멸을 야기하는 유일한 원인은 아니다. 일반적으로 다양한 요소들(신의 의지, 예기치 못한 우연적인 상황, 등장인물들의 감정, 특히 비극적 영웅의 감정선 등)이 관객들이 그토록 두려워하는 주인공의 죽음을 향해 수렴하도록, 아니 그렇게 보이도록 극의 얼개가 짜인다. 이와 동시에 등장인물들의 감정선은 고정적이 아니며, 우연과 신의 의지 또한 그에 못지않게 불안정하기 때문에, 이와는 전혀 다른 움직임이 매 순간 우리를 영웅의 죽음이 아닌 구원 쪽으로 잡아당긴다. 그 결과 극중 행위는 복잡해지고, 끊임없이 반전이 일어나며 수많은 부침이 생겨난다. 우리는 공포와 절망의 나락으로 떨어지는가 하면 다시금 희망과 기쁨으로 하늘로 뛰어오르는 널뛰기를 반복하게 된다. 아이스퀼로스와 소포클레스

는 이처럼 복잡한 행위, 숨도 못 쉴 정도로 간이 콩알만 해지게 만들었다가 그다음 순간이면 언제 그랬느냐는 듯이 가슴을 툭 트이게 하는 식의 짜릿한 서스펜스를 선사하는 줄거리는 꿈도 꾸지 못했다. 이점에서도 에우리피데스는 사양길에 접어든 비극에 이제까지는 듣도 보도 못했던 새로움을 부여했다고 말할 수 있다.

나는 이제《아울리스의 이피게네이아》에 등장하는 몇몇 인물들을 통해서, 그들이 펼치는 극중 행위까지는 소상하게 언급하지 않더라도, 이러한 특징을 살펴보고자 한다.

그러니 이제부터 이피게네이아의 운명, 즉 극의 초반부부터 암시되었으며, 그리스 함대가 트로이아를 향해 출발할 수 있는 바람이 불도록 하려면 즉시 실현되어야 한다고 아르테미스의 신탁이 요구한 이피게네이아의 죽음, 이 비극 작품의 끔찍한 핵심인 이 죽음이 상당 부분 이피게네이아를 둘러싸고 있는 등장인물들의 성격에 의해 전개되었음을 밝혀나가고자 한다. 때로는 여주인공의 죽음을 원하고 때로는 원하지 않는 이들 등장인물들은 이 작품 전체를 지배하며 궁극적으로 모든 요소들의 구심점이 되는 비극적 사건, 즉 이피게네이아의 죽음의 '부속품들'이다. 게다가 운명의 장난으로 이 사건은 일어나야 하는 순간에 일어나지 않는다.

부조리한 신탁에 굴복하는 아버지, 아가멤논

한 나라의 왕이자 한 자식의 아버지인 아가멤논은 트로이아 전쟁에서 승리를 거두기 위해서는 그의 딸을 죽여야 한다는 신탁을 받는다. 아가멤논은 내적으로 분열 증세를 보이는 인물, 다시 말해서 에우리피데스가 즐겨 묘사하는 매우 복잡하고 심지어 혼란스럽기까지 한 심리의 소유자다.

아가멤논은 말하자면 심리적으로 나약한 사람, 늘 마음만 있을 뿐 의지라고는 없는 우유부단한 인물이다. 그는 결코 악한 사람, 마음이 모진 사람은 아니다. 그와는 거리가 멀다. 예민한, 어쩌면 지나치게 예민한 그는 항상 선의로 넘치며, 가족들에게 손쉽게 정을 주고 장밋빛 꿈을 선사한다. 그의 마음은 나라와 그 자신을 위한 근사한 계획으로 가득 차 있다. 그는 딸을 사랑하며, 아름다움을 타고난 딸이 미모만큼이나 사랑도 듬뿍 받으며 행복한 결혼 생활을 지속해나가기를 소망한다. 그는 그리스를 사랑하며, 그리스가 독립적이며 자랑스러운 나라가 되기를 원한다. 또 명예와 영광을 사랑하는 그는 후손에게 위대한 이름을 남겨주고 싶어한다. 하지만 늘 "-하고 싶다"일 뿐, 그의 의지는 조건법에 머물러 있다. 현실 속으로 돌진하려 하지 않으며, 결단력을 가지고 실행하지 않는다. 오히려 그 반대다. 우유부단한 그는 주변 사람들과 상황에 이리저리 끌려 다닌다. 다른 사람의 의지와 대면하게 되면 얼른 자신의 의지를 의심한다. 그는 감정의 기복에 따라 이랬다저랬다 우왕좌왕한다. 자신이 세운 계획이나 자신의 감정적 애착이 상대방의 마음을 거스르거나, 자기 안에 자리하고 있는 여러 분신들(좋은 아버지, 위대한 왕, 대책 없는 몽상가 등) 중의 어느 하나가 다른 길을 가로막을 때면, 그는 여지없이 무너지고 만다. 어느 길을 선택해서 밀고 나가야 할지 갈피를 잡지 못한다. 그는 이피게네이아를 그리스 진영으로 데려오라는 편지를 썼다가 찢어버리고 다시 쓴다. 그는 끔찍하기 그지없는 살해를 요구하는 메넬라오스에게 안 된다고 말한다. 하지만 형 아가멤논의 눈물에 마음이 약해진

메넬라오스가 안 하겠다고 말하자, 이번엔 아가멤논이 나서서 운명이라는 말 외에는 달리 표현할 말이 없는 그 일을 해야 한다고 말한다. 사실 아가멤논에게는 그의 불확실한 의지에 장애가 되는 모든 것은 곧 운명이 된다. 결국 다른 사람들에게 결정권을 내어주는 꼴이 되고 만 아가멤논은, 나약한 사람들이 으레 그렇듯이, 그가 의무에 따라 선택할 수밖에 없었다고 믿는 이 결정에 매달린다. 그는 그 어떤 말도 더는 듣지 않으며, 자신의 마음속에서 솟아오르는 목소리, 상식과 이성의 소리를 애써 잠재운다. 그는 사랑하는 딸마저도 갑작스럽게 밀쳐버린다. 이처럼 비겁한 집착을 용기로 착각하는 그는 그렇게 함으로써 그 자신과 그리스 민족에게 단호함의 모범을 보인다고 믿는다.

신랄할 정도로 진실에 천착하는 에우리피데스는 거짓 가치의 거품을 빼는 데에서 쾌감을 느낀다. 위대한 장수이며, 왕 중의 왕인 아가멤논, 군대와 정치가, 그가 증오하는 제사장들에게 마음에 품고 있는 가장 절실한 욕망(사랑하는 딸의 구원), 인간의 의식이나 자연의 섭리에 합당한 이 욕망(여신의 요구에도 불구하고)을 강제하는 대신, 모든 사람들에게 이리저리 휘둘리며 자신에게 남아 있는 유일한 용기, 즉 두려움이라는 궁지에 몰리는 이 한심한 아가멤논은 인간의 영혼을 손바닥 들여다보듯이 읽는 에우리피데스가 창조한 가장 대표적인 인물 중의 하나다.

이 예민하고 비겁한 인간에게는 자신이 만들어낸 난폭하고 비정한 운명에 잠시나마 복종하는 것 외에는 다른 출구가 없어 보인다. 주변 상황이나 부하들, 부조리한 신탁에 당당하게 맞서지 못한 그가 곤혹스러운 와중에서도 그에게 애원하는 두 여자, 그를 향해 내민 오레스테스의 손, 가슴을 찢는 듯한 이피게네이아의 간청에는 꼿꼿하게 맞선다……. 곤란한 순간이 지나가자 그는 반드시 필요한 전쟁이라는 거짓말을 통해 교묘하게 상황을 모면한다. 이 같은 거짓말을 늘어놓는 피폐한 영웅은 더 이상 영웅이 아니라 한낱 죄인에 불과하다.

에우리피데스는 다시 한 번 우리의 본능(좋건 나쁘건 상관없다), 우리의 정당한 감정(가족애, 조국애, 명예욕 등)이 명확한 사고나 단호한 의지, 모두가 동의하는 원칙 등에 의해서 절제되고 통제되며 제어되는 것을 용납하지 못하는 가운데 우연에 의해 아무 방향으로나 튀며 결국 파국을 맞게 된다는 데에 인간 조건의 비극성이 있음을 보여준다. 에우리피데스는 철학자연하거나 도덕적인 교훈을 주려고 애쓰지 않으면서 진실을 확인하는 예리한 즐거움을 만끽한다. 그는 아가멤논이 자신의 딸을 사랑하고 딸도 아버지를 사랑하며, 형언하기 어려울 정도의 정다움이 두 사람을 끈끈하게 묶어놓고 있다는 사실을 확인한다. 하지만 애정의 우여곡절이 한결같이 추구하는 것으로 보이는 이피게네이아의 행복은, 신의 영향력이 미치는 반석같이 단단한 곳이 아닌, 무너지기 쉬운 모래 같은 아버지의 영혼이라는 토대 위에 세워져야 할 운명이다. 이피게네이아의 삶이 우선적으로 부딪히게 되는 것은 신탁이 제시하는 함정은 둘째치고 바로 이 비겁한 부성애라는 암초다. 이보다 더 비극적인 운명의 사례가 있을 수 있을까?

거짓 모성, 클뤼타임네스트라

다른 등장인물들의 경우도 마찬가지다. 아가멤논의 부인 클뤼타임네스트라 역시 딸을 사랑한다. 누가 감히 그것을 부인할 수 있을까? 클

뤼타임네스트라는 딸을 구하기 위해 절절한 모성을 발휘한다. 하지만 은밀한 상처가 이처럼 철철 넘치는 사랑을 갉아먹으면서 그 효과를 떨어뜨린다.

남에게 모성을 드러내 보이는 데 탁월한 클뤼타임네스트라는 여장부이기도 하다. 남자들이 모두 감상적이고 신경질적인 이 집안에서 클뤼타임네스트라는 군건한 의지를 지닌 여인이다. 그녀의 에너지는 우유부단한 남편을 능가하며, 이를 드러내놓고 말로 표현한다. 클뤼타임네스트라는 자부심이 강하며, 충분히 그럴 만한 권리가 있다. 이제까지 모범적으로 살아왔기 때문이다. 자신의 의사와 반대되는 결혼을 했지만, 남편에게 헌신하는 완벽한 아내로서 어디에 내놓아도 손색없는 두 아이를 낳았으며, 이 아이들을 훌륭하게 키웠고, 다른 덕성 면에 있어서도 흠잡을 데 없이 생활했다. 덕성스러운 아내이며, 좋은 어머니, 가정을 화목하게 이끄는 뛰어난 내조자였던 것이다. 한마디로 명실상부한 상류 사회의 여인이다.

클뤼타임네스트라는 당당하게 무대에 등장한다. 딸을 데려오라는 지시에 따라 딸을 앞장세우고, 자신의 의사에 따라 갓 태어난 아들까지 품에 안은 채 엄청나게 많은 짐을 들고 나타난 것이다. 일행은 모두 하인들의 안내를 받으며 질서정연하게 수레에서 내린다. 좋은 구경거리로 흥분한 합창단도 충고를 아끼지 않는다. 주변이 정돈되자 클뤼타임네스트라는 딸을 자신의 옆에 세운다. 관객들은 한 폭의 그림처럼 아름다운 이 가족의 모습에 감탄을 금치 못한다.

이어서 남편에게 딸의 결혼 상대가 될 남자의 집안과 조상들에 대해서 물은 다음 결혼 예식에 대해서도 질문한다. 두 집안의 결합은 조화롭고 아름다워 클뤼타임네스트라는 흔쾌하게 만족스러움을 표한다. 하지만 전쟁을 앞둔 상황인지라, 결혼식을 마음만큼 성대하게 치를 수 없음을 안타까워한다. 아가멤논이 아내에게 결혼예식에는 참석하지 말라고 당부하자, 그렇게 할 수는 없다면서 격렬하게 항의한다. 어머니가 없는 가운데 딸을 결혼시킨다니, 그게 말이나 되는 소리인가 말이다! 신부의 어머니를 대신해서 아버지에게 결혼식 촛불을 들게 하다니, 이 무슨 해괴한 짓이란 말인가! 부부간의 언쟁에서 승리를 거둔 것은 당연히 클뤼타임네스트라다.

자, 이쯤 되면 운명의 여신의 손아귀에서 먹잇감을 빼앗아오고, 우유부단한 남편에게 자신의 의지를 관철시킬 정도로 배짱이 두둑한 여인네가 아니겠는가. 그런데 이 여장부는 온 힘을 다해 전력투구했음에도 불구하고 그렇게 하지 못한다. 왜냐고? 열매 안에 이미 벌레가 들어 있었기 때문이다. 어머니의 마음속에 난 흠집으로 인해 자식을 향한 비통한 노력이 거짓으로 울리기 때문이다. 자신이 그토록 사랑한다고 믿는 그 딸을 지키려는 클뤼타임네스트라의 노력은 사실 자신을 향한 이기주의에 불과했다. 자신에게 속한 것을 누군가가 빼앗아가려 하므로, 그녀는 절망을 하는 것이 아니라 불같이 화를 낸다. 감히 누가 나에게 그처럼 무례한 짓을 한단 말이냐! 그녀는 자신의 공적을 내세우고 불만을 토로한다. 애원은 욕설로 변하더니 급기야 위협이 된다. 클뤼타임네스트라가 그녀의 영원한 적, 곧 남편을 상대로 기 싸움을 벌이는 과정에서 그녀는 이따금씩 싸움의 목적, 즉 자식의 목숨을 구해야 한다는 절대절명의 과제조차도 망각한다. 하지만 단 한순간도 그녀 자신이나 자신의 권리를 망각하는 법은 없다. 솔직히 그녀는 애원을 한다기보다 변론을 한다는 편이 더 어울린다. 그러나 아무리 그녀의 논리에 힘이 있다고 해도 관객들은 다음과 같

은 희한한 질문을 던지지 않을 수 없다. "딸의 목을 베려는 아버지와 그 아버지로부터 딸을 구하려는 어머니 중에서 누가 과연 진정으로 딸을 사랑하는 것일까?" 이 질문에 대한 답은 의심할 여지가 없다. 두 사람 모두 딸을 사랑한다. 하지만 나약한 아버지는 모질지 못한 마음의 갈피갈피마다 딸과 연결이 되어 있는 반면, 잘나고 강한 어머니는 딸을 '재산'으로 간주하며, 따라서 자신으로부터 재산, 그것도 평범한 재산이 아니라 평생 열심히 가꿔온 삶에서 얻은 가장 소중한 재산을 가로채려는 건 파렴치하기 그지없는 짓이라고 생각한다. 이럴 경우에도 사랑이라는 말은 유효할까?

클뤼타임네스트라의 철철 넘치는 모성애가 효과를 발휘하지 못하는 것은 바로 이런 이유 때문이다. 그녀의 마음은 절실하지 않기 때문에 남편을 회유할 수 없다. 클뤼타임네스트라라고 하는 어머니의 고통은 순수하지 않으며, 자신의 욕심을 만족시키려는 천박함과 뒤섞여 있다.

이런 상황이니, 악마적인 비극성은 거짓 모성애를 제쳐버리고 이피게네이아의 운명을 사로잡아 참담함의 정점으로 끌고 간다. 이 비극에서 가장 슬픈 장면을 꼽으라면, 아버지로부터 버림받은 딸이 마지막 대결에서 스스로를 돕는 길이라고는 어머니의 장황한 위로의 말뿐임을 깨닫는 장면이다. 이피게네이아는 아버지 아가멤논의 곁에 있을 때보다 어머니 클뤼타임네스트라의 곁에 있을 때 더 씁쓸한 고독을 느낄 것임을 우리는 짐작할 수 있다. 이피게네이아는 완전히 혼자가 되어서 죽음을 향해 걸어간다. 비극 시인(비극성이라고 하는 악마)은 이피게네이아 곁에 클뤼타임네스트라라는 묵직한 인물을 배치했다. 이는 결코 죽음을 향해가는 어린 여자를 위로하기 위해서가 아니

다. 이피게네이아 곁의 클뤼타임네스트라는 죽음의 천사에게 끌려가
는 자에 대한 산 자의 몰이해라는 역설적인 상황을 상징한다.

　클뤼타임네스트라는 아가멤논과 마찬가지로 이피게네이아의 운명
을 아주 인상적으로 드러내는 인물이다.

우연이라는 또 하나의 비극적 요소

이피게네이아의 운명에 개입하는 다른 두 명의 인물에 대해서는 길
게 설명할 필요도 없다. 메넬라오스가 피부로 느끼는 감수성은 남편
으로서의 상처 입은 허영심 때문에 제대로 발현되지 못하고, 오히려
그가 구해주고자 했던 여자의 종말을 앞당긴다. 눈물을 펑펑 쏟으며
(그렇다고 해도 그는 전력투구하지는 않는다) 여자를 구하려 했지만, 이미
때는 늦어버렸기 때문이다. 형 아가멤논보다 훨씬 충동적인 그는 극
단적인 감정의 한 끝에서 다른 끝을 오간다. 자신이 증오한다고 여기
는 부인을 보호해주기 위해 하늘과 땅의 모든 신들에게 요란스럽게
구원을 청하는 남편이며, 비난과 연민 사이를 오가며 갈피를 잡지 못
하는 동생 메넬라오스. 그의 태생적 정서 불안은 혼돈스러운 마음의
무질서 속에서 인간에게 불행을 가져오는 운명이 쥐고 있는 일종의
수단이다.

　이번엔 아킬레우스를 보자. 사리 분명하고 어질며 수줍음 잘 타는
이 청년은 한순간에 이피게네이아와 자신이 서로 닮은꼴임을 알아본
다. 간교한 계략에 의해서 저도 모르는 사이에 자신의 아내가 된 이
피게네이아, 열정적이고 고귀한 성품의 이 여자, 쌍둥이 누이처럼 비
슷한 영혼을 지닌 이 여자를 위해 그가 무엇을 할 수 있을 것인가?

자신의 장점을 잘 알고 있으며, 여자라면 누구나 그와 잠자리를 같이 하려는 욕망을 지니고 있다고 순진하게 믿는 아킬레우스는 자신의 목숨을 바치겠노라고 제안하지만, 그 제안은 거절당한다. 아킬레우스는 절망에 빠진 젊은 처녀에게 마치 행복에 따라오는 후회처럼 사랑의 덧없는 이미지, 이피게네이아가 자신이 선택한 고독의 길, 죽음에 이르는 길로 접어드는 순간 얼핏 본 것 같은 찰나적인 이미지로 스쳐 지나간다.

이렇듯 이피게네이아를 사랑하는 모든 사람들의 마음속에는 비극성이 내민 함정이 도사리고 있다.

그런데 이 함정은 유난히 고약한 운명이 낳은 결과, 예외적인 불행인 것처럼 보인다. 어쩌면 이것, 즉 에우리피데스의 몇몇 작품에서 부재하는 신의 대리인 역할을 하는 우연이야말로 이 비극이 보여주는 진정한 신일 수도 있다. 《아울리스의 이피게네이아》를 다시 한 번 정독해보라. 그리고 극중 행위가 어떤 식으로 구성되어 있는지 꼼꼼하게 살펴보라!

인물들의 모든 감정, 극의 모든 상황이 완벽하게 맞물려 서로를 끌어들이며, 서로 밀쳐내고, 상호 작용을 하고 있음을 깨닫게 될 것이다. 극의 전개에서는 단 한 번의 실수도 발견되지 않는다. 등장인물이 자신의 역할을 수행할 때마다, 그래서 극중 행위와 그 행위가 우리들 관객에게 불러일으키는 정서(희망 또는 두려움)가 특정 방향으로의 의미를 갖게 되면, 어느새 다른 인물이 등장해서, 지극히 자연스럽고 설득력 있는 감정에 따라 움직이며, 앞에서와는 전혀 반대되는 방향으로 극중 행위와 우리의 정서를 이끌어간다. 한 방향에서의 정점은 곧 추락을 의미한다. 이런 식으로 우여곡절을 그리는 극중 행위는 잠시도 주저함이 없이 이피게네이아의 죽음을 향해 전진한다. 등장인물들이 무엇을 하건, 무엇을 하지 않건, 죽음을 가속화하려 들건 막으려고 하건, 궁극적으로 이피게네이아의 죽음은 극중에서 제시되는 모든 정념들을 한곳으로 수렴하면서 전속력으로 목적지를 향해 달려간다. 그런데 도대체 누가 일이 이렇게 되도록 시종일관 생각하고, 지켜보고 있는 걸까? 아니면 단지 우연이 그렇게 하는 것은 아닐까?

여기서 우리는 이 작품을《오이디푸스 왕》과 비교해볼 수 있다. 소포클레스의 비극은《아울리스의 이피게네이아》에 못지않게 잘 짜인 기제를 선보였다. 그런데 오이디푸스를 파멸시키는 지옥 같은 기계는 저 혼자 움직이지 않았다. 소포클레스는 우리에게 그 모든 장치의 뒤에는 신이라는 작가가 있음을 보여주었으며, 그 존재를 인정하게 만들었다. 적어도 그는 우리에게 모든 사건들의 배후에는 매우 적극적인 수수께끼 같은 존재(무시무시한 신)가 있으며, 우리의 운명은 그 존재에 의해 좌우된다고 주장했다. 이피게네이아의 삶을 파괴하는 이보다 훨씬 복잡하고 정교한 기제에도 이처럼 능란한 작가(나는 이 작가라는 말로 글을 쓰는 문인을 의미한다)의 손이 작용하고 있지 않을까?

아니다. 에우리피데스의 작품에는 다름 아닌 부재가 우리를 농락하며, 이 가공할 만한 부재의 이름은 바로 우연이다.

이 점은 아무리 강조해도 지나치지 않다. 이피게네이아의 목숨을 쥐고 있는 다섯 명의 등장인물(아가멤논, 클뤼타임네스트라, 메넬라오스, 아킬레우스, 마지막으로 이피게네이아 자신) 중에서, 극의 어느 한 시점(또는 두세 차례의 시점)에서 이피게네이아의 구원을 위해 애쓰지 않는 사람은 아무도 없다. 그런데 불행(어떤 불행?)의 장난인지 이들이 동시에

나서는 적은 단 한 번도 없다. 만일 그렇게만 되었더라면 비극성을 제압할 수 있었을 것이다. 선한 의지들이 합해지고, 공동으로 결정을 내리기만 했다면 얼마든지 이피게네이아의 목숨을 구하는 일이 가능했다는 말이다. 그랬다면 트로이아 전쟁은 일어나지도 않았을 것이다. 이피게네이아도 물론(기적의 개입이 없이도) 살 수 있었을 것이다.

부조리한 전쟁에 대한 고발

그리스인들과 트로이아인들이 10년 동안이나 살육 전쟁을 벌인 것은 신들의 의지 때문이었다고 시인은 말하고 싶은 걸까? 전혀 그렇지 않다. 신탁은 그리스인들에게 "출발하기를 원한다면 대가를 치러야 한다"고 말한다. 이 비극은 전쟁이 신들에게서 비롯된 불가항력이라고 말하지 않는다. 정치적, 국가적으로 확실히 필요했다고도 말하지 않는다. 당시 그리스의 실존, 그리스의 자유를 위협하는 것은 오직 지도자의 입이었다. 그렇게 말해야 유리한 사람들만 그런 주장을 했을 뿐, 실제로는 그리 위급한 상황이 아니었던 것이다. 지도자들 중의 한 사람이 "지휘권을 유지하며, 찬란한 영광의 기회를 놓치지 않기 위하여"라고 말하고, 또 다른 사람은 "이성과 명예 따위는 저버리고 아름다운 여인을 품에 안기 위하여"라고 말한다면, 그것으로 전쟁의 필요성, 정당성이 확보된단 말인가? 그렇다면 이 전쟁은 방어 전쟁이 아니라 해방 전쟁이라고 할 수 있을까? 우리는 순진무구한 이피게네이아가 "그리스를 구하고", "바르바로스들을 지배하기"라는 공식적인 언어를 입에 올릴 때, 해방 전쟁에 대해서 의심하지 않을 수 없다. 전쟁이라면 끔찍이도 싫어했던 에우리피데스가 그가 보기에 허황된 명분을 위해 천진한 어린 소녀의 목숨이 희생되는 것에 대해 한껏 빈정거리고 싶었던 것일까? 그는 이피게네이아가 조국 숭배라고 하는 궤변가들이 파놓은 함정에 빠졌음을 보여주고 싶었던 것일까? 나는 이 미묘한 문제에 대해서 확정적인 답을 내놓기 위해 고심하지는 않을 것이다.

하지만 적어도 한 가지는 확실하다. 다른 전쟁보다 훨씬 부조리하며, 다른 전쟁들 못지않게 혐오스러운 이 전쟁은 얼마든지 피할 수 있었음이 도처에서 암시된다. 등장인물들의 상반되는 결정과 마음의 동요만 놓고 보더라도 이 점은 분명하게 드러난다. 작품 전반에 걸쳐 혼돈스럽게 불쑥불쑥 등장하는 구원을 위한 의지들을 한자리에 모으고, 이 선하고 너그러운 연민의 감정들, 바람결에 쉽사리 흩어져버리는 이 감정들을 단일하고 단단한 성곽으로 세우기 위해 조금만 짬을 냈다면 이 전쟁은 얼마든지 피할 수 있었을 것이다. 그런데 아무도 지시하지 않은 우연의 장난에 의해서 그럴 만한 짬이 나지 않는다. 극중 행위를 지배하는 어긋나는 시간은 모든 노력을 수포로 만든다. 가령, 아가멤논이 딸을 구하려고 할 때에는 메넬라오스가 방해를 하고, 메넬라오스가 이피게네이아를 도우려고 할 때에는 아가멤논이 나서서 그건 불가능하다고 말한다. 클뤼타임네스트라와 이피게네이아가 눈물로 애원할 때, 정 많은 아가멤논, 정서가 불안한 이 인물은 갑자기 반석처럼 단호해진다. 또 아킬레우스가 도와주겠다고 나서자, 이번에는 방금 전까지만 해도 살게 해달라고 간청하던 이피게네이아가 갑자기 모든 것을 단념하고 죽음을 향해 돌진한다. 매번 불운이 도사리고 있는 것이다. 그것도 악의에 찬 인물처럼 단단하게 자리를 지키고 있는 것이 아니라, 유독가스처럼 공기 중에 둥둥 떠다니다

가 인간 영혼의 모공을 통해 몸속으로 스며들어 몸을 부패시키는 식이다. 바꿔 말해서, 사건의 틈새를 파고들어 행을 불행으로 바꾸어놓는다. 서둘러 죽음으로 이끌어가는 것이다. 너무 늦게 쓴 편지 혹은 수취인의 주소를 잘못 쓴 편지 정도만으로도 운명을 뒤바꿔놓기엔 충분하다.

《아울리스의 이피게네이아》가 갖는 마지막 비극성은 그러므로 행복을 쟁취하기 위한 인간 공동의 노력이 합해지지 못하는 데에서 찾아야 한다. 인간의 의지는 번번이 교차되고, 등장인물들은 항구적으로 곤혹스러워한다. 그러다가 비극성에 특별한 무게를 가하는 결정적인 순간이 오면 와르르 무너져버린다. 개입되는 나쁜 기운은 강력할 필요조차 없다. 아가멤논의 시시한 야심, 결혼에 대한 메넬라오스의 시큰둥함 정도면 충분하다. 운명이 어느 한쪽으로 기울기 시작하는 순간에 구원의 힘이 잠깐 자취를 감추거나, 반대편으로 넘어가기만 하면 된다. 선한 의지들이 단결하기만 하면 모든 것을 구할 수 있을 때, 약간의 틈새만 생겨도 모든 것은 그것으로 끝이다. 이 같은 마음의 틈새, 존재의 미묘한 결핍을 통해서 이피게네이아의 운명은 결정된다.

세계의 무질서, 무정부주의적인 감정, 의지의 불안정성에서 비롯되는 비극성을 에우리피데스의 작품은 손에 잡힐 듯 그려낸다. 그중에서도 《아울리스의 이피게네이아》는 압권이다. 비극성의 구성에 있어서 이 작품은 인간들 사이의 관계 위에 하나의 요소를 첨가하는데, 이 요소는 다른 어느 작품에서도 그처럼 강도 높게 드러나지 않는다. 불행을 제압하기 위해 각자가 자신의 의지를 내보여야 하는 순간에 인간들 사이에 합의가 이루어지지 않는다는 점이다. 합의의 부재. 저마다 자기 방식으로 행동할 뿐이다. 각자가 제멋대로 행동하게 되면, 마주잡은 손들은 슬그머니 풀어지게 마련이다. 이피게네이아는 자신에게 남아 있던 마지막 손마저 뿌리친다.

모름지기 인간의 모든 성공엔 재앙이 뒤따르는 법이다. 《아울리스의 이피게네이아》의 합창단은 우리 인간의 행복에 대한 세계의 시기를 유서 깊은 종교적 언어에서 차용한 "신들의 진노"라는 표현을 가지고 절절하게 노래한다. 질투심에 불타는 진노는 '신'이라고 하는 감당하기 어려운 단어에도 불구하고, 행복한 삶, 특히 가장 많은 약속이 보장된 삶 위에 드리워진 모호한 위협의 그림자와 다르지 않다.

그런데 이 대목에서 시인의 사고는 지금은 잊혔으나 완전히 상실되지는 않은 인간 사회의 한 상태, 인간들이 무정부주의적 상태를 버리고 일치단결하여 '공동의 싸움'을 벌이던, 그들의 행복을 노리는 치명적인 분노의 공격을 막아내던 그 상태를 향해서 도약한다. 지금 상태의 세계, 이피게네이아 신화가 시인에게 보여주는 상태의 세계에서라면 인간들은 그들이 사랑하는 사람들을 위해 '공동전선'을 편다는 것이 불가능하다. 그건 인간들이 이피게네이아(이피게네이아 자신도 이미 투항자다)에게 '신들의 진노'가 몰아치고 있음을 잊고 있기 때문이다.

인간들은 어떻게 악마적인 진노가 퍼붓는 저주에 대항해서 공동의 싸움을 벌일 수 있을 것인가? 존재의 진노, 이것은 이 세계의 심술궂은 얼굴에 붙여준 이름일 뿐 아니라 인간 자신의 갈팡질팡하는 마음, 본질적으로 행복을 확고하게 자기 것으로 만들지 못하는 무능함을 가리키는 이름이기도 하다.

인간과 관련해서는 모든 것을 명쾌하게 파악하기란 어려우며, 모

든 것이 모래알처럼 빠져나간다. 인간은 불확실성 속에서 모호한 가운데 투쟁을 벌이면서, 불행 속에서 사는 형제자매들, 흔히 사회라고 하는 기제의 도움을 얻을 수 있기를 소망한다. '공동의 싸움'이 문제되는 대목에 등장하는 여러 단어들이 이를 암시한다. 사회라고 하는 기제는 운명의 교묘한 공격으로부터 스스로를 보호할 수 없는 것일까? '사회'란 사실 그런 목적으로 고안된 것이 아니었던가?

그런데 사회의 발명에는 뭔가 석연치 않은 점이 있다. 이피게네이아가 죽어야 하는 이유가 바로 '사회의 구원' 때문이 아닌가 말이다.

신들의 무심함, 마음의 방황, 우연의 배신 등 모호한 그림자들이 차곡차곡 쌓여 이피게네이아의 운명이 만들어져 나간다……

하지만 아직 시가 남아 있다. 시는 비극성의 암흑 속에 광명을 가져다주고, 눈물 속에서 희열을 맛보게 한다.

비극성 너머의 새로운 세계에 대한 일별

지금까지 몇몇 비극적 요소들을 통해서 살펴본 《아울리스의 이피게네이아》는 비극이기에 앞서 시다.

무슨 말인가 하면, 이피게네이아를 제물로 삼는 비극적인 힘이 이 작품을, 그리고 우리를 지배한다. 동시에 우리 안에서, 또 합창단의 노래를 통해서, 이피게네이아의 절망을 통해서, 이와는 또 다른 목소리가 자신을 드러내기 위해 안간힘을 쓴다. 시인은 우리에게서 세계의, 코스모스(이 아름다운 그리스 단어는 세계, 질서, 아름다움을 동시에 의미한다)의 근본을 이루고 있는 에너지를 일깨워준다. 우리가 이 비인간적인 극, 이 비극 속으로 빠져들면 빠져들수록 우리는 점점 더 비극성을 넘어서는 곳에서 무엇인가가 우리에게 말을 걸고 있음을 느끼며, 이것이 코스모스, 우리가 사는 세계의 모호한 소리, 시의 소리(이미지, 음악, 리듬), 이 세계의 다양한 삶, 사물의 색, 존재의 음악, 빛과 그림자의 유희, 방망이질치는 우리의 심장 박동임을 알게 된다. 이 모든 것이 우리를 부르고 우리에게 손짓한다. 시적 언어가 모습을 드러내며, 끔찍한 비극성과 뒤섞이면서 우리에게 그것을 견뎌낼, 아니 더 나아가서 그것을 사랑할 힘을 준다. 시적 언어는 우리에게 모호한 가운데 '감미로운 고통(이것이 바로 시가 주는, 적어도 비극 시가 주는 쾌락의 정의이기도 하다)'이라고 표현했던 것을 선사한다.

세계는 언어를 요구한다. 우리는 문득 새로운 분위기 속으로 이끌린다. 이 새로운 분위기는 결코 시시한 관념의 세계가 아니다. 시인의 이미지(단어들의 음악성, 리듬의 율동 등 시적 매력이라고 할 수 있는 모든 요소들이 함축되어 있는 이미지)는 보다 진정으로 현실적이면서 한결 숨 쉬기 편한, 그러니까 현실보다 한결 가벼운 현실을 통해서, 비극적 참담함이 우리의 시야를 압도하는 순간 우리에게 희열을 안겨주면서 만개한다.

여기서 그리스 비극에 등장하는 합창단의 절대적인 필요성, 합창단이 전해주는 시와 음악의 필요성과 남녀 주인공들이 죽음을 맞이하는 순간에 부르는 노래의 필요성이 대두된다.

꾸밈없는 솔직함으로 이루어진 비극이 인간을 학습시키는 본질적인 수단임을 잊었기 때문에 이런 소리를 하는 것이 아니다. 비극을 통해서, 비극이 우리에게 보여주는 고통을 통해서, 우리는 인간으로 살기를 배우며, 신들뿐 아니라 우리 자신, 인간인 우리 자신의 약한 마음으로부터 기인하는 수많은 장애물을 만나야 하는 그 일이 얼마

나 어려운지도 배운다. 그리고 크고 작은 부침이 끊이지 않는 그 운명의 끝에는 언제나 피할 수 없이 이해할 수 없는 죽음이 도사리고 있다. 하지만 비극 《아울리스의 이피게네이아》는 우리에게 또 다른 것을 가져다주고, 또 다른 것을 희망하게 한다. 이 비극은 또 다른 것으로 우리를 기쁘게 해준다. 이 비극은 논리를 전개해나가면서 간간이 실감나는 말다툼, 운명의 가혹한 반격 등을 제공한다. 이것들은 우리를 낙담하게 하고 절망 속에 빠뜨린다. 또한 젊은 여자들의 합창을 통해서 다른 무엇과도 비교하기 어려운 시적 아름다움을 제공하기도 한다.

인간의 비극적 운명이라는 주제는 합창단 또는 등장인물들이 부르는 노래를 통해서 다시금 전개된다. 사랑의 잔인함, 전쟁의 부조리함, 이피게네이아의 참담한 희생, 이처럼 가혹한 주제들이 노래로 다시금 되풀이되면서 우리의 마음을 갈래갈래 찢어놓는다. 하지만 노래는 극중 행위와는 다른 어조, 즉 시의 어조로 이 주제들을 제시한다. 사랑과 죽음은 시적 아우라로 제시되며, 시인은 사랑과 죽음이 등장하는 곳이면 늘 붙어 다니는 물체들의 이미지들을 촘촘하게 엮어 이 아우라를 만들어낸다. 이 이미지들은 자연의 세계에서 얻은 이미지들로, 감각적인 세계가 지니는 아름다움의 편린들이다. 사랑과 죽음은 이러한 세계의 아름다움을 구성하는 요소들이다. 사랑과 죽음은 녹색 초원과 나무, 이 초원에서 풀을 뜯는 짐승들, 하늘을 나는 새, 여신, 하늘, 강, 황금, 상아……의 아름다움과 하나가 되며, 그런 것들로 치장된다. 사랑과 죽음은 목동들의 부름, 그들이 부는 피리 소리, 밝은 빛깔 모래 위에서 원을 그리며 춤을 추는 여인네들의 발과 어우러진다. 에로스의 화살은 쌍둥이 화살, 신에 대한 감사의 이중적인 화살로 표현된다. 이 화살은 화살로 인하여 파괴되는 삶을 기쁨으로 충만하게 만들어주는 이율배반적인 힘을 지녔기 때문이다. 헬레네는 가장 고약한 아내일 뿐 아니라, 천상의 쌍둥이 카스토르와 폴뤼데우케스의 누이이기도 하다……. 프뤼기아인들이 성곽에 올라서서 그들에게로 죽음이 오는 것을 바라볼 때면, 죽음은 항상 괴물 같으면서도 황홀한 신, 즉 청동 갑옷을 입고 바다에서 솟아오르는 아레스의 모습이었다……. 그런가 하면 페르가모스(트로이아의 성채)가 땅에 내려와 목 잘려 죽은 아들들의 시체 앞에서 통곡할 때면, 죽음은 어린 여자아이들의 이미지로 나타났다.

늘 이런 식이었다. 코스모스의 아름다움, 우주의 아름다움은 항상 우리 인간의 조건이 지니는 공포와 더불어 날실과 씨실처럼 짜였다.

비극이 코스모스적인 시로 승화되는 과정에 대해 이러니저러니 부연 설명을 하기보다 두 가지 사례를 제시할까 한다.

아가멤논과 메넬라오스 사이에 격한 말다툼이 있고 난 후 합창단이 부르는 노래를 들어보자.

파리스여, 너는 목동의 나라에서 왔다, 어린 시절의 너는 외양간 가축들 사이에서 자라났다.

키가 제멋대로인 갈대로 엮은 너의 피리는 이국적인 변주곡으로 프뤼기아 춤의 나른한 관능을 노래한다.

어느 날엔가, 너는 젖통이 묵직하게 불어난 암소들 가운데 누워 세 여신의 불화를 단숨에 해결했다.

미친 짓은 이제 그만! 덕분에 너는 바닷길에서 상아로 치장한 궁궐로 안내되었다.

그곳에서 질투심에 불타는 아프로디테는 두 사람의 삶을 절정으로 끌어올
렸다가 이내 파멸로 이끌었다!
너로 인하여, 파리스여! 땅을 일구는 민족과 말을 길들이는 민족 사이에 살
기등등한 불화가 싹텄노라.
붉으락푸르락하는 입술을 가진 전쟁은 트로이아의 성곽을 향하여 군함과
창으로 무장한 그리스 적군들을 인도한다.

아가멤논이 이피게네이아의 애원을 매몰차게 뿌리치는 장면은 극
중 행위 중에서 가장 암담한 시점에 속하는데, 이때 이피게네이아가
부르는 노래를 들어보자.

오! 어머니, 어머니! 우리의 입술에서 똑같은 애원이 새어나오는군요…….
어머니, 당신은 당신의 사랑하는 딸을 잃게 되었어요. 저에게는 이제 빛이라
고는 어디에도 없습니다. 저에게 태양의 찬란함은 이제 사라져버렸습니다.
오! 오! 이다 산의 눈 덮인 정상이여, 프리아모스가 갓 태어난 아들, 어머니
로부터 나와 전설적인 죽음을 맞게 될 아들을 내다버린 눈부신 계곡이여!
왜, 왜 파리스는 산에서 자랐나요? 그는 멋진 목동으로
초원의 오솔길을 따라 소들을 맑은 계곡으로 인도했죠.
여신들을 위해 초원 가득 피어 있는 샐비어와 히아신스를 짓밟으면서 말
이죠.

여신들은 목동의 외양간으로 왔죠, 올림포스의 거만한 세 여신이었죠.
베틀의 북보다는 창을 더 자랑스럽게 여기는 팔라스, 제우스와의 잠자리
로 우쭐해하는 헤라,

그리고 인간들의 마음에 치명적인 욕망을 심어주는 것을 낙으로 삼는 퀴프리스……

미소를 짓고 있지만 서로 경쟁하던 세 여신은 그곳으로 왔죠, 저 유명한 미의 경연을 위해서,

아르고스의 가엾은 처녀의 죽음을 위해서,

배들이 바다에서 산산조각 나버린 다나오스의 후손들의 영광을 위하여,

아르테미스가 처녀를 제물로 바쳐야 그의 호의를 얻을 수 있다고 공언하였으므로.

오, 어머니, 어머니, 오, 불행한 이피게네이아여, 그는 나를 버리네요, 나를 넘겨주려 하네요,

나를 이 세상에 태어나게 한 그가 말이에요.

그는 나를 홀로 버려두네요, 냉혹한 헬레네와 함께 홀로, 나의 피를 가져갈 검은 아름다움과 함께.

그는 나의 목을 자를 불경스러운 칼을 준비하고 있어요.

왜, 왜 찬란한 에우리포스 해협 위에 사는 신들은 바람의 길을 막은 것일까요?

왜 모든 운명의 주인인 제우스는 어떤 이들에게는 태양이 가득 내리쬐는 바다로 출발하는 기쁨을 허락해주고,

나에게는 땅속 음지에서의 괴로운 기다림을 명령하는 걸까요? ……

오, 필요의 신, 무자비한 여신이시여……

오, 생명의 시간이여, 죽음을 학습하는 무서운 시간이여…….

이처럼 극의 전반에 걸쳐서 서정적인 분위기 속에서 우주의 소리,

우리가 시라고 부르는 그 소리, 우리를 기쁨으로 채워주는 소리, 우리에게 비극의 잔혹성을 사랑하게 만드는 그 노랫소리가 들린다.

그리스 비극은 우리를 공포와 동시에 희열 속으로 빠져들게 만든다. 우리의 마음은 야성적인 희열 속에서 춤춘다.

chapter 3

비극 《박카이》

에우리피데스는 마케도니아 왕 아르켈라오스의 손님으로 그곳에 체류 중이던 기원전 406년에 죽었다. 당시 그의 나이는 75세였다. 《아울리스의 이피게네이아》와 《박카이》(박코스의 여신도들)는 그가 생애 말기에 쓴 비극들 중에서 오늘날까지 전해지는 작품들이다. 이 작품들은 기원전 405년, 그의 사후에 아테나이에서 처음으로 공연되었다. 두 작품 모두 최우수상을 수상했는데, 애석하게도 에우리피데스는 생전에는 그와 같은 영광을 거의 누리지 못했다.

《박카이》는 참으로 이상하고 묘한 작품이다. 적어도 이 작품은 살아 있는 동안 내내 에우리피데스를 불안하게 만들었던 수수께끼를 강력하게 제기하고 있으며, 그는 이에 대한 상반되는 대답까지도 제시하고 있다. 다름 아니라 신의 존재 여부, 신의 정의 또는 불의, 우주에서의 삶, 인간의 삶 속에서 벌어지는 신의 행동 등에 관한 수수

께끼다.

신의 신비, 신의 필요성은 작가로서의 에우리피데스의 굴곡 많은 삶을 여러 갈래로 찢어놓았다. 그는 신을 믿다가 신을 모독하기를 반복했다. 《박카이》에서 그는 마침내 자신을 분열시키던 힘, 그를 비극적 시인으로 만든 그 힘들을 보란 듯이 대결시키는 인물들을 창조한다. 《박카이》는 말하자면 비극 시인으로서의 에우리피데스를 이해하는 열쇠 같은 작품이다. 이 작품에 대해서는 극도로 상반되는 해석들이 쏟아져 나왔다. "이 작품은 그가 신에 귀의했음을 보여준다"에서부터 "신에 대한 가장 확실한 거부를 나타낸다"에 이르기까지 그야말로 의견이 분분했다. 그러니 어느 말이 맞는지를 제대로 살펴보기 위해서라도 나는 우선 이 대단한 시의 분석을 시도해보아야겠다.

신을 믿지 않는 펜테우스

무대는 테바이이며, 마침 신의 탄생을 축하하는 축제가 한창이다. 우리 앞에 보이는 신은 제우스 신의 아들 디오뉘소스다. 디오뉘소스로 말하자면 아버지의 벼락이 어머니 세멜레의 옆구리에서 그를 꺼내줌으로써 이 도시에서 빛을 보게 되었다. 그런 그가 자신이 신이라는 사실을 모르고 있는 테바이인들 앞에서 자신의 정체성을 드러내기 위해 이 도시를 다시 찾은 것이었다.

광란의 몸짓을 보이는 마이나데스, 즉 아시아 출신 그의 무녀(巫女)들이 그와 동행했다. 무녀들은 머나먼 동방에 그의 숭배를 뿌리내리는 데 공헌했다. 이제 그가 태어난 도시 테바이에서도 그의 숭배를 활성화할 참이었다.

디오뉘소스는 같은 어머니에게서 태어난 누이들을 이미 공략했다. 누이들은 그가 신에게서 났다는 사실을 믿지 않고 비웃어댔으나 이제는 산에서 그를 섬기기로 개종했다. 누이들도 무녀가 되어 그가 신임을 알리기로 한 것이다.

그런데 누이들보다 훨씬 무시무시한 적이 그의 앞길을 막았다. 바로 그곳의 젊은 왕인 펜테우스였다. 펜테우스는 디오뉘소스에게 바치는 제사를 사기와 무질서라고 폄하했다. 디오뉘소스는 그에게 자신이 신임을 보여줄 작정이었다. 그런 계획의 일환으로 디오뉘소스는 제사장 중의 한 사람으로, 부드러운 음성과 섬세한 용모를 갖춘 젊은 뤼디아인의 복장을 하고 나타나서 주위 사람들을 안심시키는 동시에 동요시켰다. 이렇게 변장한 채로 그는 펜테우스 왕의 마음을 돌려볼 작정이었다. 만일 펜테우스가 그의 계략에 넘어간다면, 그 순간 그를 벌할 셈이었다. 이것이 대략적인 비극적 갈등의 얼개다.

이 작품 전체에 흐르는 신비주의적인 분위기는 마이나데스로 이루어진 합창단의 등장으로 한껏 고조된다. 무녀들은 피리와 북소리에 맞춰 전진한다. 무녀들은 자연 속에서 신을 섬기는 신자로서의 행복을 말한다. 디오뉘소스에게 이르는 길은 도시의 인위성을 멀리하며, 산속의 나무와 짐승들에게로 향한다. 새끼 사슴 가죽으로 만든 옷을 입고, 음악에 취한 남자가 자연 속에서 벌어지는 원무에 끼어든다. 남자가 춤을 추자 대지도 남자와 함께 춤을 춘다. 황홀경에 들어선 남자는 그를 부르는 신의 환영을 보고는 바닥에 쓰러진다. 이 노래들 중의 한 대목을 보자.

오, 복되도다, 신들의 총애를 받는 자

박코스 행렬. 부분. 나폴리 국립박물관. 알리나리 사진.

신들의 신비를 접한 그는

산속에서 선택받은 자의 삶을 영위하며,

자신의 영혼을 행렬 가운데 들게 하며, 정화를

통해서 박코스 신도가 된다…….

곧 대지 전체가 춤을 추리라. 브로미오스(박코스의 또 다른 이름)가

일행의 선두에 서서 무리를 이 산에서 저 산으로 이끌어 가면……

산에 퍼지는 희열, 뛰어오르는 춤에 이어서,

제물로 바쳐진 새끼 사슴의 가죽을 입고 바닥에서 뒹구는 희열,

목이 잘린 희생양의 피와 날고기의 신선함을 맛보는 희열,

프뤼기아, 뤼디아의 산 위에서

브로미오스가 에우오이라고 외친다!

대지에는 젖이 흐르고, 포도주가 흐르며,

꿀벌들의 감로가 흐른다…….

자, 빨간 지팡이를 봉홧불처럼 치켜들며

박코스가 걸음을 재촉한다.

박수로 장단을 맞추며, 그는 합창단의 열기를 독려한다.

관능적인 그의 머리털이 하늘에서 흩어진다.

그의 음성은 천둥처럼 포효한다.

　무녀들만 박코스의 부름을 듣고 달려오는 것이 아니다. 예언자 테이레시아스와 테바이의 설립자 카드모스, 이렇게 두 명의 노인도 모습을 보인다. 디오뉘소스 신이 도시에 입김을 불어넣은 이후, 이들 두 노인의 심장 박동은 훨씬 빨라졌다. 두 사람은 선각자의 지팡이를 손에 쥔다. 두 사람은 신을 믿는다고 고백하기 위해 산으로 갈 참이

다. 노인들의 늙은 다리가 이 기적을 이루고야 말 것이다. 두 노인의 다리는 신을 경배하기 위해 분주하게 춤을 출 것이다……. 이 장면은 두 노인의 믿음이 보여주는 소박함 때문에 매우 감동적이다. 게다가 이 소박함은 노화가 더 이상 노화가 아니게 해주는 신의 무한한 능력까지도 내포하고 있다. 하지만 우리는 아직도 완전히 설득당하지 않았다. 매혹당할까 말까 망설이고 있는 중이다. 그만큼 불안감을 떨쳐내지 못하고 있다. 하지만 우리가 믿어오던 합리적인 지혜의 세계는 서서히 흔들리기 시작한다.

갑자기 펜테우스 왕이 등장한다. 그는 이 작품에서 비극적인 주인공이다. 우리는 그가 위협받고 있음을 잘 알고 있다. 그는 우리의 관심을 끈다. 직설적인 화법을 구사하며 솔직하고 용기 있는 그는 우리 마음에 드는 인물이다. 게다가 그는 왕이며, 도시의 질서를 책임지는 사람이다. 우리는 수상쩍은 뤼디아인이 퍼뜨리는 전염병 같은 광란에 저항하려는 그의 태도를 지지한다. 새로운 숭배가 전파되는 과정에서 황홀경이라는 외관 아래 심각한 방탕함이 도사리고 있다는 그의 주장은 틀림없이 잘못되었음을 우리는 알고 있다. 하지만 그 자신은 철석같이 그렇게 믿고 있다. 그런데 철석같이 믿기만 한다고 해서 과연 신들을 포기하게 만들 수가 있을까?

펜테우스가 정신이 나갔다고 판단하는 두 노인이 나오는 장면에서 왕은 진노로 펄펄 뛴다. 왕은 다짜고짜 화를 내는 성마른 성질과 자신이 잘 알지도 못하는 숭배를 막기 위해서 근거 없는 비난을 퍼붓는 경솔함으로 인하여, 분별 있는 종교의 제사장에 대해서 성급한 판단을 내린다. 이미 테바이 출신 무녀들을 잡아서 감옥에 가둔 바 있는 펜테우스는 군사를 풀어 엉터리 예언자, 즉 준수한 용모의 뤼디아 제사장을 잡아오라고 명한다. 그런데 이 예언자는 바로 디오뉘소스 신 자신이며, 우리는 그가 이제 곧 제 꾀에 넘어갈 위기에 처했음을 안다. 운명의 바퀴가 굴러가기 시작한 것이다. 우리는 그를 찬양해야 하는가? 아니면 불쌍하게 여겨야 하는가?

하지만 합창단은 또다시 스스로를 새로운 신이라고 자처하는 자를 축하하는 노래를 부른다. 디오뉘소스는 기쁨을 나누어주는 자다. 그와 함께한다면 고통은 사라지고 웃음과 쾌락, 뮤즈와 사랑이 찾아온다. 그러니 그를 모르고서 스스로를 현자로 알고 있는 자들은 불행할지어다. 합창단의 밝은 노래, 욕망을 고양시키기 때문에 너무도 이교도적인 노래는 희한하게도 복음서를 상기시키는 단어들을 담고 있다. 가령 이런 가사를 보자. "신은 현자들과 똑똑한 자들에게는 이런 것들을 찾지 못하도록 감춰놓았다." 또 이런 가사도 있다. "정신이 가난한 자들은 행복하도다!" 정말로 놀라운 에우리피데스가 아닐 수 없다. 신비에 관한 그의 감수성은 여러 세기를 앞선다.

병사들이 디오뉘소스를 꽁꽁 묶은 채 데려온다. 우리는 이제 비극의 중심부로 돌입한다. 왕과 신이 충돌하는 결정적인 장면들이 이어지며, 행위가 전개되는 중간 중간에 기적들이 폭발한다. 왕과 신의 만남은 매번 자연스러운 대담 같은 형태를 넘어서는 법이 없으면서도 점점 더 비극적이 되어간다. 끊어졌다가 다시 이어지는 둘의 만남은 서서히 발동이 걸리는 톱니바퀴 같다. 시인은 아름다운 합창과 초자연적인 경이로운 일들을 통해서 신이 인간을 서서히 옥죄는 기제를 강조하기 위해서 때때로 이 톱니바퀴의 움직임을 멈추게 한다.

펜테우스는 첫 번째 기적에 대해서는 그다지 신경을 쓰지 않았다. 감옥에 갇힌 무녀들을 묶고 있던 사슬이 끊어져 발 아래로 떨어졌으

며, 감옥 문에 걸어놓은 자물쇠가 저절로 떨어져나가는 기적이었다. 덕분에 무녀들은 모두 도망쳤다.

펜테우스는 부하들이 데려온 이방인에게는 첫 번째 기적이 일어났을 때보다 훨씬 관심을 보였다. 감탄할 정도로 아름다운 용모가 아닌가! 이 얼굴에서 풍기는 사람을 빨아들이는 듯한 온화함은 또 뭐란 말인가! 왕은 이방인에게 질문을 던진다. 젊은 이방인은 왕이 묻는 말에 얼굴 윤곽만큼이나 부드럽게 대답한다. 차츰 짜증이 나기 시작한 왕은 으름장을 놓는다. 뤼디아인은 여전히 부드러운 태도로, 진노보다 더 위협적인 침착함을 유지하면서 대답한다. 펜테우스는 잠시 흔들린다. 신성한 것에 대해 그가 좀 더 유연한 영혼을 가졌다면 이처럼 평온한 위엄 속에서 재빨리 신의 모습을 볼 수 있었을 것이다. 그것이야말로 동서고금을 통해 왕 앞에 선 예언자의 전형적인 모습이기 때문이다. 그러니 뷔잔티움 시대에 발표된 《예수의 수난》이 에우리피데스의 작품에서 몇 구절을 인용했다고 해도 그리 놀라운 일은 아니다. 펜테우스 앞에 선 디오뉘소스는 필라투스(빌라도) 앞에 선 예수와 다를 바가 없었다.

펜테우스 : 내 감옥이 자네한테 이길 걸세.

디오뉘소스 : 내가 원한다면, 신께서 나를 구해주실 겁니다…….

펜테우스 : 그런데 그 신은 어디에 있나? 내 눈앞에 나타나도록 해보게나.

디오뉘소스 : 신은 내가 있는 곳이면 어디든지 계십니다. 당신의 세속적인 눈이 볼 수 없을 뿐입니다.

펜테우스 : 이자를 체포하라. 이자는 내가 대표하는 테바이를 우롱하고 있다…….

디오뉘소스 : 나는 내가 가야 하는 곳이라면 어디든 갑니다. 악은 나를 해
　　　칠 수 없습니다…….

　이처럼 펜테우스의 폭력은 신의 평정 속으로 빨려 들어간다. 인간은
허둥대다 미끄러져서 신의 신비라고 하는 깊고 위험한 물속으로 자꾸
만 빠진다. 이런 상태라면 인간은 도저히 헤어날 수 없음을, 인간이
질 수밖에 없음을 우리는 이미 알고 있다. 그런데 우리가 아직 모르고
있는 것은, 그렇다면 신은 과연 이길 자격이 있는가 하는 점이다.

불경한 펜테우스를 벌하는 디오뉘소스

다시금 합창단의 노래가 높이 울려 퍼진다……. 음악은 요동치며 점
점 고조된다. 시는 열정적인 부름으로 바뀐다. 신앙은 감옥에 갇혀
있는 신이 모습을 드러내줄 것을 요구한다. "자, 오라…… 오라……
자리에서 일어나라……." 이어서 곧 그가 돌아올 것을 확신한다.
"그는 곧 올 것이다……."

　그때 갑자기 신이 응답한다. 우리의 눈앞에서 기적이 일어난다. 감
옥 속에서 신이 무녀들에게 말한다. "이오, 박코스의 여신도들이여,
이오, 박코스의 여신도들이여!" 합창단은 주인을 알아본다 "이오, 주
인이시여, 이오, 주인이시여!" 대지가 진동하며, 기둥머리에 얹힌 돌
들이 해체되면서 디오뉘소스가 사슬을 끊고 궁궐 안을 활보하고, 곳
곳에서 불길이 일어난다. 그러면서 신은 자취를 감춘다. 합창단의 무
녀들은 그들이 섬기는 주인의 발 앞에 엎드려 그를 경배한다.

　한편 펜테우스 왕은 공포와 분노로 몸을 떨며 이 기적을 지켜본다.

그는 자신의 분노에 대해 아무렇지도 않게 "아까 내가 말하지 않았던가요? ……나를 감옥에서 끌어내줄 거라고 말입니다"라고 말하는 뤼디아인과 마주하고 있다.

　기적은 계속해서 일어난다. 키타이론 산으로부터 소를 치는 목동이 당도하더니 자연 속에서 사는 박카이들의 놀라운 생활에 대해서 이야기해준다. 머지않아 공포 속에서 펜테우스의 운명이 마무리될 이 키타이론 산은 목동에게 이 세상에서 가장 근사한 볼거리를 제공해주었다는 것이다. 짐승들과 더불어 우정을 나누며 살 줄 아는 순진무구한 인간에게는 그곳이 바로 낙원이요, 천국이라고 그는 말했다. 마이나데스는 그곳에서 뱀들과 놀고, 새끼 사슴이나 새끼 늑대에게 젖을 물린다. 자연은 자기가 가진 것들을 풍성하게 내어준다. 주신(酒神)의 지팡이를 따라 꿀이 흐르며, 바위틈에서는 샘물이 솟아나고, 대지에서는 포도주가 무르익는다. 손가락으로 누르기만 하면 대지에서는 젖꼭지마냥 젖이 흘러나온다……. 하지만 자연이 주는 이 모든 안락함은 에덴동산의 평화를 흔들어놓는 불경한 자에 대해서는 진노로 변한다. 목동은 어떻게 동료들과 힘을 합해 아가우에를 붙잡아 그의 아들 펜테우스에게 데려오려고 시도했는지 설명했다. 목동과 친구들이 그 같은 움직임을 보이자 언덕과 짐승, 여자들의 공동체는 이를 저지하기 위해 행동에 돌입했다. 산도 우르릉거리기 시작했다. 순식간에 낙원은 불경한 자들에 대항하기 위한 강제적인 폭력의 장으로 변해버렸다. 마이나데스의 손으로 이루어진 끔찍한 살육이었다고, 전능한 신이 말했다. 신은 자연 그 자체로, 마음먹기에 따라 한없이 너그러울 수도 있고, 한없이 폭력적일 수도 있으며, 아무도 그를 저지할 수 없다.

　목동의 이 이야기는 펜테우스의 마음을 움직이지 못했다. 그는 기적이라면 질색이었다. 펜테우스 왕은 질서를 좋아하는 자신의 성향에 거슬리는 이 새로운 종교에 더욱 강경하게 저항했다. 왕에게는 군대가 있었다. 그는 산에 대항해서도 싸울 수 있었다. 초자연적인 것을 이성적인 것에 복종시키고야 말 것이었다.

　신은 인간보다 강하다. 하지만 에우리피데스가 신의 전지전능함을 우리에게 주지시키려고 하는 순간, 디오뉘소스는 갑자기 인간을 구원함으로써 자신의 힘을 과시하고 스스로의 존재를 드러내려는 모든 시도를 단념한다. 펜테우스의 운명이 기로에 들어선 순간, 디오뉘소스 신은 자신의 적수인 인간에게 손을 내민다. 왕에게 그 같은 계획을 포기하라고 권유한다. 선의로 왕을 설득하려는 것이다. 하지만 신이 은총을 내리려는 바로 그 순간, 인간인 펜테우스는 신의 제안을 함정으로 간주한다. 방금 전 신이 내민 함정을 우정의 증표로 간주했던 것과는 대조를 이룬다. 말하자면 인간과 신 사이에는 영원히 풀 수 없는 오해가 가로놓여 있는 것이다. 펜테우스는 쓸데없이 고집을 부린다…….

　그때 갑자기 신의 어조가 바뀐다. 한순간 신은 인간에게 연민을 느꼈다. 그런데 인간은 오히려 더 완강하게 저항하는 것이 아닌가. 디오뉘소스는 그러니 이제 인간을 장악하려고 마음먹는다. 선의의 증표였던 온화함은 감언이설이 되어버렸다.

　디오뉘소스는 펜테우스에게 마이나데스로 가장한 다음 산에서 신자들을 살펴보면 어떻겠느냐고 제안한다. 마음이 동한 왕은 받아들인다. 이 제안은 용감무쌍한 그의 성격에 어울리는 것이었다. 디오뉘소스는 애써서 그를 설득할 필요도 없었다. 펜테우스는 자신이 무찌

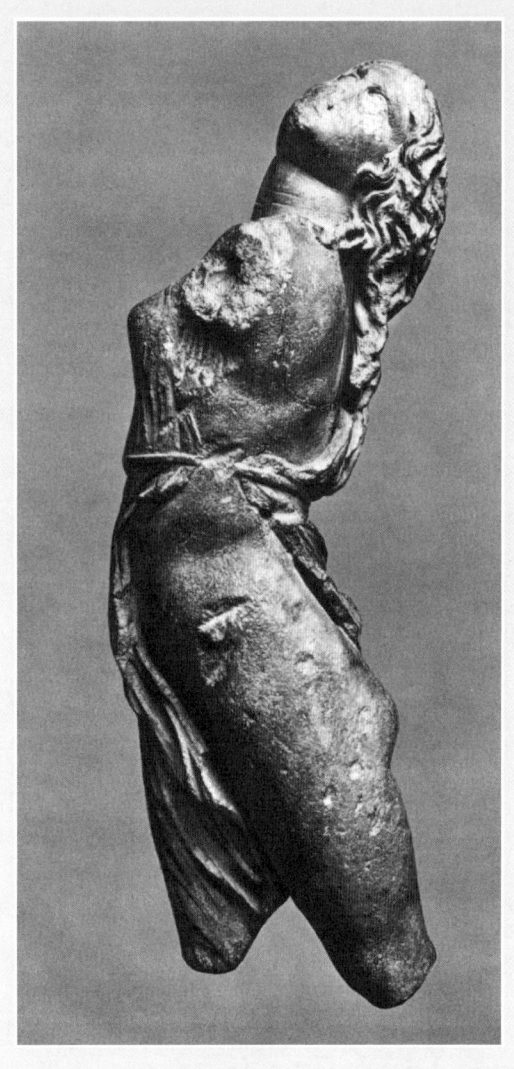

스코파스가 제작한 마이나데스, 기원전 4세기. 드레스덴의 알베르티눔 미술관.

르려고 하는 이 종교에 대해서 사실은 오래전부터 관심을 가져온 터라 흔쾌히 제안을 수락했다……. 그가 옷을 갈아입기 위해 궁궐로 돌아간 사이에 디오뉘소스는 개가를 부른다.

합창단을 향해서 그가 말한다. "여자들이여, 저자는 이제 그물에 걸렸다. 그는 박카이들을 만나러 갈 것이다. 그는 그에게 내려지는 벌, 즉 죽음을 맞이하게 될 것이다."

합창단은 새로운 노래로 화답한다. 합창단은 신에게 속하는 무녀들의 기쁨, 자연 속에서 나무들과 짐승들과 더불어 노니는 즐거움을 노래한다.

이 아름다운 노래들에 이어지는 장면은 에우리피데스가 쓴 가장 잔인한 장면 중의 하나로 기억될 만하다. 신에게 낙인찍힌 왕은 기뻐서 어쩔 줄 모르면서 궁궐 밖으로 나온다. 그는 반쯤은 미친 상태다. 말하자면 벌써 박코스에게 사로잡힌 것이다. 왕은 두 개의 태양과 두 개의 테바이를 본다. 그는 또한 안내자의 머리 위에서 디오뉘소스 황소의 뿔을 본다. 여자로 변신한 자신의 모습에 흡족해하면서 여러 사람들로부터 찬사를 받는 왕은 이미 자존심 따위는 잊어버렸다. 디오뉘소스 신은 그의 우스꽝스러운 복장에 마지막 손질을 가하고는, 춤을 추다가 헝클어진 머리카락을 가다듬어준다. 아이러니로 가득한 신의 손길을 받아들이는 펜테우스는 영혼이라고는 없는 우스꽝스럽고 가없는 한낱 장난감에 불과하다. 이 장면은 불길한 예언으로 끝나는데, 펜테우스는 웃으면서 이 예언을 듣는다. 신이 말한 것처럼, 그는 "어머니의 품에 안겨" 돌아오게 될 것이라는 예언이었다. "너는 나를 기

73

쁨으로 가득 채워주는구나"라고 즐겁게 응수하는 펜테우스는 그러나 그의 어머니가 무엇을 안고 오게 될지 알 도리가 없다……. 극의 종말은 공포의 극치를 이룬다. 부드러우면서 잔인한 에우리피데스가 비극성이라는 분야에서 이토록 집요하게 끝장을 볼 때까지 밀고 나간 적은 일찍이 한 번도 없었다. 비극에서는 이제 살인적인 관능이 뚝뚝 흘러내린다. 오랫동안 음미하고, 물리적인 공포 속에서, 도덕적인 절망감 속에서 준비되어온 죽음이 막 표면으로 부상한다.

우선 마이나데스에게 사지가 찢어지는 변을 당하는 펜테우스의 이야기가 들려온다. 하지만 이 끔찍한 이야기 속에 과장이라고는 전혀 찾아볼 수 없다. 보고서에서나 볼 수 있는 객관적이고 담담한 어조, 상세한 세부 묘사, 너무 정확해서 기가 막힌 묘사만이 있을 따름이다. 박카이 합창단은 신에 대한 숭배로 열에 들뜬 듯한 어머니에 의해 아들이 살해되었다는 일화를 듣는다.

다음 장면은 공포 면에서 한 술 더 뜬다. 기쁨에 찬 아가우에는 산에서 자신이 죽인 새끼 사자의 머리라고 믿는 것을 자신이 숭배하는 신에게 바친다. 그런데 주신의 지팡이 끝으로 살펴보니 그건 피가 철철 흐르는 사람의 머리였다. 부드러운 몸짓으로 아가우에는 누구인지 알지 못하는 이 얼굴을 쓰다듬는다.

에우리피데스는 아가우에가 아들의 얼굴을 알아보기를 원했다. 아가우에의 늙은 아버지 카드모스는 키타이론 산에서 손자의 나머지 몸뚱이를 들고 돌아온다. 피비린내 나는 끔찍한 살육과 딸의 광기 앞에서 카드모스는 마치 정신과 의사처럼 아가우에에게 여러 가지 질문을 함으로써 딸의 의식을 되돌리려고 한다. 거의 과학적이라고 할 수 있는 이들 부녀의 문답은 비장미를 정점으로 끌어올린다.

다음 장면에서는 절정마저도 넘어선다. 그런데 유감스럽게도 이 장면은 오로지 단 한 부의 원고만을 남겨두는 전통 때문에 영원히 사라져버렸다. 그 장면에서 아가우에는 울면서 아들의 사지를 하나하나 챙겨서 입을 맞춘 다음 이를 차례차례 이어 맞춘다. 이 장면에서 선보이는 몇몇 구절은 앞에서 잠깐 언급한 《예수의 수난》 극에서 다시 만날 수 있다. 우리는 이 구절들을 아들 예수 그리스도의 죽음을 애도하는 마리아의 입을 통해 듣게 된다. 그런데 우리로서는 정작 에우리피데스가 이 장면을 어떻게 구성했는지 알 수 없다.

비극의 말미에 이르면, 디오뉘소스가 하늘에서 나타난다. 그는 적을 맞아 싸우기 위해 썼던 가면을 벗고, 승리를 만끽한다. 승리한 신은 우리에게 뭐라고 말하는가?

우리는 그가 장중함 속에서 나타나리라고 기대한다. 장중함은 폭발한다. 우리는 또 그가 정의 속에서 나타나리라고 기대한다. 정의는 무시무시하다. 우리는 또 그가 너그러움을 보여주리라고 기대한다. 그는 아가우에의 뉘우침을 받아들일 것인가? 아니다, 그는 이를 뿌리친다. 아가우에를 위로하는 것과는 거리가 멀다. 아가우에는 자신의 잘못을 고백하고 애원한다. 하지만 비극적인 갈등의 끝에서 신이 인간에게 선고하는 판결은 "때는 너무 늦었다"는 것이다. "그대는 나를 너무 늦게 알았노라"라고 디오뉘소스는 말한다. 인간 아가우에는 다시 애원한다. 그렇지만 신에게서 듣는 대답은 오직 하나뿐이다. "나는 신이다."

상반된 평가: 신에 대한 부정 혹은 개종 선언

《박카이》를 어떻게 해석할 것인가? 이 작품은, 작품 내부에서도 분열이 심한 만큼 해석에 있어서도 의견이 분분하다.

몇몇 평론가들은 이 비극을 종교에 대한 에우리피데스의 격렬한 공격이라고 평가한다. 이들은 그와 같은 판단의 근거로 에우리피데스 작품 전반을 계몽주의, 합리주의(이는 이들이 사용하는 용어다)를 신봉하는 사도의 투쟁으로 볼 수 있다는 주장을 내세운다. 이와는 완전히 반대되는 견해도 있다. 반대파는 이 비극에서 신앙의 변명을 본다. 이들은 이 작품을 에우리피데스의 나머지 작품들과 비교하면서, 나이 든 시인의 개종을 증언하는 작품이라고 주장한다.

어쩌면 완전히 상반되어 보이는 이 두 주장은, 둘 중에서 하나만 맞다는 흑백논리를 적용할 경우가 아니라면 그릇된 주장이라고 할 수 없다.

무슨 말인지 좀 더 자세하게 설명해보겠다. 모든 비극은 어떤 의미에서는 현존하는, 또는 현존하는 것으로 보이는 세계에 대한 반항 행위라고 할 수 있다. 그런가 하면 모든 비극은 또 다른 의미에서는 겉으로 드러난 가상 뒤에 시에 의해서 드러나는 그렇게 되어야만 하는 세계, 아니 시에 의해서 드러난 세계에 대한 믿음 행위라고 할 수 있다.

에우리피데스가 《박카이》에 투사하고 있는 것도 바로 이런 맥락의 갈등이다. 등장인물 중의 어느 한 사람, 다른 사람은 제쳐두고 그 한 사람만을 시인과 동일시하려는 시도는 무의미하다. 에우리피데스는 그를 믿고 따른다고 고백하는 사람들과는 별개로 간주되는 디오뉘소스를 거부하는 사람이 아니다. 또 그 반대도 아니다. 그는 모든 등장인물들의 동시적인 구현이다. 인물들의 갈등 그 자체인 것이다. 그러니까 그는 비극 자체다……. 《박카이》는 그를 산산이 갈라놓는 칼, 그의 내부에 깃들어 있는 상처, 즉 결코 완전하게 채워지지 않는 신에 대한 욕망이라고 하는 상처를 가장 적나라하게 드러내 보인다.

에우리피데스는 따라서 펜테우스 한 사람만으로 대변되지 않는다. 이와 동시에 그는 펜테우스이기도 하다. 하지만 그는 펜테우스라는 인물 전체는 아니다. 시인을 그가 창조한 특정 인물과 동일시하는 것은 시적 창조의 본질을 이해하지 못하는 처사다. 비록 그 인물이 비극의 주인공이라고 하더라도 마찬가지다. 위대한 시인이라면 결코 어느 한 인물에만 자신을 완전히 투사하지 않는다. 그가 어떤 등장인물을 통해서 자신의 생각을 표현할 경우, 시인은 그 인물이면서 동시에 그가 이 인물에게 부여한 역할과는 또 다른 인물이라고 보아야 한다. 실물 인간들에게서도 이 점은 마찬가지다. 가령 아들에게서 아버지의 몇몇 특징을 발견할 수 있지만, 이 특징은 같으면서 동시에 엄연히 새로운 특징이라고 해야 마땅하다. 마찬가지로 하나의 등장인물은 새로운 창조이며, 이 인물에게서는 그를 창조해낸 작가의 그림자만 얼핏 찾아볼 수 있다.

펜테우스에게서 찾아볼 수 있는 에우리피데스의 그림자라면, 우선 왕이 신에게 부과하려는 질서와 이성의 요구를 들 수 있다. 펜테우스는 진정한 신이라면 얼마든지 받아들일 준비가 되어 있다. 그는 무질서나 영혼의 동요, 말도 안 되는 기적 속에서 모습을 드러내는 신은 사기일 뿐이라고 확신한다. 펜테우스는 불경한 자가 아니다. 에우리피데스는 그의 입을 통해서 신성의 존재에 대한 의혹이라고는 단 한마디도 새어나오지 않도록 각별히 신경을 썼다. 펜테우스는 당시 철학자들의 사고를 상기시키는 주장이라고는 입도 뻥긋하지 않았다는

말이다. 펜테우스는 신을 믿는다. 하지만 그가 보기에 정신착란이나 기적 같은 것은 인간의 어리석음의 산물일 뿐, 신의 존재와 신의 지혜와는 무관하다. 요컨대 그는 자신이 선한 의지로 도시를 다스리듯, 합리적으로, 이성적으로 세계를 지배하는 신을 믿었다. 그의 실증적인 정신, 그리고 국가수반으로서의 그의 지위는 디오뉘소스 숭배라는 신비주의적인 종교를 의심하게 만들었던 것이다. 수상쩍은 뤼디아인, 흥분한 무녀들과 대면해서 펜테우스는 정직하고 성실하게 국가의 존립 이유, 질서 원칙, 한마디로 이성과 공동체 의식, 상식을 상징했다. 펜테우스는 말하자면 신들도 상식적일 것을 요구했다. 신들도 자신과 같을 것을 요구했던 것이다. 신들에게 고작 그 정도만을 요구한다는 건 심각한 일이 아닐 수 없다. 하지만 정직한 인간이라는 척도에서 보자면, 많은 신들이 수준 미달일 수 있다.

펜테우스에게는 다른 면도 있다. 그는 그가 무찌르고자 하는 종교에 대해 저항하기 어려울 정도로 이끌리고 있었던 것이다. 그는 이 이끌림에 자기 나름의 합리적인 방식으로 저항한다. 끊임없이 박코스 신의 사도들의 주변을 맴도는 그의 방식은 과연 무엇을 의미하는가? 그는 이들에게 질문 공세를 퍼붓고, 산속에서 이들을 급습한다. 이는 새로운 종교에 대해 좀 더 근거 있는 판단을 내리기 위함일까? 아니면 그가 박해하는 이 종교에는 모호하지만 일말의 진실이 있으며, 그 진실이 자신과도 관련이 있다는 느낌 때문이었을까? 종교적 체험에 대해서라면 더할 나위 없이 단호하게 보였던(그런데 그런 일에 대해서 겉으로 보이는 것만큼 실제로도 그처럼 단호할 수 있을까?) 펜테우스는 이따금씩 그 진실을 향해 자석처럼 끌려가는 듯한 느낌을 받는다. 그는 그것이 무엇인지 이해하기 위해 집착한다. 그는 반드시 비밀을 캐

내고 싶어한다. 그의 이 같은 격정은 부분적으로는 합리적인 그의 자아가 종교적인 감성을 억압하고 있기 때문으로 설명될 수 있다. 게다가 그는 불행하게도 자신이 신에게 제기하는 질문에 실증주의자적인 색을 입힌다. 실증주의자적인 색채는 말하자면 그의 사고의 형태, 사고의 틀이다. 때문에 신은 그에게 얼버무리는 듯한 대답을 하거나 갑작스러운 설명 거부 같은 부정적인 반응만을 보인다.

"이 종교의 효용성은 어디에 있는가?" 왕이 묻는다. 이 질문에 신은 "너는 그것을 알 자격이 없다"고 반박한다.

"당신의 신은 어떤 분인가?" 왕이 또 묻는다. 이에 대해서는 "자기 마음대로지"라는 답이 돌아온다.

이러한 반응은 펜테우스의 비극을 이해하는 데 희한하게도 상당히 도움이 된다. 신의 신비에 대해 마음을 닫는 것은 인간인가? 아니면 신이 인간의 접근을 방해하는 것일까? 기적이 난무한다. 그런데 펜테우스만이 그 기적을 보려고 하지 않는 걸까? 아니면, 신 때문에 그는 기적에 대해서 무감각한 걸까? 뤼디아인은 디오뉘소스의 신비주의적인 실존에 대해 말한다. "지금 이 순간, 그는 내 옆에서 내가 얼마나 고통스러워하는지 보고 있다"고 말한다. 펜테우스는 "아니, 그가 도대체 어디에 있단 말인가? 내 눈에는 그가 보이지 않는데 말이네"라고 말할 수밖에 없다. 신이 그의 시야에서 벗어난다면, 그가 무슨 재주로, 어떻게 신을 볼 수 있겠는가? 다시금 기적이 일어난다. 자물쇠통이 떨어져 나가는 것이다. 신은 이제 황소의 모습으로 나타난다. 왕의 궁궐이 불길 속에서 무너진다. 왕의 눈과 귀는 이 모든 광경, 이 모든 소리를 기억에 새긴다. 하지만 신이 행하는 이러한 위업 앞에서도 정신은 여전히 열릴 기미가 없다……

　무슨 말을 할 수 있단 말인가? 어째서 신은 영혼의 눈을 여는 것이 아니라 닫기 위해서 그의 능력을 행사한단 말인가?

　우리는 이 대목에서 은총의 비극성이라는 주제와 만난다. 펜테우스는 기독교식으로 말하자면 은총을 입지 못했다. 신은 한순간, 앞에서 언급했던 그 장면에서 "모든 것을 화해로 이끄는 것은 지금이라도 가능하다……. 나는 너를 구하고 싶다"고 말하면서 그에게 은총을 내리려는 것처럼 보인다. 은총을 제안하나 실제로 내리지는 않는다. 은총이 신의 선물임을 감안할 때, 이는 결국 신이 은총을 거부했음을 의미하는 것이 아니겠는가? 아마도 펜테우스야말로 에우리피데스와 가장 가까운 인물일 것이라는 추측이 가능해지는 건 바로 이 대목에서다. 시인 역시 이해를 갈구한다. 그가 쓴 비극 작품은 삶에 종교적 의미를 부여하고, 삶을 신성한 현실 속에서 포착하려는 욕망을 드러내 보인다. 펜테우스처럼 에우리피데스 역시 신을 만나기 위해 때로는 폭력도 불사하며 앞으로 나아간다. 아마도 그의 천성은 펜테우스처럼 신비주의적 감정이라면 무조건 배제하는 무미건조한 천성은 아니었을 것이다……. 하지만 펜테우스처럼 에우리피데스도 신을 갈구하는 과정에서 저항하는 마음이 점점 커졌다기보다는 상대방, 즉 신이 문을 닫는다는 느낌을 받았을 수 있다.

　시인은 펜테우스 안에만 깃들어 있지 않다. 마이나데스로 이루어진 합창단은 물론 심지어 두 노인들까지도 비록 정도의 차이는 있을지언정 시인의 영적 삶의 한 축을 상징한다.

　두 노인에 대해서는 한 가지만 지적해두자. 그들이 지닌 신앙의 단호함 또는 순진함은 불안감에 사로잡힌 지성인 에우리피데스의 부러움의 대상이며, 안도감을 얻고 싶어하는 그에게는 가히 유혹적이라고 할 수 있다. 테이레시아스는 법 전문가이지만 신앙심에 관한 시험을 금지함으로써 그 대가로 마음의 평화를 얻었다. 카드모스는 나이는 들었지만 어린아이의 마음을 가지고 있으며, 일정한 의식을 수행하는 것으로 평안을 얻는 일종의 형식주의자였다. 이 두 노인이 누리는 평화, 드러난 진실을 받아들임으로써 다시금 누리는 젊음, 노년기의 에우리피데스는 무기력함에 빠져 있던 순간, 이러한 꿈을 통해 잠시나마 불안을 잊을 수 있었을 것이다……. 하지만 그는 두 인물에게는 아주 짧은 관심을 보인다. 그는 노인 요양소에서 편안한 여생을 보낼 부류가 아닌 것이다. 그가 카드모스나 테이레시아스를 부러워한 건 사실이지만, 자신이 이들과는 다른 부류의 인간임을 잘 알고 있었다. 두 노인의 순종적인 성격은 그가 생각하는 인간의 존엄성을 충족시키기에는 부족해도 한참 부족하다. 에우리피데스는 항상 부동적인 낙원은 피해왔다. 그렇기 때문에 그는 마이나데스의 합창단과 더불어 다시 여정을 시작한다.

《박카이》에서 감상하게 되는 합창 시는 에우리피데스의 작품 가운데서도 가히 독보적이다. 이 합창단은 서정주의의 정수이며, 동시에 하나의 등장인물이기도 하다. 이들이 노래하는 시는 극중 행위를 위에서 굽어보며 평온한 아름다움의 영역 속에 자리 잡는 것으로 만족하지 않는다. 합창단은 우리를 비극의 뜨거운 불길 한가운데, 에우리피데스의 마음 가운데에 자리하게 만든다. 합창단의 음성은 신의 세계로부터 나와 시인의 마음을 때리는 가장 강력한 부름을 우리에게 들려준다.

신은 여기에서 다른 무엇과 비교할 수 없는 강력한 힘으로 모습을 드러낸다. 틀림없이 의식의 신이 아니라 자연의 신, 이 세계의 신으

로 모습을 드러낸다고 보아야 한다. 신은 산속에 있다. 신은 산속에서 기적을 통해서 자신의 자유로운 행위, 창조적 행위를 보여준다. 신은 샘이 솟아나는 곳에, 짐승들이 뛰노는 곳에, 밖으로 드러나지 않는 숲과 산의 감춰진 일상 속에 있다. 신은 인간의 삶을 포함하며 그것을 뛰어넘는 풍성한 삶 자체다. 신은 보편적인 삶의 흐름이며, 인간을 그 흐름 속으로 이끈다. 모든 삶은 신성하며, 자연 속에서 살아간다. 녹색의 초원에서 뛰어노는 새끼 사슴, 고독한 숲 속에 그늘을 드리우는 나뭇가지들, 폭풍 속에서 뛰어다니는 박카이는 이런 것들이 주는 기쁨에 합류한다. 신은 이 모든 것이다. 다시 말해서 모든 피조물들의 교제다. 요동하는 산은 산이 거둬주고 있는 모든 존재들과 똑같은 신의 숨결에 의해 활기를 얻는다. 춤을 추는 대지와 포효하는 야수들도 신과 분리되어 있지 않다. 똑같은 흐름이 이들을 이어주며, 필요하다면 이 같은 교제를 단절시키려고 하는 자들을 상대로 반기를 든다.

오직 인간만이 자연으로부터 분리되어 살며, 바로 이것이 인간의 불행이다. 인간은 대자연의 가장자리에 자기만의 고립된 세계를 구축하고는 그것을 지혜라고 부른다. 그러나 이것은 신으로부터 분리되었으므로, 지혜가 아니라 광기라고 해야 마땅하다. 에우리피데스는 그의 작품 속에서 여러 차례에 걸쳐 광기의 수수께끼를 다루었으며, 광기를 분리라고 정의했다. 자연 속에서 모습을 드러내는 신으로부터 분리된 인간의 삶 전체가 그에게는 광기로 보였던 것이다.

그러므로 인간은 지혜 따위는 포기해야 한다! 이방인의 시에서 말하는 것처럼, "지혜는 지혜가 아니기" 때문이다. 앞에 나오는 지혜 (소위 인간의 지혜)에 중성적이며 매우 지적인 단어, 지혜에 인위적인 성격을 부여하는 단어 소폰(sophon)이 쓰인 반면, 두 번째 지혜에는 소피아(sophia), 즉 인간이 비판정신을 버림으로써 되찾게 되는 지혜가 쓰였음은 의미심장하다. 두 번째 지혜로 쓰인 단어는 특히 일상적으로 사용되는 오래된 여성 단어로, 살아 있으면서 생산적인 지혜를 가리킨다.

따라서 인간은 자신의 사고만을 고집하는 것을 멈추어야 한다! 시인은 인간이 자신의 영혼을 일행 속에 합류시켜야 한다고 말한다! 산속에서 벌어지는 박카이들의 신성하고 요란스러운 '연회'는 인간을 인간으로부터 멀어지게 함으로써 보편적인 삶의 주기 속으로 편입시키며, 인간에게 환희를 안겨줄 수 있다. 다시 말해서 신을 만날 수 있게 해준다. 춤추는 대지에서 짐승 가죽을 입고 나뭇잎 화관을 만들어 쓰고서 함께 춤을 추며 대지와 대지로부터 생겨난 사물들의 리듬 속으로 들어감으로써 인간은 진정한 지혜, 미친 자들의 광기에 도달할 수 있다. 스스로 미친 자, 즉 영감을 받은 자가 됨으로써 인간은 자기 안에서 신의 존재를 느낄 수 있다. 그렇게 되면 인간에게 자연은 놀라운 선물로 가득 찬 곳이 된다. 자연은 인간에게 포도주와 우유, 꿀을 내어준다. 하지만 무엇보다도 자연이 주는 풍요로움은 기쁨의 솟아남으로 표현될 수 있다.

박코스를 알게 되는 것은 기쁨과 만나는 것이다. 이것이 합창단이 부르는 노래의 주요 테마다. 춤추고 노래하는 기쁨, 피리 소리와 포도주를 즐기는 기쁨, 아프로디테와 뮤즈들의 즐거움. 이것이 지적인 지혜를 단념하고 소박한 마음으로 디오뉘소스를 받아들이는 자들에게 열리는 삶이다.

자연, 즉 고대인들의 정서에 따르면 신의 피조물이 아니라 신성 그

자체인 자연과의 교감 속에서 기쁨을 발견하려는 이 같은 종교를 우리는 범신교라고 부른다. 사실 진정한 종교적 감정을 선사하기만 한다면 이름이야 뭐 그리 대수겠는가. 나는 에우리피데스가 "신이 우리 안에 있다"고 하는 이 같은 신성, 이 같은 열광(가장 충만한 의미로서의 열광)에 도달했으며,《박카이》에 등장하는 합창단이 노래하는 시의 힘을 빌려 우리들까지 그리로 인도하려 한다고 확신한다. 신의 존재에 대해 끝까지 저항하던 이성적이고 합리적인 그의 천성은 합창단의 흐름 속에 떠내려가 버렸다. 이 작품에서 신의 존재로 인해 순간적으로 충만함을 느끼는 영혼의 울림을 들을 수 있다는 나의 감상은 크게 잘못되지 않았으리라 확신한다. 이 점은 비극의, 에우리피데스의 또 다른 축이기도 하다.

신의 정의를 묻다

그런데 시인의 이러한 믿음은 비약일까, 비약을 목전에 둔 순간적인 확신일까? 그걸 알기 위해서는 마지막으로 디오뉘소스라는 인물을 살펴보아야 한다. 작품 속에서 보이는 그의 행동을 분석하고, 그것이 우리 안에서 촉발시키는 감정에 대해서 따져보아야 한다.

　자연에 생기를 불어넣는 신은 인간의 세계에서도 작용한다. 인간의 세계라고 하는 것은 분명 존재한다. 에우리피데스는 인간적인 것에 지나치게 집착한다. 그의 마음은 우리 인간의 비참한 조건 때문에 크게 상처를 입은 나머지 인간의 세계가 따로 있으며, 그 세계는 신의 주목을 받을 권리가 있다고 항의할 엄두를 내지 못한다. 인간들이 나름대로 세운 세계의 정당성을 그가 부인하는 경우가 있을지라도 그건 앞에서 말한 자연주의적 신비주의에 도달한 순간에만 잠시 그럴 뿐이다. 그러므로 디오뉘소스가 받아들여지느냐 거부되느냐는 어디까지나 인간 세계에서의 그의 행동에 달려 있다.

테바이에는 지극한 사랑으로 결합된 인간 가족, 즉 할아버지, 어머니, 아들로 이루어진 가족이 살고 있었다.

이 가정에서 신이 태어났다. 가족들은 그를 신으로 인정하지 않았다. 아가우에는 코웃음치고, 펜테우스는 박해했으며, 카드모스만이 헌신적이었다. 그래서 신은 가족들이 자신을 신으로 인정하게 만들기로 했으며, 이를 믿지 않을 경우엔 벌을 내리기로 결심했다.

신은 여러 차례에 걸쳐서 자신의 신성을 증명하는 신호를 보냈다. 그의 전능함을 보여주는 신호들이었다. 신의 정의와 신의 선함, 요컨대 신의 인간미를 보여주기 위해 그가 사용한 신호는 어떤 것들이었는가? 사실 그 신호들을 찾아내기란 쉬운 일이 아니다. 그것은 불확실하고 순간적이기 때문이다. 그의 표시는 너무나 모호하다. 틀림없이 디오뉘소스는 처음부터 펜테우스를 죽이려고 마음먹지는 않았을 것이다. 그는 가면 속에 모습을 감춘 채로 펜테우스 앞에 나타났다. 디오뉘소스는 그에게 경고를 보냈고, 위협도 했다. 그리고 참을성 있게 기다렸다. 감옥에 갇혔을 때에도 신통력을 발휘하려고 하지 않았다. 대신 그는 새로운 신호들을 보냈다. 인간이 신이라는 자명함 앞에서 눈을 뜨기만 한다면, 신은 인간을 구원해줄 것이었다. 하지만 펜테우스는 그가 보내는 신호들에 대해서 말하자면 실명(失明) 상태였다. 그렇기 때문에 신은 그를 벌하였다. 여기서 실명 상태란 신에 대한 거부의 다른 표현이며, 이는 돌이킬 수 없는 범죄 행위다. 아니, 어느 신이 되었건 신을 거부한 고집스러운 영혼의 소유자였기

때문에 그가 벌을 받은 건 아니다. 펜테우스는 신을 섬기는 경건한 자였으며, 따라서 그는 무신론자이기 때문에 벌을 받은 것이 아니다. 그는 다른 신이 아닌 디오뉘소스 신, 사람들 사이에서 태어나 신으로 제시된 그를 거부했기 때문에 벌을 받았다. 다른 어느 종교에서도 일단 태어나서 신으로 제시된 신을 거부할 경우 벌을 받지 않겠는가? 게다가 영원한 형벌도 있다. 그것을 신의 정의라고도 부른다. 하지만 그 정의는 에우리피데스의 믿음을 격분하게 만든다.

아가우에는 어떤가? 또 카드모스는? 아가우에는 신에 대해서 지나치게 서두르고, 입을 잘못 놀렸다가 벌을 받았다. 그 때문에 디오뉘소스는 처음엔 아가우에에게 정신이 나간 상태에서 자신의 죄를 고백하게 하고, 그런 다음에 아들을 죽이게 했으며, 자신의 손으로 죽인 아들의 머리를 손에 쥐는 처참한 형벌을 가했다. 한편 헌신적인 카드모스는 불경한 자들이 받는 벌 속에서 산다. 신의 전지전능함은 이처럼 무제한적인 자유 속에서 발현된다.

에우리피데스는 선택을 하지 않을 수 없다. 작가로서의 경력을 쌓아가는 동안 이처럼 갈림길에서 망설이는 그의 모습을 우리는 자주 보아왔다. 신이란 곧 전지전능함이며, 전지전능함이 신을 정당화하는 요건이라면, 디오뉘소스는 분명 정당화될 수 있다. 그가 어떤 행동을 하건 말이다. 소포클레스도 말했듯이, "신들이 무슨 짓을 하건 그건 악이 아니기" 때문이다. 이렇게 되면 신앙은 일종의 신성한 공포, 제동장치라고는 없는 힘에 의해서 좌지우지된다고 느끼는 불안, 두려움이 될 수도 있다. 신은 우리에게 죽음을 부여할 뿐 아니라, 우리를, 우리와 더불어 이 세계를 춤추게 하고 노래하게 하는 본질적인 힘이다. 신은 사는 기쁨, 쾌락이며 동시에 고통이다. 신은 우리를 두

려움에 떨게 만드는 눈부신 신비다. 그러니 에우리피데스는 질서정연하고 이성적이고 명쾌한 정의로 이루어진 세계를 버리고 광기의 신과 총체적인 흐름 속에 자신을 맡기는 동물적인 기쁨만이 중요시되는 박코스 행렬에 합류하는 길을 택할 것이다.

그런데 신 또한 행동에 있어서는 우리의 정신을 지배하는 법칙, 우리 의식을 지탱하는 정신의 법칙에 따라야 한다고 할 때, 다시 말해서 신은 그 자신이 윤리 의식이며, 불완전한 인간의 발 아래에 놓인 혼돈의 심연이 아니라 불완전한 인간이 추구하는 완벽성의 표현이라고 한다면, 우리 안을 확실하게 비춰주는 빛이며, 정의와 사랑의 상징이라고 한다면, 과연 디오뉘소스에 대해서는 어떻게 생각해야 하는가?

《박카이》에서는 신이 삶의 충만함인 동시에 가장 고결한 의식의 완벽한 이미지여야 한다는 이중적인 필요 사이에서 갈피를 잡지 못하고 고민하던 에우리피데스가 더 이상 견디지 못해 무너지는 순간들이 눈에 띈다. 이러한 순간은 극이 전개될수록 자주 등장한다. 디오뉘소스가 시인이 제시하는 두 가지 필요 중의 어느 한 가지에라도 미치지 못할 때, 거의 예외 없이 그렇다. 가령 디오뉘소스가 비극의 하늘에 나타나 그의 비인간적인 신성을 자랑하는가 싶더니 갑자기 고통 받는 피조물들에 대한 사랑(윤리적인 요구에 의해서일 수도 있다)에 떠밀릴 때면, 에우리피데스는 눈길을 돌린다. 그는 그 같은 신은 거부하는 것이다.

솔직히 아가우에가 아들의 머리라는 걸 까마득히 모른 채 양손으로 머리를 들고 무대에 나타나는 장면부터 우리는 에우리피데스가 이건 아니라고 말하리라는 걸 직감할 수 있다. 또 자신이 아들을 죽

였음을 알고 아가우에가 비명을 지르는 장면에서도 시인의 인간미는 신의 비인간성에 반기를 든다. 아니, 신들이 인간보다도 못하단 말인가? 그때 디오뉘소스가 나타나 설명한다. 아가우에도 지지 않고 평가한다. 자신에게 벌을 내린 신 앞에서 아가우에는 당당하게 말한다.

"신들은 아무리 진노했다고 해도 우리 인간들처럼 행동해서는 안 된다."

확실히 이 구절은 남용된 감이 없지 않다. 비극 전체의 의미를 규정하기 위해 이 구절을 내세우는 것은 이 구절을 남용하는 것과 다르지 않다. 게다가 에우리피데스를 바보로 만들고 이 작품을 신앙에 항거하기 위해 급조된 기계 장치 정도로 폄하하기 위해서라면 더더욱 그렇다. 주어진 순간에 아가우에가 느꼈을 심정을 정확하게 표현하고 있는 이 구절은 에우리피데스의 사고가 잠시 머물렀던 한순간을 표현할 따름이다. 물론 이 순간은 결정적인 순간이다. 이후 극의 양상은 달라진다. 기로에 서 있던 에우리피데스가 마침내 선택을 한 것이다.

에우리피데스는 격정적으로 신앙을 갈구했다. 그의 작품이 이를 입증한다. 그는 또한 신앙심을 가진 사람이었다. 작품 《박카이》에서 그는 전지전능함을 통해 발현되는 신의 위대함을 포착했다. 하지만 인간미, 고통에 대한 연민, 윤리 의식(인간에 대한 믿음이라는 말로 요약해도 되지 않을까?)은 그로 하여금 또 다른 이 신앙, 다시 말해서 스스로가 신이 되어야 하는 이 신앙을 확신하지 못하게 만들었다. 《박카이》는 에우리피데스가 신성에 가장 가까운 곳까지 도약할 수 있도록 끌어올린 작품이다. 동시에 이 작품은 그에게 가장 고통스러운 추락이었다. 하지만 신 앞에서 이처럼 당당하게 버티는 것을 추락이라고 해야 할까? 그는 그가 경험한 신의 존재를 부정하지 않는다. 그는 그

신이 너무도 확연하게 존재한다는 것을 잘 안다. 다만 그 신이 자신과는 무관하다고 말하고 싶을 따름이다. 어쩌면 그는 또 다른 신을 기다리는 걸까?

아니면, 그는 또 다른 신을 지니고 있는 건 아닐까? 그의 작품 전체를 인간에 대한 순수한 사랑으로 불타오르게 하는 이 내면의 불길은 과연 무엇일까?

에우리피데스의 어떤 비극 작품도 삶의 모든 부름을 향해 열려 있는 이 작품만큼 의미심장하지 않다. 플라톤이 온 영혼을 다해 철학자이기를 원했듯이, 에우리피데스가 얼마나 '온 영혼'을 다해 시인이었는지를 이 작품보다 더 잘 보여주는 작품은 없다. 그는 자신이 창조한 인물들을 통해서 자신의 천성과 반대되는 힘마저도 당당하게 발산한다. 실존을 위해서 아무리 격렬하게 상반되는 요구들이 필요하다고 해도, 그는 당당하게 이 모든 요구를 감수한다. 그는 그 요구들 중에서 어느 것도 부정하지 않으며, 이 힘든 긴장을 감내하기 때문이다. 요컨대 그는 비극 시인이기 때문이다.

chapter 4

투퀴디데스와
도시국가들 간의 전쟁

그리스 쇠락의 대장정에서 나름대로의 역할을 수행하기 위해, 명철하고 올곧은 판관이며 고대 세계, 아니 모든 시대를 통틀어 가장 위대한 역사가 중의 한 사람인 투퀴디데스가 등장한다.

  르네상스 시대에 오면 그는 거의 잊힌 존재가 된다. 16세기는 고대는 물론 우리 시대에 있어서도 위대한 판관인 투퀴디데스의 엄격성보다는 대지 위에 난 길이란 길은 거의 모두 섭렵한 헤로도토스의 아기자기하고 풍성한 조사를 선호하는 경향을 보였다. 몽테뉴와 라블레는 투퀴디데스라고 하는 이름조차 알지 못했다. 그 후《보편적 역사론》을 쓴 보쉬에와《루이 14세의 세기》를 쓴 볼테르는 투퀴디데스가 제시하는 역사 법칙의 개념에 대해 어떻게 생각했을까? 보쉬에는 인류의 역사가 신에 의해 예정되어 있다는 주장을 폈으며, 볼테르에게 역사는 왕의 의지의 표현이었다.

그러다가 박식한 19세기는 박식한 방식으로 투퀴디데스를 망각 속에서 끌어냈다. 19세기 학자들은 투퀴디데스의 발명품 중 하나라고할 수 있는 과학적 역사, 즉 과거에 대한 객관적인 학문을 인정했다. 이로써 투퀴디데스는 19세기의 후손인 우리에게 절대적 역사가, 순수 객관성으로 군림하게 되었다.

사실 이 표현은 약간의 뉘앙스만 제외한다면, 전적으로 맞는 말이다. 첫째, 우리가 살고 있는 역사는 우리에게 절대적인 객관성은 믿을 수 없는 환상에 불과하다는 사실을 가르쳐준다. 특히 자신이 경험한 역사, 자신이 겪은 전쟁을 기록하는 역사가에게는 더욱 그럴 수밖에 없다. 그러니 거두절미하고, 투퀴디데스는 고대라고 하는 시대, 그의 성격, 그가 받은 교육 등이 허락하는 한도 내에서 대단히 공정한 역사가였다고만 말해두자.

다른 한편으로, 투퀴디데스는 역사가로만 한정지을 수 없다. 그는 무엇보다도 위대한 예술가이기도 했다. 그는 《펠로폰네소스 전쟁사》를 마치 극본을 쓰듯이 세 개의 막으로 구분해서 저술했는데, 실제로 이 전쟁은 세 개의 막으로 나뉘어서 진행되었으며, 투퀴디데스 자신도 전쟁이 전개되는 추이를 관찰하면서 이 사실을 발견했다. 이 거대한 드라마에서는 네다섯 명의 주인공이 전면으로 부각된다. 도시국가들 간의 전쟁은 셰익스피어식 극처럼 수많은 등장인물들의 반목과 갈등을 통해서 전개되지 않는다. 이 전쟁 드라마는 그리스 비극의 효율적인 기법, 다시 말해서 네다섯 명의 개인(아테나이 출신이 네 명이다)이 드라마 전체의 의미를 밝혀간다. 물론 잊을 수 없을 만큼 강렬한 특징으로 그려지는 민중 속의 인물들도 빼놓을 수 없다.

《펠로폰네소스 전쟁사》의 두 인물, 니키아스와 클레온

투퀴디데스가 초상화를 그리는 기법을 좀 더 구체적으로 설명하기 위해 아테나이 출신 두 인물의 경우를 보자. 이들이 지닌 여러 얼굴들 중에서 그가 가장 공들여서 묘사하는 얼굴을 보면 나머지 얼굴들은 더 이상 살펴볼 필요조차 없어진다. 중복 기술을 피하려는 역사가라면 누구나 필사적으로 매달리게 마련인 선택의 원칙을 투퀴디데스는 다른 역사가들과는 비교도 할 수 없을 정도로 철저하게 물고 늘어졌다. 덕분에 그가 선택한 이 인물들(선적으로, 그러나 매우 엄격한 방식으로 묘사되었다)은, 도시국가들 간의 전쟁 기록의 모범인 그의 저술을 통해서 모든 민주주의 또는 유사 민주주의 체제에서 활동하는 정치가의 상징적인 이미지로 부상했다.

아테나이 보수파의 지도자였던 니키아스는 교양인이었다. 아니 적어도 그는 이 명성을 중요하게 생각하고 이를 지키기 위해 애쓴 인물이었다. 그의 지성으로 말하자면, 장군으로서의 일상을 근근이 수행할 정도였으므로, 그다지 뛰어나다고는 할 수 없었다. 그런데 투퀴디데스의 표현처럼 "전쟁이란 예측할 수 없는 상황의 연속"이다. 따라서 정치가는 이러한 돌발적인 상황, 이러한 우연에 대처할 수 있어야 한다. 니키아스는 예측할 수 없는 우연을 고려하는 것이 아니라, 말하자면 우연으로 하여금 자기 대신 결정을 하게 한 것으로 보인다. 그가 늘 결정을 미루는 탓에 매사가 어쩌다 보니 그렇게 전개되었다는 말이다. 그러니 그는 지성만 결여된 것이 아니라 추진력도 부족했다고 볼 수 있다. 피곤에 지친 듯한 그에게서는 모든 것이 속도감이라고는 없이 서서히 진행되었다. 이렇게 된 데에는 나이와 질병이 부분적으로 작용했으리라고 짐작할 수 있다(아테나이인들에게 자신의 소환

덱실레오스의 묘비, 아테나이의 케라메이코스.
기원전 394년 제작. 독일 고고학연구소. E. M. 차코 사진.

을 요청하는 편지에서 니키아스는 자신이 앓고 있는 신장염과 그가 이끄는 시켈리아 원정대의 패배에 대해서 사과한다). 하지만 그의 약점은 이보다 선천적인 데에서 찾아야 한다. 니키아스는 원래 소심한 성격이었다. 명예를 얻기 위해 정당의 지도자, 군대의 사령관이라는 묵직한 책임이 따르는 역할을 맡았던 그는 늘 자신이 이끄는 아테나이인들에 대한 두려움 때문에 활동이 마비되곤 했다. 고질적인 우유부단으로 인해 그는 늘 가장 느리게 해결되는 방식을 택하는 것으로 보였다. 마치 목표에 도달할까 봐 겁을 먹은 사람 같았다. 그가 행동에 나선다면, 그건 언제나 한 발 늦었을 때였다. 쉬라쿠사이(시라쿠사)에 머물면서 포위 공격을 강력하게 밀어붙여야 할 때, 니키아스는 아테나이인들에게 자신을 소환해달라고 청했다. 반대로 아테나이 군대가 위험한 상황에 빠져 지체 없이 퇴각을 해야 할 때, 니키아스는 아무 생각 없이 그대로 있을 것을 명했다. 게다가 그는 애국심으로 충만(비록 조국의 구원과 자신의 영예를 자주 혼동하기는 했지만)하고, 경건한(심지어 미신적일 정도였다) 아테나이의 유서 깊은 집안 출신이었다. 교양인으로서의 덕목을 갖추었다고 해서 그가 나약한 인간, 정치판에서의 명성에만 좌우되는 인간이라는 사실까지 감추어지지는 않는다. 투퀴디데스는 그에 대해서 이따금씩 찬사 섞인(그는 군인으로서의 용기를 갖추었다. 그는 불명예스러운 죽음 앞에서도 용기 있게 죽을 줄 아는 자다 등) 초상화를 그려 보이는데, 그가 니키아스에게 보내는 찬사에는 늘 약간의 유보 조항이 붙어있다. 가령, 별로 중요하지 않은 내용을 기술하다가 다음과 같은 구절을 덧붙이는 식이다. "니키아스는 지나치게 미신 또는 그런 종류의 것들에 집착하는 경향이 있다." 여기에서 "지나치게"라고 하는 말은 투퀴디데스의 붓끝에서는 매우 신랄한 뉘앙스를 풍긴다. 그는 니

키아스가 미신적이라는 걸 숨겨줄 마음 따위는 아예 없는 사람이기 때문이다.

결론적으로 투퀴디데스는 니키아스에게 일종의 모범 행동 증명서에 해당하는 평가를 내려준다. 그러면서 그는 보수주의로 똘똘 뭉친 니키아스라고 하는 인간이 부하들은 적군에게 모두 포로로 잡히고, 그 자신도 처형을 당하는 전혀 명예롭지 못한 최후를 맞았음을 꼬집는다. 이 같은 평가에는 위대한 지도자가 되기 위해서는 교양인의 자격을 갖춘 것만으로는 충분하지 않다는 주장이 깔려 있다.

니키아스의 대척점에 있는 사람이 클레온(또는 알키비아데스)이다. 두뇌 회전이 빠른 냉혹한 논리학자 클레온을 전혀 좋아하지 않았던 투퀴디데스였지만, 역사 기술과 관련한 자신의 철학을 다른 사람이 아닌 클레온의 몇몇 연설을 통해서 명문화하는 영예를 선사했다. 투퀴디데스는 페리클레스의 연설을 이용해서 자신의 의견을 개진한 적도 있다. 클레온은 거대 제국은 불의에 의해서만 건설 가능하고 지속 가능하다는 사실을 잘 알고 있었다. 그는 권력을 행사하는 국가들이 자신들에게 반기를 드는 도시들의 손을 들어준다면 이는 매우 큰 위험을 동반할 수밖에 없으며, 따라서 갑작스럽게 정의롭고 인간적이며 관용적으로 변하는 사치를 부려서는 안 된다고 주장했다. 아테나이는 아닌 게 아니라 속국이었던 뮈틸레네가 항거하자 정의와 제국, 뮈틸레네냐 아테나이의 생존이냐, 양자 중에서 택일하는 방법 외에 다른 도리가 없었다. 이때 클레온은 본보기를 보일 겸 뮈틸레네의 항거를 유혈 진압할 것을 제안했으며, 덕분에 그리스 전역에 아테나이의 이름으로 공포를 확산시킬 수 있었다. 하지만 지나치게 엄격한 논리만 앞세우는 클레온의 연설에는 뉘앙스가 부족했다. 연설가의 달변과 논리 정연함은 현실을 감안할 때 도발적인 면이 없지 않았으며, 이는 클레온이 아무리 현실적이어야 할 필요성을 강조해도 달라지지 않았다. 클레온은 일종의 교조주의자, 급진주의자로서, 머릿속에 이미 꽉 짜인 체계가 들어앉아 있기 때문에, 경험을 통해서 얻은 가르침이 그 체계를 비집고 들어설 여지라고는 없었다. 남들에게 끊임없이 훈계를 늘어놓는 반면, 남들의 충고는 전혀 받아들이지 않는 그에게서는 권위적이고 학자연하는 지식인 냄새가 났다. 뮈틸레네에 대한 그의 논고를 놓고 사람들은 그것이 "허영심 많은 교육자의 연설"이라고 평가했다. 요컨대 그는 경직되고 편파적인 지성의 소유자였던 것이다.

하지만 클레온은 지성 외에 다른 덕목도 지니고 있었는데, 그중에서도 특히 놀라운 에너지와 아무도 제어할 수 없는 자만심을 꼽을 수 있다. 강철같은 건강과 엄청난 활력이 그의 폭력성을 통해서 분출되는데, 이는 매력적인 요소로 작용할 수도 있고, 반대로 거부감을 일으키기도 한다. 클레온은 폭력을 두려워하지 않았으며, 오히려 숭배하는 편이었다. 그를 가리켜 투퀴디데스는 인기 있는 연설가들 중에서 "가장 폭력적"이라고 평가했다. 그는 항상 새로운 처형을 요구했다. 민간인 학살, 가혹한 보복 등이 그가 늘 주장하는 것이었다. 사실 이 구제 불능의 폭력 숭배자는 아무것도 두려워하지 않았다. 명예를 중시했던 니키아스와는 대조적으로 그는 불명예조차도 두려워하지 않았으며, 죽음마저도 두려워하지 않았던 덕분에 죽음을 통해서 명예를 회복할 수 있었다. 클레온은 말하자면 비겁자가 되는 것도 두려워하지 않은 인물이었다. 가령, 암피폴리스 전투에서 투퀴디데스는 그가 '애초부터' 꽁무니를 빼기로, 무슨 수를 써서라도 목숨을 부지

하기로 작정하고 있었다고 지적했다. 아닌 게 아니라 그는 대부분의 병사를 이끌고 도망친다. 이 같은 행동으로 뒷날 무슨 말을 듣게 될지에 대한 염려 따위는 안중에 없었다. 그는 말 많은 자들의 입쯤은 얼마든지 다물게 할 수 있었던 위인이었다.

투퀴디데스가 풍자적인 어조로 기술하는 한 장면을 보자. 이 장면에서 투퀴디데스는 민회에서 대립하는 클레온과 니키아스를 묘사한다. 니키아스는 막강한 함대와 병사들을 거느리고 있으면서도 스팍테리아 섬에 고립되어 있는 몇 명 안 되는 스파르타인들을 항복시키지 못하고 시간만 질질 끌고 있었다. 클레온은 "장군들(그는 몸짓으로 니키아스 쪽을 가리켰다)이 제대로 된 남자였다면……" 상황은 이미 오래전에 종료되었을 거라면서 목청을 높였다. 그가 만일 사령관이었다면…… 니키아스는 이 말에 사령관직을 내놓고 그 자리를 맞수인 클레온에게 제안했다. 클레온은 잠시 당황하는 눈치였다. 이 광경을 지켜보던 청중들은 재미있어 했다. 니키아스는 다시 한 번 제안했다. 그러자 정신을 차린 클레온은 연단으로 올라갔다. 그는 몇 안 되는 보조 인력만 내어준다면 스무날 안에 라케다이몬(스파르타) 포로들을 산 채로 아테나이로 데려오거나(이런 일은 한 번도 본 적이 없었다) 섬 안에서 모조리 죽이겠노라고 큰소리쳤다. 연단 아래 있던 사람들은 그의 오만불손한 언사를 비웃었다. 하지만 클레온은 약속을 지켰다. 니키아스라고 하는 거만한 귀족의 처신에 민중의 건강한 활력으로 자처하는 클레온의 '배짱'이 맞섰다.

클레온은 자신의 이러한 천성과 의심할 바 없는 힘을 공공의 이익을 위해 사용하되, 반드시 대가를 요구했다. 물론 클레온은 영리한 도박사 알키비아데스 같은 배신자는 아니다. 클레온은 아무리 그가 힘이 있다지만, 조국을 배신할 만큼 강하다고는 생각하지 않았다. 그는 어디까지나 '애국자'이며, 어떤 의미에서는 가장 예민한 부류에 속한다고도 말할 수 있다. 그는 자신이 '애국심'을 독점하고 있음을 그리스인들에게 납득시키려고 애를 썼다. 하지만 그의 애국심이라는 것은 순수함과는 다소 거리가 있었다. 클레온은 권력(투퀴디데스는 돈이라고는 말하지 않았다. 반면 아리스토텔레스는 그가 돈을 좋아하는 인물이라고 평했다)을 자신의 고향 도시만큼이나 사랑했다. 그가 아테나이를 모험 속으로 몰아갔다면, 그건 전쟁 상태, 전쟁으로 인한 소요와 혼돈 상태가 그에게는 기회가 될 수 있었기 때문이다. 즉 자신의 정적들을 무찌르고 개인적인 권력을 강화할 수 있도록 해주기 때문이었다. 좀 더 노골적으로 말해서, 클레온의 성정은 전쟁의 폭력과 원래 타고난 선천적인 폭력과 궁합이 잘 맞았다고 표현할 수 있겠다. 아니, 무의식적으로라도 클레온이라는 인물에게서는 지성이 오로지 저항심, 반발심, 무질서를 도발하기 위한 목적에서, 정치적 현실에 지나치게 경직된 '계획들'을 강제하지 않았는지 자문해볼 수 있다. 그래야만 그가 선호하는 폭력적인 요구가 관철될 수 있으니 말이다.

이렇듯 투퀴디데스의 인물들은 위대한 소설가에 의해 창조된 인물들과 마찬가지로 우리에게 끝없이 질문하게 하고, 설명을 요구하게 만든다. 사실 그것이야말로 살아 있는 존재들이 자신을 확인하는 방식이 아니겠는가.

투퀴디데스의 뛰어난 기술에 대해서 이야기를 하자면 끝이 없을 것이다. 그러니 한 가지만 더 말하자. 그가 고안해낸 희한하면서 주목할 만한 스타일은 그의 사고방식과 절묘하게도 잘 맞아떨어진다. 투퀴디데스는 이항대립적인 리듬으로 생각하고 글을 썼다. 그의 글

기원전 5세기 말엽에 만들어진 긴 원통형 흰색 단지. 아테네 국립박물관. 세라프 사진.

에서 모든 것은 대칭적인 구조를 통해서 표현되는데, 이따금씩 '비대칭적인' 요소들을 삽입시킴으로써 다양화를 꾀하고 우리의 주의를 끌며, 지나치게 단조로운 말장난이 될 수도 있었을 글에 생기를 불어넣는다. 요컨대, 투퀴디데스는 변증법적으로 생각하고 글을 썼던 것이다. 그는 진실에 도달하기 위해 끊임없이 자신과 내면의 대화를 이어갔다. 그 대화는 지나치게 압축적이고 밀도 높으며 일견 모순되는 것들이 집약되어 있어서 처음엔 모호한 것처럼 보이는 문장들을 따라서 계속 이어지다가, 어둠과 빛이 교차하는 이 미로 같은 길을 함께 따라 걷기로 결심한 독자들에게 어느 순간 문득 명확해진다. 투퀴디데스에게는 단순하고 일의적인 인물이나 상황은 거의 없다. 각각의 존재는 항상 보이지 않는 이면을 지니고 있게 마련이다……. 마지막으로, 투퀴디데스는 우리에게 아테나이인들과 그들의 적군들 사이에 벌어진 전쟁 이야기만 들려주는 것일까? 아니다. 투퀴디데스의 글은 이처럼 매서운 대화를 통해서 우리에게 가장 절실하게 필요한 재화(빵, 자유, 영예 등)를 차지하느냐 빼앗기느냐, 이 문제로 우리를 이끌어간다. 때때로 논쟁의 긴장감은 대리석처럼 찬란하면서 묵직한 촌철살인 같은 문장으로 귀착된다. 사다리처럼 단순하면서 곧은 문장, 가령 페리클레스가 아테나이 시민들에게 던진 보석 같은 문장 하나는 백 문장보다 빛난다. "행복은 자유 안에 깃들어 있고, 자유는 용기 안에 깃들어 있음을 안다면, 전쟁의 위험과 당당히 맞서라."

신을 배제하고 사실에 근거한 최초의 역사 기록
투퀴디데스의 역사에는 또 한 가지 주목할 만한 특성이 있다. 그가 기

록한 역사는 유용하고자 하며, 작가 자신이 직접 그렇게 말한다. 그가 서문에 써서 유명해진 문장에 따르면, 그는 '한순간의 즐거움'을 독자들에게 선사하기 위해 글을 쓰는 것이 아니다. 그의 저술은 '영원을 위한 산물', 즉 미래 세대를 위해 제공하는 재산이다. 어떻게 그럴 수 있는가? 투퀴디데스는 역사의 법칙이 존재한다고 믿으며, 이 법칙은 얼마든지 이해 가능한 것이다. 그 법칙들을 안다는 것은 역사의 토대 위에서 행동할 수 있는 능력을 습득하는 것이다. 물리학 법칙을 알면 물리적인 세계, 즉 자연을 정복할 수 있는 것과 같은 이치다. 투퀴디데스는 아테나이 시민들을 위해, 아테나이의 주권자들을 위해, 정치가들에게 역사라고 하는 틀 위에서 개인과 민족을 행동하게 만들어주는 법칙을 알려주기 위해 글을 썼다. 이것이 그가 미래의 인간들에게 제공하는, 미래의 인간들이 그들의 이성에 따라, 도시 전체의 이익을 위해 사용하게 될 '영원을 위한 산물', '재산', '보물'이다.

그가 역사에 대해 갖고 있는 이 같은 개념, 더구나 그가 합리적이기를 원하는 이 개념은 진기한 내용 같은 것은 철저하게 배제하는 투퀴디데스식 서술을 낳는다. 이 같은 역사와 헤로도토스식의 역사 사이에 존재하는 엄청난 차이를 대번에 간파할 수 있다. 진기한 내용들이 헤로도토스의 매력적인 저서 《히스토리아이》에 차고 넘치는 것은 결코 우연이 아니다. 저자의 신앙심이 사건의 추이 속에 마음 내키는 대로 신성을 개입시킨 결과이기 때문이다. 신의 행위는 역사 법칙에 따른 행위를 중단시킨다. 이렇게 되면, 투퀴디데스의 견해로는 학문 자체가 불가능해진다. 흔히 투퀴디데스는 무신론자였다고들 한다. 모든 학자는 무신론자일 수밖에 없다. 신을 살피지 않는다는 의미에서 그렇다. 그러므로 그가 주장하는 유용한 역사의 저변에는 하나의 가설이 깔려 있으며, 그 가설은 합리주의적인 가설이다. 역사의 법칙은 원칙적으로 우리의 이성의 법칙과 합치된다는 가설이다.

민중들에게 이성을 말하기 위한 노력이라는 관점에서 보자면, 투퀴디데스는 아낙사고라스, 레우킵포스, 데모크리토스, 힙포크라테스처럼 쟁쟁한 동시대인들과 어깨를 나란히 한다. 이들은 합리적인 토대 위에서 인간에게 유용한 학문을 수립하려는 원대한 계획을 세운 세대에 속하기도 한다. 투퀴디데스는 이들 학자들, 이들 사상가들로부터 지대한 영향을 받았다. 그는 모든 면에서 계몽주의 시대가 낳은 아들이었으며, 대표 주자였다. 투퀴디데스는 레우킵포스의 말을 오래도록 숙고했다. "우연에 의해서 생겨나는 것은 아무것도 없다. 모든 사건은 합리적인 원인의 결과로, 필연성의 지배하에서 발생한다." 그는 힙포크라테스와 그의 동료 의사들로부터는 더 큰 영향을 받았다. 아테나이를 비롯한 도처에서 처음으로 발생한 페스트에 대해 기술하면서 그가 사용한 의학 용어들이 이를 입증한다. 역사 법칙이라고 하는 개념조차도, 레우킵포스 학파나 데모크리토스 학파에서 사용하는 기계적인 개념에 비해서, 힙포크라테스 학파의 개념에 훨씬 가까이 접근하고 있다. 법칙 연구에 있어서 투퀴디데스는 힙포크라테스와 마찬가지로 상대적 법칙이라는 개념에 도달한다. 그가 서문에 쓴 문장을 보자. "내 저술이 과거에 일어난 사건들과 인간의 정념이 언젠가 초래하게 될 유사한 사건들에 대해 명확한 견해를 얻고자 하는 사람들에게 유용하다면 그것으로 충분하다."

투퀴디데스의 독창성은 엄밀한 의미에서의 과학, 즉 물리학과 의학의 정신과 방법론을 진기한 내용들이 여전히 득세하고 있는 역사라고 하는 분야에 접목했다는 점에서 찾아야 할 것이다. 소크라테스가

윤리를 학문으로 만들고자 시도했던 것처럼 투퀴디데스도 역사를 정밀 과학 또는 정밀 과학에 근접한 학문으로 만들고자 했다. 이것만으로도 엄청난 일이다. 어쩌면 지나치게 야심찬 계획이었을 수도 있다.

역사에 대한 모든 설명은 주로 인간의 본성, 사회를 이루고 살아가는 인간에 대한 지식으로 귀착된다. 당연한 말이지만, 인간은 저마다 다른 신앙, 필요, 제도를 지닌 환경에 놓일 수 있으며, 따라서 이러한 차이를 연구하는 건 중요한 일이다. 투퀴디데스는 온 신경을 기울여 이 일에 집중했다. 그런데 이것저것 다 따지고 보면, 결국 역사를 설명하는 열쇠를 쥐고 있는 것은 항상 인간, 각기 다른 시간과 공간 속에서 다양한 변주를 펼치는 인간이다. 오직 인간 본성의 상대적인 안정성만이 역사 변천의 법칙을 수립할 수 있는 가능성을 제공한다. 이 법칙 중의 하나를 설정하면서 투퀴디데스는 다음과 같이 의미심장한 유보 조항을 덧붙인다. "인간의 본성이 지금처럼 유지된다면." 이 유보 조항은 역사가들이 자신들이 세운 가설을 다룰 때 보이는 신중한 태도를 다른 무엇보다도 효과적으로 잘 보여준다.

투퀴디데스가 세운 야심찬 계획이 지니는 이 같은 광대함과 엄격성(그의 계획은 전혀 허황되지 않다)을 조금이라도 전달했는지 나로서는 잘 모르겠다. 역사를 유용한 학문으로 수립하겠다고 함은 인간이 자신의 본성 속에 이미 역사적인 성공과 실패의 원인을 모두 포함하고 있음을 확인하는 것과 다르지 않다. 대중들에게(투퀴디데스가 역사를 기술하는 것은 미래의 데모스테네스를 위해서다), 아테나이의 지도자들에게 인간의 정념이 빚어내는 소용돌이를 읽는 방법을 가르치는 역사가는 말하자면 소용돌이를 헤쳐 나갈 수 있는 수단, 소용돌이와 맞서서 싸울 수 있는 무기를 제공하는 셈이다. 지성은 모든 일에 신이 개입(신의 의사는 신탁이나 일식 등으로 표출된다)한다는 식의 민중 신앙에 좌우되지되지 않고 역사의 혼란스러운 소용돌이 속에서 규칙성, 법칙을 파악해낼 수 있을까? 더 나아가서 역사 법칙에 대한 지식, 인간의 정념, 필요, 인간이 만든 제도에 대한 지식과 다르지 않은 이 지식 덕분에 한창 진행 중인 사건의 추이를 바꾸고, 과거의 실패를 바로잡을 수 있을까? 투퀴디데스의 노력(유용한 역사를 수립하겠다는 계획)은 이처럼 미래에 대한 예측, 바로잡기까지도 아우른다.

아테나이 제국의 흥망사를 탐구하다

그런데 여기서 중요한 한 가지 사실을 빼놓아서는 안 된다. 투퀴디데스는 어떤 주제를 탐구 대상으로 삼았는가? 그는 제국, 그러니까 아테나이 제국의 탄생과 형성, 성장의 역사를 연구했다. 그는 이 제국이 태어나서 성장해가는 과정을 그리스 세계에 주어진 대단한 기회나 되는 것처럼 여기며 관찰했다. 아테나이는 과연 그리스 민족 전체로 이루어진 공동체의 합리적인 지도자가 될 수 있을 것인가? 아테나이는 메디아와의 전쟁에서 페르시아인들에게 거둔 승리의 여세를 몰아서, 독립적인 도시국가로서의 자존심을 훼손당하지 않고 그리스 민족 전체의 통합을 이룰 수 있을 것인가? 아테나이는 온 그리스인들이 자신을 따르도록 설득할 것인가, 아니면 자신이 이룩한 제국에 복종하도록 강요할 것인가? 투퀴디데스는 자료를 수집하는 과정에서, 그리고 그 자료들을 가지고 집필을 시작하는 단계에서 스스로에게 이 같은 질문들을 제기했다. 그러던 중 아테나이가 자신의 위대함에 도취되었거나 아니면 자신의 능력을 과대평가한 탓에, 이미 지중

해 동부까지 뻗어나간 제국의 영토를 시켈리아(시칠리아)까지 확장하려는 유혹에 빠지는 순간이 찾아온다. 아테나이는 보유 중인 모든 함대와 군대를 이 투쟁에 투입한다. 결과는 참패였다. 펠로폰네소스, 보이오티아, 코린토스를 비롯한 영원한 적수들이 벌 떼처럼 달려들었다. 이제까지 복종해오던 도시들과 동맹관계를 유지해오던 도시들이 한꺼번에 모두 항거하기 시작했다. 앗티케는 침략당했고, 아테나이는 함락되었다. 이제 역사의 새로운 장이 시작되려는 참이었다. 사실들은 너무도 웅변적이었다. 바로 투퀴디데스의 눈앞에서 벌어졌으며, 그가 기술하는 내용은 더 이상 제국의 형성과 위대함에 국한될 수 없었다. 제국의 와해가 필연적으로 포함되어야만 했다. 그는 기원전 431년 전쟁의 발발과 더불어 자료 수집을 시작했을 때에는 일이 이렇게 되리라는 것을 전혀 알지 못했다. 그런데 아테나이가 무릎을 꿇은 기원전 404년에는 분명하게 알게 되었다. 27년 동안 계속된 펠로폰네소스 전쟁은 아테나이 지배 체제하의 그리스 통합이 실패했음을 의미하며, 아테나이의 제국주의가 실패였음을 의미했다. 한마디로 도시국가들로 이루어진 그리스의 몰락을 뜻하는 것이었다. 이런 관점에서 투퀴디데스는 이미 집필을 끝낸 도입부의 몇 문장을 수정한다. 특히 원인 규명 부분에 덧붙인 다음과 같은 문장이 주목할 만하다. "여러 원인들 중에서 진정한 원인이면서도 가장 덜 지적된 원인은 아테나이인들이 성장을 거듭하는 과정에서 라케다이몬인들에게 불안감을 안겨주었고, 이것이 전쟁을 촉발하기에 이르렀다는 점일 것이다." 아테나이인들의 책임이 더 크다는 지적이다. 투퀴디데스는 아테나이가 그리스인들 사이에 유지되어온 세력 균형에 어울리지 않게 지나치게 제국주의적 야욕을 부렸다고 보았다. 그뿐만 아니라 그는 이제 역사의 법칙이 새겨져 있다고 하는 인간 정념이 빚어내는 언어를 점점 더 암울한 방식으로 읽기 시작한다.

이익이 인간 활동의 동기라는 관점

그렇다면 도대체 그가 보았던 인간의 본성이란 무엇인가? 역사를 만들어가는 인간이란 도대체 어떤 존재인가?

인간은 생명을 가진 모든 피조물들과 마찬가지로 원초적인 힘을 지니고 있으며, 인간은 이 힘을 존재를 위해 절대 파괴할 수 없는 요구로 받아들인다. 이 힘은 곧 살려는 욕망이다. 산다는 것은 우선 지속하는 것이며, 존재의 안전을 강화하는 것이다. 투퀴디데스에 따르면, 인간은 죽음을 피하기 위해서만 죽음과 맞선다. 산다는 것은 자신의 삶의 복지를 확보하는 것이다. 다시 말해서 소유하는 것이다.

소유와 지속, 이것이 생존 본능이 추구하는 방향이다. 이 두 가지를 하나로 묶어주는 단어가 있다면, 그건 아마도 '이익'이 될 것이다. 이익이야말로 인간의 모든 활동을 좌우하는 동기다. 온갖 동기들이 그 안에 뿌리를 내리고 있다. 투퀴디데스에 따르면, 대중들을 움직이기 위해, 마음 깊은 곳에 숨겨진 은밀한 동력을 발동시키기 위해 이익 또는 이익의 동의어(유용성, 소득, 이점 등)를 언급하지 않는 행동이란 없다. 이러한 단어들은 그의 작품을 관류하는 키워드다.

투퀴디데스는 자신이 개인에 대해서 말한 내용을 집단이나 정치적 사회에 대해서는 한층 더 강력하게 주장한다. 이들이야말로 엄밀한 의미에서 역사 연구의 대상이기 때문이다.

도시국가, 민족국가, 국가, 이런 것들은 도대체 무엇인가? 한마디

로 이익 집단, 개인들의 이해관계의 총합이다. 투퀴디데스가 보기에, 국가란 고대에 너무도 쉽게 받아들여지던 것처럼, 고유한 이해관계를 지닌 새로운 존재가 결코 아니다. 국가는 총체가 아니며, 계약의 공간일 뿐이다. 개인적인 이해관계 사이의 계약은 다른 어떤 틀보다 도시국가라는 틀 안에서 가장 잘 보호받을 수 있었다. 투퀴디데스가 선택한 연설가들의 변증법은 위기에 처한 도시국가 내에서 국가의 이익이 개인의 이익과 혼동되고 있음을, 개인의 복지가 도시국가의 번영기에는 증대되었으나, 도시국가의 와해로 말미암아 허물어지고 있음을 보여준다.

약간의 유보 사항을 제외한다면, 개인들의 이해관계의 총체인 도시국가는 개인들과 동일한 필요성, 즉 소유하고 지속해야 할 절대적 필요성에 따른다고 볼 수 있다.

정치 활동의 중심부에서 발견하게 된 이러한 요구가 투퀴디데스에게 분노의 대상이 될 수 없음은 자명하다. 그것은 지극히 자연스러운 법칙이기 때문이다. 투퀴디데스는 자신이 수립한 연구 계획에 의해서 거의 생물학적이라고 할 수 있는 진실과 대면하게 된 셈이다. 그는 인간 사회가 생존하고자 한다는 사실을 발견했다. 그는 인간 사회를 이러한 관점에서 바라보았으며, 이러한 관점이 전쟁 중인 모든 도시국가의 활동을 설명해줄 수 있다고 확신했다. 그가 역사를 설명하는 가설로 삼은 이 법칙이 대다수의 사실들을 설명해주는 한, 나머지 것들(가령 윤리)은 철저하게 그의 관심 밖이었다.

게다가 투퀴디데스는 그가 발견한 이 법칙을 역사 속의 여러 인물들(다양한 주제를 놓고 다양한 분야에서 투쟁을 벌이는 각기 다른 성격의 많은 정치가들)을 통해서 입증하고자 했다. 이들 중에는 그의 호감을 얻지 못한 자들도 상당수 포함되어 있었다. 어쨌거나 이 같은 보편적 동의를 통해서 투퀴디데스는 적어도 가상적인 객관성이라도 유지하고 역사적 법칙에 일반성을 부여할 수 있었다.

"역사란 살고자 하는 의지 사이의 투쟁"

이번엔 페리클레스의 선언을 보자. 전쟁이 고작 2년째로 접어들었을 때 한 연설인데도 벌써 그가 제국주의 정책을 옹호하기 위해 안간힘을 쓰고 있음을 알 수 있다. 제국주의 정책은 이미 민중들을 짜증나게 할 정도로 파국을 향해 치닫고 있었다. 이 연설은 대략 다음과 같은 내용을 담고 있다. 우리의 아버지들은 제국을 건설했으며, 이는 지속을 위해서였다. 그러니 우리는 이 제국을 길이 보존해야 함은 물론 더욱 확장해야 한다. 우리의 제국은 분명 불의의 토대 위에 세워졌으며, 그 때문에 우리는 항상 복속국들의 증오의 대상이 된다. 우리가 한순간만이라도 정의로워진다면, 우리의 제국이 와해됨은 물론 우리는 자유와 실존마저도 위협받게 된다. 오늘날 우리에게는 다른 선택의 여지가 없다. 우리는 지금 독재를 지속하느냐 사라지느냐의 기로에 서 있다. 도덕적인 차원이 아니라 생존의 차원에서 제국주의를 정당화해야 한다…….

페리클레스의 이 같은 주장은 전적으로 클레온의 주장과 일치한다. 이는 또한 아테나이가 무시 못할 쉬라쿠사이의 유명한 적장인 애국자 헤르모크라테스의 주장과도 일치한다. 우리는 헤르모크라테스가 아테나이의 지나친 야욕, 시켈리아를 정복하려는 터무니없는 욕심에 대해 분노하리라고 짐작하기 쉽다. 전혀 그렇지 않다. 그는 쉬

라쿠사이인들에게 이렇게만 말한다. "나는 정복 정책을 이끌어온 아테나이인들을 용서할 마음의 준비가 되어 있다. 나는 권력을 탐하는 자들을 비난할 마음은 추호도 없다……. 왜냐하면 항복하려는 자 위에 군림하면서 명령을 내리는 것은 인간의 본성이기 때문이다." 이렇게 정복의 권리는 타고난 본능으로 정당화된다. 이렇게 말하는 것을 보면, 헤르모크라테스는 투퀴디데스를 읽은 것이 분명하다.

투퀴디데스가 제국의 운명을 역사의 주제로 삼은 것은 우연이 아니다. 제국의 탄생과 성장, 몰락은 정치적 현상을 순수한 상태로 보여준다고, 다시 말해서 격조 높은 정치 현상이라고 그는 생각했다. 여기서 격조라고 하면 윤리적인 격조가 아니라 죽고 사는 생존이 달린 격조를 가리킨다. 한 도시국가의 성장, 그 도시국가가 추구하는 제국주의는 마치 근사한 광경처럼 투퀴디데스를 사로잡았다. 한창 자라나는 성장기의 청소년이 먹음직스럽게 음식을 먹는 모습을 흐뭇하게 바라보는 것과 같은 이치다. 성장기 청소년의 식욕은 그 자체로 정당화되니까 말이다. 생동감 넘치는 도시국가는 제국으로 변신하려는 경향이 있다. 한창 발전하는 도중에 성장을 멈춘다면 어리석은 짓이다. 도대체 왜 그래야 한단 말인가? 투퀴디데스는 그에 대한 답을 찾을 수 없었을 것이다. 성장을 멈추는 것은 그대로 죽음을 의미한다.

알키비아데스 역시 시켈리아 원정을 촉구하는 연설에서 같은 말을 늘어놓는다. "우리는 우리 마음대로 제국을 확장할 수 없다. 현재 우리가 처한 상황에서는 강력한 도시들을 위협하고 속국들을 억압하는 것이 살 길이다. 우리가 지배를 멈추는 즉시 우리는 남의 지배를 받는 신세로 전락할 것이기 때문이다." 결국 하나의 국가가 생존한다는 것은 매 순간 닥치는 새로운 시련에 온 힘을 투여하는 것을 의미한다. "어떤 도시국가도 무기력 속에서 생존을 지속할 수는 없다"고 알키비아데스는 덧붙인다.

이렇듯 삶이란 역동성이다. 하나의 민족에게는 남을 이기고 승리를 쟁취하는 것만이 자신의 우수성을 입증하는 유일한 방식이다. 투퀴디데스가 즐겨 쓰는 그리스어 단어 플레오넥시아(pleonexia)는 '이기다'와 '뛰어나다'를 동시에 의미한다.

물론 이 모든 것이 국제법이나 정의 따위와는 전혀 무관하다는 점은 이미 분명하게 드러났으리라고 생각한다. 역사란 살고자 하는 의지의 전개, 살고자 하는 의지 사이의 투쟁이다.

아테나이를 넘어서지 못한 역사 인식의 한계

그런데 지금까지는 무질서해 보이는 투퀴디데스의 세계에 서로 상충하는 살고자 하는 의지들에서 비롯되는 혼돈을 정리해주는 힘은 존재하지 않는 걸까? 순수한 활력의 확산에 질서를 부여하는 그런 힘은 없는 걸까?

이 힘은 의심할 여지없이 당연히 존재한다. 이 힘은 몇몇 민족들에게 상황에 따른 결정을 내리도록 종용할 수 있는 몇몇 위대한 인간들의 행동과 연결되어 있다. 흔히 지성이라고 불리는 이 힘은 얼마 전까지만 해도 테미스토클레스라는 인물을 통해 존재했다. 페리클레스도 물론 이 힘을 지니고 있었다. 페리클레스의 경우를 보자면, 만일 그가 너무 일찍 죽지만 않았더라면, 지성의 힘이 조국에 대한 사랑과 연대하여 완전한 무사무욕(無私無慾) 속에서 아테나이 전쟁을 승리로 이끌었을 것이다. 페리클레스의 지성은 도시국가가 지닌 정념을 속

속들이 파악하고 이를 조정하며, 근거 있는 예측을 바탕으로 우발적인 요소를 배제하거나 그마저도 끌어안으며, 필요하다면 대담한 반격을 가함으로써 틀림없이 아테나이 역사의 승리를 보장했을 것이라고 투퀴디데스는 평한다. 그런데 역사에서 '틀림없이'라는 게 가능할까? 역사가 특출한 한 개인의 행동으로 달라질 수 있다는 사실을 우리는 과연 인정해야 하는 걸까?

그렇게 해서 전쟁에서 승리를 거두었다고 해도 그 승리는 아테나이 제국주의의 승리에 지나지 않았을 것이다. 우리는 도시국가의 개념을 넘어서지 못하는 투퀴디데스의 한계를 본다. 그는 자신이 활동하던 당시의 그리스 역사가 교착상태에 빠진 것과 마찬가지로 도시국가라는 개념에서 한 발자국도 더 나아가지 못했다.

저자가 마무리 짓지 못한(그는 죽음이라는 우연은 미처 계산하지 못했다) 《펠로폰네소스 전쟁사》의 결론은 그가 쓴 두 개의 중요한 문장에서 이미 고스란히 드러난다. 첫 번째 문장은 전쟁이 끝난 직후 책의 도입부에 덧붙인 문장으로, 페리클레스의 정책을 그의 후계자들의 정책과 비교하는 대목이다.

"페리클레스가 죽고 난 다음, 사람들은 그의 예견이 얼마나 정확하게 맞아떨어지는지를 더 잘 볼 수 있었다. 그는 아테나이인들이 휴식을 취하고, 해군 병력을 가다듬으며, 전쟁 동안 제국 확장을 단념하고, 국가를 위험에 몰아넣지 않는다면, 전쟁에서 승리를 거둘 수 있으리라고 내다보았다. 하지만 이 모든 경우에 아테나이는 그와 정반대되는 행동을 했……. 변화의 원인은 다음과 같다. 페리클레스는 그에 대한 배려와 그의 심오한 지성에 대한 신의를 바탕으로 전권을 행사할 수 있었다. 그는 자유를 존중하면서도 다수의 군중을 지배할 수 있었다. 그는 다수에게 끌려 다니기보다 그 자신이 다수를 끌고 다녔다. 정직한 수단으로 신의를 얻은 그였으므로 쓸데없이 대중에게 아부할 필요를 느끼지 않았다. 그는 개인적으로 대단한 권위를 지니고 있었으므로, 대중과 맞서서 자신의 분노를 그대로 보여줄 수도 있었다……. 그가 이끄는 체제는 민주주의라는 이름을 달고 있었지만, 사실상 그 체제는 일등가는 시민에 의한 지배였다……."

이는 단연 페리클레스에게 바치는 찬사다. 하지만 이 찬사는 아테나이 내부 체제(절정에 달한 민주주의)가 전쟁에서 승리를 거두기 위해서는 투퀴디데스가 예외적인 지성의 소유자라고 소개하는 지도자에 의해 어느 정도 '수정이 가해질' 필요가 있다는 사실의 인정과 연결되어 있다. 이러한 사실을 인정한다는 것 자체가 벌써 정점을 넘어선 민주주의가 쇠락의 길로 들어서고 있다는 반증이 아닐까?

이번에는 두 번째 문장을 보자. 코르퀴라 소요를 기술하는 대목이다. 이 대목에서 우리는 투퀴디데스의 분석이 지니는 통찰력을 맛볼 수 있다. 그는 기원전 5세기 말경 도시국가들이 전쟁으로 인해 겪고 있던 정신적인 동요를 묘사했다. 그것은 그 뒤로 이어지는 세기, 그러니까 데모스테네스의 시대에도 여전히 유효하며, 현재를 사는 우리에게도 유효할 정도로 통찰력이 뛰어나다. 단어의 의미(그리고 가치의 의미) 변화에 대한 그의 지적이 특히 예리하다. 이 같은 변화는 모든 정치적 쇠퇴에는 어김없이 나타나는 특징적인 현상이다.

"이처럼 분열의 위기에 놓인 도시국가들은 인간의 본성이 달라지지 않는 한 끊임없이 일어나고 또 일어나는 심각한 해악으로 괴로워하게 될 것이다. 물론 이 해악의 강도는 얼마든지 달라질 수 있으며, 상황에 따라 그 성격도 변할 수 있다……. 전쟁은 편리한 일상을 파

괴함으로써 폭력을 가르치고 군중 다수의 정념을 거친 현실과 결합
시킨다……. 이제까지는 비난받아 마땅한 일로 간주되던 행동들을
정당화하기 위하여 사람들은 늘 사용하던 단어의 일상적인 의미를
바꾸어버린다. 가령 지각없는 대담무쌍함이 정당성을 위한 용기 있
는 희생으로 치부되며, 절제되지 않은 광기가 진정한 남성성으로 간
주되는 식이다……. 어느 누구도 굳이 선해지려고 애쓰지 않는
다……. 중립적으로 남아 있으려는 시민들은 극단적인 양측의 극성
속에서 서서히 시들어간다……."

이처럼 도시국가들과 이들이 구성하던 세계는 서서히 와해되어갔
으며, 도시국가들 간의 전쟁과 그로 인한 내란으로 말미암아 그리스
전체가 파멸의 길로 접어들었다.

그래도 아테나이와 그리스를 구하겠다고 나선 사람이 있었으니,
투퀴디데스의 열렬한 독자였던 데모스테네스다. 결론부터 말하자면,
가히 영웅적이었지만 이미 가망이 없는 시도였다.

다른 사람들도 나서서 다른 방식으로 도시국가를 구하고자 시도했
다. 그들 중에서 가장 중요한 인물인 플라톤은 사상과 행동을 결합시
켜가며 이상적인 도시국가의 이미지를 제안하고, 왕족들과의 우정에
기대어 실제로 도시국가를 이끌어보고자 시도하기도 했다.

하지만 플라톤의 이상은 혼동기의 현실 속에서 실제로 구현되기에
는 지나치게 지적이고 사변적이며, 몽상적인 성격이 강했다.

결론적으로 투퀴디데스의 저술은 아테나이의 성공사가 아니다. 그
이상이다. 민주주의와 아테나이의 영광이 실추하기 시작하는 순간은
결국 아테나이의 역사를 통해서 그 실패를 인식하고 실패의 원인을
파악하려는 인간 정신이 부상하는 성공의 순간이었다.

chapter 5

데모스테네스와
도시국가 시대의 몰락

어떤 사람들의 삶이나 활동은 역사의 흐름에 올라탄 것처럼 보이기
도 한다. 그런 사람들의 입을 통해 나오는 말, 그런 사람들이 집중적
으로 시도하는 일은, 아무리 예측 불가능한 것들이라고 할지라도, 마
치 그들이 속한 민족 전체가 역사적으로 나아가게 될 방향에 미리 조
율되어 있는 것 같다는 느낌을 준다. 알렉산드로스의 경우가 바로 그
렇다. 그와 관련해서 볼 때, 모든 일이 그의 정치적 목표와 그가 알려
진 세계의 끝까지 가서 심어놓은 그리스 문명의 운명 사이에 미리 예
정된 조화가 있었던 것처럼 이루어졌다.

그런데 데모스테네스의 경우는 이와 아주 다르다. 그의 용기 있는
행동, 놀라운 언변은 그런 것들이라면 미리 힐책하고, 심지어는 그런
것들을 부정하는 역사적 시점에서 발현되었다. 모든 것이 반대였다.
피곤에 지친 민족을 상대로 얻은 뒤늦은 승리, 마케도니아의 필립포

스와의 불균등한 투쟁, 연설가로서의 재능에 이르기까지 그는 이 모든 것을 자신의 반항적인 기질, 적대적인 행운, 그를 이미 내쳐버린 역사에서 억지로 얻어냈다.

말더듬이에서 명연설가로

일곱 살 때 아버지를 여읜 탓에 부정직한 보호자들에게 많은 재산을 송두리째 빼앗긴 그는 재산을 되찾기 위해 웅변술과 법률을 공부했지만, 고작 일부만을 돌려받을 수 있었다. 그는 밥벌이를 위해서 변론 대필가, 즉 고객들을 대신해서 변론을 써주는 별 볼일 없는 일을 직업으로 삼았다. 몇몇 변론은 정치적인 변론이었다. 그가 쓴 변론에서는 물론 변호사의 능란함과 궤변을 찾아볼 수 있다. 더 중요한 건 데모스테네스만의 고유한 빛깔이 확연하게 드러난다는 점이다. 그의 고유한 빛깔이라면 높은 정치적 도덕성, 특권은 남들을 위한 봉사의 대가여야 한다는 투철한 의식, 아테나이라는 국가의 영예에 대한 확고한 존중, 평화에 대한 사랑(그러나 무슨 수를 써서라도 평화를 반드시 수호해야 한다는 태도에서는 비켜나 있다), 자폐 상태에 빠진 아테나이의 정책(아테나이에 대해 데모스테네스는 몇몇 조건만 충족된다면 여전히 위대한 시대를 맞을 수 있다고 약속한다)에 대한 반대 등을 꼽을 수 있다.

데모스테네스는 어렸을 때부터 몸이 약했다. 걱정 많은 어머니는 그를 체력 단련장에서 멀찍이 떼어놓았다. 그는 건강했던 적이 없었다. 그가 죽고 몇 년 후에 세워진 조각상을 보면 마음이 찡할 정도다. 바싹 마른 얼굴, 움푹 들어간 두 뺨, 좁은 가슴, 굽은 어깨, 한마디로 병자의 모습이 완연하다. 그런 그가 아테나이에서 가장 뛰어난 연설

측면에서 본 데모스테네스 상. 부분.
기원전 280년경. 코펜하겐, S. 카를스베르.

가였으며, 이 도시가 낳은 가장 훌륭한 행동가였고, 이 도시를 다시 일으키려고 시도한 마지막 인재였다니! 허약해 보이는 육체 속에는 강철같이 강인한 영혼이 깃들어 있었음에 틀림없다……. 그의 외관을 관찰하다 보면, 그에 대한 전통적인 평가, 즉 기분이 늘 침울했으며, 혼자 있기를 즐겼지만, 아테나이에 대한 사랑으로 이를 극복하고 정치판에 뛰어들었다는 평가를 쉽게 이해할 수 있다. 또한 논적(論敵) 아이스키네스가 그를 향해 던진 "물만 마시는 자"라는 경멸적인 빈정거림도 이해할 수 있다.

타고난 연설가였던 그의 신체적 결함 중에는 부정확한 발음도 빼놓을 수 없다! 감정이 고조되면 말의 이어지고 끊어짐이 불분명해졌으며, 특정 음절을 발음할 때는 혀가 꼬이는 통에 말을 더듬었다(잇몸에 거의 붙다시피 뒤로 물러나 있는 그의 아랫입술을 보라. 이는 말더듬이에게서 흔히 볼 수 있는 신체적 특징이다). 게다가 숨이 짧은 탓에 문장 중간 중간에서 숨을 쉬고 다시금 말을 이어야 했는데, 문제는 그가 유난히도 길고 복잡한 문장을 애용하는 경향이 있다는 점이었다. 그가 쓴 문장들을 제대로 이해시키기 위해서는 중간에 숨을 끊지 않고 단숨에 이어서 말하되, 간간이 짧은 휴지부, 그러니까 총알을 쏠 때처럼, 목표한 대목에 도달하기 직전 숨고르기를 한 다음 곧이어 목표물을 향해 돌진하는 식으로 연설을 해야만 효과를 극대화할 수 있었다. 적절한 연습과 타의 추종을 불허하는 의지로 데모스테네스는 발음을 교정하고 비효율적인 호흡을 바로잡았으며, 틱 장애로 굽어진 어깨도 교정했다. 그의 초기 연설들은 청중들의 웃음거리가 되었지만, 그는 결국 민회에 모인 사람들이 가장 경청하는 연설가로 우뚝 섰다.

마케도니아의 제국주의와 거짓 평화

데모스테네스는 연단에서 예리한 통찰력으로 필립포스의 야심을 고발했다. 그가 보기에 필립포스는 도시국가 시대에 종말을 고하고, 통일된 그리스(그의 치하에서 통일된 그리스)의 주인이 되기를 꿈꾸는 대단한 야심가였다.

마케도니아의 필립포스는 대단히 매력적인 인물로, 데모스테네스조차도 그와 만났을 때 그의 개인적인 매력에 빠져들었다. 안타깝게도 필립포스의 초상화는 전해지지 않는다. 다만, 그의 아들 알렉산드로스(아들을 통해서 아버지를 판단하는 일이 가능하다면)의 초상화를 보면, 매우 섬세하고 세련되었으며, 우아함에 활력까지 겸비한 얼굴과 몸매를 타고난 인물임을 알 수 있다. 필립포스도 아들 알렉산드로스처럼 사자 갈기 같은 귀족적인 금발로 덮인 명민한 이마를 가졌을까? 어쨌거나 아버지도 아들처럼 거의 광적이라고 할 수 있는 용감무쌍함과 무진장한 참을성으로 무장한 인물이었던 것만큼은 확실하다. 필립포스는 뛰어난 기사(騎士)였으며, "물만 마시는" 데모스테네스와는 반대로 두주불사의 애주가였다.

필립포스는 주로 농부들, 싸움 좋아하고 세련되지 못한 귀족들로 이루어진 민족을 통치했다. 때문에 펠라 궁정에는 여전히 이상한 관습들이 남아 있었다. 가령 자기 손으로 멧돼지를 죽여본 적이 없는 사람은 왕의 식탁에 앉을 자격이 없고, 전쟁에서 적군을 무찌른 적이 없는 사람은 불명예의 표시로 허리에 동아줄을 매고 다니는 식이었다. 그리스인들은 이들 마케도니아인들을 바르바로스로 취급했다. 하지만 마케도니아인들은 방언이긴 하지만 그래도 그리스 언어를 사용하는 민족이었다. 하긴 그 방언이 너무도 이상해서 그리스인들은

전혀 알아들을 수 없다는 문제가 있긴 했다.

필립포스는 풍부한 교양 덕분에 주변 인물들과는 뚜렷한 대조를 이루었다. 그는 그리스의 3대 도시국가가 번갈아 가며 차례차례 열강 역할을 맡았던 기원전 4세기, 그중에서도 스파르타와 아테나이에 이어 테바이가 가장 강력한 힘을 행사하던 시기에 테바이에 인질로 끌려와 그리스식으로 성장했다. 필립포스는 당시 승자들(펠로피다스, 에파메이논다스) 곁에서 군사 교육과 수사학, 문학, 철학 등을 배웠다. 그는 자신의 궁정에 예술가들과 시인들을 불러들였다. 아들의 교육은 중세 서구 세계와 아랍 세계의 정신적 스승으로 우뚝 서게 될 아리스토텔레스에게 맡겼다. 그는 그리스인들과 있을 때면 문학에 대한 사랑을 피력했으며, 뼛속까지도 그리스 애호가라고 자처했다.

썩 괜찮은 장군이기도 했던 필립포스는 무엇보다도 교활하고 온갖 종류의 음모와 거짓말에 능한 뛰어난 외교관이었다. 그가 그리스 세계의 주인이 된 데에는 군대나 무기의 힘보다 외교술과 뇌물로 상대방을 부패시키는 작전의 힘이 컸다. "황금을 가득 실은 노새만 들여보낼 수 있다면 함락시키지 못할 도시가 없다"고 했던 그의 말을 상기해보라. 데모스테네스는 필립포스와 아예 대놓고 전쟁을 벌이는 편이 그와 협약을 맺는 것보다 덜 위험하다고까지 주장했다. 필립포스는 협상을 진이 빠지도록 지루하게 질질 끌면서 결코 끝내지 않는 묘한 재주를 지니고 있었다. 협상을 진행하면서 야금야금 도시들을 정복하는 것이 그의 장기였다. 그는 쉽게 약속을 남발하지만, 그 어떤 약속도 지킬 마음이 없었다. 그는 본질적인 것을 얻기 위해서 지엽적인 것은 얼마든지 양보했는데, 그 양보라는 것이 항상 그 자신이 아닌 제3자의 뒤통수를 치게끔 하는 것도 그의 재주라면 재주였다.

필립포스는 적을 분열시키고, 오래된 상처를 건드려 서로가 서로를 등지게 이간질했는데, 이는 그리스인들에게는 특별히 잘 들어맞는 손쉬운 방식이었다. 그는 또한 대단한 인내심을 가진 자였다. 긴 시간을 두고 원하는 상황을 만들어가는, 다시 말해서 때가 올 때까지 사건의 추이를 느긋하게 지켜보다가 이때다 싶은 순간이 오면 번개같이 치고 들어가는 비상한 능력이 있었다.

그는 특히 겉으로는 평화를 추구하면서 실제로는 전쟁을 하는 데 능했다. 평화는 말하자면 그가 전쟁을 수행하는 데 가장 중요하고도 위험한 방편이었다. 데모스테네스는 바로 이 점을 꿰뚫어보았으며, 이것이야말로 모든 제국주의적 발상이 즐겨 사용하는 함정임을 간파했다.

필립포스는 통치자의 위치에 올라서자마자 처음부터 아테나이의 심장부를 노렸다. 힘이 약해졌건 여전히 강성하건 아테나이가 그리스 전체의 지도자이며, 아테나이만 무찌르면 그리스 전체가 몰락하게 될 것을 알아차렸기 때문이다. 필립포스는 이 추락한 제왕 아테나이를 직접 공격하는 대신 배신 행위를 통해서 아테나이의 속국들을 하나씩 하나씩 급습하여 무너뜨리는 전략을 사용했다. 그는 트라케 지방과 뷔잔티온 인근을 공략하는 것에서 시작했다. 이 지역은 오래 전부터 아테나이 경제에 중요한 역할을 해왔다. 도시 인구는 증가하는 반면 농촌 인구는 줄어가고, 도시 시민들의 여가에 대한 요구가 점점 더 커가던 기원전 4세기에는 그 비중이 훨씬 더 커진 상태였다.

기원전 4세기 초반부에 트라케와 해협 지역은 아테나이의 숨통이었을 뿐 아니라, 아테나이의 위엄이자, 무기력만큼이나 구제 불능인 야심이 뻗어나갈 수 있는 구실을 제공했다. 어쨌거나 아테나이가 최

근에 정복하여 새로 형성한 허약한 제국, 이름하여 2차 아테나이 동맹의 핵이었다.

필립포스는 하필이면 그곳을 첫 목표로 삼아 공격하고 위협했다. 데모스테네스가 필립포스의 공격에 대항해서 반격에 나선 곳도 이곳이었다. 필립포스의 공격은 12년 동안이나 계속되었다. 하지만 거의 대부분의 기간 동안 아테나이와 필립포스 사이에는 전쟁 상태가 선포되지 않았으며, 데모스테네스는 이 같은 전쟁 수단으로서의 평화를 맹렬히 비난했다.

필립포스의 야심을 폭로하다

기원전 341년에 그가 한 연설을 들어보자.

"우리의 공화국이 아직도 진정으로 평화를 선택할 여지가 있다면, 그 선택이 온전히 우리의 의사에만 달려 있다면, 나는 조금도 주저하지 않고 이렇게 주장할 것이다. 우리가 평화를 유지해야 하며, 평화를 향한 우리의 의지가 법령과 행동을 통해서 구체화되어야 하고, 더 이상 우리를 기만하는 일이 있어서는 안 된다고 말이다. 하지만 만일 다른 자가, 손에는 무기를 들고 전쟁 행위를 수행하면서 입으로만 평화라는 말을 미끼처럼 던진다면, 나가서 싸우는 것 외에 다른 무슨 방법이 있겠는가? ……이자가 나머지 영토를 모두 장악한 다음에 우리의 안마당까지 밀고 들어와 우리를 공격하도록 내버려두는 것을 평화 상태라고 간주한다면, 이건 분명 말도 안 되는 짓이다. 그건 반쪽짜리 평화일 뿐이다. 우리는 그에게 동의하지만, 그는 우리에게 허용하지 않는 평화에 불과하니까……."

데모스테네스는 그보다 조금 뒤에서는 다음과 같이 말한다. "그가 우리에게 공식적으로 전쟁을 선언하기를 참을성 있게 기다리는 것은 순진하기 그지없는 짓이다. 그는 앗티케를 공격하고 페이라이에우스에 쳐들어오더라도, 이제까지 그가 다른 곳에서 써먹은 방식으로 미루어 짐작하건대, 결코 전쟁을 한다고 고백하지 않을 것이다. 올륀토스 성벽에서 고작 40스타디아(7킬로미터) 떨어진 곳에서 그는 주민들에게 '둘 중에서 하나를 택하라. 너희들이 도시를 떠나든지, 그게 아니면 나, 이 마케도니아가 너희들을 쫓아낼 것이다!' 라고 외치며 결단을 내리라고 독촉했다. 지금까지 사람들이 그에게 전쟁을 일으킬 의도가 있다고 비난하면, 그는 화를 내고, 그런 의도가 없음을 증명하기 위해 대사를 파견해왔다. 그가 포키스로 진군할 때에는 포키스의 동맹국 자격으로 그곳에 간 것이었으며, 그를 수행하는 자들 속에는 포키스 의원들도 포함되어 있었다……. 그런데 불쌍한 오레오스 주민들에게는 어떻게 했는가? 필립포스는 그들을 지켜주려는 선의에서 군대를 파견한다고 말하지 않았던가? 그들이 내부 분쟁으로 고통을 겪고 있으며, 그런 상황에 처해 있는 친구를 돕는 것이 동맹국으로서 마땅히 해야 할 의무라고 제법 그럴듯하게 말했다. 그런데 일단 군대를 파견한 다음, 필립포스 같은 자가 제대로 격식을 갖추어서 전쟁을 선포할 것이라고 믿는가? 필립포스는 너무 나약해서 아무것도 할 수 없으며, 분쟁이 나면 자신들을 제대로 지킬 수조차 없는 민족을 상대로 대놓고 무력을 행사하기보다는 허를 찌르기를 좋아하는 위인이다. 그런 건 아예 꿈도 꾸지 말아야 한다. 당신들이 그의 무례한 행동에 눈을 감고, 그가 저지른 잘못에 대해서 이러쿵저러쿵 서로를 비방하는 사이에 그가 자진해서 당신들의 끝없는 분쟁을 해결해

주고 자신이 공공의 적임을 고백할 것이라고 생각한다면, 그건 어리석기 그지없는 짓이다. 그건 필립포스가 우리와 전쟁을 하고 있는 중이 아니라는 말로 당신들을 나태하게 만드는 연설가들에게서 단골메뉴를 빼앗아가는 일일 테니까 말이다!"

데모스테네스는 무기력에 빠진 아테나이인들에 대항해서, 그리고 마케도니아의 필립포스에 대항해서 10년 동안이나 이 같은 긴박감을 가지고 지지를 호소했다. 데모스테네스는 절대로 용기를 잃지 않았다. 그에게는 아테나이인들의 병든 '귀를 치료해주기' 위한 시간이 필요했다.

아테나이인들에게 어느 정도로 애국심이 결여되었으며, 그 누구보다도 자유를 구가하는 민족인 아테나이인들을 치명적인 무관심에서 끌어내기 위해 데모스테네스가 얼마나 치열하게 노력했는지를 보여주는 또 다른 연설을 보자.

"필립포스는 그의 편지에서 이미 '나는 나에게 복종하는 자들과는 평화로운 관계를 유지한다'(어쩐지 히틀러의 화법이 떠오르지 않는가?)고 스스럼없이 밝힌 바 있지 않은가? 그런데 우리들, 모든 나라에 퍼져서 살고 있는 우리 그리스인들은 이 문제에 대해서 논의하기 위해 사절단을 파견하지도 않고, 분노를 표현하는 법도 없이 그의 범죄적인 행위와 언어를 묵과하고 있다. 우리는 너무도 비겁하게 국경 뒤에 옹기종기 숨어 있기만 했기 때문에 오늘까지도 유용한 행동이라고는 단 하나도 하지 못했고, 단결조차 하지 못했으며, 서로 도움을 줄 수 있는 동맹을 구성하거나 우호 협약도 맺지 못했다! 그러면서도 태평한 눈으로 그의 세력이 전진하는 광경을 바라보면서, 남이 망해가는 동안 시간을 번다고 생각하고 있다(1940년대의 유럽 상황을 상기해보라).

하지만 아무도 그리스 공동체를 구해야 한다는 생각은 하지 않으며, 따라서 행동하는 사람도 없다. 그러나 적이 언젠가는 열병 또는 전염병처럼 제일 안전하다고 믿고 있던 사람들마저 집어삼킬 것이라는 사실을 모르는 사람은 없다……

어느 누가 그보다 더 무례하게 행동한 적이 있단 말인가? 도시들을 파괴하는 것으로도 모자라서 그는 그리스 민족의 축제마저도 주재하지 않는가! 자신이 직접 참석하지 못할 경우엔 심복들을 대신 보내는 뻔뻔함이라니! ……그는 텟살리아인들에게 앞으로 그들이 따라야 할 정치 노선을 지시했다. 그는 에레트리아에 군대를 보내 민주주의자들을 추방하는가 하면, 오레오스에는 독재자를 앉혔다……. 그런데 그리스인들은 이 모든 비행을 보면서도 묵인하고 있다. 두 눈을 크게 뜨고 우박이 떨어지는 것을 뻔히 보면서도 그저 그 우박이 자신들의 밭이 아닌 남의 밭에만 떨어지기를 비는 사람들 같다. 우박의 방향을 바꾸는 일, 누가 도대체 그 일을 생각한단 말인가?"

기원전 341년에 한 또 다른 연설에서 데모스테네스는 필립포스의 권위적 제국주의가 그가 옹호하는 이상적인 아테나이, 민주주의와 도시국가의 독립을 수호하는 아테나이에 대해서 품고 있는 뿌리 깊은 적대감의 원인을 분석한다.

"그가 우리의 정치체제만큼 열성적으로, 악착스럽게 쳐부수고 파괴하려고 하는 것은 없다. 그런데 어떤 의미에서는 그런 행동이 터무니없는 것은 아니다. 왜냐하면 다른 모든 민족을 복속시켰다고 한들, 여러분이 민주주의 체제를 수호하는 한, 아무것도 안정적으로 손에 넣었다고 안심할 수 없음을 그는 잘 알고 있기 때문이다. 또 혹시라도 그가 몇 차례에 걸쳐서 패배를 할 경우(그런 일은 누구에게나 있는 법

이다), 그가 자신의 발밑에 복속시킴으로써 하나로 만들었던 모든 민족들이 서둘러서 여러분에게 구원을 청할 것임을 잘 알고 있기 때문이다. 왜냐? 여러분은 정복과 지배라고 하는 폭력적인 정념을 공유한 것이 아니라, 권력 찬탈자를 제압하고 몰락시키는 아주 특별한 힘을 공유하고 있기 때문이다. 여러분은 제국을 원하는 자는 누구든지 간에 반대할 준비가 되어 있는, 그야말로 자유를 수호하기 위해 태어난 민족이기 때문이다. 그렇기 때문에 그는 여러분 안에 있는 자유의 정신이 그를 공격하는 비수가 되기를 원하지 않는다. 그의 계산은 치밀하며 행동은 민첩하다. 그러니 그를 여러분의 공화국과 시민 정부를 위협하는, 도저히 타협 불가능한 적으로 간주하라. 그가 획책하는 모든 일, 그의 모든 계략이 여러분의 나라를 겨냥하고 있음을 의심하지 마라. 어디에서나 그에 대항해서 싸우는 자는 여러분을 위해서 싸우는 것과 마찬가지라고 생각하라……."

자, 이것이 기원전 4세기, 역사의 전환점을 분열시킨 걷잡을 수 없는 혼돈 시대를 주름잡은 두 주역의 모습이다. 한편으로는 필립포스와 마케도니아의 제국주의적 야심이 부상하고 있었으며, 그 와중에 그리스의 변경 지대를 중심으로 왕정체제가 슬며시 정착하는 양상을 보였다. 가령 그리스령 시켈리아의 디오뉘시오스 가문이나, 텟살리아의 페레스 출신 이아손 등이 대표적인 왕이었으며, 물론 마케도니아의 필립포스도 점점 더 세력을 키워갔다. 그렇다면 다른 한편으로는? 다른 한편으로는 누구를 꼽을 수 있을까? 그리스 최초의 민주적인 도시국가 아테나이, 그리고 아테나이와 더불어 도시국가라고 하는 모범적인 정치체제에 충실했던 그리스의 모든 도시국가의 수호자는 오직 데모스테네스(그는 물론 자신의 역할에 대해서 환상을 갖진 않았으나 그렇다고 해서 그의 단호함에 손톱만큼의 흔들림이 있었던 것도 아니다) 한 사람 뿐이었다. 아니, 백 번을 양보해서 거의 한 사람뿐이었다고 해두자. 도시국가란 자유롭고 대등한 지위를 가진 시민들의 공동체이며, 최고 주권을 지닌 공동체로서 무엇보다도 자주 독립 수호를 소중히 여긴다. 데모스테네스에게 도시국가의 민주주의 체제란 그리스 문명이 낳은 가장 높은 수준의 가치였다. 그러므로 그는 다른 모든 형태의 통치체제, 특히 바르바로스들에게나 어울리는 제국주의적 왕정체제에 맞서서 이 최고의 가치를 열정적으로, 정력적으로 수호했으며, 그의 확신은 결코 흔들리지 않았다. 데모스테네스는 필립포스와 아테나이의 전쟁은 한쪽이 죽어야만 끝나는 전쟁이라고 확신했다. 이들 양측이 수호하는 원칙이 도저히 양립 불가능하기 때문이었다. 당시 아테나이 민주주의야말로 마케도니아의 지배에 대항해서, 아니 모든 형태의 제국주의에 맞서서 그리스가 지켜내야 할 최후의 보루임을 데모스테네스만큼 확실하게 피력할 수 있는 사람은 아무도 없었다.

아테나이의 마지막 투쟁가

하지만 데모스테네스처럼 아테나이와 필립포스의 전쟁을 순수하게 민주주의와 제국주의의 전쟁으로 설명한다면, 이는 제대로 된 설명이라고 할 수 없다. 당시 아테나이는 이미 데모스테네스가 요구하는 대로의 진정한 민주주의 국가가 아니었기 때문이다. '아테나이인들의 공화국'은 이미 사양길에 접어든 상태였다. 아테나이에는 더 이상 시민정신이 존재하지 않았으므로, 도시국가라고 할 만한 것도 존재하지 않았다고 보아야 한다. 이 점 또한 데모스테네스는 잘 알고

있었으며, 기회 있을 때마다 다양한 형태로 이를 강조했다. 그는 아테나이 민중들이 마케도니아의 위협을 직접 겪으면서도 자진해서 군인이 되어 싸울 생각을 하지 않는 데 대해서 울분을 토로했다. 아테나이 민중들은 국가가 아테나이 제국으로 군림하며 축적한 부를 이용해서 용병을 사고, 그 용병들이 자신들을 대신해서 자유시민들의 특권을 지켜주기를 원했다. 아테나이 민중들은 게다가 자신들의 새로운 '주인들'에게 특별히 요구하는 것도 없었다. 시민으로서의 정치적 권리를 실행하게 해달라는 요구도 하지 않았다. 이들은 이미 콩깍지 몇 접시, 다시 말해서 '빵과 구경거리'에 그들의 정치권마저도 팔아버린 것이었다. 데모스테네스는 시민들에게 구경거리를 제공하기 위해 비축해둔 자금이 적어도 전쟁 기간만이라도 군사비로 충당되어야 한다고 현역으로 활동하는 기간 내내 목청을 높였다. 그는 이 점을 민중들에게 직접, 집요하게, 서투르지 않은 방식으로 강조했다. 하지만 결과는 미미했다. 그는 아테나이 민중들의 정치에 대한 무관심이 가장 심각한 문제라고 생각했다. 이들은 그런 일은 자신들이 선택한 '주인들'에게 맡겨버리는 편을 선호했다. 이 주인들이란 그들의 마음에 들려고 애를 쓰는 아첨꾼에 불과했다. 일상생활에서는 허구한 날 언론의 자유를 요구하는 여론이, 민회에서는 포퓰리즘을 구사하는 아첨꾼들에게만 언론의 자유를 허락했다.

아테나이 민중들은, 데모스테네스가 절망적인 용기를 담아 말했듯이, 이미 노예가 되기를 택한 것이었다.

그의 말을 들어보자. 그의 말 속에 들어 있는 신랄한 외침이 들릴 것이다.

"어째서 예전에는 모든 것이 잘되어가더니 오늘날에는 이다지도 잘

데모스테네스 두상. 아테네 국립박물관.

돌아가지 않는단 말인가? 그건 우선, 예전에는 자발적으로 병역 의무를 수행할 정도로 활력이 넘치던 민중이 정치가들의 주인으로서 최고 주권자답게 모든 이권을 누리고 있었으며, 시민 각자가 민중으로부터 영예와 책무, 호의를 위임받은 데 대해서 행복하게 여겼기 때문이다. 그런데 오늘날엔 이와 반대로 정치가들이 모든 것을 차지하고 있으며, 모든 것이 그들을 통해서 이루어지고 있다. 반면 여러분, 그러니까 민중은 마비되고, 돈도 연합세력도 모두 빼앗긴 채 노예의 처지, 하인의 역할로 전락했다. 여러분은 이제 장식품에 불과한 이등시민, 구경거리를 관람할 돈이나 몇 푼 얻으면 좋아하고, 여러분을 이끄는 자들이 여러분들을 위한답시고 시시한 행렬이나 조직하면, 원래 여러분 소유였던 것을 도로 나누어주는 것이 고마워서 황송해한다(이건 모든 것을 넘어서는 시민적인 용기의 특성이다). 그런데 그들 정치가들은 어떤가 하면, 그들은 여러분을 도시로 모이게 한 다음에, 마치 가축으로 길들이려고 잡아온 산짐승 취급을 한다. 내가 생각하기엔 속 좁고 치졸하게 행동하는 사람들에게서는 위대하고 참신한 대담성을 기대할 수 없다. 인간의 감정이란 그들의 습관과 어울리게 마련이다. 그뿐 아니라, 나는 내가 여러분에게 이 같은 악습을 알려줌으로써 악습을 실제로 행하는 사람들보다 오히려 더 비싼 대가를 치러야 한다고 해도 그다지 놀라지 않을 것이다. 여러분은 솔직함이라는 덕목을 모든 주제에 대해서 허용하지는 않는다. 그러니 여러분이 나에게 이런 말을 하도록 내버려두는 것만 해도 얼마나 놀라운 일인가!"

데모스테네스는 아테나이 민중이 노예 상태로 전락하는 것은 시간문제임을 알고 있었다. 아이스키네스를 필두로 하는 적국 첩자들의 아테나이에서의 활동에 대해서, 민회의 신뢰를 사는 데 성공한 온갖 종류의 배신자들에 대해서 데모스테네스는 절망적으로, 끝까지 투쟁을 벌였다. 그는 아테나이 민중이 "노예 상태에서 안전을 보장받게 되기"를 원치 않았다.

당시 아테나이가 겪고 있던 모든 해악의 원인, 즉 돈에 매수된 연설가들을 고발하는 마지막 연설을 보자.

"이것이 지금 우리가 처한 상황이다! 우리는 우물쭈물 망설이고, 나약해지며, 공연히 이웃만 흘금흘금 곁눈질하면서 서로 으르렁댈 뿐, 정작 우리 모두에게 해악을 가져온 당사자에게는 아무 소리도 하지 않는다. 이렇게 된 까닭은 무엇인가? 예전에는 그토록 자유를 소중하게 여기던 그리스인들이 오늘날에는 그처럼 노예 상태가 된 데에는 분명 이유가 있을 것이다. 아! 예전에는, 아테나이인들이여, 거의 모든 사람들의 마음속에 지금은 없는 무엇인가가 있었다. 페르시아의 황금과 대항해서 승리를 거두고, 그리스의 자유를 보장해주었으며, 그리스가 육지에서나 바다에서나 그 어떤 전투에서도 패배하지 않게 만들어준 무엇인가가 있었다. 그런데 그 무엇인가가 없어졌기 때문에 오늘날에는 모든 것이 제대로 돌아가지 않고, 뒤죽박죽이 되었다. 그러니 도대체 그것이 과연 무엇이란 말인가? 이 질문에 대한 대답은 전혀 복잡할 것도, 학구적일 것도 없다. 그리스를 지배하기를 원하며 부패시키고자 하는 자들이 내민 돈을 몇몇 사람들이 받아 챙긴다면, 예전엔 모두가 그들을 증오했다. 그런 유혹에 넘어가는 자들에게는 그러므로 대단히 큰 위험이 따랐다. 부패를 저지른 자에게는 엄중한 벌이 내려졌으며, 사면이나 용서는 절대 없었다. 돈의 힘을 빌려 태만한 사람들이 주의력 깊은 사람들에게 손해를 끼칠 수

있는 행동을 할 기회, 연설가들이나 장군들이 그런 기회를 산다는 건 상상도 할 수 없는 일이었으며, 내부적인 화합이나 독재자 혹은 바르바로스들에 대한 경계심을 사는 것도 불가능하기는 마찬가지였다. 그런데 오늘날엔 시장에서처럼 모든 것을 거래할 수 있다. 그 대가로 그리스를 패망으로 이끈 것, 그리스를 오염시키는 것들을 들여온다. 도대체 이게 무슨 해괴한 일이란 말인가? 뇌물을 받은 사람을 부러워하고, 그것을 고백한 사람을 비웃는다. 범죄를 저질렀음이 입증된 사람을 용서하고, 그들을 비난한 사람들을 증오한다. 요컨대 돈을 이용한 매수가 있는 곳이라면 으레 따라다니게 마련인 온갖 비리가 난무한다. 3단 노선, 인구, 돈, 그 외 풍족하게 구비되어 있는 온갖 자원 등 한 나라의 힘을 판단할 수 있는 모든 요소들을 우리는 과거 그 어느 때보다도 많이 지니고 있다. 하지만 그런 것을 밀거래하는 자들 탓에 이 모든 것은 하나도 쓸모가 없으며, 비효율적이고, 비생산적이 되어버렸다."

유감스럽게도 카이로네이아 전투가 시작되면서 모든 것은 배신자들로 인해 끝장이 났다.

필립포스는 사건의 진행 속도를 가속화하기로 작정했다. 그는 테르모퓔라이 협로를 통과할 수 있는 기회가 생기자마자 이를 놓치지 않았다. 일단 그리스 땅에 들어오자 그는 구실 따위는 보기 좋게 내동댕이쳐버리고, 돌발적으로 앗티케 쪽으로 군대를 돌렸다. 이 소식을 들은 아테나이는 공포에 휩싸였다. 대대적으로 불길을 올려 앗티케의 농민들을 민회에 소환했다. 침묵을 지키는 대중들 사이에서 분연히 일어난 데모스테네스가 연단으로 올라갔다. 그는 용기를 북돋았다. 필립포스의 군대에 대항해서 진군할 것을 제안하고, 아테나이가 맞고 있는 이 절대절명의 위기의 순간에 아테나이의 오랜 숙적인 테바이와 동맹을 맺어야 한다고 주장했다. 사람들은 그의 연설을 경청했다. 시민들은 무장했다. 아테나이의 대표로 테바이로 파견된 데모스테네스는 그보다 한 발 앞서 그곳에 도착한 필립포스의 사절단이 마케도니아 군대가 테바이 영토를 지나 앗티케로 들어가는 것을 묵인해준다면 전리품을 나누어주겠다는 제안을 했음을 알았다. 하지만 데모스테네스의 뛰어난 웅변으로 상황은 역전되어, 테바이인들은 아테나이와 동맹을 맺었다. 이렇게 극적으로 화해한 두 도시의 군대는 얼마간 필립포스의 진군을 막을 수 있었다.

하지만 기원전 338년에 벌어진 카이로네이아 전투는 결정타였다. 그리스 동맹군의 정예부대가 필립포스의 아들 알렉산드로스가 이끄는 마케도니아 기병대에 의해 전멸되었던 것이다. 당시 알렉산드로스의 나이는 겨우 열여덟 살이었다. 3천 명의 아테나이 병사들이 죽거나 포로가 되었다.

도시국가의 독립은 그것으로 막을 내렸다.

데모스테네스는 마흔여덟 살이라는 나이에도 불구하고 일개 병사로 전투에 참가했다.

민주주의의 몰락, 전제 왕정의 부상

데모스테네스의 웅변, 그가 기울인 엄청난 노력과 용기, 천재성, 이 모든 것도 도시국가 아테나이의 와해를 막기에는 역부족이었다.

기원전 4세기 초반에 이미 펠로폰네소스 전쟁으로 크게 타격을 입은 아테나이의 쇠락이 시작되었음을 우리는 잘 알고 있다. 다른 도시

국가들도 내리막길로 접어들었다. 스파르타, 그리고 그 뒤를 이어 테바이는 아테나이의 쇠망을 틈타 정상에 올라서는 행운을 누렸으나, 이렇다 할 빛을 발하지는 못했다. 지속적인 전쟁, 혼자서 헤게모니를 잡겠다고 주장하던 하나의 도시국가를 상대로 나머지 도시국가들이 뭉쳤던 상황은 결과적으로 그리스 세계 전체에 무질서와 혼란을 가져왔다. 결국 모두가, 그러니까 처음엔 국가가, 곧이어 개인들까지 불행하고 비참한 처지에 놓이게 되었다. 도처에서 각종 도시들의 연맹이며 연합이 발족했지만, 오래도록 시민 대다수에 의해 번영 속에서 통치되던 자유도시라는 구태의연한 개념을 넘어서지는 못했다.

오직 새로 부상하는 전제 왕정만이 세력권을 넓혀갔다. 작가들은 독자들을 위해 '선한 군주'의 이미지를 양산했으며, 이것은 그리스와 헬레니즘 문화권에 속해 있던 나라들이 왕의 지배를 받는 나라들로 재편성되는 기원전 4세기 초반부의 격변기에 필요한 여론 형성에 이바지하는 것으로 보였다. 그런데 이들 전제군주들, 특히 다음 세기에 등장하는 프톨레마이오스나 셀레우코스 왕조 등이 도대체 어떤 면에서 '선한 군주'인지는 알 도리가 없었다.

그리스 민족의 역사가 나아가게 될 '방향'을 잘못 짚었다고 해서 데모스테네스를 비난해야 할까? 몇몇 현대 학자들은 그랬다. 하지만 그의 동시대인들이나 고대 말엽의 그리스인들은 그렇지 않았다. 이들 고대인들에 따르면, 데모스테네스는 "할 수 있는 최상의 정책"을 편 인물이다. 적어도 그와 동시대인이며 아테나이의 재정을 관리했던 은행가로, 암묵적으로 인정되던 파탄 상태의 재정을 처리하는 데 집중한 에우불로스의 정책보다는 나은 정책이었다. 또 "아테나이는 더 이상 우리 조상 때처럼 바다에 나가 적을 무찌르는 도시가 아니라,

실내화 바람에 차나 홀짝거리는 늙은 할망구"라고 말하던 인기 높은 연설가 데마데스의 정책보다도 훨씬 나은 정책이었다. 배신가로 악명 높고, 허영심으로 거들먹거리면서 적과의 협력, 즉 "물길 따라 이리저리 떠내려가다가 결국 물에 빠져 죽게 되는 개"의 처신을 옹호한 아이스키네스의 정책보다도 나은 정책이었음은 물론이다. 장군이며 교양인이고 패배주의자로, 아테나이 시민들의 도덕적 나약함을 빤히 보면서도 이를 바로잡기 위해 아무것도 시도하지 않고 그저 볼멘소리만 몇 마디 함으로써 마음의 빚을 털어내려 한 포키온의 정책보다도 나았다. 이런 식으로 마음의 빚을 가볍게 털어낸 볼멘소리 장군은 점령자가 하사하는 권력을 넙죽 받아들였다.

이들은 데모스테네스와 마찬가지로 미래의 아테나이가 나아갈 방향을 결정짓는 책임자들이었으며, 이들 역시 데모스테네스만큼이나 운신의 폭이 좁았다.

단 한 사람의 예외가 있다면 아마도 이소크라테스일 것이다. 문학 분야에서 그가 쌓은 눈부신 경력은 거의 대부분 그리스의 이웃 지역에서 그리스적인 무기를 사용함으로써 그리스를 통일시키고, 나아가 페르시아 제국까지도 정복할 수 있는 인물을 찾아내는 데 바쳐졌다. 그가 마침내 찾아낸 인물은 다름 아닌 마케도니아의 필립포스로, 이소크라테스는 데모스테네스가 필립포스의 정복전쟁에 반대하는 여론몰이에 나섰을 무렵, 필립포스에게 공개 서한을 보냈다. 이 편지에서 그는 마케도니아의 왕에게 그리스와 화해하고 그들과 더불어 바르바로스들을 제압했다는 영광 외에 다른 보답은 바라지 말라고 당부했다. 이소크라테스는 "당신은 그리스와 마케도니아, 그리고 야만인 모두에게 선의를 베푸는 자가 되어야 한다"고 적었다. 아! 그럴듯

민주주의의 왕관을 받는 아테나이 시민.
기원전 336년 아고라에서 발견된 비석. 미국 고전연구학교. 앨리슨 프란츠 사진.

하나, 문장은 어디까지나 문장에 지나지 않는다. 이소크라테스는 게다가 적극적인 정치 활동을 한 적이 없는 인물이었다. 그는 자신의 건강을 너무도 염려했고, 그 덕분에 아흔여덟 살까지 장수를 누렸다. 그는 카이로네이아 전투가 시작된 지 얼마 후 굶어 죽었다고 한다. 사죄치고는 참으로 덧없는 짓이었다.

노예 상태로 사느니 죽음을 택한 자유주의자

데모스테네스는 자신의 희망이 모조리 물거품이 된 후에도 살아남았다. 망명 생활 속에서도 그는 투쟁을 계속했으며, 필립포스, 알렉산드로스, 안티파트로스에 대항해서 싸웠다. 아테나이에서 그는 새로운 항거를 이끌어냈다. 그의 정책은 전혀 달라지지 않았다. 뿌리 깊은 도덕적 가치가 그가 제시하는 정책의 틀을 이룬다. 그에 따르면, 바르바로스들의 모든 지배 방식에 맞서서 아테나이는 도시국가의 민주정 형태를 제시해야 하며, 그것이야말로 인본주의의 토대 위에 세워진 그리스 문명의 가장 큰 특징이었다. 자유와 민주주의를 인도하는 아테나이인들과 그리스인들에게 영광이 기다리고 있을 것이다. 아테나이와 그리스인에게 득이 되는 것은 그들에게 명예를 선사하는 것과 일치하며, 그리스 공동의 이익과도 일치한다고 데모스테네스는 생각했다.

데모스테네스는 이 점을 집중적으로 아테나이에 호소했으나, 아테나이는 그의 말에 귀 기울이지 않았다.

로마의 충실한 백성이었던 플루타르코스는 데모스테네스가 부흥시키려고 했던 기원전 5세기의 민주주의를 제대로 이해하지 못한 채

다음과 같이 데모스테네스를 평가했다. "데모스테네스는 자신이 처음에 맡았던 자리와 정당에 끝까지 충성을 다했다. 그는 평생 동안 조금도 달라지지 않았을 뿐 아니라, 달라지지 않기 위해 전 생애를 바쳤다."

이미 죽어버린 아테나이의 민주주의를 위해 데모스테네스는 죽음을 택했다. 그는 노예 상태로 사는 것보다는 스스로 목숨을 끊는 편을 선호했다. 이 정도의 천재, 이 정도 스케일의 인물이 죽는다는 것이 가능하다면 말이다.

데모스테네스는 현대를 사는 우리에게도 여전히 열정적으로 탐구할 대상이며, 분열의 상징이다. 그가 단순히 웅변에 능했기 때문이 아니다. 그가 자유의 대가였기 때문이다. 역사가들은 그를 영웅으로, 페르시아의 첩자로, 소박한 변론가로, 심지어는 성인으로, 아무튼 상당히 다양한 각도에서 조명해왔다……. 그가 추앙을 받건 수모를 당하건, 여하튼 죽지 않고 여전히 살아 있는 것만은 분명하다.

chapter 6

플라톤의 정치적 대망

플라톤 이전에 그리스 문학은 시(詩)가 중심이었다. 기원전 5세기경에 시인은 젊은 층은 물론 도시국가 전체의 교육을 담당했다. 플라톤이후에 그리스 문학은 지혜, 과학, 철학이 중심이 되었다. 시인이 아닌 철학자, 학자가 개인과 도시국가의 교육을 담당하게 된 것이다. 호메로스와 호메로스로부터 파생된 헬레니즘은 속된 말로 찬밥 신세가 되었다. 《국가》에 등장하는 한 인물은 이렇게 묻는다. "친애하는 호메로스여, 어떤 도시가 자네 덕분에 더 나은 통치를 펼쳤는가? 어떤 사람들이 자네 덕분에 더 나은 사람으로 변화했는가?" 이 대목에서 우리는 플라톤이 호메로스를 필두로 하여 시 전체에 대해서 내린 그 유명한 사망 선고를 접하게 된다. 거짓말을 꾸며내는 시인은 이제 도시국가에서 배척당하게 되었다.

하지만 플라톤은 시의 시대에서 철학의 시대로 넘어가는 과도기에

살았던 사람답게 저술 활동 기간 내내 시인이면서 동시에 철학자였
다. 시와 철학의 혼재라는 바로 이 점이 그만의 매력이며, 동시에 그
의 저술에 대한 해석이 어려워지는 원인이기도 하다. 플라톤의 말은
항상 문자 그대로 이해해야 하는가? 그가 빈정거리는 투로 말할 때
에는 도대체 누구를 놀리는 걸까? 아마 우리 모두가 그 대상일 것이
다. 또 그의 감탄할 만한 대화편에서는 과연 어느 인물이 그를 대신
해서 말을 하는 걸까? 항상 소크라테스일까? 절대 그렇지 않을 것이
다. 때로는 소크라테스의 적수, 즉 플라톤 그 자신일 수도 있다. 결국
플라톤의 철학이 좀 더 효과적으로 표현되는 것은 변증법에 의해서
일까, 아니면 신화에 의해서일까? 그건 경우에 따라 다를 것이다. 흔
히 플라톤은 '우화'를 통해서 가르쳤다고 말한다. 이 말은 두고두고
생각할 거리를 제공한다.

정의로운 도시를 만들겠다는 야심가

플라톤은 기원전 427년에 태어났다. 그러니까 펠로폰네소스 전쟁이
막을 내린 기원전 404년에 도시국가 아테나이가 멸망할 때 그는 이
미 성인이었다는 계산이 나온다. 그는 아테나이에서 가장 고귀한 귀
족 집안에서 태어났다. 아버지 쪽 조상들은 아테나이 마지막 왕의 후
손들이었으며, 어머니의 조상 중의 한 사람이 바로 기원전 6세기에
민주주의의 선구자 역할을 했던 솔론이었다. 그러니 플라톤이라고
하는 젊은 귀족은 공직에 종사하기 위해 태어난 사람이나 다름없었
다. 그는 완벽한 교육, 즉 지성을 예리하게 정련하고, 정치 생활을 위
해 언어를 유연하게 가다듬는 최상의 훈련을 받았다. 게다가 잘생기

플라톤의 흉상. 개인 소장품. 뵈링거, 제네바.

고 건강한 젊은이였다. 떡 벌어진 어깨 때문에 플라톤이라는 이름을 얻을 정도였으니까 말이다(플라톤은 그의 별명에 지나지 않는다). 그는 군인으로서도 단연 돋보였다. 국가 체전에서 두 번이나 큰 상을 받기도 했다. 하지만 소피스트들의 논쟁도 체력 단련만큼이나 그의 호기심을 자극했으며, 그는 이 논쟁에 더 많은 시간을 할애했다. 청소년기에 그가 대가들의 마지막 가르침을 들었으리라는 점은 의심할 여지가 없다. 궁지에 몰린 사고가 방향을 바꿔 스스로를 반격하는 걸 지켜보는 일이 예리한 정신의 소유자였던 플라톤에게는 몹시 흥미로웠다. 그는 또한 이러한 주장에 귀를 기울였다. 인간은 불평등하게 태어났으며, 도덕은 강자를 억누르기 위한 약자의 발명품에 지나지 않는다. 모든 형태의 통치체제 중에서 가장 합리적인 체제는 귀족정이다……. 소피스트들의 주장, 특히 정치와 관련한 의견들 중에는, 가령 그와 가까운 친척 집안에서 크리티아스의 입을 통해 듣곤 하던 이른바 니체식 사고방식이 주를 이루었다. 훗날 '독재자'로 군림하게 되는 크리티아스는 플라톤의 어머니의 사촌이다.

그는 또한 소피스트들이 능란하게 다루는 언어의 마술에도 매우 민감했다(어린아이처럼 열광적이었다).

플라톤은 어린 시절 체력 단련장에 드나들던 무렵, 이 언어 마술의 대가 소크라테스가 역설을 전개하고 '반박'을 발전시켜가는 광경을 자주 접했다. 삼촌 카르미데스와 어머니의 사촌 크리티아스, 경박한 알키비아데스 등 그보다 선배격인 사람들은 소크라테스의 질문 공세에 못 이겨 꼼짝없이 자신의 머릿속에 있는 생각들을 토설해내지 않을 도리가 없었다. 이들은 결국 소크라테스 앞에서 자신들이 어떤 식으로 살지, 즉 삶의 방식의 선택 문제, 그리고 왜 그런 방식으로 살

것인지, 즉 선택의 이유를 정당화해야 했다. 소크라테스와의 만남은 그들에게 기회였다. 어쩌면 마지막 기회였을 수도 있다. 이는 플라톤에게도 매우 드문 거의 유일한 기회였다. 파악되었는가 하면 어느새 다른 곳으로 훌쩍 떠나버리는 소크라테스는 말하자면 플라톤의 소명이 될 자였다.

지금 이 시점에서 플라톤은 호기심과 관심을 가진 젊은이, 영혼을 열정적으로 담아내는 시선으로 머물러 있는 상태다. 자, 저기 플라톤의 젊은 삼촌인 미남 카르미데스가 온다……. 벌거벗은 운동선수처럼 아름다운 카르미데스. 그의 아름다움 앞에서는 소크라테스마저 감탄사를 연발했다. 하지만 그의 감탄에는 항상 약간의 아쉬움이 뒤따랐다. "그런데 저 아름다움에 아주 사소한 한 가지 요소만 덧붙여진다면 얼마나 좋을까!" "한 가지 요소라니, 그게 뭡니까?"라고 크리티아스가 묻는다. "영혼의 아름다움이라네." 소크라테스가 대답한다. 플라톤이 존경해 마지않았으며, 온 마음을 다해 닮고 싶어했던 카르미데스는 소크라테스가 지혜를 정의해보라고 요청하자 머뭇거리기 시작한다. 뤼시스도 우정에 대해서 묻자 같은 태도를 보였으며, 용감한 무사 라케스마저도 용기가 무엇인지 정의해보라는 요구에 애매한 표정을 지었다. 그런가 하면 박학다식한 궤변의 대가 힙피아스는 아름다움에 대해서 입도 뻥끗하지 못했다.

이번엔 수사학과 궤변, 정의 또는 불의의 정치에 관한 거장이라는 프로타고라스와 고르기아스의 차례다. 이들 역시 노회한 언어의 곡예사가 들이대는 정곡을 찔러대는 아이러니의 공격으로 당황하고 쩔쩔매며, 얼버무리다가 아연실색하는 수밖에…….

플라톤도 이곳으로 온다. 그는 전적인 신뢰로 소크라테스를 대한

최초의 제자라고 할 수 있다. 그는 소크라테스적인 반박에 도전할 준비가 되어 있었다. 이 얼마나 근사한 놀이인가! 아니, 그것이 과연 놀이란 말인가? 그는 공적인 삶을 주제로 하여 정의를 해나가기 시작했다. 그는 고귀한 귀족 집안의 전통에서 비롯되는 정치와 아테나이식 민주주의 관습을 화해시키기를 원했다. 솔직히 후자에 대해서는 가장 계몽적인 독재의 사례들과 과거의 기억들을 이용해서 이를 뜯어고치고 싶은 욕망을 불태우고 있었다. 하지만 오랫동안, 그러니까 그가 스무 살이 되던 해부터 스승이 죽을 때까지의 8년 동안 열성 제자로 따라다니며 실행에 옮겨본 소크라테스식 대화에 대해서는 의혹과 불안감, 스스로에 대한 경멸, 신랄함만이 남아 있을 뿐이었다. 플라톤은 정의로운 인간으로 정의로운 도시를 통치하고 싶었다. 그런데 도대체 정의란 무엇인가? 아테나이의 어느 곳에 가면 정의를 만날 수 있단 말인가?

그의 마음속에서 대망이 무르익어가기 시작했다. 새로운 도시를 만들겠다는 야망이었다.

소크라테스의 죽음과 민주주의에 대한 경멸

그의 내적인 결정과 병행하여 외적으로는 아테나이의 비운, 오촌 아저씨 크리티아스가 주동이 되어 이끌어가는 이해하기 어려운 독재, 그리고 벼락처럼 갑작스럽게 찾아온 스승 소크라테스의 죽음 등의 요소가 한꺼번에 그를 뒤흔들었다.

아테나이인들은 기원전 405년에 마지막 함대마저 잃고 말았다. 60척의 3단 노선들이 그물망에 걸렸으며, 3~4천 명의 포로들이 참혹하게 처형되었다. "그날 밤 아테나이에서는 아무도 잠을 이루지 못했다. 아테나이인들은 죽은 자들을 위해 눈물을 흘렸다. 그들은 살아남은 자신들을 위해서는 더 많은 눈물을 흘렸다"고, 이 사건을 다룬 한 역사가는 기록했다. 스파르타의 두 왕은 벌써 고향집을 찾아오듯이 앗티케로 입성했다. 파우사니아스는 아테나이 성문 근처 아카데모스 정원에서 숙영했다. 뤼산드로스는 200척의 배를 끌고 다가와 페이라이에우스를 봉쇄했다.

이미 수천 명의 목숨을 잃은 아테나이는 항복했다. 요새와 장성은 모두 "피리 소리에 맞춰" 초토화되었다고, 귀족 출신 역사가 크세노폰은 묘사했다. 제국은 한 방에 무너졌다. 망명을 떠났던 자들이 다시 불려왔다. "아테나이에서는 이날이 그리스 전체를 위한 자유의 시작이 될 것이라고 하며 기뻐했다." 하지만 그건 완전히 오산이었다. 이날은 아테나이, "스파르타와 똑같은 우군과 똑같은 적군을 가지고 있다고 떠들어대던" 아테나이로서는 노예 생활의 시작이었다.

이날 플라톤도 눈물을 흘렸을 것이다. 하지만 그의 눈물에는 약간의 희망도 섞여 있었을 것이다. 마침내 강력한 통치체제, 즉 30인 참주 독재체제가 성립되었던 것이다. 여기에 참가한 30인은 모두 아테나이 시민들로서, 대다수가 망명지에서 돌아온 사람들이었다. 이들의 수장은 크리티아스였다. 카르미데스는 페이라이에우스 통치 세력의 일원이 되었다. 지금까지 보존된 편지들 가운데 한 통에서, 플라톤은 부모나 친구들이 그에게도 이들 곁에서 한자리를 차지하라는 압력을 가했다고 기록하고 있다. "나는 환상을 가지고 있었다. 그리고 그건 전혀 놀랄 것도 없다. 내가 아직 젊었으니 말이다! 나는 그이들이 아테나이를 불의의 길에서 정의의 길로 이끄는 통치를 할 것이

라고 상상했다." 플라톤은 그렇지만 30인 참주 독재에 참가한 친지들과 직접적으로 연계되기를 수락하지 않았다. 그는 말하자면 자제했다. "나는 주의 깊게 관찰 중이다"라고 그는 말했다. 틀림없이 소크라테스가 어떻게 처신하는지를 기다려보자는 계산이었을 것이다.

소크라테스가 아테나이 민중은 물론 젊은 지식인들 사이에서 높은 명성을 누리고 있음을 잘 알고 있었던 30인의 참주들은 눈에 띄는 동조 행위를 통해 그를 끌어들이기로 결정했다. 그 때문에 그들은 소크라테스에게 4명의 다른 시민들과 같이 살라미스의 레온을 체포하는 임무를 맡긴다. 문제의 인물은 정직한 시민이었으나, 이들은 그를 사형에 처할 작정이었다. 소크라테스는 꼼짝도 하지 않았으며, 이로써 그는 최악의 상황을 맞을 수도 있는 위험에 봉착했다. 이로부터 50년이라는 세월이 흐른 뒤에 이 일화를 회상하는 플라톤은 분노를 가라앉히지 못했다. 그럴 정도였으니, 이 사건으로 그는 귀족 친구들에게 등을 돌렸다. 그렇다고 그가 민주주의 쪽으로 마음을 돌린 것은 아니었다. 그는 오래전부터 민주주의는 부패했으며, 그가 항상 증오해왔던 체제임을 감추지 않았다.

스물다섯 살의 플라톤은 태생에 의해서라기보다 기질적으로 정치를 하도록 예정되어 있었음에도 불구하고 실제로는 정치에 입문할 수 없는 상태였다. 그만큼 당시의 정치판은 폭력과 불의가 난무하는 곳이었다. 행동하려는 욕구로 끓어오르지만 아무것도 할 수 없었으며, 아테나이의 혁명 기간 동안 "믿을 만한 친구도 동지도 없다"고 고백했던 플라톤에게 전혀 예기치 않았던 가장 힘든 시련이 닥친다. 그가 은밀하게 품고 있던 의혹에도 불구하고 늘 존경하고 사랑하던 스승, 항상 그의 기대를 채워주는 대담을 이끌어내던 소크라테스가 시민 법정에 서게 된 것이다. 당시의 세도가들, 다시금 승승장구하게 된 민주주의 수호자들에 의해 법정으로 끌려간 이 위대한 철학자는 스스로를 거의 변호조차 하지 않고, 오히려 판관들을 도발하며 죽음을 재촉하는 것처럼 보였다. 마치 죽음이 이제까지 영위해온 삶보다 훨씬 더 명료하게 그가 아테나이 민중들에게 말하고자 했던 내용을 보여준다고 믿는 것 같았다. 결국 소크라테스는 사약을 마셨다. 플라톤은 그 일이 일어난 당시에는 도대체 그에게 무슨 일이 일어난 건지 이해하지 못했다. 그저 병이 나서 기진맥진해진 것으로만 생각했다. 그는 새로운 사람이 되어, 쓸쓸한 세례에 비유할 만한 이 지독한 병으로부터 빠져나온다.

소크라테스의 죽음 이후 힘들었던 시기에 플라톤의 천재성을 보여주는 몇몇 독창적인 생각들이 확립된다. 아테나이 민주주의, 그로부터 스승을 빼앗아간 그 체제에 대한 그의 부정적 태도에 대해서는 더 이상 언급하지 말자. 플라톤은 변함없이 그 체제를 경멸하고 증오했다. 이제 그에게는 새로운 도시국가, 꿈속의 도시, 유토피아가 아닌 이성의 도시, 상식을 벗어난 민주주의의 대척점에 자리 잡게 될 것이며, 그 같은 범죄는 상상조차 할 수 없는 도시를 세우는 일이 기다리고 있었다. 플라톤은 이 계획에 생애의 상당 부분을 할애했으며, 계획을 끝까지 밀고 나갔다. 그는 《법률》의 저술을 마무리하지 못하고 죽었다.

이 외에 또 다른 결심, 또 다른 경험이 그가 가장 힘들게 보낸 이 시기에 그의 마음에 뿌리를 내린다. 그에게 소크라테스를 처형한 아테나이는 거꾸로 가는 세상, 모든 것이 뒤죽박죽인 세상이었다. 그러니 이 전복된 세상을 바로 세워야 한다. 우리의 허울뿐인 눈이 현실

이라고 인식하는 것은 사실상 순전히 가상일 뿐이며, 보이지 않는 것, 우리가 지닌 감각의 언어로는 잡히지 않는 것만이 유일하고 순수한 현실이라고 불릴 자격이 있다. 플라톤의 관념론은 심각한 외상을 안고 있다. 소크라테스의 죽음은 그에게 치명적인 상처였던 것이다. 상처를 치료하기 위해, 아니 그저 살기 위해서라도 그는 소크라테스가 죽지 않았음을 확인해야 했다. 그래서 그는 소크라테스가 계속해서 말을 하도록 해야 했다. 그의 모든 철학은, 그가 고안해낸 문학적 픽션의 형태마저도, 우선적으로 소크라테스는 살아 있으며 살아 있는 소크라테스가 여전히 이야기를 계속하고 있음을 주장한다. 플라톤과 소크라테스, 이 두 사람이 도저히 떼어낼 수 없을 정도로 뒤엉켜서 새로운 인물을 탄생시킨다. 다시 말해서 새로 태어난 플라톤이 새로 태어난 소크라테스, 즉 정의와 혼동되는 소크라테스, 정의로운 사람 그 자체인 소크라테스와 다시 만난다.

이때부터 플라톤은 스승에게 경의를 표한다. 처음엔 그가 쓰고 사람들이 소크라테스의 대화라고 명명한(플라톤의 마음속에 살아 있는 소크라테스의 이미지에 따라 재구성되었지만 '역사적인' 소크라테스에 상당히 근접했기 때문에) 일련의 짧은 대화에서 시작했다. 플라톤은 또 탁월한 그의 저서 《소크라테스의 변명》을 통해서도 스승에게 경의를 표하고 그를 복권시킨다. 이 작품은 법정에 선 소크라테스의 입을 통해 진술하는 형식을 취하고 있다. 마지막으로, 이른바 소크라테스와의 대화라고 불리는 작품들 중에서 가장 마지막에 쓰였으며, 가장 심오하고 가장 아름다운 《고르기아스》에서도 플라톤은 마침내 가면을 벗어던진 칼리클레스(니체식 사고방식을 가진 이 매혹적인 소피스트에게서는 젊은 시절 플라톤의 모습이 비중 있게 실려 있다) 같은 소피스트들에 맞서서 소크라테스를 완벽하게 정의로운 자, 정의를 왜곡시키는 민주주의에 의해 죽음에 처하게 되고, 그 죽음을 받아들이는 자로 제시한다.

스승을 되찾으면서 플라톤은 그때까지 거부해오던 험난한 정치 참여의 길로 들어선다. 노년에 쓴 같은 편지에서 그는 청년 시절 자신의 우유부단함, 흔들림과 그 출구를 고백한다. 그는 또한 훗날 그의 모든 행동, 즉 철학적, 정치적 행동의 틀이 될 적절한 형식도 제시한다.

"나는 국가의 해악은 순수하고 진정한 철학자 종족이 권력을 잡게 되거나, 국가 지도자들이 신의 도움으로 진정으로 철학에 입문하게 될 때까지는 절대로 사라지지 않을 것이라고 주장하고 싶은 욕망에 저항할 수 없이 강렬하게 이끌린다."

똑같은 구원의 방식이 《국가》에도 등장한다. "철학자들이 국가의 왕이 되지 않는 한, 또는 현재 왕이라고 불리는 자들이 진정하고 충분히 자격 있는 철학자가 되지 않는 한, 정치 권력과 철학이 동일 인물 안에서 결합하지 않는 한…… 국가를 좀먹는 해악은 물론, 인류의 해악마저도 멈추지 않을 것이다."

플라톤은 정치를 해야 한다는 타고난 소명을 저버리지 않았다. 그가 확립하려는 철학, 그가 등대처럼 우뚝 세우고자 하는 형이상학은 그에게 주어진 임무, 즉 국가의 정치를 담당한다는 임무의 서곡에 불과했다. 여기서 그가 말하는 국가란 민주주의의 광기 속에서 거덜이 난 아테나이가 아니라 철학자들이 왕으로 군림할 미래의 국가를 가리킨다.

그런데 그가 원하는 정치는 도대체 어떤 정치인가? 헛소리에 들떠 있는 아테나이에 제안하는 지혜의 보고라고 할 수 있는 《고르기아스》에 이 문제에 대한 명쾌한 답이 들어 있다. 진정한 정치란, 복잡

할 것도 없이 국가 안에 사는 시민들을 향상시키는 것이다. 이를 담당한 자들은 다른 건 생각할 필요도 없다. 시민들을 보다 정의롭게, 보다 낫게 만들기만 하면 된다. 시민들에게 함대를 주고 병기고와 대량의 무기, 항구를 내어주는 것은, 테미스토클레스와 페리클레스가 그랬듯이, 그들에게 제국을 주는 것이며, 경박스러운 짓거리로 그들을 재미나게 만들어주는 것과 다르지 않다. 아니, 그보다 훨씬 고약하게도 그들을 전쟁에 대비해서 무장시키며 결과적으로 그들을 파괴하는 것이다. 반면, 그들에게 정의를 주는 것은 불행에 대비해서 그들을 무장시키는 것이며, 그들에게 덕성을 길러주는 것은 그들에게 행복을 선사하는 것이다. 행복은 모든 인간이 추구하며, 모든 인간에게 필요한 유일한 재화다. 이것이 바로 철학자가 행동에 돌입하기에 앞서서 소크라테스의 유명한 역설 중의 하나("불의를 감내하는 자는 불의를 행하는 자보다 훨씬 행복하다." 이 역설은 소크라테스의 역설인 동시에 오르페우스주의의 역설이기도 하다)에 맞추어 정립해야 할 것이다.

아카데메이아, 정치 인재 양성소

플라톤은 2년 동안 여행을 했다. 여행을 하면서 이방 민족의 정치적 경험과 과학적 개념들을 수집했다. 그는 빠른 속도로 이제까지 알려진 사람들 중에서 가장 박식한 학자로 성장했다. 나이가 많이 든 다음에야 남을 가르치기 시작한 것도 틀림없이 이런 연유에서였을 것이다. 기원전 387년(그의 나이 마흔 살이었다)에 그는 아카데메이아를 세워 진정한 철학자들, 즉 미래의 국가를 통치할 인재들을 키우기 시작했다. 그곳에서, "플라타너스가 느릅나무와 귓속말을 주고받는" 그 정원의 오솔길에서, 플라톤식 우정, 플라톤식 당파주의, 플라톤식 음모, 요컨대 학업과 변증법, 인간의 사고와 삶 중에서 아직 파헤쳐지지 않은 처녀지에 대한 체계적인 탐구 등을 통해서 열성적이고 결연한 젊은이들이 성장하게 될 것이었다. 이들 젊은이들은 소포클레스와 아리스토파네스의 문명이 맞닥뜨리게 될 예측하기 힘든 미래, 파괴될 수도 있고 꽃이 만발한 낙원이 될 수도 있는 미래를 준비하게 될 것이었다. 플라톤의 학당, 고대 말엽에 생겨난 이 최초의 고등교육 기관은 무궁무진한 잠재력을 가진 에너지의 보고였다. 이곳에서는 말하자면 폭발적인 힘을 제조하기도 했지만, 무엇보다도 고대를 계승하게 될 새로운 시대를 준비했다. 이 새로운 시대란 기독교 세계를 의미한다.

   플라톤은《국가》를 저술하고, 이어서《법률》을 집필했다. 이 두 저술은 정치에 대한 그의 변치 않는 소명을 더할 나위 없이 뚜렷하게 보여준다.

쉬라쿠사이에서 추방당한 철학자

하지만 그렇다고 그가 자신 앞에 놓인 또 다른 길, 또 다른 대안, 즉 철학자들이 왕이 되거나, 또는 왕이 철학자가 되어야 한다는 그의 생각 중 후자의 가능성을 잊은 것은 아니었다.

   플라톤은 항상 이탈리아 남부와 시켈리아에 매력을 느꼈다. 이미 오래전부터 덕성이 필연적으로 학문으로 승화되어야 한다고 확신했던 플라톤이 타라스의 아르퀴타스와 만난 것도 그곳이었다. 아르퀴타스는 수리역학과 음향학의 선구자이며 당시 상당한 권위를 누리던

'퓌타고라스 학파'에 속하는 철학자였다. 아르퀴타스는 타라스에 피신해 있던 퓌타고라스 학파에 조용한 가운데 지대한 영향력을 행사했다. 공동체를 위한, 사심이 배제된 학자로서의 몸가짐에서 비롯되는 권위였다. 플라톤은 퓌타고라스 학파와의 접촉을 통해서 금욕주의적인 열정을 가지게 되었으며, 이는 그가 나이 들어서 집필한 대화편의 걸작이라고 할 수 있는 《고르기아스》, 《향연》, 《파이돈》, 《파이드로스》 등에 새로운 신앙을 불어넣었다.

플라톤은 타라스와 이탈리아의 다른 지역에서 오르페우스주의자들과 어울렸다. 이들은 유랑하는 걸인들로 신전의 입구에 자리 잡고서 조악한 부적들을 건넸으며, 입으로는 쉬지 않고 주술을 암송했다. 사실 오르페우스주의자들은 가난하고 불쌍한 사람들이었다. 비참함과 배고픔으로 가득한 삶에서 오르페우스주의는 이들에게 팍팍한 삶을 잊게 해주는 피난처이자 죽음을 약속해주는 일종의 꿈이었다.

조금도 부족함 없이 풍족한 생활을 누렸던 귀족 플라톤이 내세의 복음을 내세우고자 한 것을 보면, 대중들에게서 생겨난 이 도피 지상주의로부터 느낀 바가 있었던 것 같다. 오르페우스주의적 진실이 주술의 힘을 가지고 그를 설득했다고나 할까.

구태를 떨쳐버린 퓌타고라스주의와 오르페우스주의의 땅. 이것이 남부 이탈리아를 바라보는 플라톤의 관점이었다. 이 땅은 그가 늘 마음속에 품고 있던 소크라테스주의에 신비주의라는 새 지평을 더해주었다.

시켈리아에서는 다른 하늘, 다른 경험이 그를 기다리고 있었다. 플라톤은 이미 이탈리아나 다른 곳에서 젊은 디온과 우정 관계, 정치적 동지 관계를 맺었다. 디온은 따뜻하고 열정적이며 약간 공상적인

정신의 소유자였다. 그는 쉬라쿠사이의 새 주인이 된 디오뉘시오스
1세와 이복형제간이었다. 디오뉘시오스 1세는 어쩌다가 군인이 되
었다가 전제군주까지 된 인물로, 플라톤이 디온의 말만 믿고 상상했
던 '계몽적 전제군주'와는 거리가 멀었다. 플라톤은 디온에게서 보
기 드문 신선함과 이해력을 갖춘 제자의 면모를 보았다. 플라톤의 저
술에는 소크라테스를 제외하면 디온만큼 섬광을 보이는 인물이 거의
등장하지 않는다. 온갖 쾌락과 관능이 넘쳐나는 쉬라쿠사이의 궁정
에서 플라톤은 디온을 철학과 금욕주의로 개종시켰다. 이 때문에 주
변 사람들은 우정에 도취한 이들 두 사람이 디오뉘시오스까지도 철
학에 입문시키게 되리라고 추측했다. 우리는 정확하게 어떤 형태로
플라톤이 디오뉘시오스에게 백성을 통치하는 철학적 방식을 설득하
려 했는지 알 수 없다. 어쨌든 디오뉘시오스는 격분했고, 플라톤은
강제로 라케다이몬 배에 태워져 어느 날 아침 아이기나 섬에 버려졌
다. 그곳에서 그는 노예시장에서 팔리는 신세가 되었다. 웬 너그러운
사람이 그를 사서 친구들과 철학의 세계로 그를 돌려보냈다.《고르
기아스》에서 인간들 가운데 가장 불행한 자로 범죄를 저지르나 처벌
을 받지 않는 독재자의 초상을 제시한 플라톤은 몸소 겪은 경험을 통
해서 그 같은 인물을 잘못 건드린 철학자에게 어떤 일이 생길 수 있
는지를 잘 알게 되었다.

디오뉘시오스 2세의 통치 기간 동안 플라톤은 디온의 도움을 받아
두 차례에 걸쳐 쉬라쿠사이의 개혁을 시도했다. 하지만 그는 '독재
자-철학자'는 결코 만날 수 없음을 차츰 통감하게 되었다. 아테나이
제도의 쇠퇴는 그에게 시켈리아에서의 시도를 재개할 명분을 주었
다. 데모스테네스는 필사적으로 아테나이에 채찍질을 가했다. 플라

톤이 시켈리아를 여행할 무렵의 아테나이(기원전 367년과 361년)는, 플라톤의 표현에 따르면, 가증스러운 민주주의일 뿐 아니라 혐오스럽고 망측한 '연극 정치'의 산실이었다.

볼테르는 프리드리히 2세를 철학에 입문시키는 데 성공하지 못했고, 디드로 역시 예카테리나 대제를 움직이지 못했다. 쉬라쿠사이의 두 디오뉘시오스 왕을 상대로 시도한 플라톤의 실험도 성공하지 못했다.

한편 디온은 살해당했다. 기원전 354년, 쉬라쿠사이 권력자의 스승이었던 그는 플라톤의 표현처럼 '정의 실현'을 목전에 두고 있다가 처참하게 살해되었다. 그의 죽음과 더불어 '진정한 철학자' 왕이 통치하는 세상을 보고 싶어했던 플라톤의 마지막 희망도 날아갔다. 플라톤은 젊은 친구의 죽음 앞에서 쓸쓸한 눈물만 흘렸다. 디온의 살해는 그에게 씻을 수 없는 환멸감을 안겨주었다. 그는 일곱 번째 편지에서 다음과 같이 말한다. "이 부끄럽고 불경한 행동을 굳이 숨기려 하지는 않겠지만, 그렇다고 그 이야기를 소상하게 털어놓고 싶지도 않다네." 그는 디온에게 찬사를 보낸다. "그자들은 정의를 실천하려는 자를 죽임으로써 나는 물론 인류 전체에 치명타를 가했다네……. 불의를 행하느니 차라리 이를 감내하기로 결심했고, 그러면서도 스스로 정의롭고자 했던 디온은 마침내 적수들에게 승리를 거두려는 순간에 눈을 감았지……. 물론 그는 그의 목숨을 앗아간 자들의 고약함을 모르지 않았지만, 그들의 어리석음, 변태성, 탐욕성이 그 정도로 깊었음은 짐작하지 못했다네. 이 실수가 그의 죽음을 초래했으며, 그의 죽음으로 시켈리아 전체에 대대적인 애도의 물결이 확산되었지."

《국가》, 아테나이 체제에 대한 신랄한 비판

이제부터는 플라톤이 저술한《국가》에 대해서 잠시 살펴보기로 하자.

이 저작은 플라톤이 남긴 글들 가운데에서 가장 풍성한 내용을 담고 있다. 플라톤의 모든 것이 담겨 있다고 해도 과언이 아니다. 그러니 비록 전면으로 부각되지는 않는다고 하더라도, 당연히 여성 해방주의를 포함하는 그의 정치 사회 이론도 개진되고 있다.《국가》에서는 또한 매우 부정확하게도 공산주의라고 불리는 그의 생각도 만나볼 수 있다. 그 외에 교육, 시와 음악의 가치, 과학의 유용성 등에 대한 생각도 잘 나타나 있다. 철학적 정신과 철학자에 대한 그의 정의도 물론 접할 수 있다. 특히 그의 형이상학을 형성하는 주요 요소들이 망라되어 있다. 또한 다른 어느 저술에서보다《국가》에서 인식의 다양한 등급이 명확하게 기술되어 있다. 내세에 대한 생각, 사회의 기원에서부터 인간 사회가 걸어온 길을 보여주는 체계화된 역사, 정치 형태의 혁명에 관한 이론, 특히 그리스 세계에 널리 분포되어 있으며 플라톤이 가장 혐오하는 두 종류의 정치체제, 즉 민주주의와 독재에 대한 매우 심도 있는 연구 등이 총망라되어 있는데, 특별히 민주주의에 대해서 그는 신랄한 독설을 퍼부어댄다.

이 모든 주제들과 내가 특별히 언급하지 않고 지나친 다른 주제들이 저마다 대화(총 10권) 형식을 통해서 다루어지다가 중단되었다가 다시 수면 위로 부상한다. 이 대화들은 진정한 대화, 즉 대화의 주체들이 같은 주제에 골몰하며, 모두 정의와 진리를 사랑하는 사람들이기에 가능한 대화의 양상을 보이며, 여기서 다루어지는 다양한 주제란 주제는 모두 풍성한 다른 주제들로 이어진다. 매 순간마다 마치 연극에서처럼 우리는 각각의 등장인물들이 하는 말에 고개를 끄덕이

게 된다. 예컨대, 플라톤의 마음속에서 죽지 않고 살아 있는 소크라테스, 다시 말해서 플라톤의 해석을 거친 소크라테스와 플라톤의 두 형제 글라우콘과 아데이만토스, 그리고 순수한 폭력에 사로잡힌 혈기왕성한 소피스트 트라쉬마코스 사이에 오가는 대화들이 좋은 예라고 할 수 있다.

플라톤의 탐구(가장 이상적인 형태의 통치체제에 대한 탐구)는 아테나이 민주주의가 실패한 실험이라는 확신에서 출발한다. 그런데 이 출발점에 대해서 말하자면, 그는 이를 증명하려 들지 않는다. 그는 어째서 아테나이 민주주의가 실패했는지 그 원인을 찾아보려 하지 않는다. 나는 앞에서 노예제도의 영속성이 실패의 가장 중요한 원인이라고 지적했다. 그런데 플라톤은 이를 인정하지 않는다. 원인 밝히기를 거부하기 때문에 당연히 치료법도 찾아낼 수 없었다. 하지만 출발은 잘못되었을지라도 그의 탐구는 대단히 흥미롭다. 그가 지극히 엄정한 사고력과 상상력으로 도시의 혁신, 시민 재교육을 시도하고 있기 때문이다. 이 같은 시도는 궁극적으로 인간 영혼을 구원하려는 시도라고 볼 수 있다. 어떤 면에서는 이러한 시도가 인류 역사 내내 지속되어왔다고도 할 수 있다.

플라톤은 데모스테네스나 투퀴디데스와 마찬가지로, 자기 나름의 방식으로 아테나이 민주주의의 역사적 실패를 확인했다. 하지만 그의 업적은 이 실패를 실패로 기록하는 데 만족하지 않고, 인류의 새로운 출발을 독려했다는 점에서 평가받아야 할 것이다. 나는 에우리피데스에 대해서도 비슷한 언급을 했는데, 요컨대 역사에서 새로운 시작이 아닌 실패나 종말은 없다. 이 책의 내용은 내내 이를 입증해 줄 것이다.

철학자들이 통치하는 정의로운 국가

다시 《국가》와 그 저서가 제안하는 새로운 도시로 돌아오자. 문제가 되는 이 새로운 국가는 이따금씩 솔론으로부터 시작된 민주주의와는 거꾸로 가는 세상처럼 보인다. 시민들의 평등, 즉 민회에서 누리는 평등한 정치권에 토대를 둔 것이 아니라 천부적으로 타고난 재능의 불평등에 기초(어디까지나 원칙적으로 그렇다는 말이다)하고 있기 때문이다. 타고난 재능이 불평등하므로 자연히 생활하는 방식과 택하게 되는 직업도 불평등하게 된다(나는 여기서 정치권의 불평등에 대해서는 언급하지 않으련다. 대부분의 사람들에게 그 같은 권리란 아예 존재하지도 않으니 말이다).

플라톤이 구상한 국가에는 세 가지 계급이 존재하는데, 이들 계급들은 수적으로 매우 불평등하다. 여기서 노예들은 그저 노동력을 제공하는 근육, 즉 도구에 불과하므로 고려할 필요조차 없다. 서로 다른 세 가지 계급의 존재는 그 자체로서 민주주의 경험이 실패였음을 함축한다. 이와 동시에 노예제도로 인한 상처, 사회의 새로운 부분에 침투하고 있는 분리 원칙의 확산을 의미하기도 한다. 노동자 계급이나 군인 계급은 전혀 통치에 참여하지 않는다는 것만 보아도 이는 명백하다.

사회구조의 밑바닥에는 수적으로 가장 많은 노동자들(상인, 그리고 특히 장인들, 농부들)이 자리 잡는다. 이 계급은 노동력을 제공함으로써 의복, 식품, 주거지 등 공동체 전체의 물질적 수요를 충족시켜야 한다. 저술 전체를 통해서 교육 문제에 지대한 관심을 기울인 플라톤이었지만, 노동자들에게 문화를 제공하는 문제에 대해서는 전혀 관심이 없었다. 노동자들은 일만 잘하면 된다는 식이었다. 기껏해야 국가 전체의 축제, 즉 종교를 통해 이들이 국가에 대해 지고 있는 의무를

교육하면서 이들이 접하게 될 숭배의 대상의 이름이나 가르쳐주는 정도였다. 노동자 계급의 주요 의무는 주어진 위치에서 공동체의 이익을 위해 열심히 일하는 것이었다. 그러므로 이들에게 고유한 덕목이란 욕심을 절제하고, 정념에 제동을 거는 것이었다. 이들은 늘 절제와 절도를 익혀야 했다.

노동자 계급 위에 자리하는 계급은 군인 계급으로서, 플라톤은 이들은 수호자라고 불렀다. 도시는 입고 먹고 잠을 자야 할 필요 외에 방어되어야 할 필요도 있었다. 플라톤은 전쟁이라면 악성 전염병만큼이나 혐오했다. 하지만 그는 "평화에 대한 무조건적인 사랑 때문에 전쟁을 치를 수 있는 능력마저도 상실한 나머지 제일 먼저 쳐들어오는 적 앞에 무릎을 꿇는(이 대목은《정치가》에서 인용한다)" 무기력함도 경계했다.

플라톤은 수호자의 교육에 가장 공을 들인다. 이들을 대상으로 하는 교육은 전통적인 귀족 교육 과목인 체육과 음악에 기초하고 있다. 음악이라고 하면 뮤즈와 관련된 모든 것, 즉 시, 엄밀한 의미에서의 음악, 그리고 춤을 아우른다. 운동과 예술을 통해서 군인 계급은 용기, 죽음에 대한 경멸, 그리고 스파르타나 테바이에서 융성한 서정시들을 가득 채우고 있는 도덕적 고귀함을 기른다.

그런데 우리가 잘 알고 있듯이, 플라톤이 자신이 생각하는 국가의 시민에게는 절대 권하지 않는 시가 있었으니, 바로 비극 시다. 아이스퀼로스와 소포클레스 시대만 하더라도 아테나이의 영광이었던 비극이 플라톤의 눈에는 위험스러운 열락(悅樂)으로 비쳤다. 그것은 인간 정신을 나약하게 만들며, 죄스럽기 한량없는 호의로 정념을 포장하는 것이었다. 비극 시인들은 호메로스처럼 그의 국가에서 추방당했다. 요컨대 예술에 대해 지나치게 윤리 의식을 강요하는 형국이었다. 플라톤의 이상국가에서 군인들은 절대 악을 접해서는 안 되었다. 또한 무력을 이용해서 권력을 쟁취하려는 시도를 해서도 안 되었다. 군인은 오로지 정의로운 명분 옹호에만 열정을 바쳐야 했다!

지극히 퓌타고라스 학파적인 표현이라고 할 수 있는 "친구들 사이에서는 모든 것을 공유한다"는 말, 부드러움으로 가득 찬 듯한 이 말은 이들을 여러 가지 유혹으로부터 멀어지게 만들었다. 플라톤은 군인 계급에게서 사유재산을 향유하는 쾌락과 가정을 이루는 기쁨을 박탈했다. 군인은 땅이나 여자를 소유해서는 안 되었다. 사유재산에 대한 욕심, 가정에 대한 관심이 이들을 국가를 위한 봉사로부터 멀어지게 할 수 있다는 이유에서였다. 이들의 결혼이란 행정관들이 마련한 제비뽑기의 결과로 어디까지나 일시적이고 잠정적인 상태에 불과했다. 그나마 제비뽑기도 날조되기 일쑤였다. 한편 어린아이들은 태어나자마자 어머니 품을 떠나 국가의 보살핌을 받으며 성장하기 때문에, 영구적으로 자신들의 부모가 누구인지 알 수 없으며, 일정한 나이 이상의 성인은 모두 아버지이고 어머니, 비슷한 나이의 아이들은 모두 형제이고 자매였다. 플라톤은 이런 식으로 군인 계급을 양성해야 한다고 주장했는데, 여기에는 말이나 소의 종자를 개량하는 생산자들의 방식에서 받은 영감과 짐승과의 허무맹랑한 비교를 통해 작성한 우생학적 고려가 적잖이 포함되어 있다.

하지만 다시 한 번 강조하거니와 플라톤은 우생학적 고려를 통해서만 종자를 개량하고자 한 것은 아니었다. 그는 국가를 위해서 일하는 군인 계급의 내부에 자리 잡고 있는 개인적 이기주의의 가장 대표적인 뿌리, 즉 사유재산과 가정에 대한 사랑을 아예 차단하는 강수를

두었다.

역사에서 다음과 같은 말보다 더 비인간적인 꿈이 실현된 적이 있는지 애써 찾아보려 해도 헛수고일 것이다. "그 어느 어머니도 자신이 낳은 자식을 알아보지 못하도록 가능한 모든 방법을 동원할 것이다!" 이런 말을 도대체 어떻게 이해해야 할까? 그런데 플라톤의 허황된 공상은 현실이 되어 나타났다. 혹시 구소련의 공산주의를 의미하느냐고? 아니, 그렇지 않다. 교회의 군사들, 바꿔 말해서 사제들은 전적으로 공동체를 위해 봉사해야 한다고 규정한 가톨릭교회에서 통용되는 청빈 서약, 정결 서원 등이야말로 재산과 여자의 공동 소유만큼이나 반(反)자연적인 수단이라고 할 수 있다. 양자는 어쨌거나 돈이라는 미끼 없이, 또 여자라는 매개 없이, 개인으로 하여금 공동체를 위해 전적으로 봉사하도록 한다는 동일한 목표를 지향한다.

중세에는 사회적 현실에 따라 기독교 사회의 인구를 세 가지 계급으로 분리하는 것을 당연한 규범으로 여겼다. 라보라토레(노동자), 벨라토레(병사, 무사), 그리고 오라토레(사제), 이렇게 세 계급이었다. 그중에서 권력을 행사하는 계급은 사제였으며, 그 대신 이들에게서 독신주의와 청빈 서원을 통해 가정적인 관심을 박탈했다.

마지막 계급에 대해서 나는 아직 한마디도 하지 않았다. 이 계급은 극소수의 행정관-철학자들로 이루어진다. 철학자들의 지배라고 하는 원칙은 틀림없이 플라톤이 타라스에서 접한 퓌타고라스 학파로부터 차용했을 것으로 보인다. 이들 행정관-학자들은 오랜 기간에 걸쳐 합리적인 추리력을 기르는 기하학에서 시작하여 다른 모든 학문들과 변증법, 이데아의 직관, 즉 플라톤의 철학 세계에서 유일한 실체계를 형성하는 객관적인 존재(진, 선, 미)를 학습한 이후에야 비로소 통치자 역할을 수행할 수 있다.

국가의 주인, 즉 철학자들은 자신에 대한 확신이 너무도 강한 나머지 우리 마음이 크게 애착을 보이는 것, 즉 개인적인 자유 따위는 안중에도 없다는 점을 덧붙일 필요가 있다. 그들에게는 어떤 수단을 사용하느냐는 전혀 문제 되지 않는다. 오직 결과만이 고려의 대상이다. 필요하다면 사람들을 죽음에 이르게 할 수도 있다. 또 일부는 추방할 수도 있다. 철학자는 자신이 실현하려는 개혁의 정당성을 시민 각자에게 설득해야 할 필요가 없다. 그저 개혁가가 스스로 그 필요를 통감하기만 하면 그것으로 충분하다. 어린아이처럼 진실을 알 능력이 없는 일반 민중들에게는 그럴듯한 이유를 만들어내면 그뿐이다. 가령 우화를 들려준다거나 거짓말을 할 수도 있다. 따라서 거짓말 중에는 이따금씩 '고귀한 거짓말'이라고 할 만한 것들도 있다. 어떤가, 대단히 유감스럽게도 위대한 플라톤이 이 정도까지 천박해질 수도 있었다.

나는 강력하게 내 의견을 주장할 마음은 없다. 이 시점에서는 플라톤이 국가 안에서 정의를 보장하고 철학자들의 통치를 통해서 인간을 구원하겠다고 생각했음을 인정하는 것으로 충분하다. 그의 이러한 생각에 대해서는 문제의 철학, 즉 이들 철학자들의 세계에 대한 인식이 현실성이 있고, 그것이 객관적으로 사실임이 판명되었다면 그럴 수도 있겠다고 동조할 수도 있을 것이다. 하지만 그의 생각을 전적으로 인정하기란 도저히 불가능하다. 오히려 그와 반대로 오늘날의 우리에게는 플라톤의 철학이 인간의 마음을 가장 심각하게 소외시키는 이론 중의 하나로 보인다. 세월과 더불어 그의 철학은 심지어 위안의 종교처럼 발전되어갔다. 이론상의 약점에 대한 방증이 아

니겠는가.

플라톤의 원대한 정치적 계획에 대해 이쯤에서 결론을 내리자. 얼마 전까지만 해도 그토록 번성한 것처럼 보이던 아테나이 민주주의가 어쩌다가 그 지경에 이르렀단 말인가? 한 세기 전, 그러니까 기원전 5세기 초반부만 하더라도 민주주의 도약의 길을 열어주었던 새로이 부상하는 계급, 활동적인 상인, 수공업 장인, 농부 계급이 초창기 정복으로 안정화되었다. 이는 자주 관찰되는 현상이다. 이들은 항구적으로 노예들을 부릴 수 있을 것으로 확신했으며, 게다가 노예들의 수는 점점 늘어만 갔다. 그러다가 재원이 부족해지고, 시장 점유율과 생산성이 하강곡선을 그리기 시작하자 아테나이를 비롯하여 상업에 의존하던 많은 도시들이 제국주의 전쟁에 뛰어들었으며, 그 결과 서로가 서로를 파산시켰다. 이렇게 되자 이들은 무슨 수를 써서라도 스스로의 방어와 안정을 회복해야 했다. 노예 상태를 수락하는 것이 유일한 방법이라면, 플라톤이 《국가》에서 지적했듯이 그것만이 상상 가능한 유일하고 확실한 수단이라면, 그렇게라도 해야 했다. 이들 도시국가들은 민주주의 시늉을 그만두고, 자신들에게 남은 마지막 자유를 마케도니아의 지배가 되었건 철학자들의 지배가 되었건 하여간 힘센 자의 지배가 베풀어주는 안보와 맞바꿀 준비가 되어 있었다.

플라톤이 구상한 국가는 기원전 4세기에 이미 사람들에게 완벽하게 균형 잡힌 국가, 그 어떤 힘도 예정되어 있는 확고한 질서를 흔들 수 없는 국가라고 하는 거짓 이미지를 선사했다. 그런데 내가 보기엔 바로 이 점이 플라톤이 우리에게 제안하는 국가의 가장 이상한 면이다. 절대로 아무것도 바뀌지 않을 것이라니. 그가 제안하는 국가에서는 진보가 철저하게 배제된다. 이 국가는 영원히 완벽한 존재로 제시된다. 플라톤이 보기에 이처럼 절대적인 정의가 균형을 이루는 국가에서 진보는, 아니 움직임, 동요는 퇴폐와 동의어가 될 수밖에 없다. 철학자들이 모든 지식을 독점하고 절대로 그릇된 판단을 하지 않는 국가에서는 아무 일도 일어나지 않는다. 요컨대 플라톤은 역사를 배제하려는 것으로 보인다.

하지만 인간은 부동의 낙원에 살도록 만들어진 존재가 아니다. 역사는 배제하려 한다고 해서 사라지지 않는다. 인간은 역사를 만들고 역사는 인간을 만든다. 안정된 세기들이란 겉보기에만 그럴 뿐이다. 플라톤이 《국가》를 쓰면서 민주주의의 사망신고서를 작성하고 있다고 믿었던 그 세기로부터 여러 세기가 지난 후, 민주주의를 향한 행보는 안정된 중세 기독교 사회에서 이탈리아와 프랑스를 중심으로 일어난 코뮌과 더불어 보란 듯이 재개된다. 이러한 움직임은 1789년…… 1848년에도…… 계속되었다. 그리고 마침내 "세계를 뒤흔든 열흘……"로 이어진다.

인류의 역사는 이제 겨우 시작되었을 뿐이다.

플라톤식 아름다움과 환상

이와는 다른 플라톤이 있다. 물론 동일 인물이지만, 앞에서 소개한 플라톤이 한편으로는 허황되기도 하면서(《국가》에서 드러난 것처럼) 한편으로는 제법 합리적인(《법률》에서 드러난 것처럼) 새로운 국가를 만들어내기 위한 탐구를 게을리 하지 않았다면(그는 이 탐구를 마지막 숨을 거둘 때까지 계속했다), 또 다른 플라톤은 "우리가 사는 세계란 도대체 무엇인가?"라는 문제의 답을 찾기 위해 탐구했다. 우리를 둘러싼 현실은 무슨 의미를 지니는가? 우리의 눈이 보는 것, 우리의 귀가 듣는 것, 이것은 모두 실재인가? 아니, 그것이 실재 그 자체인가, 아니면 실재의 가상에 불과한가?

플라톤은 실재, 즉 상식이 현실이라고 부르는 것, 감각적인 것, 색채, 형태, 소리의 세계를 사랑하는 시인이었다. 플라톤은 일생 동안 줄곧 우리가 살고 있는 아름다운 이 물리적인 세계에 열렬하게 매료

되었다. 그의 저작은 이를 화사하게 보여준다. 그는 태양과 별을 사랑했으며, 하늘과 바람결에 실려가는 구름, 미풍에 흔들리는 나무, 푸른 초원과 강물, 물과 수면에 비쳐서 늘 바뀌는 존재와 대상의 그림자를 사랑했다. 그의 저술에는 자연의 세계가 늘 흐드러지게 넘친다. 백조와 매미들은 그의 신화 속에서 즐겁게 노닌다. 키가 큰 플라타너스의 그림자, 샘물의 신선함, 보랏빛 포도송이의 향기 등이 소크라테스와 파이드로스가 영혼의 아름다움에 대해서 나누는 대화의 배경처럼 등장한다.

그가 쓴 대화 중에서 가장 긴 《법률》(12권으로 이루어졌다)은 세 명의 노인이 크놋소스에서 크레테 섬에 있는 제우스의 동굴에 이르는 산책길에서 천천히 걸으며 허심탄회하게 대화를 나누는 형식으로 되어 있다. 산책길을 따라 실편백 관목이 늘어서 있고, 지치면 잠시 다리를 쉴 수 있는 쉼터가 군데군데 놓여 있다. 쉼터에서 바라보면 끝없이 펼쳐지는 너른 풀밭, 그 너머로 웃자란 풀들이 바람에 몸을 맡긴 채 흔들리는 광경이 눈에 들어온다. 이렇듯 향긋한 나무와 풀 냄새가 플라톤의 마지막 산책, 마지막 탐구에 동반한다.

플라톤은 무엇보다도 물리적인 자연의 걸작품으로서의 인간의 정밀한 아름다움, 성년이 되면 무르익게 될 청소년들, 체력 단련장에서 운동하는 청소년들의 우아함을 사랑했다. 단, 소크라테스가 말했듯이 그들 신체의 우아함 속에 배움으로 불타오르며 선해지려는 의지로 가득한 영혼이 자리하고 있어야 했다.

플라톤의 대화편은 여러 인물들과 일상의 장면들로 채워져 있다. 하지만 본격적인 소설이라고 하는 장르가 빛을 보기 위해서는 아직 여러 세기를 기다려야 했다. 플라톤은 독자들을 위해, 인간과 사물에 대한 그의 사랑으로, 이 황홀한 세계, 우리가 감각과 상식의 천진함에 힘입어 실재적인 세계라고 부르는 이 세계의 충만함을 재현한다.

아니, 그 이상이다. 플라톤이 이성에 중점을 두어 이 같은 감각적인 현실의 존재를 부정하게 되고, 끓어오르던 초창기 사랑에도 불구하고 이 감각적인 현실을 비(非)존재로 규정하게 될 때에도, 미망에서 깨어난 그의 눈이 보기에 유일한 세계, 즉 천박한 감각으로는 도달할 수 없는 관념적인 세계를 우리에게 그려 보일 때에는, 벌거벗은 이데아를 온갖 색채와 감각적인 외관(그 자신은 이런 것들을 배제했다)으로 치장해서 보여주었다.

플라톤적인 이데아의 세계는, 언어의 마술사 플라톤의 붓끝에서 아이스퀼로스나 핀다로스의 시 세계에 비할 만큼 휘황찬란한 광채를 발한다.

동굴 비유, 이데아의 철학

시인 플라톤이 우리를 인도하기 위해 고안해낸 우화를 예로 들어보겠다.

제법 깊은 동굴이 하나 있고, 그 동굴 안에는 사람들이 동굴의 바닥만을 볼 수 있는 자세로 묶인 채 앉아 있다. 그들 뒤로는 모닥불이 있고, 모닥불과 사람들이 앉아 있는 장소 사이에는 벽이 세워져 있다. 벽 뒤로는 사람들이 돌아다닌다. 이들이 운반하는, 생명체의 모든 형태를 재현한 작은 입상들이 벽 위쪽으로 보인다.

묶여 있는 포로들은 무엇을 보는가? 고개를 돌릴 수 없는 그들은 마치 영사막처럼 동굴 바닥에 입상들의 그림자가 지나가는 것만 볼

수 있다. 이 그림자들은 자연 속에 존재하는 모든 형태, 인간 생활이 제공하는 모든 광경을 재현한다. 포로들은 무슨 소리를 듣는가? 벽 뒤쪽에서 입상을 운반하는 자들이 하는 말이 동굴 바닥에 부딪혀서 반사되는 소리만 듣는다. 포로들은 무엇을 생각하는가? 그들은 입상들이 존재한다는 사실조차도 생각하지 못하고, 물체들의 존재나 그것들이 어울려 빚어내는 광경들도 전혀 생각하지 못한다. 포로들은 그러므로 그림자를 현실이라고 여긴다. 그림자는 실재의 모방품의 반영에 지나지 않는데도 말이다. 그 나머지에 대해서는 존재를 부정한다.

자, 이번에는 사슬로 묶여 있는 포로들 가운데에서 아무나 한 명을 풀어준 다음, 그를 일어나게 해서 고개를 돌려 불 쪽을 보게 한다고 가정해보자. 태어날 때부터 움직이지 않고 똑같은 자세만 취해왔으므로 그가 이러한 동작을 하는 데에는 상당한 어려움이 따를 것이다. 그에게 입상들을 보여주고 거기에 대해서 묻는다면, 조금 전까지만 해도 그림자들을 또렷하게 구별했으며, 그것들이 어떤 식으로 이어지는지도 잘 알고 있었던 그가 불 때문에 아직도 눈이 부신 나머지 입상들을 제대로 가리키지도 못할 것이다.

하지만 사슬에서 풀려난 포로의 눈은 불빛에 차츰 익숙해진다. 그렇게 되면 그는 이제까지 현실이라고 생각했던 그림자들이 사실은 아무것도 아니며, 그저 불빛과 형상들로 설명되는 현상임을 알게 될 것이다.

이번에는 그를 동굴에서 끌어내서 "험난하고 가파른 오솔길을 통해" 태양빛이 직접 내리쬐는 곳으로 데려가 보자! 태양이 내리쬐는 곳에 이르면, 그 빛 때문에 눈이 부신 그는 처음엔 진정한 물체들 중에서 그 어떤 물체도 구분하지 못할 것이다. 그러나 그의 눈은 서서히 동굴 밖 세상에 익숙해진다. 그는 먼저 수면 위에 아롱지는 물체들의 이미지를 보고, 그 뒤를 이어서 실제 물체들을 발견하게 될 것이다. 그가 눈을 들어 밤하늘에 떠 있는 별들과 달이 뿜어내는 빛 쪽을 바라본다면, 별자리들을 감상할 수 있을 것이고, 이윽고 환한 대낮에 태양도 바라보게 될 것이다. 결국 그는 훈련을 통해서 물 위에 비친 태양, 도처에서 반사하는 태양을 볼 수 있으며, 마침내 자신의 위치를 지키고 있는 태양의 본모습을 관조할 수 있게 된다. 이는 인식의 최종 단계에 비유할 수 있다.

이제 그는 진정한 식물들, 진정한 동물들을 볼 수 있고, 그것들을 밝혀주고 그것들의 생명을 유지시켜주는 진정한 태양도 본다. 그는 활기차게 수액을 빨아들이는 모든 생명체의 현실을 본다. 동굴에서 보던 입상들이나 그림자들은 현실의 빈약한 모방이며, 흐릿한 반영에 불과했다는 것을 알게 된다.

자신이 최초로 머물렀던 공간을 기억하며, 함께 수감되어 있던 동료들을 생각하면서, 그는 기쁨에 겨운 나머지 동굴로 다시 들어가야겠다고 마음먹는다. 예전에 앉아 있었던 곳으로 가서 동료들에게 빛을 향해 어렵게 올라갔던 일과 그 속에서 발견한 믿을 수 없는 아름다움에 대한 이야기를 들려주고 싶어 조바심친다. 하지만 누가 과연 그의 말을 믿겠는가? 예전의 동료들은 그를 사기꾼 취급할 것이다. 심지어 동굴 속에 여전히 갇혀 있는 포로들은 그를 죽일 가능성도 배제할 수 없다. 플라톤이 사랑하던 스승 소크라테스에게 닥친 비극이 바로 그런 게 아니겠는가?

이상이 플라톤이 세계와 현실에 대해 가지고 있는 인식을 보여주

는 우화를 간략하게 간추린 것이다. 이 우화를 어떻게 해석해야 하는가?

동굴 속 포로들이 보는 모든 것, 즉 입상들과 그 입상들의 그림자는 감각적 세계를 형성한다. 감각적 세계란 순수한 환영의 세계다. 그림자는 감각의 환영이며, 꿈의 이미지에 불과하나, 사람들은 마치 이것이 유일한 현실인 것처럼, 이를 천박하게 맹신한다. 하지만 벽 위로 언뜻언뜻 지나가는 입상들, 정확하게 감지된 물체를 재현하며 우리가 공통적으로 실재라는 이름을 붙여주는 그 입상들도 역시 환영, 즉 몸에 달린 눈으로는 전혀 감지할 수 없으며, 오직 학문만이 동굴 밖에서 철학자에게 드러내 보여주는 진정한 현실의 모방에 불과하다.

동굴의 우화에는 실제적인 사물이나 존재들이 분명히 등장한다. 입상들은 이들을 본떠 만들어졌으며, 그림자들은 이 입상들을 대충 재현한다. 실제적인 존재들을 바라보기 위해서 포로들은 우선 동굴, 즉 자신의 육체로부터 빠져나와야 한다. 바꿔 말하면 죽어야 한다. 감각적인 세계로부터의 이탈은 노력과 고통 없이는 이루어지지 않는다. 우리를 모호한 세계로 이어주는 사슬은 우리를 우리의 육체에 종속시키며, 우리를 가상(假象)의 세계에 가두어두는 욕망과 두려움, 정념을 상징한다. 우리를 진정한 세계로 이끄는 "험난하고 바위투성이인" 오솔길은 철학적 성찰, 변증법적 방식을 의미한다. 우리의 영혼, 영혼의 고귀한 부분, 즉 이성이 감각의 증언을 떨쳐버리고, 험난하고 기나긴 수련을 통해서 우리에게 전범(典範), 즉 완벽한 형태를 깨닫도록 인도한다. 우리가 실재라고 여기는 물체들은 이 전범의 조악한 모방품에 지나지 않는다.

이 전범들을 플라톤은 이데아 혹은 본질이라고 불렀다. 이데아라고 하는 말은 플라톤 철학에서 우리 정신의 사고가 아닌 우리의 외부에 객관적으로 존재하는 완벽한 것, 즉 창조되지 않고 원래부터 존재하며 불멸의 것, 영속적이며 변질되지 않는 것, 물질적인 세계, 감각 세계의 부질없음을 인정하며, 변증법적인 인식 방식에 따라 단계적으로 훈련받은 철학자의 영혼만이 관조할 수 있는 것을 가리킨다. 영혼은 이데아를 관조하며, 말하자면 그것을 자양분으로 삼는다. 이는 복자(福者)들이 사후에 천국에서 신의 얼굴을 관조하게 되는 것과 같은 이치라고 할 수 있다.

그러므로 이데아를 제외하면 완전하게 존재하는 것은 아무것도 없다. 우리가 정의로운 행동을 할 수 있다면, 그건 우리의 정신이 어떤 방식으로든 관조할 수 있었던 그 자체로서의 정의가 존재하기 때문이다. 우리가 아름다운 물체를 보거나 창조한다면, 그건 우리의 영혼이 아름다움의 순수한 형태를 눈이나 손이 아니라 오로지 이성의 힘으로 간파했기 때문이다.

정의로운 행동이나 아름다운 물체뿐만 아니라 이 세계의 모든 존재도 마찬가지다. 이 존재들은 감각으로 인한 환영이나 실수 속에서도 우리가 경험했던 순수한 이데아, 본질에 대한 기억 덕분에 우리에게 드러날 수 있다.

여러분은 직각삼각형을 보거나 그릴 수 있다고 믿는다. 하지만 그런 것을 그릴 수 있는 손이나 연필은 어디에도 없다. 기하학적 형상이란 관념적인 형태이며, 그것을 이루는 선들은 아무런 두께도 없다. 직각삼각형은 크지도, 작지도 않으며, 이렇거나 저렇지도 않다. 다만 직각일 뿐이다. 제도사는 수백 개의 직각삼각형을 그린다고 믿겠지

만, 그가 그린 삼각형의 개별적인 가상을 넘어서는 순수한 이데아, 자체로서의 직각삼각형의 영원한 이데아만이 존재한다.

여러분은 시골에서 산책을 하다가 말 떼를 만났다고 믿는다. 하지만 그건 완전히 착각이다! 여러분은 기만적인 감각에 좌우되어 가상만을 만났을 뿐이며, 그 가상은 말이라는 이데아의 형태에 연결시켜주는 참여에 의해 비존재로부터 솟아난다. 규범으로서의 말, 즉 말의 이데아는 검지도 희지도 않으며, 적갈색도 점박이도 아니다. 규범으로서의 말은 어떤 특정 종류의 말도 아니다. 그건 순수한 말 그 자체이며, 여러분의 감각은 그걸 보여줄 수 없다. 오직 감각을 넘어서 정신만이 그것을 관조할 수 있다. 그 외 다른 것들도 마찬가지다.

플라톤의 철학은 관념철학이다. 하지만 일반적인 의미에서의 관념철학과는 다른 이데아, 즉 영혼만이 알 수 있는, 또는 다시금 알아볼 수 있는 영원한 본질의 객관적인 존재에 관한 철학이다. 우리의 영혼은 이 같은 천상의 존재들과 어울려 살다가, 플라톤이 영혼의 감옥이라고 부르는 것(그보다 앞서서 퓌타고라스 학파가 그렇게 주장했다), 즉 맹목적적이며 필연적으로 소멸하게 되어 있는 우리의 육체 속으로 추락했다.

감각의 세계와 관념의 세계

이쯤 되면, 고대 문명 한가운데에서 플라톤 철학이 획을 그은 이상한 전환점을 어렴풋이 알아차릴 수 있지 않을까? 플라톤에게는 한편으로는 감각세계, 즉 비존재 속에 뿌리내리고 있는 물질의 세계가 있으며, 다른 한편으로는 영혼만이 사고를 통해서 직접적으로 알아볼 수 있는 관념적인 형태의 세계, 다시 말해서 유일한 현실이 있다.

솔직히 반쯤은 맹목적이며, 육체의 불투명성 속에서 귀머거리, 벙어리가 되었으며, 감각의 세계가 주는 환영 속에서 암흑 속을 헤매도록 운명 지워진 영혼이 이데아를 다시 알아보지 못한다면, 과거에 언젠가 이데아를 관조한 적이 없었다면 이것이 육체적이고 지상적인 형태로 나타났을 때 이를 알아차릴 수 없을 것이다.

동굴의 우화를 보완하는 또 다른 신화적 이야기에서, 플라톤은 우리에게 육체의 감옥에 갇히기 전에 천상을 주유하던 영혼을 보여준다. 여기서 영혼은 날개 달린 두 마리의 말이 끄는 마차에 비유된다. 두 마리 말 중에서 한 마리는 흰색이며, 영광과 덕성, 진실을 모두 겸비했다. 이 백마는 우리의 고귀한 정념, 아름다움과 선함을 향한 우리의 본능적인 노력을 상징한다. 다른 한 마리는 퉁퉁하고 꼬였으며, 검은색에 목은 짧고 두 눈은 벌겋게 충혈되었으며, 콧구멍에 털이 잔뜩 났다. 또한 폭력적인 성향을 지녔으며, 고삐를 힘껏 잡아당겨야 겨우 멈춘다. 이 검은 말은 우리를 불의로 이끄는 저급한 정념을 가리킨다. 이 상징적인 마차를 모는 마부는 바로 우리 영혼의 고귀한 부분, 즉 이성이다. 이성은 날개 달린 두 마리 말을 정면에서 몰아야 하며, 신들 중에서 어느 하나를 따라서 이 말들을 하늘로 올라가게 해야 한다. 영혼들의 행렬은 그러므로 영원한 이데아, 즉 자체로서의 아름다움, 자체로서의 정의가 절대 속에서 머물고 있는 하늘을 향해 높이 올라가야 한다. 이 신화의 짧은 한 대목을 보자.

"신들의 향연에 참석하기 위해 하늘로 올라갈 때마다, 행렬은 깎아지른 듯이 가파른 지역을 관통해야 하늘의 가장 높은 궁륭에 도달할 수 있다네. 늘 균형을 유지할 수 있고, 몰기도 쉬운 신들의 마차는 힘들이지 않고 그곳에 도착할 수 있지. 반대로 신들의 마차를 따라가는

다른 마차들은 안간힘을 써야만 가까스로 그 지역을 통과할 수 있다네. 고집이 센 준마는 마차의 무게를 무겁게 만들기 때문에, 그 말을 훈련시키려고 애쓰지 않는 마부는 하늘로 올라가지 못하고 자꾸만 아래로 떨어지게 되지. 그건 몹시 힘든 시련이며, 이는 인간 영혼에 주어지는 지고의 싸움이라네. 불멸이라는 이름을 얻은 영혼들은 하늘의 가장 높은 궁륭에 도달해서 궁륭의 반대쪽으로 넘어가며, 마침내 하늘에 등을 대고 눕게 된다네. 영혼들이 그곳에서 머무는 동안 천체의 순환이 그들을 데려가면 영혼들은 하늘 너머의 현실을 관찰할 수 있지."

하지만 대부분의 인간 영혼들에게 이는 너무도 어렵고 힘든 일이다. 이들 중의 대다수는 진정한 진실, 지혜, 아름다움을 아주 짧은 한 순간에 흘끗 보았나 싶을 때 다시 추락하게 되며, 이 과정에서 날개도 떨어져나간다. 그렇게 되면 영혼은 대지로 돌아와 인간의 육체 속에 갇히게 된다. 하지만 이 무덤에 갇힌 상태에서도 영혼은 하늘에서 본 것을 기억하고, 날개를 되찾아 다시금 하늘로의 여행길에 오르기도 한다. 이 신화적인 이야기의 다음 대목을 보자.

"지상에서 아름다움을 감지하는 인간은 진정한 아름다움을 다시금 기억해낸다네. 그러면 그의 영혼은 다시 날개를 달고 높은 곳으로 올라가기 위해 애를 쓰지. 뜻대로 되지 않을 경우, 무력함 속에서 영혼은 새처럼 시선을 하늘로 돌리고, 지상에서의 삶에 무심해지면서 미쳤다는 비난을 듣기도 하지. 하지만 영혼을 고양시키는 흥분은 가장 아름다운 광기라고 할 만하다네……. 인간의 영혼은 천성적으로 본질을 관조한 경험이 있지. 그렇지 않다면, 인간의 육체 속에 들어갈 수가 없었을 테니까. 그런데 지상에서 물체를 보면서 천상에서의 관조를 다시금 기억해내는 일은 어느 영혼에게나 쉬운 일이 아니지. 특히 하늘의 사물들을 아주 짧은 순간 동안만 바라보았거나, 지상으로 추락한 다음 해악으로 가득 찬 사회에 의해 불의에 휩쓸리거나 예전에 보았던 신성한 신비를 잊어버리는 불운을 겪은 자들에게는 매우 어려운 일이거든. 하늘에서 본 것에 대해서 또렷한 기억을 간직한 자들은 극소수에 지나지 않는다네. 그러므로 이들 영혼이 지상에서 천상의 몇몇 이미지들을 감지하게 되면 이들은 흥분한 나머지 제정신을 잃고 스스로를 가누지 못하지. 하지만 이들은 자신들이 어째서 그같은 격정에 휩싸이게 되는지 그 원인을 알지 못하는데, 이는 이들의 지각이 충분할 정도로 또렷하지 않기 때문이지.

정의, 지혜, 그리고 영혼의 다른 모든 덕목이 우리가 지상에서 보는 이미지 속에서 원래의 찬란한 광채를 잃었기 때문이기도 하다네. 또한 감각기관의 모호함에 동요된 우리 자신들 중에서 몇몇은 이러한 이미지들과 맞닥뜨리게 될 때 그 이미지들이 재현하는 전범을 거의 알아보지 못할 수도 있지. 천상에서 관조한 아름다움은 너무도 찬란하므로, 복자들의 합창이 들려올 때, 우리(철학자들)의 영혼은, 가장 신성하다고 불러야 마땅한 신비, 우리가 우리를 기다리는 모든 해악으로부터 멀리 떨어져, 완벽하고 소박하며 변치 않고, 하늘나라의 복을 내려주는 현현, 가장 순수한 빛 가운데에서 우리 눈앞에 펼쳐지는 현현을 관조할 수 있도록 허락받은 원래대로의 본성을 다해서 찬미해야 할 신비를 접하게 되며, 다른 영혼들이 다른 신들을 따라 그러하듯이, 제우스 신과 더불어 이 찬란한 광경을 향유한다네. 그 순간에는 우리 자신 또한 이에 못지않게 순수하며, 마치 굴이 껍데기 속에 갇혀 있듯이, 우리 영혼도 우리가 육체라고 부르는 무덤 속에 갇

혀버리기 전이지."

고대의 삶에서 플라톤의 사상이 상징하는 것, 다시 말해서 내가 전환점이라고 부른 것에 대해서 길게 설명할 필요가 있을까? 영혼의 추락이라고 하는 신화, 육체가 영혼의 무덤 또는 감옥으로 등장하는 이 반복적인 이미지, 육체와 영혼의 엄격한 분리, 이것은 모두 기독교 신앙의 이념적 토대를 예고하는 것이 아닐까?

육체와 감각적 삶의 부정

우리는 여기서 플라톤이 기원전 4세기의 그리스에서 전개해나가던 세계관의 심오한 참신성과 만난다. 그때까지만 해도 고대의 삶은 죽음과 내세를 향하지 않았다. 고대의 삶은 지상에서의 재화의 생산과 정복에 초점이 맞춰져 있었으며, 인간이 지상에서 사는 즐거움, 짧은 기간이나마 최대한 용감하게, 최대한 올바르게, 그리고 필요하다면 최대한 영웅적으로 사는 즐거움으로 충만해 있었다. 죽음 이후의 세계에 대해서라면, 그리스인들은 대부분의 경우 그것이 지극히 축소된 세계라고 믿었거나, 아예 그런 것이 있는지 확신할 수 없다는 태도를 보였다. 아킬레우스를 상기해보라! 아킬레우스는 후회 없이 인간으로서의 삶을 살았다. 그는 자신의 삶을 호기롭게 탕진했다. 바꿔 말해서 자신의 삶을 정념의 소용돌이 속에서 흥청망청 낭비했다. 그는 죽음을 맞이하는 날, 아무것도 생각하지 않았다. 그에게 죽음은 유일한 불멸성인 영예를 위해서 치러야 할 대가였다. 하지만 "비틀거리는 머리"에 불과한 그의 그림자는 지옥으로 내려갔다. 오뒷세우스는 지옥세계와 대면해야 하는 위협에 처했을 때, 그곳에서 그를 만

난다. 오뒷세우스가 아킬레우스에게 엘뤼시온 들판이라고 하는 죽은
자들의 낙원에서 그가 누리는 왕의 조건에 대해 묻는다. 아킬레우스
는 갑자기 힘을 되찾은 듯 분명하게 대답한다. "나는 저승에서 왕으
로 지내는 것보다, 지상에서, 태양 아래에서 가난한 농부를 돕는 날
품팔이 일꾼으로 사는 편이 더 좋다."

이 한마디는 인본주의를 근간으로 하는 고대 그리스를 더할 나위
없이 잘 요약한다. 서글픈 사후 세계의 위안에 대한 지상에서의 현재
삶이 가지는 으뜸가는, 유일무이한 가치를 확인시켜주기 때문이다.

그런데 플라톤과 더불어 이 모든 것이 달라진다. 영혼은 육체보다
먼저 태어나서 살며, 육체 이후에도, 다시 말해서 영혼이 덕을 갖춘
가운데 지상에서 여러 번의 실존을 거친 이후에도 계속해서 산다. 죽
음은 사실상 여러 번씩 거쳐가야만 한다. 죽음은 여러 번씩 현자를
육체적 삶의 어려움으로부터 해방시켜주어야 한다. "철학을 하는 것
은 죽는 법을 배우는 것"이라고 오래전에 죽음을 맞은 소크라테스,
즉 플라톤 안에 살아 있는 소크라테스가 말한다. 죽음으로 제자들과
헤어지게 된 소크라테스, 죽음이 그를 떼어놓음으로써 완성시킨 소
크라테스가 이렇게 말하는 동안, 우리는 고대적인 실존의 축이 슬그
머니 이동하는 것을 느낀다. 현재의 삶, 기쁨과 고통, 용기와 나약함,
지혜와 무지 속에서 사는 일시적인 현재의 삶은 더 이상 그에 앞서서
수많은 시인들과 현자들이 역설한 것처럼 우리의 가장 값진 재산, 우
리 존재의 가장 확실한 중심이 아니다. 지상에서의 삶, 유일하고 제
한된 삶, 우리의 유일한 재산, 소중하고 대체 불가능한 육체적인 삶
은 플라톤에 따르면 진정한 삶이 아니다. 지상에서의 삶은 진정한 삶
을 위한 서곡, 말하자면 일종의 학교, 죽음에 대해 제기되는 질문에

불과하다. 그렇다. 새로운 소크라테스, 죽음을 넘어서 플라톤 안에서 사는 소크라테스, 플라톤 자신인 소크라테스, 소크라테스의 미래인 플라톤은 지상에서의 삶은 "죽음의 학습"에 불과하다고 힘을 주어 주장한다. 인간의 끈질긴 희망, 가장 확실한 존재 이유는 내세에 있다.

이처럼 이제부터는 우리 영혼의 불멸성이 필연적으로 죽게 되어 있는 우리의 삶을 지배하며, 이를 내포한다.

그렇기 때문에 소크라테스의 제자들은 감옥에서 사약을 마시는 스승의 얼굴에서 완벽한 평온함, '놀라운 평정심'을 읽을 수 있었다.

"죽음은 일종의 오솔길, 이성이 우리를 인도하는 탐구 과정에서 우리를 단도직입적으로 목표물에 데려다주는 지름길이다.

우리의 육체가 우리와 함께 있는 한, 우리의 영혼이 육체 내부에 있는 염증으로 오염되어 있는 한, 우리는 결코 우리가 욕망하는 대상, 곧 진실을 소유할 수 없을 것이다. 육체는 그 육체를 유지하기 위해 필요로 하는 것들 때문에 우리에게 수천 개의 흔적을 남긴다. 이 때문에 질병이 야기되면 진리를 향해 나아가는 우리의 앞길은 또다시 새로운 장애물들로 막히게 된다. 육체는 우리를 사랑과 욕망, 두려움, 수천 가지의 공상, 수많은 경박스러움으로 채운다. 너무도 가득 채우기 때문에, 속담에도 있듯이, 우리에게는 좋은 생각을 할 여유조차 없다. 전쟁이란 도대체 어디에서 오는가? 혁명이란 어디에서 발생하는가? 육체와 육체가 품는 정념에서 온다. 모든 전쟁은 부를 축적하려는 욕망에서 비롯되지 않는가? 우리는 육체를 통해서 부를 축적해야만 하지 않는가? 그 때문에 우리는 육체의 노예가 되어버리지 않는가? 그것이 바로 우리가 철학을 생각할 시간이 없는 이유다!

그런데 그보다 더 고약한 경우도 있다. 어쩌다가 육체가 우리에게 한숨 돌릴 여유를 준 덕분에 우리가 생각을 하게 될 경우, 육체는 돌연 우리의 탐구 속으로 자신을 던져 우리를 동요시키고 당황하게 만들며 마비시키고 진실을 가려내지 못하게 만들어버린다! 그러므로 우리는 우리가 진정으로 무엇인가를 알고 싶다면 육체로부터 분리되어야 하며, 따로 남은 영혼이 사물들을 그 자체로 살펴보아야 한다. 그렇기 때문에 우리는 일단 우리가 죽어야만 (이성이 우리에게 그렇게 경고한다) 우리가 사랑한다고 말한 것, 즉 지혜를 향유할 수 있다. 살아 있는 동안에는 절대 그럴 수 없다! 육체와 함께하는 동안에는 무언가를 깨닫는 것이 불가능하다면, 우리는 둘 중에서 하나를 선택해야만 한다. 즉 영원히 깨달음을 얻지 못하거나, 죽은 후 육체로부터 해방되어 영혼이 혼자 남게 되었을 때 깨달음을 얻거나, 둘 중 하나를 골라야 한다. 우리가 이런 삶 속에 놓여 있는 한, 우리는 육체로부터 멀어질 때, 절대적으로 필요한 경우를 제외하고는 육체와의 모든 관계, 모든 교류를 포기했을 때, 우리가 자연적인 소멸로 우리를 가득 채우기를 거부했을 때, 우리가 육체의 오점으로부터 순수함을 지킬 때, 그래서 신이 우리를 육체로부터 해방시켜주기 위해 우리를 찾을 때 비로소 진실에 접근할 수 있다. 그때부터 비로소 육체의 광기에서 벗어나 자유롭고 순수한 우리는 우리만큼 자유롭고 순수한 물체들과 더불어 살게 될 것이며, 우리 자신의 힘으로 순수한 본질을 깨닫게 될 것임을 나는 소망한다."

"육체의 광기에서 벗어나 자유롭고 순수한", (그리고 그보다 앞에서 나온) "부패…… 염증…… 육체의 오점" 등 육체에 대한 모멸적 표현, 육체와 감각적인 삶에 대한 경멸적 표현으로 채워진 이 대목을 보라, 그리스 출신 작가의 입에서 나온 이 새로운 관심사를 보라!

플라톤의 흉상. 코펜하겐, N. 칼스베르.

다시 한 번 말하건대, 쇠락이라고 하는 개념은 양면성을 지닌다. 호메로스, 아니 거기까지 갈 것도 없이 핀다로스나 아리스토파네스라면 우리들 개인의 성숙에 장애가 되는 이 육체에 대해서, 지혜로 비대해진 영혼을 위한 구실에 불과한 이 억눌린 육체에 대해서 뭐라고 말했을까……. 하지만 우리는 그런 대목을 통해서 고전적인 헬레니즘에서 멀어지는 것과 동시에 새로운 헬레니즘의 길, 훗날 다른 이름으로 불리게 될 길로 한 발 더 전진한다. "육체의 광기에서 벗어나 자유롭고 순수한…… 우리는 우리 자신의 힘으로 순수한 본질을 깨닫게 될 것"이라는 말은 "순수한 마음을 가진 자들은 행복하도다. 그들은 신을 볼 것이다"라는 말을 예고하는 것처럼 들린다.

《파이돈》, 영혼의 불멸성을 증명하려는 시도

내가 위에서 인용한 대목은 《파이돈》에 나온다. 플라톤은 이 대화편에서 영혼의 불멸성을 증명하겠노라고 주장한다(이탈리아의 르네상스 시대에 코시모 데 메디치와, 내가 제대로 기억한다면, 오르시니 추기경이 임종 무렵, 살아생전 마지막으로 치르는 전투를 준비하기 위해서 침대 머리맡에 놓고 읽던 책도 《파이돈》이었다). 증명, 수사학, 시 등 그리스적인 모든 것이 빠짐없이 등장하는 이 작품은 논리학자의 저술인 동시에 기하학자, 웅변의 대가, 언어의 마술사가 쓴 책이라고 하기에 전혀 손색이 없다.

그런 《파이돈》은 과연 우리를 꼼짝 못하게 설득하는가? 나는 내 주위에서 플라톤의 논리에 이성적으로 설복당했다고 말하는 사람을 딱 한 명 알고 있을 뿐이다. 그는 박식한 그리스 전문가다. 그런데 설득되었다고 한다면, 그것은 논리의 엄격함에 항복하는 것일까, 아니면

죽음을 앞둔 소크라테스의 말에 정서적으로 애착을 보이는 것일까? 이 대화편은 우리를 설득하기보다는 감동시킨다. 사실상 우리를 설득하는 것은 제시되는 논리라기보다 대담에 참가하는 자들의 충실함이다. 소크라테스와 대화를 나누는 상대방이 마음에 담고는 있지만, 영혼의 불멸성이 그가 유일하게 손아귀에 쥐고 있는 재산인 이 시점에서, 차마 입 밖으로 내어 말하기를 주저하는 의혹들, 주저하지만 진실에 대한 존중 때문에 결국 표현하게 되는 의혹들은 그 용기가 주는 진정성 때문에 소크라테스가 이를 반박하기 위해 동원하는 논리보다 훨씬 설득력이 강하다. 무엇보다도 그 설득력(대담이 진행될수록 점점 더 우리의 손아귀에서 빠져나가는 것 같은 이 불멸성에 대해 절대적으로 설득당해야 할 필요성이 있다면 말이다)은 모든 적수들이 침묵 속으로 빠져드는 순간, 소크라테스 자신이 이를 포기하는, 아니 거의 포기한 것이나 다름없다고 하는 상황에서 얻어진다고 할 수 있다. 자신이 그려오던 영혼의 영원한 거처에 대한 꿈을 더 이상 붙잡지 않고, 너무도 오랫동안 시선을 고정시켜두었던 신비 앞에서 겸허해진 나머지 그가 방금 제시했던 영혼의 황홀한 지복에 대한 묘사를 이성의 존재를 확신하는 증거인 양 주장하기를 포기한 것은 바로 소크라테스 자신이었다. 그는 영혼의 황홀한 지복에 대한 묘사를 이성이 아닌 신앙의 증거, 희망의 증거로 제시하는 것으로 만족해했다.

"이는 한번 믿어볼 가치가 충분히 있다네. 그것을 위해 달려가는 것은 분명 아름다운 기회이며, 각자가 스스로 기쁘게 간직해야 할 희망이지……."

플라톤의 헬레니즘은 그 수준까지, 그런 내기를 벌이는 수준까지 나아갔다. 그런데 다시 한 번 그 조건을 따져보자. 소크라테스가 다시 입을 연다. "그러니 영혼을 위해서 쾌락과 육체의 치장 따위는 자신의 인격에 맞지 않을뿐더러 선보다는 악을 생산하기에 적합한 것들이라는 이유로 이것들을 내던진 자, 오로지 학문이 주는 쾌락에만 몸을 던지고 영혼을 남에게서 빌린 장식이 아닌 자신만의 장식, 그러니까 절제와 정의, 용기,'자유, 진실 같은 것으로 치장한 자를 신뢰해 보아야 하네! 이자는 평온하게, 운명이 자신을 부를 때 길을 떠날 수 있기를, 다른 세계로 떠날 순간을 기다린다네."

자, 이것이 불멸을 열망하는 현자 소크라테스가 가려는 길이다. 그는 덕을 행하기로 선택했을 뿐 아니라 금욕주의와 육체, 불멸의 영혼이 이동주기에 따라 잠시 "닻을 내렸던" 그 육체의 "고행"(다른 대목에 명시되어 있다)을 택했다.

신비주의와 금욕주의

소크라테스가 영혼과 육체의 관계에 대해서, 그리고 그 관계가 어때야 영혼의 불멸성이 보장되는지에 대해서 제자들과 나눈 대화를 역시 《파이돈》에서 살펴보자.

"영혼이 육체와 분리된다면, 순수해진 영혼은 육체로부터 아무것도 끌고 가지 않는다네. 육체와 더불어 일생 동안 자발적인 그 어떤 교류도 하지 않으며, 오히려 그와 반대로 늘 육체를 멀리하며 자체로서 숙고하며, 그것만을 유일한 소일거리로 삼을 것이기 때문이지……. 이런 식으로 행동하는 영혼은 다른 것이 아니라 바로 철학을 하는 것이라네. 다시 말해서 궁극적으로 고통 없이 죽는 연습을 하는 것이라지. 그것이 바로 죽음으로 가는 길이 아니겠는가? ……

그러므로 이런 상태에서 영혼이 육체와 분리되면, 영혼은 영혼과 닮은 것, 즉 보이지 않고, 신적이며, 영원토록 살며 현명한 것을 향해서 나아가지. 거기에 이르면 실수와 광기, 두려움, 무절제한 사랑, 그 외 인간의 다른 모든 해악으로부터 벗어난 영혼은 행복을 누린다네. 그리고 미리 깨달은 자들에 대해서 말하듯이, 영혼은 신들과 더불어 진정한 영원을 누리게 되지…….

그런데 늘 육체와 더불어 살았으며, 육체를 위해 봉사하고 육체를 사랑하며, 육체에 의해 매혹당하고 육체의 욕망과 쾌락의 마법에 빠져든 탓에 영혼이 불순하고 타락했다면, 그래서 육체적인 것 말고는, 그러니까 보고, 만지고, 먹고, 마시고, 사랑의 쾌락을 맛보는 것 외에는 실재가 없다고 믿게 된다면, 보이지 않고 우리에게는 모호하지만 지혜를 사랑하는 자에게는 얼마든지 이해 가능하고 파악 가능한 것을 증오하고 두려워하며 피하게 된다면, 그런 영혼이 육체를 벗어나게 될 때, 자신의 본성이 온전함과 자유로움을 되찾게 되리라고 생각할 수 있겠는가? ……정반대로 영혼은 이 같은 육체적 요소, 너무도 밀접한 육체와의 결합, 육체에 대한 지극한 보살핌이 본질적으로 만들어버린 그 요소에 흠뻑 물든 상태로 분리될 것이네……. 영혼을 파고드는 이 요소는 묵직하고 부담스러우며 흙으로 뒤덮여 있고 가시적이지. 이 무게를 모두 떠안은 영혼은 그 무게에 압도당한다네. 그래서 보이지 않는 것, 흔히 하데스라고 부르는 또 다른 세계(하데스는 보이지 않는 것을 의미한다)에 대해 영혼이 느끼는 두려움으로 자꾸만 뒤로 끌려가며, 가시적인 세계에 붙잡히게 되지. 이렇게 된 영혼은 묘비와 무덤 사이에서 방황한다네. 묘비와 무덤 주변에서는 아닌 게 아니라 뭔지 잘 알 수 없는 음울한 유령 같은 영혼들이, 마치 삶을 떠난 영혼들이 미처 완전히 순화되기 전의 이미지를 연상시키며, 가시 세계의 흔적이라고 할 수 있을 무엇인가를 간직한 채, 그래서 인간의 눈으로도 여전히 볼 수 있는 존재가 되어 이따금씩 방황한다네……

이는 철학이 이들의 영혼을 살피기 시작하여 그 영혼이 육체와 밀접하게 연결되어 있음을, 거의 육체와 하나로 묶여 있음을 발견하게 되면 나타나는 현상으로, 지혜를 사랑하는 자들에게는 널리 알려진 사실이지. 사물들을 그 자체로서 바라보지 않고, 마치 감옥의 창살을 통해서 바라보듯이, 감각기관들을 통해서 바라볼 수밖에 없고, 따라서 어둠 속에서 헤맬 수밖에 없을 때 그런 현상이 나타난다네. 이 같은 감금 상태에서 가장 끔찍한 일은, 이미 철학에서는 잘 알려져 있는 일이지만, 모든 감금의 힘은 갇힌 자들이 스스로를 점점 더 졸라매게 만드는 정념에서 비롯된다는 점이라네! 따라서 철학은 이런 상태의 영혼을 받아서 부드럽게 용기를 북돋으며 육체로부터 벗어날 수 있도록 작업한다네. 철학은 육체에 달린 눈의 증언은 왜곡으로 가득 찼으며, 귀와 다른 감각기관들의 증언 또한 환영으로 차고 넘침을 보여주지. 철학은 영혼을, 반드시 필요한 경우가 아니라면, 그것들로부터 분리시키기 위해 힘쓴다는 말이지……

진정한 철학자의 영혼은 자신의 해방에 반대해서는 안 된다는 사실을 잘 알고 있으므로 정념과 쾌락, 슬픔, 두려움을 삼간다네. 커다란 기쁨과 커다란 고통, 끝을 모르는 두려움과 욕망 뒤에는 병에 걸리거나 재산을 잃는 따위의 일상적인 해악만이 아니라 가장 심각하고 고약한 해악을, 그나마도 그런 것을 겪는다는 느낌조차 갖지 못하는 상태에서 겪게 됨을 생각하지 않을 수 없기 때문이겠지.”

“그 심각하고 고약한 해악이란 도대체 뭐죠, 소크라테스 선생님?”

제자가 물었다.

"그건 극단적인 향유와 극단적인 상처의 결과로 영혼으로 하여금 영혼을 즐겁게 하거나 상처를 주는 것이 매우 실제적이며 진정한 것이라고 믿게 된다는 것이라네. 사실은 전혀 그렇지 않은데도 말일세……."

"각각의 고통과 쾌락은 말하자면 영혼을 고정시키고, 영혼을 육체에 묶어놓는 못이라고 할 수 있다네. 이로써 영혼은 육체와 너무도 닮게 되어, 너무도 육체적이 되어 결국 육체가 영혼에게 들려주는 말보다 더 진정한 것은 없다고 믿게 된다네. 그런데 영혼이 육체에게서 믿음을 차용하며, 똑같은 습관과 똑같은 태도를 공유한다면, 순수한 상태로 다른 세계에 도달하는 것이 불가능하겠지. 여전히 육체로 가득 찬 채 이 삶을 벗어난다면, 영혼은 곧 또 다른 육체로 들어가, 마치 대지에 씨를 뿌리듯이 그곳에 뿌리를 내리게 된다네. 이렇게 되면 신적인 순수함과 소박함은 영원히 배제될 것이라네……."

이 글에서 의심할 여지없이 분명하게 드러나는 신비주의적인 선택, 금욕주의적 소명이 플라톤의 고유한 기질일 가능성을 배제할 수 없다. 하지만 《파이돈》에서 강력하게 피력되고 있으며, 그 덕분에 기독교의 탄생과 더불어 비약적인 도약을 이루게 되는 플라톤의 신비주의는 플라톤이 《파이돈》을 쓰기 훨씬 전에 이탈리아에서 접했던 그 열렬한 퓌타고라스주의에 뿌리내리고 있을 가능성이 상당히 높다. 플라톤이 저 유명한 소마-세마, 즉 육체는 곧 무덤이라는 표현을 처음으로 접한 것은 이탈리아의 퓌타고라스 학파를 통해서였다. "우리의 육체는 우리의 무덤"이라고 플라톤은 《고르기아스》에서 말한다. 《고르기아스》는 《파이돈》보다 먼저 쓰인 대화편으로 소크라테

스와의 대화편이라고 부르는 대화들 가운데에서는 마지막이지만, 플라톤의 신비주의가 등장하는 저술로는 최초다.

죽음과 내세라는 철학적 주제

"사는 것이 죽는 것이 아니고, 죽는 것이 사는 것이 아님을 누가 알겠는가?"라는 에우리피데스의 말을 인용하고 설명하면서, 《고르기아스》에 등장하는 소크라테스는 실제로 우리가 이미 죽은 것은 아닌지 자문한다. 죽어서 우리의 무덤인 육체 속에 갇혀 있는 것은 아닐까. 현재의 삶, 죽을 운명을 타고난 인간의 삶은 진정한 삶이 아니다. 그 삶은 이미 죽음이며, 우리에게 온갖 부조리한 행동을 저지르게 만들며, 정념의 방탕을 가져오는 무분별이다. 우리의 영혼은 선명함과 밝음이라는 질서를 갈구하는 데 반해서 우리는 일종의 죽음−무질서 속에서 산다. 질서를 소유하고 있는 영혼은 실존을 소유한다. 자기 안에 실존이라는 재화를 간직하고 있는 영혼은 선하며 행복하다.

《고르기아스》에 등장하는 이 같은 이야기는 퓌타고라스주의에 대한 지식을 내포하고 있으며, 이는 소크라테스 사상과 합해져서 플라톤의 신비주의를 낳는다.

인간의 모든 삶은 이제 이와 같은 새로운 주장에서 출발하여 다시 성찰해보아야 한다. 우선 현재의 삶부터 보자. 플라톤은 현재의 삶을 절대 포기하지 않았다. 죽어야 할 운명을 타고난 이 삶은 덕성이어야 한다. 점점 더 엄중하고 엄격한 덕성의 실천이어야 하는 것이다. 플라톤은 뼈와 살로 이루어진 인간을 절대 단념하지 않았다. 그는 육체를 지닌 피조물을 위해 이 세계에 덕성의 왕국을 세우는 일을 잠시도

단념하지 않았다. 아! 페리클레스, 키몬, 테미스토클레스, 밀티아데스 등이 꼭 필요한 단 하나의 학문인 덕성의 학문을 익혔더라면! 그들이 아테나이인들에게 이 학문을 가르쳤다면, 아테나이는 정의를 실천하면서 행복할 수 있었을 것이다. 그러나 이들 가짜 위인들로부터 잘못된 교육을 받은 아테나이는 이와는 다른 길을 택했으며, 최악의 불의를 저질렀다. 아테나이가 보유하고 있던 단 한 명의 진정한 정치가, 즉 철학자 소크라테스를 사형에 처했으니 말이다.

별 볼일 없거나 증오할 만한 다른 이들에 대해서는 추방, 수감 또는 망명 같은 처벌을 내렸다. 페리클레스만 보더라도, 아테나이는 그를 애지중지하다가 결국 공금 횡령으로 유죄 판결을 내리지 않았던가.

이처럼 아테나이가 이름값을 할 만한 정치가들, 다시 말해서 철학자들이 나타나기를 기다리는 동안, 자유의지에 따라서건 구속에 의해서건 아테나이가 그들이 전파하게 될 덕성의 가르침을 따르게 되기를 기다리는 동안(요컨대 아테나이 전체가 덕성으로 개종하기를 기다리는 동안), 플라톤은 아테나이 시민들에게 좀 더 직접적인 길을 제시하기로 결정했다. 아테나이와 인류 공동체를 위해 그가 꿈꾸어온 정의의 왕국을 대담하게도 내세로 옮기기로 한 것이다. 그가 구사한 이 같은 이중적인 진행 방식은 늘 하나로 묶여 그가 추구하는 사업, 즉 지상에 정의의 왕국을 세우며, 그것을 통해서 내세에서의 인간 영혼의 불멸성을 신비주의적으로 확인하는 일에서 중요한 비중을 차지하게 되었다. 이러한 방식은 기독교에서 사용하는 방식이기도 하다. 플라톤은 이를 목청껏 외쳤다. 그는 이 외침이 이성의 소리라고 믿었다. 이 대목이 그의 계획이 지니는 가장 민감한 의미다.

플라톤은 인간들에게 구원의 종교를 제안하고 있다. "누구에게 우

리의 영혼과 국가의 영혼을 의탁해야 하는가?"라고 그는 집요하게 물었고, 이 같은 집요함은 점점 더 강도를 더해간다. 정말 필요한 단 한 가지는 무엇일까? 무엇이, 어떤 과목이 우리에게 그것을 줄 수 있는가? 누가 우리를 구원해줄 것인가?

소크라테스도 이미 이러한 문제들을 다루었다. 플라톤은 이 문제들을 새로운 방식으로, 이탈리아 퓌타고라스주의에 힘입어 더욱 명확하게 다시금 제기했다. "불의가 이 세계에서 승리를 거두는 것 같아 보일지라도, 영혼을 벌거벗기는 죽음의 순간이 오면 고약한 자들의 내면의 비참함이 백일하에 드러나게 될 것임을 확신하자. 영혼이 지금이라도 치유 가능하다고 믿는 자들은 복되도다! 영혼이 영원히 불의 속에서 살게 하는 자들은 불행하도다!"

플라톤은 평생, 아니 적어도 성숙기(앞에서 이미 언급한 대표적인 대화편-시들을 내놓은 시기)에는 죽음과 내세의 문제로 고심했던 것으로 보인다. 그는 끊임없이 이 문제들을 다루었으며, 세 차례에 걸쳐 의미가 명쾌한 신화들을 통해서, 죽은 뒤 영혼이 맞이하게 되는 운명을 묘사했다.

기독교 탄생의 예고: 영혼을 심판하는 신

《고르기아스》에 나오는 영혼 심판과 관련한 신화의 한 부분을 보자. "죽은 자들이 판관 앞에 출두하게 되면, 예컨대 아시아 사람들이 라다만튀스 앞에 섰다고 하면, 판관 라다만튀스는 이들을 가까이 오게 해서 각자의 영혼을 살피는데, 이때 그 영혼이 누구의 것인지는 알지 못한다네. 대왕이나 참주 또는 전제군주들 위에 손을 얹었을 때 그자

의 영혼이 전혀 건전하지 못한 경우가 자주 있지. 판관은 그 영혼이 거짓 선서나 불의로 찢어지고 칼자국이 나 있거나, 살아 있는 동안 저지른 행동들이 뜨거운 인두 자국처럼 새겨져 있음을 보게 된다네. 모든 것이 거짓말과 허영심으로 비뚤어져 있으며, 진실을 벗어나서 자랐으므로 올곧게 똑바로 뻗은 것은 전혀 없음을 알게 된다네. 방종과 방탕, 자만심과 무절제로 가득 찬 영혼은 보기 흉하게 일그러져 있게 마련이지. 이를 보자마자 판관은 가차 없이 그 영혼을 감옥으로 보낸다네. 그곳에서 영혼은 적절한 벌을 받게 되는 게지.

……다른 경우에는, 가령 성스럽게 진실 속에서 산 영혼, 소시민이나 이에 준하는 자의 영혼, 또는 맡은 일에만 전념했으며 평생 동안 쓸데없는 번잡스러움에 휘말리지 않았던 철학자의 영혼을 보게 되면, 라다만튀스는 그 영혼의 아름다움에 감탄하여 이를 축복받은 자들의 섬으로 보낸다네. 아이아코스도 라다만튀스와 같은 일을 하지. 두 판관은 막대기를 손에 들고 심판한다네. 한편 이들의 심판을 지켜보는 미노스만이 호메로스의 오뒷세우스가 보았듯이("손에는 황금 홀을 쥐고 죽은 자들에게 심판을 내리는"), 황금 홀을 들고 있다네.

나는 이 이야기들을 믿으며, 판관 앞에 나무랄 데 없는 영혼을 가지고 나타날 수 있도록 연구를 한다네. 대부분의 사람들이 탐내는 영광 따위는 거들떠보지 않으며 오로지 진실만을 목표로 삼고 있지. 나는 내 온 힘을 선한 사람으로 살고, 시간이 되면 또 선한 사람으로 죽는 데 사용하기를 원한다네."

플라톤은 이 신화에서나 다른 신화들에서 신의 정의로움에 대한 믿음을 피력했다. 신의 정의로움은 죄지은 자를 벌하는데, 그건 어디까지나 당사자를 위해서이며, 반대로 정의로운 자의 영혼에는 축복의 왕관을 씌워준다.

매우 심각한 사례들도 있다. 이를테면 도저히 돌이킬 수 없는 잘못을 저지른 죄인들(일반적으로 독재자들이 그렇다)은 자신들이 저지른 불의로 인해 영원토록 벌을 받아야 한다. 플라톤은 천국과 연옥뿐 아니라, 불의 악마들에 의해서 단테식의 형벌이 자행되는 지옥까지도 상상했다. 다음은 독재자 아르디아이오스가 벌을 받는 장면이다.

"나는 한 영혼이 다른 영혼에게 아르디아이오스 대왕은 어디에 있는지 물을 때 그곳에 있었습니다." 내세에서 돌아와 다시 환생하는 영혼이 말했다. "아르디아이오스는 1천 년쯤 전에 팜필리아의 한 도시를 다스리던 독재자였습니다. 그는 늙은 아비와 형을 죽였으며, 들리는 말로는 그 외에도 여러 차례에 걸쳐서 엄청난 범죄를 저질렀다고 하더군요.

그는 오지 않습니다, 라고 질문을 받은 영혼이 대답했습니다. 그는 절대 여기 오지 않을 겁니다. 우리는 모두 끔찍한 광경을 목격한 증인들입니다. 천 년 동안의 형벌을 마치고 지하 심연에서 나오려고 할 무렵이었어요. 우리 눈앞에 갑자기 아르디아이오스와 다른 몇몇 사람들이 나타났습니다. 대부분이 그와 마찬가지로 독재자들이었죠. 그 사람들 중에는 대단한 흉악범들도 끼어 있었습니다. 그들이 지상으로 올라가려 하자 출구(영혼이 지옥으로부터 올라오는 것을 허락해주는 관문)가 이들의 통행을 거부했습니다. 돌이킬 수 없는 범죄를 저질렀거나 아직 충분히 속죄하지 않은 그 처참한 자들 가운데에서 누구 하나라도 나오려고 하면, 출구는 요란한 소리를 내며 울부짖었습니다.

그러면 그곳에서 멀지 않은 곳에서 대기 중이던 사나운 존재들이 그 소리를 듣고 불을 뿜으며 달려왔습니다. 그들은 우격다짐으로 그

처참한 자들을 끌고 갔죠. 아르디아이오스와 그의 일당들로 말하자면, 사나운 존재들이 그들의 손과 발, 머리까지 꽁꽁 묶은 다음 바닥에 내동댕이치고는 살가죽이 벗겨지도록 몹시 때렸습니다. 그런 다음 길 한쪽으로 끌고 가서 이들을 가시투성이 금작화 체 위에 올려놓고 이들의 살갗을 찢어가면서, 생각날 때마다 독재자들의 그림자들에게 그들이 이런 일을 당해야 하는 이유, 이들을 서둘러서 타르타로스로 보내려고 하는 이유를 반복했습니다.

이 영혼은 또 자신과 동료들이 지옥에서 보낸 여정에서 겪은 온갖 종류의 공포 가운데에서 울부짖는 소리만큼 무서운 것은 없었으며, 지상으로 올라오면서 그 소리를 듣지 않게 되는 순간은 엄청난 기쁨의 순간이었다고도 말했습니다."

얼마 후 《일곱 번째 편지》(플라톤은 일흔다섯 살이 다 되어갈 때 이 서한문을 썼다. 반면 《고르기아스》는 30대 초반의 저술이다)에서, 아테나이가 낳은 이 철학자는 영혼의 불멸성의 문제로 되돌아와서, 강력하게 이것이 현실임을 주장한다. 이번에는 젊은 시절 이탈리아 여행을 통해서 알게 되어 심취했던 오르페우스교의 신앙을 그 근거로 제시한다. 그의 글을 읽어보자.

"이 오래되고 성스러운 가르침(오르페우스교의 교리), 즉 영혼은 불멸이며, 육체와 분리된 후 영혼이 판관들을 만나 엄중한 벌을 받게 된다는 가르침을 믿어야 합니다. 그렇다면 아무리 커다란 불의라도 참고 견디는 편이 불의를 행하는 편보다는 낫다는 결론이 나옵니다. 지나치게 부에 집착하는 반면 빈곤한 영혼을 지닌 인간은 이런 말을 듣지 않거나 들어도 비웃어버립니다. 사나운 짐승과 마찬가지로, 그는 염치도 없이 아무리 채워도 채워지지 않는 먹고 마시려는 욕구를 충

족시키기에 좋아 보이는 모든 것, 또는 흔히 사람들이 사랑이라고 잘
못 알고 있는 비열하고 천박한 쾌락을 자신에게 선사해주는 것이라
면 싫증이 나도록 차지하려고 덤벼듭니다. 그는 이처럼 저급한 행동
은 곧 불경한 행동(정의롭지 못한 영혼은 지상에서 자신이 머무는 곳은 어디든
지, 또 지하세계에서의 여정, 그 비참한 순례 여행 기간에도 줄곧 불경함을 끌고 다
닌다)임을 알지 못합니다.”

플라톤은 다시 한 번 우리에게 지상에서의 삶은 임시로 거쳐가는
망명지, 통과 장소이며, 죽음은 속죄와 벌이 이루어지는 거대한 지역
으로 가는 문이라고 설명한다. 그러고 보니 이번엔 어쩐 일인지 보상
에 대해서는 언급하지 않는다.

이처럼 플라톤은 오르페우스주의자들이나 퓌타고라스 학파와 더
불어 영혼의 불멸성을 자신 있게 주장한다. 이 문제는 엄청난 분량
의 그의 저작들을 통해서 볼 때, 그의 신비주의 중에서 가장 열광적
인 주제인 동시에 그의 신앙을 보여주는 가장 새로운 주제이기도 하
다. 적어도 그리스 전통 전체를 놓고 볼 때에는 확실히 그렇게 말할
수 있다. 이 주제는 그로부터 몇 세기 후 헬레니즘에 이어 그리스-
로마 문명에서 발생한 서구 세계 공동체에서 오랜 기간 영향력을 행
사하게 될 신앙과 접근시켜볼 때, 발전 가능성이 매우 풍부하다고
하겠다.

영혼의 불멸성에 대한 믿음은 기독교 발생 이전 마지막 몇 세기 동
안의 혼란과 무질서, 그 후로도 발생하게 될 또 다른 혼란과 무질서
의 난맥상 속에서 인간의 절망이 매달릴 수 있는 가장 안정적인 확신
이며, 가장 효과적인 위안이었다. 플라톤은 자신의 권위와 천재성으
로 이를 강력하게 지지했다.

하지만 영혼의 불멸성을 증명하기 위해 플라톤이 보인 기나긴 집착은 오늘날의 눈으로 볼 때, 졸렬하고 궁상스러운 편견으로 보인다. 저속한 취향으로 낙인찍힐 염려를 무릅쓰고 말한다면, 그 같은 문제와 그 문제에 대해 플라톤이 제시한 해결책은 "내일은 면도 공짜"라고 말하는 동네 이발사의 전략을 떠오르게 한다. 그러니 우리가 너무 오랫동안 '나'라고 말해온 대목에서 '우리'라고 말하는 법을 익혀야 한다. 그렇게 하면 여러 세기 동안 인류를 고민에 빠지게 했던 그 문제는 우리의 사고 속에서 자취를 감추게 될 테니까.

아테나이의 절망이 낳은 플라톤 철학

하지만 우리는 이 독특한 전망의 변화, 플라톤의 사고를 통해서 명백하게 읽을 수 있는 이 변화의 원인이 무엇인지 한 번 더 자문해보지 않을 수 없다. 지금까지 이 원인들은 부수적으로, 다시 말해서 이 책의 집필 배경 정도로만 소개되었다. 인간과 현재의 삶을 중시하며, 알려지지 않았으나 엄청나게 강력한 자연의 힘과 그에 못지않게 위협적인 사회적 압력에 대하여 해방과 안전, 시민의 권리를 누리는 인간의 복지를 보장하는 문명을 이루기 위해 돌진하는 그리스 민족의 활약상 저변에 깔려 있는 토양으로만 제시해왔다는 말이다.

그러나 어린 나무가 저항할 여지가 없는 강력한 힘으로 땅을 헤치고 나오는 것처럼 솟아난 이 문명은 도약에도 불구하고, 솟아오르는 힘에도 불구하고, 처음부터 창의력에 있어서 불충분함, 결핍, '기능 이상' 등 대지와 하늘을 정복하는 데 있어서 인간의 무력함을 나타내는 신호들을 보여왔다.

상처도 있다. 기원전 5세기 말에 일어난 제국주의 전쟁, 패전으로 인해 앗티케를 뒤덮은 비참함 등은 플라톤의 젊은 시절과 기원전 4세기 초반 무렵에 이미 아테나이를 비탄의 도시로 만들어버렸다. 도시를 에워싼 성벽, 국가 소유 건물들은 폐허로 변해버렸다. 금고는 텅 비었으며, 판관들은 압수한 물품과 그들이 부과하는 벌금으로 연명했다. 사로니코스 만과 페이라이에우스 항구에 이르기까지 바다는 해적들과 적군 측이 고용한 용병 차지였으며, 이들은 보급선들을 나포했다. 아테나이에 물자를 보급하는 일은 점점 더 어려워졌으며, 엄격한 통제 속에서 이루어졌다. 아테나이는 배가 고팠다. 갑작스러운 기근이 몰아쳤다. 데모스테네스가 페이라이에우스의 사람들을 "보릿가루 반 포대의 배급을 타기 위해서 시장에서 밀치락거리는 사람들"이라고 묘사한 대목을 보면 항구에서 서민들의 동요가 얼마나 극심했는지 알 수 있다. 기원전 4세기 후반부터 아테나이에서 심하게 요동치던 포도주와 빵 가격으로 미루어 이미 경제 위기가 절정에 도달했음을 미루어 짐작할 수 있다.

정당하건 과도하건 욕심이 모든 사회 계층에서 분출되어 나왔다. 여행에서 돌아온 플라톤은 소크라테스가 정의를 약속했던 비인간적인 세계를 다음과 같이 묘사했다. "항상 바닥을 응시하거나, 짐승들처럼 식탁 쪽으로 몸을 숙이고서 그들은 허겁지겁 음식을 삼키거나 서로 교미했으며, 누가 가장 많은 쾌락을 차지할지를 정하기 위해 발길질을 해대며 머리를 들이받거나, 아무리 채워도 채워지지 않는 탐욕을 충족시키기 위해 뿔 또는 쇠편자로 서로에게 죽도록 공격을 가했다."

실제로 플라톤이 살아 있을 당시에 아테나이는 극심한 경제 위기

를 겪었다. 아테나이와 아테나이의 제국주의적 야심의 패배로 일단 락되었다고 여겨졌던(이 같은 환상은 너무도 공통적으로 나타났기 때문에 새삼 강조할 필요조차 느끼지 못한다) 전쟁은 사실상 기원전 4세기 내내 아테나이의 민주정과 공존하는 상태였다. 아니, 스파르타와 테바이, 마케도니아의 제국주의와도 차례로 공존했다. 모든 도시들의 패망이 임박한 가운데 각각의 도시들은 자신들이 영광을 차지할 수 있는 시간적 여유가 있다고 믿었으니, 그럴 수밖에 없는 노릇이었다. 그러므로 기원전 4세기에 전쟁의 그림자는 그리스 전역에서 음울한 배경처럼 드리워져 있었다.

다른 한편으로 궁핍해지고 결코 채워지지 않는 자만심으로 아집만 강해진 아테나이는 농업 생산품(기름과 포도주)과 제조업 생산품(도기) 수출에 점점 더 어려움을 겪게 된다. 과거에 아테나이는 에게해의 여러 섬들과 트라케에서 뷔잔티온에 이르는 북쪽 해안 국가들, 보스포로스 지역과 소아시아의 광대한 지역에 이르기까지 풍부한 시장을 확보하고 있었다. 그런데 이 지역이 정치적 질곡과 더불어 아테나이의 경제적 지배를 뒤흔들었다. 지역에서 생산되는 제조업, 농업 제품이 점점 늘어나면서 앗티케 지역 생산품들을 판매하는 아테나이 상인들은 점점 치열한 경쟁에 직면하게 된다. 기원전 380년, 이소크라테스가 《파네귀리코스》를 저술할 당시만 해도 페이라이에우스는 그리스 한가운데 자리한 시장으로서 그곳에는 온갖 종류의 상품들이 넘친다고 묘사했다. 하지만 그로부터 20여 년이 지난 기원전 356년에 크세노폰은 그의 소고 《국가 수입에 관하여》에서 공식적인 '낙관주의'를 표명하면서도 평화가 찾아와 아테나이로 상인들이 돌아오고 페이라이에우스 시장이 과거의 번영을 되찾을 수 있기를 희망한다. 《파네귀리코스》와 《국가 수입에 관하여》 사이에는 25년이라는 세월이 흘렀으며, 그사이에 아테나이가 주축이 된 제2차 동맹이 와해되었다. 《국가 수입에 관하여》의 저자 크세노폰은 아테나이가 다른 그리스 도시들을 보호해주는 대가로 자유로운 가운데 헤게모니를 장악했던 시절을 향수 어린 투로 떠올린다. 그는 경제와 재정의 위기가 전반적인 불균형과 아테나이 세력의 쇠망의 원인임을 막연하게나마 느낀다.

고고학은 텍스트가 암시하는 내용을 입증해 보인다. 과거에 아테나이의 고객이었던 불가리아, 루마니아, 크림 반도, 이란, 소아시아 등지에서 최근에 이루어진 발굴 작업은 기원전 4세기 무렵에 점점 더 다양한 물건들(유골단지, 무기, 보석 등)이 지역 내에서 생산되었음을 입증한다. 다시 말해서 이 시기에 아테나이는 경제적 우월성을 상실했다고 볼 수 있다.

지루하게 계속된 전쟁과 경제적 어려움이 아테나이의 영광을 앗아간 것이다.

육체 노동에 대한 경멸

이상이 역사상 단기간에 갑작스럽게 이루어진 발전에 뒤따르게 마련인 상처들이라고 한다면, 이번에는 그리스 문명 전체가 태생적으로 안고 있던 균열을 살펴보기로 하자.

공동체(비록 유사 민주정 체제의 공동체라고 할지라도 사정은 달라지지 않는다) 내에 노예제도가 마구잡이로 성행하게 만든 고대인들의 무분별을 새삼 거론할 필요가 있을까? 노예제도는 시간이 지나감에 따라 그들이

세운 문명을 파괴하고 그들의 실존마저 위협했다. 그런데 솔직히 이와 같은 무분별함은 전혀 놀라울 것이 없다. 당시 사람들은 전방위로 무차별적으로 성장해나가야 할 절대적인 필요가 있었다. 새로 정복한 땅에 새로운 신전을 건립하고 극장을 짓고, 알려지지 않은 지역을 탐험하기 위해 항해에 나서야 했으며, 새로운 시장을 개척하고 새로운 물건들을 교환하고, 도처에 인간들이 살고 있음을 확인해야 했기 때문이다. 그리고 이 모든 활동은 훗날 과학과 기술의 발전 덕분에 인간을 위해 봉사하게 될 적절한 도구 따위는 전혀 없는 상태에서 이루어졌다.

이들에게는 도구와 기계의 부재가 특별히 불편해 보이지 않았다. 그들이 무제한적이라고 믿을 정도로 많은 다른 도구들과 기계들, 즉 노예들이 있었기 때문이다.

여기서 우리의 시선을 잡아끄는 숫자를 하나 인용해볼까 한다. 역사학자 크테시클레스에 따르면, 기원전 4세기 말에 실시된 앗티케의 인구 조사 결과, 아테나이에는 2만 1천 명의 자유시민과 무기를 들 수 있는 1만 명의 타지 거류인, 그리고 40만 명의 노예가 있었다고 하는데, 이 40만 명 속에는 틀림없이 여자와 어린아이가 포함되었을 것으로 보인다. 대부분의 역사가들은 이 엄청난 숫자가 터무니없다며 이의를 제기한다. 하지만 솔직히 이들이 이 숫자를 거부하는 데에는 그리스 문명이 노예제도에 근거를 둔 문명이었음을 인정하고 싶지 않다는 마음이 적잖게 작용한 것으로 보인다. 그렇지만 진실을 두려워해서는 안 되지 않겠는가. 권위 있는 헬레니스트 조지 톰슨은 이 숫자를 인정한다. 아마 그는 루이 제르네와 더불어 이를 인정하는 거의 유일한 역사가일 것이다. 이 명망 높은 두 학자는 분명 이처럼 엄

엄청난 수의 노예들이 아니고서는 아테나이가 파르테논 신전을 건축할 수도, 그 외 다른 영광스러운 업적을 남길 수도 없었음을 잘 알고 있었을 것이다. 두 사람은 또한 이 엄청난 수의 노예 때문에 결국 아테나이와 그리스가 멸망할 수밖에 없었음도 잘 알고 있었을 것이다. 하지만 아직 본격적인 쇠락의 순간은 도래하지 않았다. 아테나이인들이 노예를 소유하는 것이 밥을 먹고 물을 마시며 잠을 자는 것만큼이나 '자연스러운' 일이라고 생각하는 한 그러한 순간은 도래할 수 없었다. 플라톤이 초기에 쓴 대화편만 보더라도 이는 명백하다. 그로부터 세월이 좀 더 흐른 후, 그가 이상국가 건설에 전념하면서부터 노예제도에 대해 거리낄 것이 없다던 플라톤의 태도에 변화가 생기기 시작했다. 그는 적어도 노예제도가 정당화되어야 할 필요를 느낀 것이다. 따라서 그는 그럭저럭, 그러니까 다소 거북해하면서 매우 서투르게 노예제도를 정당화한다. 플라톤에게 노예제도는 하나의 현실이었다. 몽상적인 정신이 뿌리 깊은 현실주의에 무릎을 꿇은 셈이다. 그는 노예들이 존재한다는 사실은 알고 있었지만, 노예들에 대해서라면 아무것도 알고 싶어하지 않았다. 그는 좀 더 논리적이고 명석한 아리스토텔레스가 너무도 분명하게 꿰뚫어본 것, 요컨대 아테나이에서 노예제도는 경제 발전이라는 필요에 의해 유지되고 있음을 보지 못했다. 노예제도는 아테나이의 상업적 팽창, 재정 안정과 밀접하게 연결되어 있었다. 좀 더 직접적으로 말하자면, 아테나이의 헤게모니, 아테나이의 제국주의가 노예제도를 요구한다고 볼 수 있었다. 하지만 이 점을 모르지 않았을 플라톤은 한 걸음 물러서는 태도를 취했다. 그에게 노예란, 다른 아테나이 사람들에게도 마찬가지였겠지만, 열등하고 무지한 존재로서 그렇게 받아들이면 그뿐이었다. 요컨대

노예제도는 자연스러운 현상이므로 왈가왈부할 필요조차 없었다.

아리스토텔레스는 그의 저서 《정치학》에서 세상에는 두 종류의 기계가 존재한다고 피력했다. 하나는 생명이 있는 것이고, 다른 하나는 생명이 없는 것이다. 항해사가 생명이 없는 방향타와 생명이 있는 감시인을 두고 있는 것도 그런 이치 때문이다. "생명 있는 기계", 즉 노예가 많으면 "생명 없는 기계"의 제작이 불필요하다. 말하자면 일종의 정신적 태만이 인간으로 하여금 이미 지니고 있는 것을 다른 새로운 것으로 대체하려는 노력을 불필요한 것으로 여기게 만든다. 그것은 효과가 의심스러우며 허황되어 보이기 때문이다. 노예제도에 맞서서 기계화를 주장하는 것은 한낱 몽상으로 치부된다! 이러한 논리가 어떻게 왜곡되고 급기야 끔찍한 악순환으로 이어지는지 우리는 잘 알고 있다. 거의 대부분의 고대인들은 이 같은 악순환으로부터 벗어날 수 없었다. 풍부한 노예 노동력은 기계의 발명을 불필요하게 만들며, 기계의 부재는 노예 없이는 살 수 없는 상황을 만든다.

이 논리를 보강하기 위한 예를 하나 더 소개해보자. 최근에 이루어진 발견에 따르면, 말에게 마구를 다는 방식이 잘못되었기 때문에 동물의 힘을 이용해도 생산성은 그다지 올라가지 않았다고 한다. 요즘처럼 어깨에 마구를 얹지 않고, 마치 개의 목에 줄을 매듯이, 목에 얹었기 때문에 말은 조금만 힘을 써도 목이 졸리는 위험을 감수해야 했다고 한다.

노예제도의 존재는 기계의 제작을 불필요하게 만드는 상황을 조성하는 데서 끝나지 않는다. 이보다 더 심각한 현상을 낳았으니, 바로 가치의 서열화라는 독특한 현상이었다. 이는 곧 수작업에 대한 경멸을 초래했다. 플라톤은 《고르기아스》에서 비천한 기계 기술과 자유시민들이 여가를 이용해서 할 수 있는 자유 기술을 대비시켰다. 적으로부터 국가를 구할 수도 있는 기술자의 역할이 중요하다고 강조한 다음 그는 "하지만 자네는 그를 경멸하지. 그와 그가 가진 기술을 말 일세. 자네가 그를 기술자(기계를 제작하는 자)라고 부르는 건 일종의 모욕을 주기 위함이며, 자네는 자네 딸을 그의 아들에게 준다거나 자네 자신이 그의 딸과 결혼할 마음은 추호도 없을 걸세"라고 말한다. 헤로도토스도 이처럼 일반화된 경멸을 지적한 바 있다. "그 같은 현상은 그리스인들에게 공통적으로 나타나는데, 특히 라케다이몬인들과 바르바로스들에게서 두드러진다. 반면 코린토스에서는 덜 확산되어 있다." 코린토스는 상업과 제조업 분야에서 월등히 앞선 도시였다. 그리고 분명 아테나이도 코린토스와 같은 양상을 보였겠지만, 그럼에도 소크라테스는 아테나이에서 '기계와 관련한' 비유, 가죽 무두장이나 구두장이의 사례를 자주 사용한다고 비난받았다.

플루타르코스는 기하학의 몇몇 문제들을 기계를 써서 해결하려고 시도했던 아르퀴타스와 에우독소스에게 플라톤이 어떻게 화를 냈는지를 들려준다. "플라톤이 그들에게 지적이고 비육체적인 활동을 감각적이고 물질적인 활동으로 격하시키며, 기하학에 육체를 사용하도록 함으로써, 다시 말해서 너무 비천하고 저급하게 손을 사용하도록 함으로써 기하학의 우월성은 물론 존엄성을 해치고 타락시킨다면서 노발대발한 이후로, 기계역학은 기하학과 분리되었으며, 오랫동안 철학자들로부터 업신여김을 당한 나머지 군사기술이 되어버렸다"고 플루타르코스(자크 아미요 번역판본)는 기록하고 있다.

플라톤은 그의 저서 《법률》에서 자유시민이라면 기계와 관련된 직업을 가져서는 안 된다고 주장한다. 한편 아리스토텔레스는 이상적

인 국가에서라면 수공업 장인 어느 누구도 자유시민이 될 수 없다고 말한다. 플라톤 때부터 수공업 장인을 의미하는 '바나우소스'라는 말은 품위가 손상되어 결국 '천박한' 또는 '경멸받을 만한'이라는 의미로 사용되었다. 수공업과 관련된 모든 것, 손으로 하는 모든 일은 영혼과 육체 전부를 일그러뜨린다는 이유에서였다.

플라톤은 지고의 기술이며 부동의 관조(영혼에 불멸성을 부여해주는 것이 바로 이 관조다)를 목표로 하는 철학을, 언젠가는 소멸되어버릴 목표만을 추구하는 노동자, 장인, 기술자, 상인의 작업과 대비시켰다. 그의 먼 제자뻘이며 천재적인 플로티노스는 훗날 스승보다 훨씬 더 분명하게 잘라 말한다. "관조는 모든 행위의 궁극적인 목표다." 플로티노스는 "가령 지렛대 같은 도구를 전혀 필요로 하지 않으면서" 오로지 관조의 힘으로 "존재들을 생산하는" 대지, 나무, 식물의 관조를 인간 행위의 전범으로 꼽았다.

이오니아에서 탈레스(탈레스는 기술자인 동시에 학자이자 현자였다) 같은 인물들을 중심으로 생겨난 사고의 경향은 플라톤을 거치면서 여기에 이르렀다. 플라톤은 과학적 기술 창조를 기치로 내걸고 언젠가는 기계론에 도달했을 이러한 경향을 내놓고 저지했다.

플로티노스는 서기 3세기에 플라톤 사상의 개화를 추구하는 방향으로 나아갔다. 제자 중의 하나가 "그는 육체 속에 기거한다는 사실을 부끄러워하는 것 같았다"고 쓸 정도로 이상한 사람이었던 플로티노스는 평생을 저술(딱한 소일거리!)하는 데 바친 것이 아니라 이성과 상상력, 감각적인 것과 지적인 것을 넘어서려는 시도, 요컨대 제한적인 모든 것을 뛰어넘어 마침내 신, 텅 빈 순수 속에 기거하는 신, 황홀경에 이른 영혼이 하나가 될 수 있는 신에게 도달하기 위한 노력에

바쳤다. 플라톤도 이미 "신과 비슷하게 될 것"을 요구했다. 플로티노스가 추구한 꿈(엄청난 환각 상태, 엄청난 정신착란!)은 명백하게 플라톤에서 출발했다.

어쨌거나 이는 기독교의 탄생을 준비하는 과정이었다.

손으로 하는 일과 손을 이용해서 다루며 재료를 손질하는 연장의 저급성 때문에 노예제도를 경멸하는 시각은 플라톤 철학을 특징짓는 감각적 현실에 대한 경멸을 함축하고 있다. 그러므로 손바닥 뒤집듯이 현실을 뒤집기, 즉 속이 겉이 되게 하거나 그 반대로 하기는 세상에서 제일 자연스러운 일이 되어버린다. 일상적인 현실이 우리에게 강요하는 활동(우리가 노력을 통해서, 험하면서 생산적인 고통을 통해서 끊임없이 변화시키는 대상)은 순전히 무의미하며, 오직 관조적인 삶만이 우리의 영혼을 기쁨으로 채워준다고 선언함으로써 우리는 우리가 처한 깊은 불행, 죽어야만 하는 운명에 내재한 절망을 위로받을 수 있다. 플라톤은 이 세계에서부터 벌써 우리의 영혼(우리를 구성하는 것 중에서 유일하게 그의 관심을 끄는 부분)을 오로지 신에 대한 관조에 바치게 함으로써 우리의 영혼이 죽은 다음 육체로부터 벗어나서 절대적 행복에 다가갈 수 있도록 준비시킨다.

순수한 아름다움의 관조, 《향연》

그런데 절대적 행복이라면 무엇을 말하는가? 마침내 육체를 떨쳐버리고 지고의 아름다움을 관조하도록 허락받은 영혼의 행복을 말한다. 플라톤은 자신의 꿈을 멋지게 형상화시키며, 꽃을 가꾸는 여자 노동자처럼 대단한 인내심을 가지고 이 몽상을 완벽하게 가다듬는

다. 그는 《향연》에서 소크라테스에게 가르침을 주는 디오티마의 목
소리를 유순하게 듣는다.

"우리의 삶에 무엇인가가 가치를 줄 수 있다면, 그건 순수한 아름
다움의 관조일 것"이라고 여제사장은 소크라테스에게 말한다. "그
같은 광경 앞에서라면 황금이며 장식품이 다 무슨 소용이며, 지금 당
신은 물론 다른 많은 사람들의 마음을 흔들고, 바라보며 가까이 있기
만 해도 매혹당하며, 그럴 수만 있다면 식음을 전폐하고라도 사랑스
러운 그들과 대화를 나누기를 원하는 예쁜 어린아이들과 청년들이
다 무슨 소용이겠는가? 나는 묻거니와, 아무것도 혼합되지 않은 순
수함과 소박함 가운데에서, 아름다움을 관조하도록 허락받은 인간,
뼈와 살, 인간의 빛깔, 소멸하도록 운명 지워진 모든 덧없는 매력으
로 오염되지 않은 자, 주어진 유일한 형태의 신성한 아름다움과 마주
할 수 있는 자의 운명은 어떠하겠는가! 당신은 자신의 시선을 그 같
은 대상으로 옮기고 그 대상을 관조하고 그 대상과 교제하면서 사는
그가 남과 이를 공유한다고 불평할 것이라고 생각하는가? 그것을 볼
수 있는 유일한 기관, 즉 정신을 통해서 영원한 아름다움을 관조함으
로써, 오로지 그렇게 함으로써 정신은 덕성의 모방품(그는 모방품에 애
착을 갖고 있지 않으니까)이 아니라, 진정한 덕성(그는 오직 진실만을 사랑하
니까)을 낳을 수 있지 않겠는가?

진정한 덕성을 낳아 그것을 기르는 자에게 신의 총애가 주어지며,
언젠가 불멸을 누리는 것도 다른 자가 아닌 그자일 것이다."

이 대목에서 우리는 플라톤이 감각적 현실에 대해 품고 있는 깊은
사랑과 엄청난 환멸을 동시에 간파할 수 있다. 그는 감각적 현실로부
터 도피하면서 동시에 거기에 합류하기 위해 형이상학이라고 하는

역설적인 우회를 선택했다. 순수한 아름다움의 관조, 신과의 교제만이 그가 인간이라는 사실을 위로해줄 수 있는 광대하고 심오하며 설득력 있는 몽상이었던 것이다.

아우구스티누스에 의해 기독교 신학에 편입된 플라톤

훗날 위대한 아우구스티누스에게 《신국론(神國論)》의 문을 활짝 열어준 것도 플라톤이었다. 성 아우구스티누스는 가톨릭 신앙의 문턱에서, 그를 이분법적인 이단의 함정의 포로로 만든, 아니 더 간단하게 말해서 고삐 풀린 관능의 노예가 되어 도덕적, 지적 난관을 겪던 시기에 라틴어로 번역된 "플라톤 학파의 책들"을 발견했다고 고백했다. 그가 말한 책들은 플라톤의 저서들과, 스승을 위해 포르퓌리오스가 저술한 플로티노스의 저작이었다. 아우구스티누스는 《고백록》에서 어떻게 해서 그리스 철학 저서들에서 읽은 내용들로 머리를 가득 채운 가운데 새로운 마음으로 성경을 읽게 되었는지, 어떻게 해서 "철학자들의 책들을 통해 이미 읽은 내용들을 성경에서 다시 발견하게" 되었는지를 소상하게 들려준다. 물론 신의 현현(顯現)의 신비는 예외였다.

《고백록》의 다음 장면은 너무도 유명하다. 정원에서 기도 중이던 아우구스티누스는 하늘에서 노래를 부르는 어린아이의 음성을 들은 것 같았다. 아이는 "이걸 집어서 읽어봐, 이걸 집어서 읽어봐"라고 노래했다. 아우구스티누스는 얼마 전부터 그의 손을 떠나지 않던 바울 사도의 책을 집어들고 아무 데나 펴서 읽었다. "진수성찬이나 요란한 연회, 성관계, 난봉질을 금하라. 예수 그리스도라는 옷을 입고

더 이상 육욕을 만족시키려고 애쓰지 말라!"

이날 이후 아우구스티누스는 흑백논리를 멀리하고, 방탕한 생활을 청산했으며, 어머니와 몇몇 친구들과 더불어 산속에 은둔하면서 그리스인들이 '철학자의 삶'이라고 부르던 삶, 이미 기독교 수도사들의 삶이 되어버린 삶을 영위했다.

개종하여 세례를 받고 사제 서품까지 받은 아우구스티누스는 신도들의 열렬한 환영 속에서, 카르타고에 이어 아프리카 제2대 도시인 힙포 레기우스의 주교가 되었다.

오늘날까지 전해지는 그의 엄청난 양의 저술(책 113권, 설교 500편, 수많은 편지 등)을 통해서 우리는 '플라톤 학파의 글'로 무장한 그를 매개로 하여, 기세등등한 이단 사상과의 논쟁을 거치면서 가톨릭교회의 가장 순수한 교리가 형성되었음을 알 수 있다.

이 책에서 그 기나긴 역사를 되짚어볼 생각은 없다. 게다가 그 역사는 매우 다양한 방향으로 전개되었다. 예를 들어 토마스파나 개혁주의자, 인문주의자(얀센파와 교황 우르바누스 8세가 코르넬리우스 얀센의 논문 〈아우구스티누스〉를 비판함으로써 프랑스 교회에서 야기된 심각한 '파동'도 빼놓을 수 없다) 등으로 갈래지어졌다.

라브뤼예르가 쓴 《강력한 정신에 대하여》에 등장하는 한 대목만 인용해보자. 바실레이오스, 히에로뉘무스, 아우구스티누스 같은 이들을 호명한 다음 라브뤼예르는 목청을 높인다.

"교회의 아버지, 교회의 박사, 이 얼마나 멋진 호칭들인가! 이들의 글은 얼마나 서글픈가! 얼마나 메마르고, 얼마나 냉랭한 신앙심이며, 얼마나 따분한 형식주의인가! 이들의 글을 한 줄도 읽지 않은 사람들은 이렇게들 말한다. 하지만 이들의 글에서 요즘 시대에 나오는 대부분의 책에서는 찾아볼 수 없는 재능과 섬세함, 예의와 재치, 표현의 풍부함과 이성적 추론의 힘, 예리한 개성과 자연스러운 우아함에 대해서 나름대로 일가견을 가진 사람들이라면 얼마나 큰 놀라움인가라고 말할 것이며, 덕분에 이들의 책에서는 취향이 풍기며, 이 책을 쓴 작가들에게 명성과 자만심을 부여해준다! 종교를 사랑하고 그 종교를 믿으며, 지지하고, 이토록 대단한 천재들과 이토록 견고한 정신의 소유자들이 들려주는 설명을 듣는 건 얼마나 큰 즐거움인가! 특히 지식의 광대함, 깊이와 통찰력, 순수 철학의 원리…… 연설의 품위, 도덕과 감정의 아름다움 등에 있어서, 가령 성 아우구스티누스와 비교할 수 있는 대상이라고는 플라톤과 키케로 정도이니 더 그럴 수밖에 없지 않겠는가!"

그렇다고 해도 우리는 우리에게 중요한 문제에서 멀어질 수는 없다. 그 문제란 바로 다음과 같다.

플라톤에 뒤이어 아우구스티누스는 플로티노스의 방식을 이어받아, 육체를 넘어선 영혼의 시선으로 신을 관조하는 법, 눈에 보이는 창조된 사물들을 통해서 보이지 않는 신의 완벽함을 식별해내는 법을 가르쳤다. 아우구스티누스나 플라톤, 두 사람 모두에게 이 완벽함이란 존재 안에 투사된 신의 이데아를 가리켰다. 아우구스티누스 학설에 의해 기독교 신학에 편입된 것은 비단 플라톤의 사고만이 아니었다. 그 이상이었다. 신비주의의 대부분, 변질된 영혼의 신으로부터의 일탈 등을 아우구스티누스는 플라톤과 그의 수제자(가장 뛰어나며 가장 신명난 제자)인 플로티노스(인간의 사막을 가득 채우는 온갖 몽상으로 눈이 먼 견자 플로티노스)에게서 끌어왔다.

이렇게 해서 플라톤은 기독교라고 하는 환상 속으로 스며들어갔으

며, 이를 예고했다.

파스칼의 《팡세》에 나오는 하나의 문장이 소박하게 그러나 눈을 번득이게 하는 섬광처럼 이번 장에서 보여주려고 한 내용을 요약한다. "기독교를 준비하기 위한 플라톤."

가장 그리스적인 산문 작가

하지만 그리스의 모든 문필가들 중에서 플라톤은 어떤 의미에서, 그로 인해 그리스 인본주의가 취하게 된 새로운 방향에도 불구하고, 가장 그리스적이라고 할 수 있다.

그는 신화, 그것도 전통적으로 구전되어 내려온 신화는 물론, 그자신이 직접 만들어낸 신화, 자신의 사고의 전개선상에서 도출되는 예상하기 어려운 부분을 예시하기 위해 맞춤식으로 꾸며낸 신화까지도 대단히 사랑한다는 점에서 지극히 그리스적이다. 그리스의 어느 작가도 창조적 상상력에서 그를 능가하지 못한다. 아니, 아리스토파네스나, 고대인들이 "신을 만들어내는 자"라고 불렀던 《일리아스》의 저자 정도는 그와 맞먹을 만하다. 플라톤은 대담하고 자유분방하게도 헤라와 제우스의 이다 산에서의 만남을 상상한 호메로스처럼 천상의 이데아로 가는 영혼의 여행을 고안해냈다. 여기서 고안해냈다고 함은 물론 그의 신앙이 허락하는 테두리 안에서 그랬다는 의미로 받아들여야 한다.

그리스어에서 '시'라는 말은 시를 의미하기에 앞서 발명과 창조를 뜻한다. 이미 여러 사람이 플라톤은 위대한 시인, 어쩌면 기원전 4세기가 낳은 가장 위대한 시인이라고 말했으니, 같은 말을 다시 반복하는 건 너무 식상할 수도 있다. 그러니 나는 그가 뛰어난 산문 작가라고 말해볼까 한다. 이 찬사는 위대한 시인이라는 찬사보다 절대로 못하지 않다. 실제로 그는 감탄을 자아내는 산문 작가였다. 나는 그가 데모스테네스의 세기에, 그의 언어로 간주되던 그리스어로 글을 썼던 산문 작가들 중에서 가장 뛰어나다고 생각한다.

플라톤은 동시에 모든 문체를 너무도 자연스럽게 구사하는 능력을 타고났다. 그는 등골이 오싹해질 정도의 곡예를 벌이며 자유자재로 소박함과 숭고함을 넘나들었다. 제자는 스승의 질문에 스무 번, 서른 번씩 연거푸 '예'라고 대답한다. 이 스무 번, 서른 번의 '예'는 그리스어가 아닌 다른 언어(번역서들을 보라!)였다면 독자들이 이를 갈게 했을 것이다. 거부감이 이만저만이 아니었을 테니까. 그의 '예'는 때로는 프랑스어의 '확실히'에 해당하는가 하면, 차라리 '아니요'에 가까운 '예'도 있기 때문에, 완전히 거꾸로 이해하지 않으려면 머리에 쥐가 날 판이다.

이 정도는 그래도 플라톤의 소박함 쪽에 속한다. 산문 작가가 한 단어를 다양한 의미로 사용했을 뿐이니까.

그런데 길이가 슬슬 길어지면서 문장은 요동치기 시작한다. 이럴 때 마치 춤을 추는 듯하다고 표현할 수 있다. 뭐랄까, 단어들의 먼지가 쌓인 위로 바람이 휘몰아친다고나 할까. 단어 먼지들은 소용돌이치다가 점점 빠른 속도로 하늘을 향해 솟구친다. 소용돌이의 지름, 아니 문장의 궤도는 점점 확장된다. 언어의 마술사 플라톤은 우리를 어디로 데려가려는 걸까? 그거야 우리가 알 수 없다. 수직으로, 천정점을 향해서. 우리는 태양에 아주 가까이 다가간다. 갑자기 지성과 사랑으로 불타오르면서. 우리는 플라톤이 이야기하는 열광 상태에

서, 우리가 보통 사용하는 통상적인 언어의 단어들을 통해서가 아니라, 플라톤의 손끝에서 변화무쌍하게 춤을 추는 우월한 언어의 음절들을 통해서 불현듯 깨닫는다. 그의 언어는 우리에게 일종의 호흡이 되어버린다.

우리는 무엇을 깨닫는가? 우리는 플라톤이 우리에게 전해주려고 하지만 정신을 홀리는 환상에 불과한 진실을 깨닫는다.

우리는 말하자면 마술에 걸린 것이다. 플라톤이 우리에게 마술을 걸었다.

그리고 그건 그가 모든 세기를 통틀어서 가장 위대한 산문 작가이기에 가능한 일이다.

몽테뉴에 따르면, 그는 "깡충 뛰어오르고 훌쩍 건너뛰는 시적인 태도를 지니고 있다. 그건 플라톤이 말했듯이 가볍고, 변덕스러우며 악마적인 예술이다." 그는 매 순간 분출할 때마다 새로운 방식으로 말을 하는데, 그것은 너무도 자연스럽게 반복되는 새로움이며, 절대 갑작스러운 놀라움이 아니다(몽테뉴의 말을 계속 들어보자. "오, 신이여! 이 용감한 이탈, 이 변주는 너무도 아름답습니다!" 이는 이 자연스러운 반복이 '무심함과 우연'을 닮았기 때문에 한층 더 아름답게 느껴진다는 말이다).

플라톤은 몽테뉴의 표현대로 "고대에 쓰인 가장 좋은 산문"을 고안해내는 신선함을 지니고 있었다. 그의 신선함은 "엄격함과 시적 대담성으로 빛나며, 다소간의 격정을 재현한다……. 시인은, 플라톤이 말하기를, (그의 산문에 대해서도 해당하는 말이다) 뮤즈의 세 발 의자에 앉아서 입으로 올라오는 모든 것을, 분수대의 이무기처럼 반대 요지 없이 한달음에 능숙하게 격정적으로 토해낸다. 그 자신도 완전히 시적이며, 해묵은 신학서도 시라고 학자들은 평한다. 최초의 철학은 신들의 원초적인 언어다."

이런 식으로 플라톤의 문체("신들의 원초적인 언어")를 설명하는 몽테뉴는 우리에게 매혹적인 마법의 말을 건넨다. 플라톤은 우리를 매혹시키는데, 그건 그가 비밀스러운 의미가 담긴 언어를 사용해 표현하기 때문이라는 것이다. 그러므로 우리는 그가 말하고자 하는 것을 이성으로 이해하지는 못하지만 그래도 파악할 수 있다. 플라톤은 그가 사용하는 언어의 아름다움을 통해 우리를 사로잡으며 우리를 기만한다. 하지만 우리는 그에게 기만당해도 결코 그를 원망하지 않는다.

여기에다 그의 문장이 지니는 음악성의 마법도 덧붙여야 한다.

플라톤은 수사학자로서 글을 쓰지 않았다. 아니, 아주 드문 경우를 빼고는 그렇게 하지 않았다. 다시 말해서 그와 같은 시대에 활동한 소피스트들이 고안해냈으며 플라톤 자신이 늘 못마땅하게 여기고 공격했던 교묘한 수사학 원칙에 어울리는 아름답고 이성적인 글을 쓰지 않았다는 말이다. 그는 흥분과 열정의 법칙에 따라 글을 썼다. 세상에는 여러 종류의 흥분과 열정이 존재한다. 그중에서 플라톤 자신의 설명을 빌리자면, 그가 음악의 여신들, 즉 뮤즈들로부터 선사받은 흥분과 열정만큼 그의 천재성에 가까운 것은 아무것도 없다.

그의 대화편의 주요 주제들(국가의 정의나 사랑 같은 주제)은 한 번도 학구적인 또는 스콜라 철학적인 방식으로 제시되고 전개된 적이 없다. 그 주제들은 음악의 주제처럼, 처음엔 부차적인 주제 선율로서, 간헐적으로, 주어진 질문 속에 묻혀 대화의 배경 음향처럼 제시된다. 그러다가 백사장을 향해서 달려오던 잔잔한 파도가 갑자기 솟아올라 대화 상대자들을 반대되는 격정의 물결 속으로 몰아치며, 자신의 존재를 당당하게 알린다. 오랫동안 이렇게 몰아치면서 생각을 적시고

나면 포화상태에 이른 주의력은 무너져버리고, 결국 진실이 무의식의 침묵 속에서 활약한다. 《향연》에서는 두 차례에 걸쳐서 어조의 변화가 일어난다. 아리스토파네스가 딸꾹질을 하는 대목과 술 취한 알키비아데스가 등장하는 대목으로, 웃음이 대담의 진지한 분위기를 이완해주는 역할을 한다.

대화편, 진실을 찾는 영원한 속삭임

플라톤의 대화편은 엄격한 논증이 지니게 마련인 인위적인 건조함에 매몰되지 않는다. 그의 대화편은 생기발랄한 리듬이며, 또 다른 하나의 대화, 즉 우리 안에서 우리의 사고가 서로 추격하고 겹치고 대체되면서 진실을 찾아 영원히 끝나지 않을 탐구를 계속하는 대화의 아롱거리는 움직임이기도 하다.

이 점에서도 플라톤은 그리스적이다. 역사의 다른 한쪽 끝에서 오뒷세우스는 "자신의 마음과 생각"을 끊임없이 묻는다.

그리스어로 된 플라톤의 저작을 사랑하는 사람이라면…… 물론 번역을 위해서가 아니라(유감스럽게도!)…… 그의 저술을 감각적으로, 그러니까 한입 깨물면 깔깔한 입안에 달콤한 즙이 흥건히 고이는 잘 익은 과일을 사랑하듯이 사랑하는 사람이라면…… 펄떡펄떡 살아 숨 쉬는 생생한 그리스어가 주는 관능을 사랑하는 사람이라면, 플라톤의 문장이 상상을 뛰어넘는 희열로 자신의 마음을 파고들며, 자신의 안에서 이제껏 들어보지 못한 언약을 일깨우며, 자신의 존재 전체(영원히, 아니 단 한순간만이라도 분리될 수 없이 하나가 된 영혼과 육체)를 사로잡는 것을 느낄 수 있을 것이다. 또한 불멸을 만들어내고, 천사를 만

들어내는 그의 문장만이 인간의 부조리한 몽상(영원한 삶)을, 마치 배고프면 한입 깨물어 먹는 빵조각처럼 손으로 만질 수 있는 현실로 만들어준다는 것도 느낄 것이다.

언제까지고 이 꿈의 언어에 취해 있어도 괜찮을까? 마술사에게 항복해도 좋을까? 그렇다, 그가 사용하는 말들이 그의 언어에서 2차적인 의미, 우리에게는 이해 불가능하더라도 확실한 어떤 의미를 가질 수 있다면 그렇게 못할 것도 없다. 이를테면 '영혼' 같은 단어들 말이다.

하지만 아니다. 그건 그럴 수 없다. 이성이 이성의 결여, 즉 정신착란을 의미할 수는 없는 노릇이니까. 죽음은 어디까지나 죽음, 즉 무(無)다. 그런데 여러 세기 동안 이처럼 명백한 사실이 사실이 아닌 것으로 간주되어왔다면, 플라톤은 분명 인간의 상식을 소외시킨 주요 인물들 중의 하나로 지적되어야 한다. 이 정도면 신에 버금가는 플라톤이라고 불리기에 손색이 없는 걸까?

chapter 8

아리스토텔레스와 생명체

플라톤과 아리스토텔레스. 이 두 사람은 비단 철학사뿐만 아니라 인류 전체의 역사를 통틀어도 매우 위대한 인물들이다. 둘 다 단연 천재급이다. 사실 천재라는 말은 요즘 너무 흔하게 사용된다. 그런데 천재란 과연 어떤 사람을 가리키는 걸까? 두 사람이 천재라고 하는 말은 (리트레 사전을 비롯한 몇몇 사전을 찾아본 결과) 두 사람이 자신들의 직업, 즉 철학하는 일에 필요한 능력을 그때까지 알려져 있던 한계 이상으로 끌어올렸음을 의미한다. 천재라는 말은 그러니까 뛰어넘기, 새롭게 발견하기, 즉 창조를 함축하고 있다고 하겠다. 철학이 일종의 처세술이라면, 플라톤과 아리스토텔레스는 인간을 변화시킴으로써 이 기술을 구체적으로 바꾸어놓았으므로, 두 사람 이후(알렉산드로스는 같은 시대에 활약한 세 번째 천재라고 할 수 있다)의 인간들은 그전의 인간들과 같을 수가 없게 되었다.

플라톤과 아리스토텔레스에 의해서, 이 두 천재의 가르침으로 계몽된 대중들의 활약으로 하나의 문명이 변화하게 된다. 과거의 무거운 옷을 떨쳐버리고 새롭게 태어나는 것이다. 이 문명은 곧 새로운 이름을 갖게 된다. 과거에 그리스 또는 헬라스 문명이라고 불리던 이 문명은 헬레니즘 문명이라는 이름을 얻게 되며, 기독교 문명으로 완전히 변신하기 전까지는 이 이름을 유지하게 된다. 기독교 문명이라고 하는 그럴듯한 신화가 존재한 것이 사실이라면 말이다.

플라톤의 이데아를 비판한 아카데메이아의 학생

아리스토텔레스는 기원전 384년 트라케 해안에 위치한 그리스 도시 스타게이라에서 태어났다(참고로, 플라톤은 그보다 43년 일찍 태어난 선배다). 그는 마케도니아의 수도인 펠라에서 유년 시절을 보냈다. 그의 아버지 니코마코스는 의사였으며, 필립포스 왕의 아버지인 아뮌타스 왕의 친구였다. 니코마코스는 아스클레피오스 가문에 속했다. 갈레노스에 따르면, 아스클레피오스 가문에서는 의사들이 아들들에게 해부를 가르쳤다고 한다. 하지만 아리스토텔레스는 불행하게도 그 같은 가르침을 받기엔 너무 어린 나이에 아버지를 여의었기 때문에, 그런 관습은 그에겐 그저 집안에 전해 내려오는 전설에 불과했다.

열일곱 살이 되던 해에 그는 학업을 위해 아테나이로 간다. 그곳에서 플라톤이 세운 아카데메이아에 입학한다. 그는 나이는 들었지만 여전히 꼿꼿함을 유지하고 있는 스승에게 깊은 존경과 아낌없는 우정을 바쳤다. 그렇다고 해서 스승에 대한 비판마저 접은 것은 아니었다. 이 두 철학자 사이에 존재하는 견해 차이를 두고 고대인들은 수

군거리며 험담을 해대기도 했다. 그러는 한편 아리스토텔레스가 만들어냈다는 격언을 인용하기도 했다. "나는 플라톤을 좋아한다. 하지만 진리를 더 좋아한다(Amicus Plato, sed magis amica Veritas)." 아리스토텔레스의 비판에 대해 플라톤은 "어린 망아지가 엄마 엉덩이에 발길질 해대는 격"이라고 평했다.

이데아 이론에 대해 의문을 제기하는 것은 스승과의 우정이 바탕에 깔려 있기에 가능한 일이었다. 플라톤은 예순 살이 넘었어도 자신의 철학을 고인 물처럼 가만히 가두어두는 사람이 아니었다. 그는 끊임없이 자신이 정립한 철학을 도마 위에 올려놓고 그 가치를 확인하거나 문제를 제기했다. 스승과 제자의 우정은 이처럼 수렴되거나 상충하는 비판을 통해서 견고하게 유지되었다.

아리스토텔레스는 이외에도 또 다른 방식으로 플라톤에게 변함없는 우정을 보였는데, 스승이 사망할 때까지, 그러니까 그 자신이 서른여덟 살이 될 때까지 충실하게 아카데메이아에서의 대담에 참여한 것이 그 증거였다. 아리스토텔레스를 높이 평가하며 '순수한 정신'이라는 별명까지 붙여주었던 플라톤이 그에게 아카데메이아의 강의, 그중에서도 특히 수사학 강의를 맡겼던 것으로 보인다.

기원전 347년, 플라톤이 죽자 아리스토텔레스는 아테나이를 떠난다. 그는 평생 한 번도 적극적으로 정치에 참여한 적이 없건만, 여러 차례에 걸쳐서 아테나이와 마케도니아 사이의 반목으로 인한 피해를 입었다. 기원전 347년에만 해도 아테나이와 마케도니아 사이에는 필립포스의 원정이 한창 진행 중인 가운데 데모스테네스의 동의를 얻어 평화 조약이 체결되었음에도 적대적 기운이 팽팽하게 감돌고 있었다. 아리스토텔레스는 마케도니아의 정치체제에 대해서는 전혀 호

감을 보이지 않았다. 정치와 관련한 그의 저술을 보면, 필립포스의 전제 왕정에 대한 호의적인 언급은 단 한마디도 나오지 않는다. 그럼에도 불구하고 그는 냉전 기운이 감도는 아테나이에서 제 집처럼 편하게 지낸 것도 아니었다. 그는 마케도니아 왕정과 오래전부터 맺어온 우정을 저버리지 않은 탓에 아테나이에서 늘 이방인이었으며, 어딘가 의심스러운 인물로 통했던 것이다.

아테나이를 떠난 아리스토텔레스는 우선 뮈시아의 앗소스에 정착했다. 그곳을 다스리는 헤르메이아스는 품행이 수상쩍은 노예 출신으로 아리스토텔레스와는 아카데메이아에서 함께 공부한 사이였으며, 후에 앗소스의 독재 군주가 된다. 이곳에서 아리스토텔레스는 처음으로 자연사 연구를 시작했으며, 이 연구는 레스보스 섬의 뮈틸레네에서도 계속된다. 헤르메이아스의 양녀인 퓌티아스 공주와 결혼한 아리스토텔레스는 아내에게 변함없는 애정을 보였다.

아리스토텔레스의 후기 저작에 속하는《동물에 관한 연구》에 풍성하게 등장하는 어류와 갑각류에 대한 세심한 관찰은 그가 레스보스와 소아시아에 체류하는 동안 이루어졌다.

알렉산드로스의 가정교사

한편 마케도니아의 필립포스 왕은 이제 열네 살이 된 아들 알렉산드로스의 교육을 전담할 스승으로 아리스토텔레스를 점찍었다. 훗날 세계를 지배하는 대왕이 될 알렉산드로스는 이렇게 해서 당대 최고의 석학이며 모범적인 학자, 사후 1500년이 지난 후에도 중세 최고 시인으로부터 "뭔가를 아는 사람들의 스승"이라는 찬사를 한 몸에 받았던 아리스토텔레스를 가정교사로 삼게 되었다. 중용을 전파하는 사도, 실현 가능한 것에 토대를 둔 상식을 설파한 철학자와 불가능한 것에 집착하며, 불가능한 것을 현실로 만든 대담무쌍한 청년 사이에 이루어진 이 놀랍고 역설적인 결합은 어떤 결과를 낳았을까? 솔직히 우리는 그 점에 대해서는 별반 아는 것이 없음을 고백해야 한다. 철학자는 제자의 머릿속을 꽉 채우고 있던 혁명의 중요성에 대해서는 전혀 예감하지 못했던 것으로 보인다. 그도 그럴 것이 알렉산드로스가 꿈꾸는 혁명의 가장 중요한 근간이라고 할 수 있는 고대의 두 축, 즉 그리스와 바르바로스, 이 두 세계의 융합이라는 원칙에 아리스토텔레스는 시종일관 비판적인 입장을 취했기 때문이다. 그래도 세계를 제패하게 될 미래의 대왕은 아리스토텔레스 덕분에 《일리아스》를 사랑하게 되었고, 이를 최고의 걸작품으로 여겨 한평생 손에서 놓지 않았다. 하지만 애마 부케팔로스라면 누구보다도 잘 길들였던 그는 자신의 야성적인 정념을 길들이는 데에는 실패했다.

철학자와 마케도니아 후계자의 만남은 울창한 숲으로 둘러싸인 뮤즈의 성소(당시에 이미 문화는 속세로부터 멀어지기 시작했던 것일까?)에서 2년 동안 지속되었다. 필립포스는 알렉산드로스가 열여섯 살이 되던 해에 그를 불러들여 왕국의 통치를 맡기고 자신은 군사 원정길에 올랐다.

아리스토텔레스는 얼마 후, 그러니까 카이로네이아 전투, 필립포스 암살 등의 사건을 겪은 후 아테나이로 돌아온다. 그곳에 학교를 세운 그는 뤼케이오스 아폴론을 기리기 위한 체력 단련장과 인접해 있던 이 학교를 뤼케이온이라고 명명한다. 학교는 아름드리 나무들이 우거진 커다란 공원 안에 지어진 여러 채의 집으로 이루어졌다.

아리스토텔레스는 이곳에서 제자들과 산책을 하거나 토론을 하면서 가장 난해한 논리학, 형이상학 문제들을 가르쳤다. 주로 아침에 이루어졌으며, 다소 현학적인 표현을 쓰자면 비교(秘敎)적이라고 할 수 있는 이 강의들은 상급 수준의 제자들에게만 허용되었다. 한편 저녁시간이 되면 아리스토텔레스는 학교의 여러 건물 중의 하나에서 강연을 하거나 비교(秘敎)적인 강의를 했다. 이는 모두 일반 대중들을 위한 것으로, 주제 또한 수사학이나 문학, 정치 문제 등 일반 대중들이 관심을 보이는 것들을 주로 다루었다. 아침 강의와 저녁 강의는 주제의 난이도만 달랐을 뿐, 수제자들에게만 특별히 비밀스러운 가르침을 준다거나 신비주의적인 태도를 취하는 일은 전혀 없었다.

아리스토텔레스는 알렉산드로스의 도움을 얻어 뤼케이온에 상당한 자료들을 모을 수 있었다. 아마도 이것은 에우리피데스의 서가와 더불어 최초의 개인 소유 도서관이라고 할 수 있을 것이다. 그가 모은 식물학이나 동물학 자료들은 훗날 알렉산드리아 도서관의 초석이 된다. 아리스토텔레스가 쓴 박물학 관련 저술을 보면, 도록들을 참조하라는 문구가 자주 등장하는데, 그가 언급하는 도록들에는 각종 동식물들의 생김새가 재현되어 있었다. 《해부도》라는 제목을 단 이 도록들은 그 분량이 매우 방대하다. 또한 정확성을 기하기 위해 심혈을 기울인 도록 편찬자의 노력이 한눈에 금방 드러난다. 도록에 실린 그림의 상세함으로 미루어 실제로 동물 해부가 이루어졌음을 짐작할 수 있다.

아테나이의 영원한 이방인

아리스토텔레스는 뤼케이온에서 10여 년간 가르쳤다. 알렉산드로스의 사망으로 그는 또다시 아테나이를 등져야 하는 운명에 놓인다. 그 정도로 마케도니아와 알렉산드로스에 대한 아테나이인들의 증오는 대단했다. 마케도니아나 알렉산드로스에게 조금이라도 우호적이기만 하면 전혀 호전적이지 않고 투쟁 의식이 없는 사람이라도 미움의 대상이 되기는 마찬가지였다. 소크라테스처럼 불경죄로 기소된 아리스토텔레스는 아테나이를 떠나면서 "나는 아테나이인들이 또다시 철학에 대해 범죄를 저지르는 것을 좌시할 수 없다"는 말을 남겼다고 전해진다. 그는 자신이 세운 학교를 제자인 테오프라스토스에게 맡기고는 어머니로부터 물려받은 땅이 있는 에우보이아의 칼키스로 거처를 옮겼다.

아리스토텔레스는 거처를 옮긴 지 1년 만에 위장 계통 질병으로 사망했다. 당시 그의 나이 예순둘이었다.

아리스토텔레스가 남긴 유언은 현재까지도 전해진다. 그의 유언은 그의 사생활에 관한 몇 가지 면모를 보여준다. 첫 번째 부인인 퓌티아스 공주의 사망 이후 아리스토텔레스는 헤르퓔리스라는 노예와 오랜 기간 동거했다. 두 사람 사이에는 니코마코스라는 아들이 있었다. 아리스토텔레스에게는 퓌티아스 공주에게서 태어난 딸도 하나 있었으며, 니카노르라고 하는 양자도 한 명 있었다. 유언장에서 아리스토텔레스는 양자 니카노르와 퓌티아스의 딸의 결혼을 지시했으며, 동거녀 헤르퓔리스에게는 아버지로부터 물려받은 스타게이라의 집이나 칼키스에 있는 여러 채의 집 가운데 마음에 드는 것 하나를 골라서 가지라고 명시했다.

　현대 역사학자 중의 한 사람은 그의 유언에 대해서 "정말이지 아리스토텔레스는 뛰어난 남편이며 애정 많고 헌신적인 아버지인 데다 선량하고 정직한 사내였다는 말 정도로는 부족한 사람"이라고 평했다.

　왜 아니겠는가? 천재도 얼마든지 선량하고 정직한 사내가 될 수 있다……. 그런데 이 같은 평가에는 한 가지 눈여겨보아야 할 대목이 있는데, 바로 '뛰어난 남편' 이라는 표현이다. 이 '뛰어난 남편' 은 전혀 양심의 거리낌도 없이 열렬하게 동성애에 탐닉했다는 사실을 참고삼아 덧붙인다. 동성애에 대해서 반감을 가졌던 플라톤과는 대조를 이루는 대목이다. 하지만 어쩌겠는가?

자연의 합목적성을 탐구하는 박물학자

솔직히 우리는 동성애보다도 아리스토텔레스가 탐닉했던 또 다른 사항에 훨씬 관심이 간다. 일시적인 호기심 차원과는 거리가 멀었던 이 탐닉은 바로 이 세계 전체, 즉 이 세계를 구성하는 자연과 그 안에서 서식하는 모든 존재를 알고 이를 자기 것으로 삼으려는 욕망, 이 세계의 의미를 꿰뚫어 간파하고 이를 다른 사람들에게도 알려주려는 불같은 지적 호기심이었다. 과학의 기수, 과학의 초석을 정립한 선구자 중의 한 사람으로서 아리스토텔레스는 과학의 성화를 전 인류가 나아갈 길을 향해 명예롭게 치켜들었다.

　아리스토텔레스가 남긴 방대한 저술은 탐구의 방향성이나 새로운 분야의 발견이라는 관점에서 볼 때 무엇이든 알아야 하고, 일단 알게 된 것은 남에게 가르쳐주려는 그의 열정을 고스란히 드러낸다. 사실 이 같은 열정이란 모든 학자들의 첫째가는 특성이면서 동시에 모든 학자들이 마지막까지도 끊임없이 보여주는 업적이기도 하다. 그러므로 아리스토텔레스가 이룩한 논리학과 생물학, 형이상학과 윤리학, 심리학과 신학 등 다양한 분야에서의 성과는 일견 산만하게 보이기도 하나, 그건 어디까지나 얼핏 보기에만 그렇다. 아리스토텔레스는 그 모든 분야를 너무도 아름답게 하나로 연결했기 때문에, 각각의 분야는 전체 속에서 더할 나위 없이 적절한 자리를 차지하고 있을 뿐 아니라, 각각을 따로 떼어놓고 보더라도 훌륭하게 전체로서 기능한다.

그러므로 내가 아리스토텔레스를 박물학자로 소개하려는 것은 이 위대한 철학자의 사고를 축소하여 손상시키려는 것이 아니라, 일반 대중에게 맛보기식으로 그리스 문명을 소개한다는 이 책의 소박한 의도를 벗어나지 않는 수준에서, 최대한 구체적이고 종합적인 그의 모습을 보여주기 위해서임을 이해해주기 바란다.

아리스토텔레스의 저작 중에서 생명체 연구만큼 그의 마음을 사로잡고 그의 일생에서 중요한 비중을 차지한 것은 없다. 그의 저작 전체에서 생물학 분야가 차지하는 엄청난 비중은 우선 생물학 관련 소고가 점유하는 물량적인 면으로도 가늠할 수 있다. 현재까지 전해 내려오는 그의 저작 전체 중에서 대략 3분의 1 정도가 여기에 할애되었다. 그중에서 특히 세 권의 대작은 이 분야에 관한 그의 연구가 매우 강도 높고 진지한 수준에 올라 있음을 유감없이 보여준다. 정보의 풍성함과 끈기, 그리고 상당한 정확성이 아홉 권으로 구성된 《동물지》의 도처에서 감지된다. 오늘날에는 《동물에 관한 연구》라고 소개하는데, 《동물지》보다는 한결 정확한 제목이라고 할 수 있다. 이 책은 약 500종(정확하게는 495종)의 동물을 취급하고 있는 그야

말로 동물의 보고(寶庫)다. 나머지 두 권의 대작은《동물지》보다 나중에 나온 책들로, 각각《동물의 부분에 관하여》(전 4권)와《동물의 생성에 관하여》(전 5권)다.《동물의 부분에 관하여》에서 아리스토텔레스는 동물들의 비교 해부를 기술하고 있을 뿐 아니라 대단히 종합적인 정신에 입각해서 동물의 몸의 기능을 기술하고 각 기관들이 기능하게 되는 원리를 설명한다. 한편《동물의 생성에 관하여》는 자연 발생을 비롯하여 주로 동물들의 다양한 번식 방식을 다루고 있으며, 동물 발생학에 관한 부분도 포함되어 있다.

이 세 권의 대작(내용이나 취급 분야의 광범위함에 있어서 대작) 외에 심리학적-생물학적 저작, 이른바 '박물학 소고'로 불리는 저술들을 꼽을 수 있는데, 이 책들은 기발하고 심오한 성찰들로 번득인다. 이 소고들 가운데 몇 가지만 예로 들어보자.《감각과 감성적인 것에 대하여》,《수면과 각성에 대하여》,《생명의 길고 짧음에 대하여》,《젊음과 나이 듦에 대하여》,《삶과 죽음, 호흡에 대하여》등이다. 특히《꿈을 통한 예언에 대하여》는 관찰력, 양식(良識), 과학적 정신이 낳은 걸작이라고 할 수 있다. 또《동물들의 보행에 대하여》에서 아리스토텔레스는 사지동물의 운동 기제를 아주 놀라운 통찰력으로 연구하고 있어 특기할 만하다. 그는 사지동물의 정상적인 보행은 '대각선적'으로 진행된다고 주장하면서 매우 정확한 이유를 제시한다.

이처럼 각각의 소고에서 저자는 인간에서부터 갑각류, 연체동물에 이르기까지 동물 세계 전체를 제대로 파악하고 있는 것으로 보인다. 몇몇 연구는 짧은 기간에 이루어졌음에도 불구하고 전혀 제멋대로이거나 임의적이지 않다. 아리스토텔레스는 항상 사실에서 출발하여 관찰하고 수집한 사실들을 비교하였으며, 이런 반복적인 과정을 통해서 이해하려고 노력했다.

  분명히 그의 의도였을 테지만, 어쩐지 뜻밖이다 싶은 소고가 생물학적 저술의 서두를 차지하고 있다. 바로《영혼에 대하여》다. 이 소고는 생물학적 논문임에 틀림없으며, 이를테면 동물에 관한 모든 연구의 서론에 해당한다. 여기에서 영혼이라고 하는 용어는 현대인들이 통상적으로 덧붙이는 유심론적인 의미와는 무관하게 사용된다. 아리스토텔레스는 영혼이라는 이름으로 인간의 영혼만을 배타적으로 다루는 철학자들을 대놓고 비판한다. 그에게 영혼이란 모든 동물의 생명의 원칙이다.《영혼에 대하여》는 '생명과 생명의 본질적 기능, 생명의 원칙에 대하여' 라는 제목으로 소개되어도 무방할 것이다. 아리스토텔레스는 여러 동물 각각을 연구했다기보다 인간을 포함하는 동물 일반을 모든 각도에서 조명했다고 평하는 사람들도 적지 않다. 요컨대 그는 동물 연구를 통해 궁극적으로 살아 있는 생명체를 연구했다고 말할 수 있다.

  영혼에 대한 이 같은 개념은 즉각적으로 형이상학적인 입장을 함축한다고는 보기 어렵다. 왜냐하면 유물론적인 철학은 물론 유심론적인 철학과도 동시에 양립 가능하기 때문이다. 생물학자가 영혼을 연구한다고 말한다면, 그것은 생명체의 조직과 활동을 연구한다, 생명의 독창성을 인정한다는 말과 다르지 않다.

  아리스토텔레스는 동물들을 연구하면서 큰 즐거움을 맛보았다. 그는 자신이 그 같은 연구에 열광하는 데에는 중요한 이유가 있다고 말한다. "솔직히 말해서, 이들 중의 일부는 기분이 좋아지는 모양새를 지니고 있다고 하기는 어렵다. 하지만 그러한 것들 안에 깃들어 있는 자연의 의도를 알아가는 일은, 원인을 파악할 수 있는 자들, 곧 뛰어

난 학자들에게는 형언할 수 없는 기쁨을 제공한다……. 자연의 모든 부분에는 경이로움이 깃들어 있다. 헤라클레이토스는 부엌의 아궁이 불을 쬐고 있는 그를 보고 들어가기를 망설이는 이방인 방문객들에게 다음과 같이 말했다고 하지 않던가. '들어들 오게, 부엌에도 신들이 계시다네.' 그러니 우리도 그와 마찬가지로 주저하지 말고 동물 각각의 종(種) 속으로 들어가 보자. 그것들 하나마다 자연과 아름다움이 깃들어 있다. 자연이 빚어놓은 작품을 지배하는 것은 우연이 아니라 합목적성이며, 그것도 아주 고도의 합목적성이다. 그런데 생명체의 형성이나 번식을 주관하는 합목적성이야말로 아름다움을 만들어내는 원천이다.

누군가가 인간이 아닌 다른 동물들에 대한 연구에 경멸을 표한다면, 그자는 자기 자신까지도 경멸해야 마땅하다. 왜냐하면 상당한 혐오감을 맛보게 될 것을 무릅쓰지 않고서는 혈액, 살, 뼈, 혈관을 비롯하여 인간이라는 부류를 구성하는 요소들을 제대로 파악할 수 없기 때문이다."

아리스토텔레스가 사용한 '합목적성'이라는 말이 무엇을 의미하는지 새삼 짚고 넘어갈 필요가 있을까? 그는 각각의 존재, 각각의 기관은 하나의 목적을 위해, 특별한 운명을 위해 자연에 의해서 만들어졌다고 생각했으며, 이것이 바로 그가 말하는 합목적성이다. 자연은 그에 따르면 나름의 계획을 가지고 있다. 생명체들이 타고난 이 운명, 궁극적인 존재 이유들을 발견하는 것은 말하자면 매 순간 이 세계가 지닌 아름다움을 재발견하는 것이다. 그렇기 때문에 아리스토텔레스는 매 순간 기쁨의 절정을 맛볼 수 있었다.

철학자, 아니 석학이라는 표현이 더 어울리는 아리스토텔레스는 하지만 궁극적인 원인이라는 설명을 남용하는 태도는 자제했다. 합목적성이라는 말로 손쉽게 설명하기를 거부하는 경우도 있었으며, 이럴 때에는 기계적인 인과관계로 대체했다. "밀이 잘 성장하라고 제우스 신이 비를 내리는 것이 아니라, 필요에 의해서 그렇게 된다. 수증기가 하늘로 올라가면 필연적으로 차갑게 식게 되며, 일단 차가워진 수증기는 물로 변해 떨어질 수밖에 없다." 데모크리토스라고 해도 이보다 더 명확하게 설명하지는 못했을 것이다.

동물과 인간 본성에 대한 열렬한 호기심

앞에서도 지적했듯이, 자연 속에 사는 생명체에 대한 이처럼 무모하다고 할 정도의 열정, 동물과 인간의 본성에 대한 거의 우정에 가까운 열렬한 호기심으로 충만한 아리스토텔레스는 스스로에게 거대한 실증적 임무를 부과했다. 다름 아닌 자연 속에 존재하는 모든 생명체들을 빠짐없이 조사하고 이들을 통해서 자연 속에 내재하는 합목적성을 찾아내며, 이들을 인간을 향한 줄기찬 상승의 움직임으로 분류하려는 계획을 품은 것이다.

이 원대한 계획을 헛발질 없이, 바꿔 말해서 그가 자연의 행위에 대해 내리는 철학적 해석을 벗어나서 실천에 옮기기란 사실상 불가능했다. 자연의 행위란 아무리 아름다움으로 충만해 있다고 하더라도 실상 상상적인 것에 불과하기 때문이다(하지만 우리 시대에도 목적론을 주장하는 학자들이 존재하며, 적어도 연구의 한 방법으로서의 목적론의 효용성마저 완전히 부정하기란 불가능하다는 점만큼은 지적해둘 필요가 있다). 그렇지만 나는 지금 이 시점에서는 그 같은 문제는 잠깐 제쳐두고 사실 관

계에서 드러나는 오류만 지적할까 한다. 현대의 저자들이 어깨를 으쓱대면서 찾아내는 오류란 늘 같은 것들이다. 열 가지 남짓한 오류들이라…… 수천 가지 항목 중에서 고작 열 개 남짓한 오류라니, 그것도 아리스토텔레스가 당시엔 전혀 알려지지 않은 방대한 처녀지인 생물계, 쥘 베른(1828~1905, 프랑스의 과학소설가. SF의 아버지로 불린다 ─옮긴이)에 의해서 마침내 넘어서게 된 세계보다 훨씬 광대하고 훨씬 접근하기 어려운 세계를 다루면서 불과 열 개 정도의 실수만 남겼다니 이 얼마나 놀라운 성과인가!

가령, 그는 여자는 남자보다 치아가 적다거나, 일곱 쌍의 갈비뼈를 가진 리구리아인을 제외한 나머지 인간들은 모두 여덟 쌍의 갈비뼈를 가졌다고 주장했다. 그런데 그는 갈비뼈가 아닌 것들을 갈비뼈로 잘못 알았는지 혹은 흉골에 한 덩어리처럼 붙어 있는 뼈들을 하나로 세었는지 여러 개로 세었는지는 명시하지 않았다.

또 다른 오류들도 있다. 그는 인간의 두개골을 구성하는 뼈들을 제대로 알지 못했고, 그것들의 접합부 또한 올바르게 알지 못했다. 그는 남자의 두개골엔 세 개의 접합부가 있고, 여자에게는 원형의 접합부 한 개밖에 없다고 생각했다. 동맥은 공기로 가득 차 있으며 뇌는 차갑다고 믿었다. 또 인간에게는 폐가 하나뿐이라고 믿었다. 게다가 신경 계통에 대해서는 거의 무지했다. 요컨대 그는 인간에 대해서보다는 동물에 대해서 훨씬 박식했다. 그럴 수밖에 없는 것이, 아리스토텔레스는 약 50종의 동물을 직접 해부한 것과는 대조적으로 인간의 몸은 단 한 번도 해부해본 적이 없었다. 몇몇 태아만이 예외였다 (예를 들어 두더지의 경우, 아리스토텔레스는 눈 주위를 감싸고 있는 두꺼운 표피층을 벗겨냄으로써 동공, 홍채, 흰자위, 눈과 뇌를 이어주는 관 등 눈을 구성하는 중요

나일 강가의 악어. 앙리에트 그랭다 사진.

황새. 앙리에트 그랭다 사진.

요소들을 차근차근 찾아냈다).

어쨌거나 위에 열거한 내용들은 어처구니없는 오류임에 틀림없다. 박물학자 아리스토텔레스가 무척 성급했음을 알려주는 대목이기도 하다. 더 많은 관찰을 통해서 확인과 검증 과정을 거쳤어야 했음에도 불구하고 때때로 그다지 신빙성 없는 출처, 현재의 우리로서는 다시 찾을 길이 없는 자료에 의존한 결과였다. 그런가 하면 아리스토텔레스는 여러 권의 책을 저술해나가면서 먼저 썼던 내용을 스스로 수정하는 경우도 적지 않았다. 한 예로, 《동물에 관한 연구》에서 악어는 혀가 없다는 헤로도토스의 말을 검증 없이 그대로 인용했던 그가 《동물의 부분에 관하여》에서 이 문제를 다시 언급하면서, 이모저모를 다 따져보았을 때 악어에게는 혀가 있다고 선언하는데, 이 과정에서 그는 헤로도토스의 또 다른 오류를 근거로 삼아 어떻게 그런 실수를 할 수 있는지 어이가 없다고 설명한다.

이보다 훨씬 더 진지한 수정(受精)의 예를 보자. 난생인 어류의 수정에 관한 예다. 아리스토텔레스는 《동물에 관한 연구》에서 이 문제에 대해 희한한 주장을 폈다. 그의 주장이라고 했지만 사실 당시 만장일치로 통용되던 의견을 그대로 답습한 것에 불과했다.

"난생 어류들이 짝짓기하는 방식을 관찰하기란 솔직히 매우 어려운 일이다. 그 때문에 여러 사람들이 수컷이 방사하는 액체(이리, 어백)를 암컷이 삼킴으로써 수정이 이루어진다고 믿는다. 우리가 자주 접하게 되는 한 가지 사실을 받아들이는 것이 좋을 듯하다. 즉 짝짓기 순간이 되면 암컷이 수컷의 뒤를 따르면서 수컷의 몸에서 나오는 액체를 삼키는데, 이때 암컷은 주둥이로 수컷의 배를 툭툭 쳐댐으로써 액체가 더 많이, 더 빨리 나오도록 한다. 그런데 산란이 끝나고 나

면 이번에는 수컷이 암컷을 따라가면서 암컷이 내보내는 알을 삼킨다. 따라서 수컷이 삼키지 않은 알에서만 물고기가 태어난다.

이런 까닭에 페니키아 연안에서는 수컷과 암컷이 번갈아가면서 서로 볼일을 볼 수 있도록 해주자는 의견이 대두되었다. 그 결과 암컷 숭어들을 수컷 숭어들에게 '소개해주게' 되었다. 암수 물고기들은 한 군데로 모여들었으며, 이때 어부들이 녀석들을 가두었다.

물고기 수정에 관해서 여러 차례에 걸쳐서 반복된 이 같은 관찰로부터 내가 소개한 체계가 수립되었다. 그런데 이건 물고기에게만 특별히 적용되는 것이 아니다. 네발짐승의 암컷, 수컷들도 발정기가 되면 액체 비슷한 것이 몸에서 분비되고, 그러면 녀석들이 서로의 생식기에 코를 들이대고 냄새를 맡는다.

이보다 더한 것도 있다. 자고새는 번식을 위해서 바람 속에서 꿋꿋하게 버틴다. 암컷이 임신을 할 수 있는 시기에 수컷의 울음소리를 듣거나 수컷이 암컷 위를 스치고 날아갈 때 암컷이 수컷에게서 나는 냄새를 맡는 것만으로도 충분하다. 자고새들은 암수 구별 없이 짝짓기가 계속되는 동안 부리를 벌리고 혀를 부리 밖으로 내놓는다(이 대목은 현대에 와서 첨가된 것으로 보인다. 왜냐하면 뒤에 이어지는 대목과의 관계를 볼 때, 작가의 사고 흐름이 단절되고 있기 때문이다. 1783년에 나온 카뮈의 번역본을 사용했다)".

그런데 그 후에 나온 저작, 즉《동물의 생성에 관하여》를 볼 것 같으면 아리스토텔레스의 관점이 현저하게 바뀌었음을 알 수 있다. 이전 책에서 소개한 대목에 대해서 그는 "너무 순진하고 오래도록 답습되어온" 관점으로 "사실에 대해 지나치게 경박하고 피상적인 성찰 태도"(아리스토텔레스의 표현을 그대로 옮겼다)를 보인다고 매섭게 비판한다. 자신이 예전에 했던 관찰을 예리하게 비판하면서, 어류의 번식은 짝짓기가 너무 짧은 시간 동안에 끝나버리기 때문에 제대로 파악하기 어려워, 어부들조차도 잘못 알고 있는 경우가 많다, 그 때문에 동화 속에서나 일어날 법한 일들이 사실인 양 전해져 내려왔다, 어부들은 "앎을 향한 진정한 욕구"에서 관찰을 하는 것이 아니다, 그렇기 때문에 "부정확하고 어처구니없는 주장들이 난무하는 것이다"라고 아리스토텔레스는 부언설명한다.

또 다른 대목을 보면, 대중적인 여론에 편승하여 하이에나와 오소리가 자웅동체라고 말하기도 한다. 또 까마귀, 어치, 비둘기 등은 부리로 번식하는가 하면, 족제비는 입으로 짝짓기를 하고 그 입으로 새끼를 낳는다고 설명한다! 그것만으로도 모자라서 아리스토텔레스는 일이 진행되는 과정을 상세하게 기술한다. "실제로 우리 주위에서 일어나는 일을 주의 깊게 관찰하기만 한다면 어려움은 사라진다"고도 덧붙인다.

이 같은 사례들을 볼 때 헤로도토스도 마찬가지였지만, 아리스토텔레스 역시 구경거리가 될 만한 것이라면 눈을 질끈 감았음을 알 수 있다. 하지만 그런 경우는 극히 소수에 불과할 뿐이고, 그는 어디까지나 정확한 사실만을 전하는 즐거움을 훨씬 더 선호했다.

게다가 아리스토텔레스가 저지른 실수의 대부분은 그의 마음속을 가득 채우고 있는 과도한 지적 욕구 때문이었다. 그는 과학이란 마라톤이며 인내심과 신중함을 요한다는 사실을 아직 모르고 있었다. 이 같은 격렬함은 그에게 도움이 되는 동시에 해가 되었다. 그 같은 지적 격렬함이 없었다면 과학은 태어나기도 전에 죽어버렸을 것이다. 그 같은 격렬함 덕분에 그는 본의 아니게 실수를 저지르기도 했지만

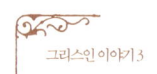

신속하게 진리를 터득할 수도 있었다.

때때로 그가 저지른 실수의 원인이 당시 통용되던 학문(또는 무지)에서 비롯된 선입견일 경우도 있었다. 조금만 더 치밀하게 관찰했더라면 그 정도의 선입견쯤은 얼마든지 반박할 수도 있었을 터였다. 동맥(특히 대동맥) 속에 공기가 잔뜩 들어 있다는 주장만 하더라도 그렇다. 이 같은 주장은 딱히 누구랄 것도 없이 그리스 의학계 전반, 일반 대중 사이에서 통용되었으며, 용어로 보더라도 기관(氣管)은 여러 동맥들 중에서 가장 중요한 동맥이었다. 동맥 부위에 상처가 나면 피가 솟구친다는 명백한 사실을 보면서도, 이 선입견은 좀처럼 사라지지 않았다. 이처럼 명백한 사실(사실상 당사자들을 매우 곤혹스럽게 만들었다)을 애써 부인하기 위해서, 당시 의학계에서는 정맥과 동맥 사이를 이어주는 통로 같은 것이 있으리라고 상상했으며, 공기에 의해서 압축되지 않은 혈액은 (자연은 공백을 끔찍하게도 싫어한다는 이론에 따라) 정맥에서 동맥으로 이동한다고 믿었다. 이처럼 광범위하게 확산되어 있는 오류는 위대한 정신의 소유자들에게조차도 막강한 압력을 행사했던 것이다!

아리스토텔레스가 저지른 오류가 우리를 놀라게 하는 건 사실이지만, 그래도 그는 실수보다 훨씬 많은 새로운 지식과 발견을 가져왔으며, 이를 인류 전체로 확산시켰음을 잊지 말아야 할 것이다.

뛰어난 관찰과 해부학적 묘사

아리스토텔레스의 관찰이 지니는 막강한 위력과 다양함, 그리고 정확함에 대해서는 우리 시대의 학자들도 놀라움을 금치 못한다. 이국적인 동물들에 관해서 호기심을 보였던 아리스토텔레스는 자신이 가까이에서 관찰할 수 있는 친근한 동물들에게도 그에 못지않은 관심을 쏟았다. 가령 여러 개로 이루어진 반추동물의 위와 그 주변에 달린 주머니들을 하나도 빼놓지 않고 상세하게 묘사한 그의 기술은 찬탄을 자아낸다. 그는 또한 동물들의 혈액 순환기관, 그러니까 심장과 혈관을 탐색했으며, 대정맥과 동맥을 구분했다. 그는 호흡기관, 즉 폐와 기관지에 대해서도 정확하게 파악했다. 이 같은 기관들은 상대적으로 대단히 상세한 방식으로 취급되고 있는데, 이는 저자가 이 기관들에 대한 정보를 남에게 의존하지 않고 직접 수집했다는 증거로도 볼 수 있다. 아리스토텔레스는 특히 암수 구분할 것 없이 생식기의 구조를 주의 깊게 살폈다. 이 분야에서 그의 관찰은 힙포크라테스 학파의 묘사와 더불어 가히 독보적이며, 이는 생물학 분야에서 그의 마지막 저술인《동물의 생성에 관하여》에서 확인할 수 있다.

아리스토텔레스는 태아의 발달 과정에도 높은 관심을 보였다. 그는 매일 달걀 속에서 병아리가 되어가는 과정을 관찰했다. 나흘째가 되면 흰자에 붉은 점이 생기고, 그 점이 심장처럼 뛰기 시작한다는 사실도 알아냈다. 아닌 게 아니라 이는 태어날 병아리의 심장이 맞다. 병아리의 부화에 관해 그가 쓴 대목을 보자.

"닭들의 경우, 사흘 낮 사흘 밤이 지나면 처음으로 병아리의 윤곽이 나타나기 시작한다……. 이 시기에 노른자위가 알의 뾰족한 부분, 즉 알의 핵이 자리 잡고 있으며 부화가 이루어지는 곳으로 올라오면서 형성된다. 심장은 흰자위 속에 들어 있으며, 그 크기는 혈액 한 방울 정도만 하다. 이 붉은 점은 살아 있는 것처럼 팔딱거리며 움직이고, 그 점으로부터 나선 모양으로 생긴 두 가닥의 혈관이 생겨나

와 각각 …… 붉은 점을 감싸고 있는 두 개의 막을 향해 점점 뻗어나간다……. 혈관들이 지나가는 하나의 막이 이 무렵에 노른자위를 에워싸면 핵은 이제 혈관 그물로 둘러싸이게 된다. 그로부터 얼마 지나지 않아 병아리의 몸체가 차츰 형성된다. 처음엔 아주 작고 하얗다. 머리의 형태가 또렷하게 드러나며, 머리 안쪽에서 툭 튀어나온 두 눈이 드러난다. 그런 상태로 어느 정도 시간이 지나면 튀어나왔던 두 눈이 차츰 줄어들면서 내려앉는다. 몸체로 말하면, 하체는 상체에 비해서 처음엔 아주 미미한 정도로만 드러난다. 심장으로부터 시작된 두 개의 혈관 가운데 하나는 주변 막 쪽으로 향하고, 나머지 하나는 노른자위 쪽으로 향한다. 이것들이 말하자면 탯줄의 역할을 수행하는 셈이다. 태아의 핵은 흰자위를 잠식해 들어가면서 차츰 형성되며, 탯줄을 매개로 노른자위는 양분으로 공급된다…….

　스무 날쯤 되었을 때, 달걀 껍데기를 열어 건드려보면 병아리가 삐약거리며 내부에서 움직이기 시작한다. 그때쯤이면 이미 몸이 털로 덮여 있다. 스무 날이 지나면 병아리는 껍데기를 깨기 시작한다. 옆구리 근처, 오른쪽 허벅지 쪽으로 향한 머리를 날개가 감싸고 있다……. 점점 크기가 줄어든 노른자위는 마침내 탯줄로부터 분리되어 태아의 내부로 흡수되며, 따라서 시야에서 완전히 사라진다(그러므로 부화한 지 열흘쯤 후에 병아리를 해부해보면 병아리의 내장에 노른자위가 여전히 남아 있는 광경을 목격할 수 있다). 이 시기 동안 병아리는 잠을 자고 깨어나면 몸을 움직여가며 주변을 살피고 재재거리는 소리를 낸다. 심장은 호흡할 때처럼 배꼽 구멍과 동시에 팔딱거린다.” (트리코의 1957년판 번역)

인간에게로 귀착되는 동물론

어부의 기질을 지닌 민족에게서 태어난 아리스토텔레스는 어류와 연체동물 연구에 남다른 관심을 보였다. 이는 아마도 레스보스 섬에서 체류하는 동안 어부들이 가져다준 동물들을 해부하거나 살아 있는 상태에서 관찰하던 습관 덕분이었을 것이다.

대표적인 두 가지 예를 보자. 이 예들을 보면 당시에는 허황되다거나 틀렸다는 평가를 받았던 스타게이라 출신 아리스토텔레스의 몇몇 주장들이 여러 세기가 지난 다음 완전히 옳았음을 알 수 있다. 아리스토텔레스는 상어류에서는 암컷이 자기 몸속에 알을 낳으며, 이 알들은 모태 속에 들어 있는 일종의 태반에 연결되어 있는 것 같다고 주장했다. 후세의 박물학자들은 독일 출신의 위대한 생리학자 요하네스 뮐러가 19세기 중반에 아리스토텔레스의 분석이 옳았음을 선언하기 전까지는 하나같이 이 황당한 '발명'을 대놓고 비아냥거렸다. 또 아켈로오스 강에 서식하는 물고기인 메기에 대해서 아리스토텔레스는 암컷이 수초나 다른 장애물들로 둘러싸인 곳에 알을 낳으면 수컷은 알 주변을 맴돌며 감시하면서 다른 물고기들이 얼씬거리지 못하게 한다고 말했다. 수컷의 감시는 40일에서 50일 정도 지속되며, 이때가 되면 알에서 깨어난 새끼들이 스스로를 방어하면서 먹이를 찾아 먹을 수 있을 만큼 성장한다. 그런데 사람들은 이 대목에서 아리스토텔레스의 바보 같은 순진함이 드러난다며 조롱을 했다. 하지만 아리스토텔레스를 탐독했던 스위스 출신 석학 루이 아가시가 아메리카 대륙의 강에서 아켈로오스 강의 메기와 같은 종류의 어류가 알을 지키기 위해 보초를 선다는 사실을 발견했다. 아리스토텔레스의 말이 사실이었음이 입증된 것이다. 아가시의 저술은 처음엔 주

목을 받지 못했기 때문에, 1906년에 와서야 비로소 아리스토텔레스의 억울함이 해소될 수 있었다. 덕분에 나중에 이 물고기의 학명은 파라실루루스 아리스토텔리스(*Parasilurus Aristotelis*)가 되었다.*

아리스토텔레스는 두족류(頭足類)의 짝짓기에서 아주 놀라운 특징을 발견했는데, 이 발견은 19세기에 와서야 재발견되었다. 또한 메기들이 둥지를 마련한다는 그의 관찰이 정확했음도 역시 19세기에 와서야 공식적으로 인정받았다.

아리스토텔레스는 몇몇 연체동물의 특성 또한 감탄할 정도로 정확하게 묘사했다. 가령 문어, 오징어, 꼴뚜기의 차이점과 공통점을 설득력 있게 제시했다. 풍성한 세부 묘사를 통해 소개된 이 연체동물들의 일반적인 신체 조직은 거의 공통적이라고 할 수 있다. 주머니, 외투막, 작은 지느러미 등의 특수한 부위들이 존재하고, 배와 발 사이에 머리가 위치하는 점, 발에 빨판이 붙어 있어 흡착판이 붙은 손의 역할을 한다는 점, 소화기관이 V자 형태로 굽어 있다는 점(그렇기 때문에 항문이 입에 근접한다!), 일종의 먹물을 뿜어서 주변의 물을 흐리게 함으로써 위험에 처했을 때 스스로를 방어한다는 점(얼마나 놀라운 합목적성인가!) 등이 대표적인 공통점이다. 먹물은 오징어가 가장 선호하는 무기인 반면, 문어는 피부색을 바꿀 수 있는 특징을 지니고 있다.

연체동물들에 비해서는 상당히 진화했으며, 아주 흥미로운 특징들을 지닌 원숭이에 관해서도 아리스토텔레스는 상세하게 기술한다. 말하자면 동물이라는 가족 테두리 안에서 가장 가까운 친척이라고 할 수 있는 인간을 참고로 하여 원숭이의 초상화를 그리고 있는데,

* 이 이야기는 다큐멘터리 영화로도 제작되었다. 덕분에 로잔 시민들은 알을 지키기 위해 감시하는 메기의 모습을 생생하게 볼 수 있었다.

이 초상화에는 인간과 원숭이의 차이점과 비슷한 점이 균형 있게 잘 표현되어 있다.

"원숭이의 얼굴은 인간의 얼굴과 상당히 닮았다. 콧구멍과 귀는 거의 똑같고, 이빨 또한 인간의 치아와 비슷해서, 앞니와 어금니를 갖추고 있다. 뿐만 아니라 다른 네발짐승들은 눈썹이 없거나 눈꺼풀이 없는 데 비해서 원숭이는 두 가지를 모두 갖추고 있긴 하되, 눈꺼풀 (특히 아랫부분)은 아주 얇고 눈썹은 아주 짧다. 다시 한 번 말하지만 다른 네발짐승들에게는 이런 것들이 아예 없다……. 원숭이는 인간처럼 두 팔을 가지고 있는데, 원숭이의 팔은 인간의 팔에 비해서 짧고 털이 많다. 원숭이는 인간처럼 팔과 다리를 구부릴 수 있으며, 원숭이 사지 관절의 만곡부는 서로를 마주 보고 있다. 이 외에도 원숭이는 인간처럼 손과 손가락, 손톱을 가지고 있다. 다만 이 모든 부분들이 인간의 것들보다 짐승에 좀 더 가깝다는 점이 다를 뿐이다. 발은 형태가 매우 특이해서, 커다란 손과 비슷하다. 발가락은 손가락과 비슷하며 가운뎃발가락이 가장 길다. 발바닥도 손바닥과 닮았는데, 손바닥보다 길다는 차이만 있다. 발바닥 끝은 굳은살 같은 경결(硬結)로 되어 있는데, 이는 미흡하게나마 인간 발뒤꿈치의 모방품이라고 할 수 있다."

아리스토텔레스는 원숭이에게 직립 자세가 어려운 이유도 제시한다. "원숭이의 상체가 모든 사지동물들이 그러하듯이 하체에 비해서 너무 크기 때문이다……. 이러한 사정에다, 손과 비슷하게 생긴 발이 일종의 손발 복합체를 형성하고 있기 때문에…… 원숭이는 일반적으로 직립으로 서 있는 자세보다 네 발로 땅을 딛는 자세를 취한다."

여기서 끝나는 것이 아니다. 박물학자 아리스토텔레스는 동물에

관해서라면 자연만큼이나 무궁무진해 보인다. 그의 동물론은 인간에게로 귀착하며, 인간과의 대비 속에서 마무리된다.

인간은 모든 동물들 중에서 지능이라고 하는 신성한 특권을 타고났다. 하지만 이 점에 관해서 인간과 동물의 경계는 생각보다 명쾌하지 않다. 일부 동물들에게서는 아리스토텔레스가 인간 심리, 특히 지능적인 행위의 '흔적' 또는 '모방'이라고 부르는 것이 발견되기 때문이다. 요컨대 아리스토텔레스는 지능(지능은 신적인 속성을 지닌다)을 포함하여 인간이라고 하는 총체적인 현상을 동물이라는 맥락 속에 위치시키고자 한다. 그렇게 함으로써 동물이라고 하는 가족의 단일성, 생물학의 단일성은 훼손되지 않는다.

오직 인간만이 온전하게 지능을 보유하고 있다. 모든 동물들 중에서 오직 인간만이 직립 자세를 유지한다. 박물학자 아리스토텔레스는 이 두 가지 사실을 하나로 연결해주는 고리를 찾아낸다. "인간은 직립 자세를 유지할 수 있는 유일한 동물인데, 그것은 인간의 본성과 본질이 신성하기 때문이다. 뛰어나게 신성한 존재(즉 인간)의 기능은 사고와 지혜라고 할 수 있다. 이 기능은 인간의 하체가 무거웠더라면 수행하기 어려웠을 것이다. 왜냐하면 무게는 합리적인 사고와 상식의 유연성을 방해하기 때문이다. 무게와 육체적인 요소가 승승장구하면 몸은 어쩔 수 없이 지면을 향하게 된다. 결과적으로 자연은 네발짐승들에게 팔과 손을 주는 대신 몸 아래쪽에 몸을 받치기 위한 앞다리를 주었다……. 이렇게 해서 영혼(생명의 활력)이 몸의 무게를 받칠 수 없었던 동물들은 네 개의 발을 가지게 되었다."

직립 자세는 그러므로 사고를 위한 조건이라는 의미도 함축한다. 동물들은 "영원토록 엎드려 있어야 할 운명"이다!

위에서 보았듯이, 아리스토텔레스는 지능을 생명의 일반적인 조건으로 간주했다. 지능을 생명체들의 신체적인 구조와 연결시켰다는 말이다. J.–M. 르블롱*은 아리스토텔레스가 동물은 지면에서 멀어지느냐 가까워지느냐에 따라 지능의 습득에서 가까워지느냐 멀어지느냐가 결정됨을 보여주었다고 평했다. 다시 말해서 지능이 낮을수록 지면 가까이를 기어 다니며, 그보다 조금 지능이 높아지면 지면에 네 발을 딛고 다니고, 그보다 더 지능이 높아지면 두 발만이 지면과 접촉한다는 것이다. 《동물의 부분에 관하여》에서는 지능의 실추로 인하여 지면 가까이로 내려앉은 삶, 다시 말해서 두 발 동물에서 사지 동물로, 거기에서 다시 다족류로, 급기야는 다리가 없는 무족류에서 아예 인간의 계급을 부정하는 부류, 그러니까 아리스토텔레스의 표현에 따르면, 동물이 동물만의 감수성을 상실하고 '식물이 되는' 단계로의 이행이 기술되어 있다. 식물이라고 하면 영양을 공급하는 기관인 뿌리가 직립 자세일 때와는 정반대되는 아래쪽에 위치하고 있다. 다시 말해서 식물은 '머리'가 땅속에 들어가 있으므로, 감수성을 상실함은 물론 지능도 완전히 소멸해버린다.

이런 식의 논지 전개는 다음과 같이 마무리된다.

"이 방향으로 계속하다 보면, 생명체들은 아래쪽에 생명의 동력을 보유하게 되며, 머리가 위치한 부분은 움직이지도 않고 무감각해진다. 이렇게 되면 생명체들은 상체가 아래쪽에 위치하고 하체가 위쪽에 위치한 형국이 되어버린다. 결국 식물들에게 뿌리는 입과 머리 역할을 하는 반면, 종자는 그 반대편에 놓이게 된다. 다시 말해서 식물

---

*《아리스토텔레스, 생명의 철학자》, 40쪽.

의 종자는 새로 돋아난 순의 가장 끝 쪽에 맺힌다.

　우리는 어째서 어떤 동물들은 발이 두 개이며, 어떤 동물들은 그보다 많은 수의 발을 가지고 있는가 하면, 아예 발이 없는 동물들도 있는지, 그 이유를 살펴보았으며, 어째서 어떤 것들은 식물이 되고 어떤 것들은 동물이 되는지, 또 인간만이 유일하게 직립 자세를 유지할 수 있는지 살펴보았다."

　아리스토텔레스는 이처럼 인간에 관한 그의 연구에서 손, 지능, 인간의 삶 사이에 연관 관계가 있음을 지적한다. 그의 주장을 들어보자.

　"인간은 제대로 형성되었다고 할 수 없으며, 가장 혜택을 받지 못한(신발도 없이 맨발인 데다 적을 상대로 싸울 때 사용할 수 있는 무기가 될 만한 신체적 특성도 없기 때문이다) 동물이라고 말하는 사람들이 있는데, 이것은 잘못된 생각이다. 왜냐하면 다른 동물들은 스스로를 방어할 수 있는 단 한 가지 수단을 가지고 있을 뿐이며, 이들이 이 수단을 다른 수단으로 바꾸는 것은 불가능하다. 이 동물들은 잠을 잘 때는 물론 다른 일들을 해야 할 때도 신발을 벗지 못한다. 요컨대 이 동물들은 자신들의 신체 주변에 구비되어 있는 방어 수단을 평생 단 한 번도 떼어놓을 수 없으며, 태어날 때부터 부여받은 그 수단을 다른 것으로 바꿀 수도 없다. 그와 반대로 인간은 수많은 방어 수단을 보유하고 있으며, 마음 내키는 대로 얼마든지 이를 바꿀 수 있는 것은 물론 원하는 무기를 원하는 때에 만들 수도 있다. 인간의 손은 발톱이 되기도 하고 뿔이 되기도 하며 창이나 검, 그 외에 많은 다른 무기나 연장이 될 수 있다. 인간의 손은 모든 것을 움켜쥘 수 있고, 오래도록 그 상태를 유지할 수 있으므로, 이 모든 것이 될 수 있다는 말이다."

이집트의 새. 앙리에트 그랑다 사진.

수집하고 비교하는 자연의 관찰자

앞에서도 말했지만, 아리스토텔레스는 수천 가지 사실들을 수집했다. 그는 생명체에 대해 남다른 호기심을 가지고 있었으며, 이상한 것뿐만 아니라 지극히 일상적인 것에도 매혹되어 관찰하는 사람이었다. 하지만 그는 뭐니 뭐니 해도 뛰어난 학자였다. 다시 말해서 많은 사실들을 수집하는 것으로 만족하지 않고, 수집한 사실들을 비교하고 법칙을 발견하며, 자연에 대해서 성찰했다.

아리스토텔레스의 생물학이 지니는 독창성은 수집된 사실들을 끊임없이 비교한다는 점에서 찾을 수 있다. 이 비교 작업은 유비(類比) 또는 유추라고 하는 명시적인 교리에 토대를 두고 있었다. 아리스토텔레스는 구조의 유사성을 상동(相同)이라고 표현했다. 예를 들어 물고기의 비늘과 새의 깃털은 상동이며, 이것은 또한 네발짐승의 털과 상동이다. 그는 특히 기능의 유사성을 중요시했다. 아리스토텔레스가 생물학에 관해서 쓴 주요 저작들(《동물의 부분에 관하여》,《동물의 생성에 관하여》)은 이를테면 서로 다른 종들에게서 나타나는 같은 기능의 집대성이라고도 할 수 있다. 소화 기능을 예로 들어보자. 아리스토텔레스는 각각의 동물을 소화기관 주변으로 집결시킨 다음 그것들을 가지고 그래프를 작성했다. 동물 중에서 가장 완벽한 동물인 혈관 동물은 입의 맨 윗부분에 식도, 이어서 위, 창자, 그리고 맨 아래쪽 항문으로 이어지는 수직선으로 표현되었다. 그런데 연체동물의 경우 수직선 대신 미완성의 원으로 표현되었으며, 따라서 항문이 입 가까이에 위치한다. 식물들의 경우 역시 수직선으로 표현되지만, 혈관 동물과는 정반대되는 수직선이다.

아리스토텔레스는 동물들의 삶이 보여주는 다양한 형태들 사이에,

식물에서 동물로의 이행과 마찬가지로, 이동의 개념이 적용될 수 있다고 주장했다. "식물에서 동물로 향하는 상승의 움직임을 관찰할 수 있다. 동물의 삶이라고 하는 사다리는 활력과 운동 역량에 따른 점진적인 눈금을 내포하고 있다."

동물들을 활력으로 충만한 생명체라고 한다면, 식물들은 불활성 존재와 동물의 중간쯤에 위치하는 생명체라고 할 수 있다. "우렁쉥이속(屬)은 식물과 거의 다를 바 없다. 그렇지만 우렁쉥이들은 식물의 특성을 고스란히 지니고 있는 해면들보다는 훨씬 활동적이다. 자연은 이처럼 불활성적인 것에서 반드시 동물이 아니더라도 생명을 지닌 것으로 점진적으로 이행한다."

자연은 그러므로 연속성을 지니고 있다. 이 연속성은 부동적이 아니며, 동물의 삶에서 출발하여 인간의 삶으로 옮겨가는 상승(아리스토텔레스의 표현) 움직임이라고 할 수 있다. 아리스토텔레스는 위에서 인용한 대목들로 미루어보건대, 생명이 상승 움직임을 보이는가 하면 때로는 하강 움직임을 보인다고 보았다. "동물이 식물이 되기도 한다"고 기록하고 있으니 말이다.

이 글이나 다른 글들을 읽노라면, 아리스토텔레스에게서 생물 변이론자적인 기질을 발견할 수 있다. 하지만 아리스토텔레스는 노골적으로 생물 불변론자, 다시 말해서 비진화론자였다. 다른 글들을 보면 그 점이 분명하게 드러난다. 그에게 그 자신이 엮어놓은 복잡하게 얽힌 실타래를 풀어보라고 요구하지는 말자. 천재인 그도, 그가 추종하는 불변론에도 불구하고 이따금씩 변이론으로 기우는 경우가 있었음을 인정하는 것으로 만족하자. 이런 관점에 섰을 때 그는 동물을 인간을 창조하려는 자연의 노력이 부분적으로 실패를 거둔 결과, 즉

동물을 인간이 되는 과정에 놓여 있는 존재로 간주했다. 한 번 실패한 자연은 다시 작업을 시작해서 다른 종을 창조해내기를 거듭한다.

생물학적 저술에서 빈번하게 등장하는 문장들을 통해서 아리스토텔레스는 자연을 의인화하며, 이를 지능을 겸비한 우주의 힘으로 간주하는 경향이 있음을 부인할 수 없다. 이 힘은 각각의 종이 가장 조화로운 상태로 형성되도록 관장하며, 종들 간의 조화는 생명 활동 간의 협동 체제를 가능하게 만들고, 이 협업 체제는 지속적인 상승 움직임을 통해 모든 종들을 관류하면서 완벽한 인간을 추구한다.* 특히 "자연은 불필요한 일은 절대 하지 않는다"라는 문장이 끊임없이 반복된다. 이것이야말로 그가 각각의 종이 지닌 이러저러한 기관의 형태를 설명하기 위해서 변함없이 적용하는 원칙이다. 그는 자연에 대해서 "조직하고 제조하며, 창의력이 풍부하다"고 말한다. 자연은 "원하고", 원하는 목표를 향해 "시선을 고정시킨다." 자연은 그러므로 창조하는 힘이라기보다 더 나은 것을 위해 주어진 조건을 가장 효율적으로 "이용하는" 것으로 만족한다고 할 수 있다. 자연은 신이 아니다. 자연은 개개인이라는 존재 안에 깃들어 있는 "활력", 신의 견인에 화답하는 "성장 충동"이다.

최초의 동물 분류 작업

'조직하는 자연'이라는 개념 속에서 드러나는 통합을 위한 노력은 동물들의 분류에서도 강도 높게 감지된다.

---

* 르블롱에 따르면 그렇다는 말이다. 서론, 46쪽.

솔직히 아리스토텔레스의 생물학적 저술에서는 결정적인 분류란 찾아보기 어렵다. 그는 그 같은 분류가 함축하는 난점들을 잘 알고 있었다. 하지만 그가 구상하는 분류는 굵직한 윤곽 속에서 비교적 뚜렷하게 파악되며 세월의 시련 속에서도 성공적으로 살아남을 만큼 견고하다. 아리스토텔레스 이전에는 어느 누구도 생각하지 못했으며, 그 이후로는 린네에 와서야 비로소 새로운 분류 체계가 제시되었다.

아리스토텔레스의 분류에서 가장 광범위한 분류는 우선 혈관 동물과 비혈관 동물의 분류로서, 이는 오늘날의 척추동물과 무척추동물의 분류에 해당한다.

아리스토텔레스는 척추혈관 동물의 무리들을 다시 태생 사지동물, 난생 동물, 조류, 어류, 이렇게 네 가지로 구분했다. 그런데 이 과정에서 그는 물고기 아닌 물고기라는 희한한 종류의 동물들과 만나게 된다. 고래와 돌고래는 어찌해야 하는가? 고래와 돌고래는 물에 살면서 물고기들처럼 헤엄을 치고, 생김새도 물고기들과 다를 바 없다. 하지만 아가미가 없다! 이 녀석들에게는 비공(鼻孔)이라고 하는 특별한 기관이 있는데, 이 비공은 호흡 기능과 관련된 것으로 보이기 때문에 아리스토텔레스의 비상한 관심을 끌었다. 그는 저술에서 비공에 대해 여러 차례 언급했으며, 마침내 어떤 기능을 가진 기관인지 밝혀낸다. 게다가 이 수중동물들은 물고기처럼 알을 낳지도 않는다. 포유동물처럼 새끼를 낳고, 젖을 먹여 새끼를 기른다. 따라서 당연히 젖꼭지를 가지고 있다. 아리스토텔레스는 마침내 결단을 내린다. 이 특이하고 심지어 괴물에 가까운 녀석들을 고래류라고 하는 독립된 부류에 넣기로 한 것이다(세타세, 즉 고래류라고 하는 용어는 '바다 괴물'을 가리키는 오래된 시어다). 아리스토텔레스가 내린 이 결정은 매우 용감

하고 독창적인 결정으로서, 그를 제외한 모든 박물학자들이 16세기까지, 아니 그 이후로도 꽤 오랫동안 고래와 돌고래를 당연히 어류로 간주했다. 린네의 역작이 나온 데 이어 1783년에 출간된 또 하나의 역작(《동물지 주해(註解)》)에서 저자인 M. 카뮈는 이 문제에 대해 누구의 손을 들어주어야 할지 난감해하는 가운데, 혹시라도 고래류를 어류에 포함시키지 않은 아리스토텔레스가 판단 착오를 한 것은 아닌지 전전긍긍한다.

이러한 어려움들 때문에 아리스토텔레스의 분류 작업은 자주 중단되지만, 그는 다행히도 너무 현학적이고 복잡한 전문 용어들을 사용하지 않으면서 그럭저럭 분류에 성공한다. 이번에는 박쥐를 예로 들어보자. 녀석을 어떻게 취급해야 할 것인가? 날아다니니까 새라고 해야 하나? 털이 난 막질 날개를 가진 박쥐들을 놓고, 아리스토텔레스는 갑자기 생각난 듯 녀석들을 사지동물로 분류한다. 그런 다음 얼른 '불완전한'이라는 말을 덧붙인다. 요컨대 박쥐를 조류(이빨을 가진 조류?)로 분류할 것을 거부한 것이다. 박쥐는 사지동물인데, 날아다니는 사지동물이다. 또 물개는 비록 지느러미 역할을 하는 발을 가지고 있긴 하지만, 아리스토텔레스는 주저하지 않고 녀석을 태생 다섯 발 동물로 분류한다.

이렇듯 아리스토텔레스는 지나치게 단순한 분류를 보란 듯이 비웃는 특별한 종류의 동물들을 일일이 살핀다. 거창하고 현학적인 용어도 없이 상식에 입각한 그의 분류는 대체적으로 오늘날의 연구자들이 완성시킨 학문적 분류와 일치한다. 적절한 전문 용어의 도움을 받은 현대의 분류가 물론 훨씬 일목요연하다는 점을 예외로 친다면 말이다. 어쨌든 아리스토텔레스는 최초로 동물의 복잡다단한 삶이 좀 더 고차원적인 수준에서 야기하는 문제들을 제기하고 발전 과정에서 겪게 되는 이러한 문제들을 해결한 학자라고 할 수 있다.

비혈관 동물의 세계, 요즘식으로 말하면 무척추동물의 세계는 너무도 복잡하기 때문에 대번에 완벽한 분류를 꿈꾸는 건 도저히 불가능하다. 아리스토텔레스는 우선 번식 방식에 따른 네 가지 주요 항목을 도입했다. 갑각류, 연체동물, 곤충, 패각류, 이렇게 네 가지다. 앞의 두 가지는 새끼를 낳는다. 곤충들은 탈바꿈을 한다. 패각류(달팽이, 성게 등)의 번식은 정확하게 기술하기 어렵다. 아리스토텔레스는 이들 중의 상당수가 자연발생으로 태어난다고 보았다.

이러한 몇몇 주요 분류 외에 아리스토텔레스는 자신의 분류 체계 속으로 편입되지는 않으면서, 식물에서 동물로 이행한다는 공통적인 특성(생김새며 다른 성질들은 각각 너무도 판이하다고 할지라도)을 지니는 생명체들에 주목했다. 지면에 붙어사는 우렁쉥이, 처음 볼 땐 동물의 구조와 너무도 거리가 있는 해면, 말미잘, 이동은 가능하나 독창적인 신체 구조를 지닌 불가사리 등이 여기에 해당한다. 아리스토텔레스는 현대에 와서 일부 학자들이 옹호하는 몇몇 관점을 당시에 이미 제시함으로써 그가 체계적으로 탐험하지는 못했지만 예감은 할 수 있었던 거대한 세계로의 길을 터주었다. 이 거대한 세계란 다름 아니라 생명이 한곳에 고정되어 있지 않고 움직이는지를 알아보기 위해 탐구 중인 상태에 있는 동물-식물군, 즉 식충류(食蟲類)를 가리킨다.

지금 우리가 시도하고 있는 아리스토텔레스식 분류에 관한 요약은 손발이 오그라들 정도로 과도하게 간단하다는 사실을 굳이 부인하지는 않겠다. 철학자이자 석학인 아리스토텔레스는 매우 유연한 사고방식의 소유자였으며, 대중들을 위한 교양서를 표방하는 이 책에서

수박 겉핥기식으로 소개하기에는 그 업적이 너무도 풍성하다. 그러니 소박하게 현대의 위대한 생물학자가 그에 대해 내린 평가를 소개함으로써 우리의 과도한 단순화가 그에게 가져다줄 수도 있는 불이익을 최소한으로 줄여볼까 한다. "나에게는 린네와 퀴비에가 각각 방법은 다르지만 일종의 신이었다. 그런데 이 두 사람은 옛날 옛적의 아리스토텔레스에 비하면 초등학생에 불과하다." 다른 사람도 아닌 찰스 다윈이 한 말이다.

생명체에 관한 학문의 창시자

지칠 줄 모르는 관찰자로서 그가 보여준 엄청난 노력, 자신이 세운 학교라는 울타리 안에서 이루어진 엄청난 양의 '팀 작업'(팀 작업은 대규모 과학 연구에서는 절대적으로 필요하다), "일반화가 불가능하다면 과학이란 불가능하다"는 원칙에 입각한 방법론적 엄격성과 더불어 아리스토텔레스는 의심할 여지없이 생물학, 즉 '생명체에 관한 학문'의 창시자로 손색이 없다.

그는 이 학문을 고대 세계에 선사한 셈이지만, 그 시대는 이 선물의 진정한 값어치를 알고 이를 계승 발전해나가기에는(비록 오류투성이 긴 하지만 플리니우스[《박물지》를 쓴 로마의 관리, 군인, 학자. 흔히 대플리니우스라고 한다—옮긴이]를 보라) 아직 너무 미숙했다. 결과적으로 아리스토텔레스의 발견을, 이제 막 태동하기 시작하는 수학과 오래전부터 전해 내려오던 천문학과 더불어 고대인들의 과학적 천재성을 보여주는 소중한 징표, 좀 더 정확히 말해서 자연을 이해하고 이를 지배하는, 인간에게 고유한 능력의 징표로 받아들인 것은 그보다 한참 뒤인 현대였다.

그런데 우리는 과연 여기서 '지배한다'는 말을 쓰는 것이 온당한가? 그렇지 않다. 우선 첫째로 아리스토텔레스는 "기발하고 매우 영리한 기계 제조자" 오뒷세우스의 정통 후계자, 순혈 후계자라고 할 수 있다. 그는 오뒷세우스처럼 생명 세계를 구성하는 동물들과 식물들의 다양한 모습을 알고 싶어했으며, 이는 분명 모든 것이 환해서 두려워할 필요라고는 전혀 없는 과학이라는 진열장 속에서 그것들에게 적합한 각자의 위치를 정해주기 위해서였을 것이다. 그러니 아리스토텔레스가 이런 의도를 가지고 있었다면, 이는 전혀 '지배'라고 할 수 없으며, 활용과는 더욱 거리가 멀다. 이는 오로지 이 생명체들을 관조하기, 다시 말해서 이 생명체들이 의존하고 있는 영원한 존재들과의 관계 속에서 이것들을 관조하기 위해서였다고 말해야 할 것이다. 그리고 이는 아리스토텔레스에게 우리가 생각하는 것보다 더 큰 의미를 지닌다.

동물과 식물의 세계는 너무도 정연하게 정리되어 있는 복합성으로 말미암아 알면 알수록 흥미를 더한다. 하지만 아리스토텔레스는 그가 달과 지구 사이의 공간이라고 부른 이 세계에서 생성과 부패가 이루어진다는 사실을 잊지 않았으며, 우리에게 이 사실을 전해주는 것도 잊지 않았다. 이 세계는 완전하지 않으며, 천체의 운동 법칙에 종속되어 있는 세계였다. 그런데 천체란 '신성한 존재'이며 '영원한 존재'로서, 아리스토텔레스는 이 존재들을 관조하는 것이 그 자신이 열정적으로 기술하는 정확한 학문적 연구보다 훨씬 더 인간의 영혼을 기쁨으로 채워준다고 여러 차례 고백한 바 있다.

이렇게 말하는 순간의 아리스토텔레스는 더 이상 학자가 아니라

다시금 철학자의 위치로 돌아갔다고 볼 수 있다. 철학이 인간으로 하여금 영원불멸의 것, 신성한 것을 찾아 나서게 한다는 명목 아래 과학을 무기력할 수밖에 없는 관조, 일종의 보수주의, 과학이 활기차게 숨 쉬며 발전할 수 있는 토양과는 거리가 먼 복지부동으로 이끄는 것을 안타깝게 생각할 수도 있다.

그렇다고 너무 안타까워하지는 말자. 과학적인 사고는 아리스토텔레스가 생물학에서 보기 좋게 출발한 이후 틀림없이 휴지기를 필요로 했을 것이다. 그로부터 몇 세기가 지난 다음에 비로소 새롭게 도약할 기력을 얻었으니 말이다.

땅에 두 발을 딛고 선 철학자

한마디만 덧붙이자. 아리스토텔레스가 쓴 생물학 관련 저술들은 플라톤의 저술처럼 독자들을 흥분시키지 않는다. 아리스토텔레스는 스승처럼 언어의 마술사도, 넓은 의미의 시인도 아니었기 때문이다. 하긴, 그의 글들 중에서 우리가 입수한 것들은 가장 우수한 제자들을 위한 비교 강의 준비용 메모나, 강의 중에 받아 적은 메모들을 토대로 제자들이 편찬한 내용이 고작이다. 그렇다고는 해도, 아리스토텔레스의 문체가 단조로운 건 사실이다. 그의 장점이라면 과장이라고는 없이 간결하고 사물을 최대한 사실적으로 묘사한다는 점일 것이다.

장식적인 요소를 철저하게 배제한 그의 저작은 놀라운 방식으로, 그러니까 세심하게 관찰되고 완벽하게 이해된 현실이 놀라운 것과 같은 방식으로 우리를 단단히 붙잡고 놓아주지 않는다.

아리스토텔레스는 강력한 현실주의자다. 동물의 세계라고 하는 현실은 그의 저작 속에서 다양한 방식으로 진정한 실존감을 드러낸다. 그의 글을 읽는 독자라면 전혀 지루함을 느끼지 않으면서 동물들의 이 같은 실존감을 만끽할 수 있다. 물론 대부분의 경우 아주 이상하고 비인간적인 실존감임에 틀림없다. 하지만 이상하고 비인간적인 동시에 친근하고 익숙한 실존감이기도 하다. 왜냐하면 이 이상하고 비인간적인 생명체를 통해서 우리 인간 존재의 가장 원초적이고 본질적인 근원, 즉 욕망에 따라 자손을 번식해나가는 삶, 배고픔을 느끼는 삶, 허기를 달래고 살아남기 위해 상대방을 죽이는 치열한 삶이 드러나기 때문이다. 그러므로 처음엔 멀게만 느껴졌던 동물의 세계는 책장을 넘길수록 이상한 친근함으로 다가온다. 이 같은 감정들이 전혀 아무런 과장 없이 펼쳐지기 때문에 우리의 마음, 아니 우리의 오장육부를 한층 더 강력하게 휘어잡는다. 살아 있는 생명체 각각으로 보자면 일시적이지만 지구를 뒤덮고 있는 수많은 생명체 전체를 놓고 보면 영속적인 삶은 그렇게 우리 앞에 펼쳐진다.

《니코마코스 윤리학》의 한 대목에서 아리스토텔레스는 우리가 보기엔 진부하기 짝이 없는 진리 앞에서 놀라움을 금치 못하면서 "생명은 인간과 식물에게 공통적인 재화임에 틀림없다"고 말한다. 그는 무엇보다도 먼저 인간을 자연 속에 기거하는 다른 존재들(인간으로부터 가장 멀리 떨어져 있는 것들)과 결합시켜주는 것에 놀라며, 이어서 인간을 자연 속에 기거하는 다른 존재들과 구분하는 것에 놀란다. 인간만이 가지고 있는 이성이라고 해서 인간과 식물이 공통적으로 가지고 있는 생명보다 그를 더 놀라게 하지는 않는다. 어쩌면 아리스토텔레스의 인본주의는 바로 이 점에서 출발한다고도 할 수 있다. 수많은 나무들과 짐승들은 어느 정도 인간의 형제에 해당한다. 아리스토텔레스의

생물학 관련 저작들을 읽다 보면 바로 이러한 형제애가 뿜어내는 향취 때문에 어느 틈엔가 우리 입가에 슬며시 군침이 고이게 된다.

동물과의 근접성은 또한 더욱 인간적이 되는 또 다른 방식처럼 제시되기도 한다. 동물들도 고귀한 인간적인 정서를 느낀다. 그것은 생명 현상을 유지하는 데 반드시 필요하고, 가장 유용한 감정들인 동시에 아무런 근거도 없는 맹목적적인 감정들일 수도 있다. 우리의 철학자는, 아니 우정의 시인으로서의 아리스토텔레스는 인간에 대해 언급하면서 "우정이란 생명에 절대적으로 필요한 감정"이라고 주장한다. "이 감정은 인간에게만 존재하는 것이 아니라 새들과 대부분의 생명체에도 존재한다. 같은 종에 속하는 개체들은 서로가 서로에게 우정을 느끼며, 이는 특히 인간들에게서 주로 나타난다."

심리 면에서나 신체적인 면에서 동물은 인간으로 이행하기 위한 밑그림이며 초벌 작업물이다. 아리스토텔레스는 동물과 인간의 심리적인 유사성이라는 주제에 대해서 주목할 만한 구절을 남겼다. "대부분의 동물들에게는 인간에게라면 좀 더 차별화된 방식으로 나타날 심리 상태의 흔적이 분명 존재한다! 가령 유순함이나 사나움, 용기나 비겁함, 두려움이나 자신감, 대범함이나 교활함 등이다. 또 지적인 면에서 슬기로움 같은 것을 들 수 있다. 인간의 감정과 닮은 이러한 감정들은 적지 않은 동물들에게서 관찰되며, 이 같은 유사성은 우리가 앞에서 다루었던 신체기관들의 유사성을 상기시킨다."

조금 더 뒤에서는 "이러한 주장의 진실(동물들에게서도 인간의 감정을 예고하는 심리 상태를 관찰할 수 있다)은 유년 시절의 인간을 생각하는 사람들이라면 즉각적으로 간파할 수 있다. 어린아이에게서는 장래의 가능성을 엿볼 수 있는 흔적이나 떡잎들을 관찰할 수 있다. 이 시기

를 놓고 볼 때, 어린아이의 영혼과 동물의 영혼 사이에는 아무런 차이도 존재하지 않는다. 따라서 인간과 동물들에게서 어떤 특성은 완전히 동일하며, 어떤 특성들은 상당히 비슷하며, 어떤 특성들은 상동이라고 주장한다고 해도 전혀 정신 나간 짓이라고는 할 수 없다."

놀라운 글이 아닌가. 덕분에 모든 종류의 비교 심리 연구의 길이 활짝 열렸으며, 과학은 이제까지 전혀 지나가본 적이 없는 길로 나아갈 용기를 얻었다.

이처럼 애초에 생각했던 것보다 훨씬 인간적이고 훨씬 심리적인 동물의 세계가 인간의 동물적인 본성과 합류하여 이를 확인시켜주며 이 같은 주장에 균형을 부여한다.

이 이중적인 주장은 우리의 동류성, 풀과 꽃, 나무, 새, 물고기, 야수들의 세계와 우리 사이의 형제애를 한층 더 공고하게 다져주며, 파괴할 수 없는 것으로 만든다.

아리스토텔레스의 인본주의란 궁극적으로 식물로부터 생겨나서 동물 전체를 관류하여 인간에게 이르는 생명, 살아 있는 존재를 이성의 빛으로 인도하는 흐름을 가리킨다.

그런데 생명체의 세계는 인간이 그 아름다움을 관조하기 위하여 존재하는가? 이번 장을 끝내면서 이와 같은 의문이 우리를 사로잡는다. 그렇다면 아리스토텔레스의 생물학은 그 같은 관조 속에서 소멸되어버리는 것이 아닐까?

chapter 9

알렉산드로스의 천재성
또는 우애에 관하여

역사에 혜성같이 나타나 새로운 시대를 예고하며 이를 실현하는 사람들이 있다. 그들은 그 이전에는 도저히 풀 수 없었던 난제를 대번에 해결하고, 막다른 골목에 이르러 도저히 빼도 박도 못하는 교착 상태에 빠진 사건의 추이를 돌연 돌파해버리며, 무질서와 무정부 상태로 인한 극도의 혼란이 막아놓은 길을 뻥 뚫어버린다.

알렉산드로스는 그런 특출한 인물 중의 하나다.

그리스 민족의 집단 신화적 상상력이 알렉산드로스를 고르디오스의 매듭을 잘라버린 자로 기억하는 것도 그런 연유에서라고 할 수 있다. 아무리 참을성 많고, 아무리 능란한 손가락으로도 절대 풀 수 없다고 여겨졌던 이 매듭을 앞에 두고 알렉산드로스는 그걸 풀기 위해 씨름할 마음이 추호도 없었다. 그는 단칼에 그 매듭을 잘라버렸다(이 이야기가 신화가 아닌 실화이기를 바란다면, 알렉산드로스는 고르디오스의 매듭을

청년 시절의 알렉산드로스 흉상. 뤼시포스 작.
기원전 4세기 중엽. 파리, 기메 박물관. 로제 비올레 사진.

푸는 자가 아시아 제국을 차지하게 되리라는 신탁을 문자 그대로 받아들여, 승자의 몸짓으로 그 신탁을 자신의 것으로 삼았다고 말할 수 있다. 매듭을 잘라버린 이후 알렉산드로스는 고르디온을 손에 넣겠다는 꿈을 꾸며 살았다).

고대 헬라스 세계는 도시국가의 붕괴와 더불어 서서히 죽음을 맞이하고 있었다. 알렉산드로스는 플라톤이나 아리스토텔레스 같은 이들처럼 영광을 가져다준 예전의 사회 구조를 재건하려 들지 않았다. 이제는 너무 작아진 옷을 구차스럽게 늘리려고 안간힘을 쓰지 않았다. 그는 심사숙고 따위와는 거리가 먼 행동을 통해서 단번에 인간들을 결집시키고 공동체를 통치하는 새로운 방식을 창조해냈으며, 이를 후손들에게 물려주었다. 그는 말하자면 군주가 통치하는 근대국가를 탄생시켰다.

필립포스와 올림피아스의 아들

알렉산드로스의 출생 일화와 집안만으로도 이미 우리는 그의 성격이며 앞으로 달성하게 될 위업, 남다른 운명 등을 예감할 수 있다.

그의 아버지 필립포스는 날카로운 지략과 지치지 않는 기력으로 아테나이와 데모스테네스, 그리스를 정복했다. 필립포스는 무섭도록 정확하게 적의 힘을 읽을 줄 알고, 따라서 이를 파괴할 수 있었다. 그는 항상 예측불허의 행동으로 그의 계획을 속속들이 알고 있다고 믿던 사람들의 허를 찔렀다. 때로는 그리스인 행세를 하는가 하면 때로는 바르바로스 노릇을 하면서 그럴듯한 말로 적군들을 살살 구워삶거나(요컨대 배신 행위) 경우에 따라서는 무자비한 폭력을 행사했다. 정치의 대가들만이 지니고 있는 남다른 재능을 타고난 그였지만 때로

는 야만인의 간교함으로 정치적 술수를 대체하는 동물적인 본능을 발휘하기도 했다. 그는 이따금씩 뚜렷한 이유도 없이 공연히 자기기만적인 행동으로 몰입하여 납작하게 엎드려 지내다가, 어느 틈엔가 정의와 관용의 탈을 쓰고 불쑥 다시 모습을 드러내 그리스인들을 매료시켰다. 그의 인내심은 그의 신속한 결정만큼이나 놀라움의 대상이었다. 정복에 나선 그는 자신의 외교적 수완과 교활함이 뿌려놓은 열매들이 오랜 기간에 걸쳐 무르익기만을 기다렸다가 손 안 대고 코 푸는 식으로 그 열매를 줍기만 하면 되었다. 대규모 살육전 따위는 필요 없을 정도였다. 그는 결코 도덕적인 가치 때문에 행동에 저해를 받는 일이 없었다. 그는 밥 먹듯이 그럴듯한 거짓말을 뿌렸으며, 약속을 어기는 것쯤은 식은 죽 먹기였다. 군대의 통솔자로서 그는 타의 추종을 불허하는 용맹성과 참을성으로 매 순간 자신은 물론 그가 이끄는 장병들에게 변함없는 충성심과 애착을 불어넣었다.

필립포스가 물려준 이러한 유산 가운데에서, 냉혹한 심판관을 자처한 알렉산드로스는 자신의 마음에 드는 쪽을 선택했다. 그는 아버지가 내세웠던 정책의 음흉스러운 면을 극도로 경멸했으며, 교활함이나 간교함 따위를 증오했다. 다만 "정치의 간교함에 미리 대비해야 한다"는 정도만 받아들였다. 로마의 역사학자 아리아누스는 "모든 조약과 협약을 충실하게 준수하기 위해서 그는 항상 교활함, 간교함에 대비했다"고 기록했다. 알렉산드로스가 유일하게 사용한 기교라면 "신속하게 움직이는 기동력"이었으며, 그 덕분에 그는 모두가 불가능하다고 하는 곳에 버젓이 모습을 드러내곤 했다. 자신의 운을 드러내고 말고는 그에게 전혀 중요하지 않았다. 그는 언제나 자신이 승리하리라고 확신했기 때문이다. 목표를 정하면 그는 곧장, 그의 열정이

식어버리기 전에, 단도직입적으로 그 목표를 향해 돌진했다.

알렉산드로스는 아버지 필립포스처럼 전적으로 지능에 의존하는 인물이 아니었다(관능적인 인물도 아니었다고 아리아누스는 주장한다. 알렉산드로스는 "육체의 쾌락에 대해서는 상당히 절제하는 편이었으며, 정신적인 향유에 대해서는 그렇지 않았다"고 이 역사학자는 평가한다). 그는 필립포스의 아들이라기보다 어머니 올륌피아스의 아들이었다. 에페이로스 출신인 올륌피아스는 디오뉘소스 신의 열광적인 무녀로 광란적인 음악과 무용, 영혼의 고양에 취한 상태에서 일상의 지평을 넘어 새로운 거처를 발견하곤 했다.

알렉산드로스는 아버지로부터 위대한 정치가, 뛰어난 군인의 지적 재능을 이어받았다. 하지만 그는 부친인 필립포스를 포함하여 테미스토클레스, 페리클레스 등 과거의 위대한 지도자들과는 비교할 수 없는 인물임이 확실하다. 이유인즉, 그가 물려받은 지능이 그만의 독자적인 열정과 만나, 그 열정이 정한 방향으로 뻗어나가 마침내 최고의 수준에 도달했기 때문이다. 올륌피아스의 아들에게 지성이란 단지 광명이며 진로에 대한 확고한 인식, 마음먹은 행동을 실천하는 수단에 그치지 않았다. 그에게 지성이란 따뜻한 온기이며, 태양열이 그러하듯이 활력을 창조하는 데 일조하는가 하면 파괴에 가담하기도 하는 것이다. 말하자면 그의 열정적인 지성은 가장 높은 강도, 즉 화상 정도가 아니라 대단한 불길을 낳는 불덩어리였다.

우리가 이제부터 살펴보게 될 원정 기간 동안 알렉산드로스는 아버지의 계획을 이어받아야 한다는 확고한 신념에서 출발하여 끊임없이 이 계획을 확대하고 새로이 발견하며, 이와 동시에 자신의 천재성을 발견해간다. 그는 정치적인 수준에 머물러 있었던 필립포스의 의

도에 새로운 의미를 부여한다. 그가 실현하고자 애쓴 일은 필립포스가 의도한 제국주의적 정복과는 전혀 다른 모습으로 나타난다. 요컨대 알렉산드로스는 새로운 세계를 창조해냈다.

나는 여기서 그의 유명한 원정 기록을 다시 반복할 마음은 추호도 없다. 다만 그중에서 몇몇 특별한 순간들을 강조하려 할 따름이다. 어떤 순간들은 알렉산드로스가 후반기(후반기라지만, 그가 채 서른세 살도 되기 전에 죽었다는 사실은 널리 알려져 있다)에 접어들어서야 비로소 깨닫게 된 우애에 호소하는가 하면, 또 어떤 순간들은 이를 부정하기도 한다.

유럽의 새로운 정복자

아시아의 왕좌를 차지하기 위해 길을 떠나기에 앞서 알렉산드로스는 우선 유럽을 평정했다. 자신이 무적임을 의심하는 적들을 그대로 두어서는 안 된다고 생각했던 것이다. 북으로는 도나우 강을 건너 진군하면서 보이는 마을마다 닥치는 대로 불을 질렀다. 그런 식으로 그는 적대적이었던 게타이족과 우려를 자아내던 스퀴티아족들에게 마케도니아 왕들의 가공할 만한 위력을 확실하게 보여주었다. 서쪽에서, 그는 동요하던 일뤼리아족들과 약식으로 "평화 협약을 체결했다." 그리스에서는 테바이가 폭동의 기미를 보였다. 마케도니아의 지배를 유지하기 위해 주둔시켰던 군대를 요새에 가두어버린 것이다. 데모스테네스가 성급하게 젊은 알렉산드로스 왕을 '바보 대왕'이라고 놀려대며 승리를 자축하고 있을 때, 모두들 타지의 암흑 속으로 빨려들어갔거나 서양의 안개 속으로 사라져버렸거나, 하여간 죽은 줄로

만 알고 있었던 알렉산드로스가 하늘에서 뚝 떨어지기라도 한 듯 폭도들 앞에 모습을 드러냈다. 그는 잔혹한 길거리 전투 끝에 테바이를 탈환한 다음, 이 헤라클레스와 디오뉘소스의 도시를 파괴할 것을 명령했다. 시인 핀다로스의 집만 예외였다. 남자 주민들은 칼에 찔려 처형당했으며, 나머지 생존자들은 노예로 팔아버렸다. 그 수가 무려 3만 명에 달했다! 이처럼 가혹한 처벌 소식이 전해지자 아테나이인들은 공포에 떨었으며, 따라서 효과적인 경고가 되었다. 아테나이인들은 비겁하게도 알렉산드로스에게 대사를 보내 그의 귀환과 테바이 폭동 제압을 축하했다. 사실 아테나이야말로 그 폭동의 진정한 교사자였다……. 하지만 테바이 진압은 그리스 전역에서 가증스러운 범죄, 그리스 문명에 대한 참을 수 없는 도전으로 인식되었다. 알렉산드로스는 어쩌면 멋진 동방 세계에서 그가 만들어내려는 너무도 이상화된 그의 이미지를 부인하기 위해 선수를 친 것처럼 보인다. 하지만 지금으로서는 알렉산드로스도 자신을 제대로 알지 못하는 형편이다…….

어쨌거나 알렉산드로스에게는 테바이 사태가 입증하듯이 과격한 폭력성이 잠재하고 있었으며, 이는 어머니(열정적 성격)로부터 물려받았을 수도 있고, 아버지(난폭한 성격)로부터 유전되었을 수도 있다.

이렇게 해서 공포에 질린 그리스에는 이유야 어찌 되었든 상당 기간 평화가 유지될 것이었다. 알렉산드로스가 충성스러운 안티파트로스를 책임자로 하여 유럽에 주둔시킨 보병 1만 2천과 기병 5천의 병력은 이 평화를 유지하는 데 더더욱 효과적이었다.

페르시아 원정, 정복자에서 해방자로

젊은 왕은 기원전 334년 봄에 헬레스폰토스 해협을 건넜다. 그는 이제 마케도니아의 왕일 뿐만 아니라, 코린토스에 소집된 그리스 전체 민회로부터 필립포스가 받았던 칭호인 "헬레네스의 총사령관, 그리스의 보호자"라는 칭호까지 부여받았다. 이렇게 해서 그는 자신이 계획하는 원정에 그리스가 함께한다는 명분을 보탰다. 그가 벌이는 원정은 페르시아 전쟁에 대한 복수라는 의미를 지니고 있었다.

마케도니아보다 면적이 50배나 넓고 인구가 20배나 많은 제국을 정복하거나 파괴하기 위하여 알렉산드로스는 고작 3만 명의 보병과 5천 명의 기병만을 대동했다. 5천의 기병 가운데 1800명은 마케도니아 왕국의 귀족들 가운데에서 뽑힌 최정예였다. 그 외에 저항하는 요새를 포위 공격해 무력화할 수 있도록 토목 기술자들을 대동했다. 그는 이 원정군을 원정이 진행됨에 따라 개편했다. 예를 들어 헬레스폰토스 해협을 건넌 원정군은 힌두쿠시 산맥을 넘는 원정군이나 편자브를 정복한 군대와는 완전히 달랐다. 원정대의 약점은 해군이었다. 160척의 3단 노선이 전부였다. 아테나이는 전혀 협조적이지 않았으며, 스무 척의 3단 노선을 보유한 채 내놓으려 하지 않았다! 페르시아(그리고 페니키아) 함대가 에게해 전역을 장악했다. 함대가 별다른 어려움 없이 전장을 그리스 본토로 옮겨 얼마 전에 그 땅을 점령한 새로운 주인들을 도륙할 수 있을 것이라고, 페르시아의 대왕은 생각했다. 그것이 알렉산드로스가 원정 전략을 짜는 경우에 대비하기 위한 방책이 될 수도 있다고 대왕은 계산했다.

소수의 병력으로 자신의 제국을 공격해오는 마케도니아군에 맞서서, 페르시아의 다리우스 대왕은 엄청난 병력을 보유하고 있었다. 그

수가 너무 많아 헤아릴 수도 없을 정도였다. 알렉산드로스의 병력의 20배, 아니 50배가 될 수도 있었다. 하지만 군인의 수가 도대체 무슨 소용이란 말인가? 알렉산드로스는 자신이 반드시 이긴다는 신념에 차 있었다. 그는 장병들과의 첫 대면에서부터 자신의 신념을 전파하는 재능을 타고났다. 다리우스 3세는 용감무쌍하며, 전략가로서의 기질이 뛰어난 무사였다. 하지만 그에게는 정치적 혜안이 부족했고, 감정이 폭발할 때만 에너지가 충천한다는 약점을 지니고 있었다. 그가 통치하는 거대한 제국은 이미 붕괴되고 있었으며, 귀족들에게 알아서 영토를 방위하도록 내버려두었던 까닭에 제국 내부는 배신이라는 고질로 멍들어가고 있었다.

다리우스와 알렉산드로스의 첫 번째 만남은 기원전 334년 그라니코스 강가에서 이루어졌다. 페르시아의 군대는 일리온에 대한 경건한 추억이 어린 곳에서 알렉산드로스를 기다렸다. 그라니코스 전투는 전략가에 의해 사전에 철저하게 계획된 전투였다기보다 알렉산드로스가 조상인 아킬레우스식으로 밀어붙인 개별적인 전투의 연속이었다. 새로 등장한 '펠라의 아들'의 저돌적인 용감성, 순백의 군장과 번쩍거리는 방패로 상징되는 그의 광적인 용맹에 기가 질린 페르시아 군대는 혼비백산하여 패주했다. 알렉산드로스는 그들이 버리고 간 300개의 방패를 모아서 스파르타를 겨냥하는 도발적인 문구를 새긴 다음 이를 아테나이로 보냈다. 그의 원정대가 지나갈 때마다 소아시아에 세워진 그리스 도시들의 백기 투항이 이어졌다. 알렉산드로스는 그때까지 그에게 저항하던 몇 안 되는 도시들마저도 단시일에 장악했다.

알렉산드로스가 정복한 도시들의 운명을 결정하는 데에는 그라니

코스 전투에서 보여준 혈기왕성한 격정 외에, 진솔한 경건심에 입각한 현명한 정치적 고려도 작용했다. 마케도니아의 젊은 왕은 정복당한 도시들에게 여러 조건들을 부과함에 있어서 자신을 해방자라기보다, 해묵은 불화와 갈등(솔직히 이런 것들은 그에겐 아무런 의미도 없었다)을 해결하는 평화 중재자로 자처했다. 일반적으로 그는 정권을 잡고 있던 소수 귀족 집단을 배제하고, 이들을 일반 시민들로 대체하는 방식을 선호했다. 그는 자신이 세운 통치체제에 페르시아의 사트라프(고대 페르시아 속주의 태수. 국토의 수호자를 의미한다─옮긴이)가 아닌 마케도니아 총독을 앉혔으며, 그리스인은 절대 총독으로 임명하지 않았다. 따라서 유서 깊은 도시들이 누리는 자유는 마케도니아의 감시 하에서, 궁극적으로는 알렉산드로스의 승인하에서만 부분적으로 가능했다고 보아야 할 것이다. 이 시점에서는 훗날 알렉산드로스의 뛰어난 업적으로 기록될 그리스와 바르바로스와의 '융합'은 아직 요원했다.

그리스 도시 한두 곳에서 벌어지는 저항의 움직임이 젊은 대왕의 심기를 건드리는 일도 빈번했다. 흑해부터 이집트의 나우크라티스에 이르는 지역에 설치된 무려 100개의 상업거래소를 통해서 그리스 말을 퍼뜨리던 영광의 항구 밀레토스, 콜키스에서 생산된 상품들을 에게해와 시켈리아로 운반하는 해상 교통 중심지 밀레토스는 도심 길거리 곳곳에서 마케도니아 병사들에 의해 자행된 대살육 참극을 겪으면서 비로소 알렉산드로스에게는 아무도 저항할 수 없음을 뼈저리게 통감했다. 살아남기 위해서는 '용서'를 구해야 한다는 사실도 경험을 통해 체득했다. 할리카르낫소스의 운명은 밀레토스의 운명보다 한층 더 가혹했다. 이 도시는 초토화되었으며 주민들은 모두 살육당

폼페이에서 발견된 모자이크로 가우가멜라 전투를 묘사하고 있다.
다리우스는 알렉산드로스와 맞선다. 앤더슨-비올레 사진.

폼페이에서 발견된 모자이크. 나폴리 박물관. 가우가멜라 전투.
알렉산드로스와 다리우스의 대결. 앤더슨-비올레 사진.

하거나 다른 곳으로 강제 이주되었다…….

하지만 이 모든 것에도 불구하고, 소아시아 해안을 따라가는 알렉산드로스의 이 '산책', 중간 중간 피로 얼룩진 이 산책을 통해서 분명 무엇인가가 새롭게 드러나고 있었다. 미망에서 깨어나기, 비등점에 도달하기 정도로 표현할 수 있을 새로운 기운이 해방된 도시들을 중심으로 번지기 시작했다. 그중에서도 특히 사르데이스와 에페소스에서는 이런 기운이 유달리 급속도로 박진감 있게 확산되었다. 알렉산드로스는 여러 곳에서 오래된 신전들을 복구하고 새 신전을 건축하였으며, 축제를 신설하고 행사 행렬을 이끄는가 하면 굴복한 도시들에게 과거의 특권을 되돌려주기도 했다. 여러 세기 동안 유럽과 아시아, 헬라스인과 바르바로스가 한 몸이 되어 뒤섞이던 유서 깊은 항구들에서도 이민족 간의 우정, 스토아학파적인 '조화'가 기정사실화되었다. 또한 그것이 바로 알렉산드로스가 추구한 꿈이기도 했다. 하지만 알렉산드로스 자신은 아직 그것을 모르고 있었다.

한편 페르시아 군대는 다시 한 번 알렉산드로스의 진군을 저지하려는 시도를 했다. 다리우스 3세가 직접 나서서 엄청난 규모(우리가 가장 신뢰하는 역사가 아리아누스는 60만 명이라는 숫자를 조심스럽게 거론한다!)의 군대를 지휘했다. 그런데 대열도 제대로 갖추지 못하는 오합지졸로 이루어진 거대 병력이 다 무슨 소용이란 말인가? 지휘하는 자를 성가시게 하지나 않으면 다행이었다.

기원전 333년에 벌어진 잇수스 전투도 역시 알렉산드로스의 승리로 끝났다. 바다와 산악 지대 사이에서 포위 위협에 기습 공격으로 대항하며, 본진 한가운데에 자리 잡은 다리우스를 겨누면서 기병대의 선두에서 두 군대를 갈라놓는 강물을 가르며 달려 나가는 격정적

인 알렉산드로스의 기세에 눌린 다리우스는 부랴부랴 수레를 돌려 도주한다. 결국 김이 빠져버린 전투는 걸음아 날 살려라 도망치는 자와 그들을 잡으려고 따라가는 자의 싱거운 달리기일 뿐이다……

　페르시아 군대는 완전히 박살이 났다. 10만 명의 병사가 목숨을 잃었다. 포로가 된 자들 중에서 다리우스 대왕의 어머니와 아내, 두 딸, 그리고 나이가 아주 어리지만 그의 뒤를 이을 후계자로 정해진 왕자는 특별히 값나가는 인질들이었다. 마케도니아인들은 더할 나위 없이 소중한 보물을 손에 넣은 거나 다름없었다. 알렉산드로스는 가히 전설에 나올 법한 기사도 정신에 입각하여 적당히 거리를 두고 존중하는 방식으로 이 포로들을 대우했다. 다리우스 대왕의 부인은 아시아에서 가장 미인이라는 평판이 자자했다. 하지만 마케도니아의 젊은 왕은 이 절세의 미녀에게 눈길 한 번 주지 않았다. 그러니 우리는 그가 《일리아스》에 등장하는 아킬레우스와는 거리가 먼 사람임을 알 수 있다. 아킬레우스가 "상큼한 볼을 가진" 포로 여인 "아름다운 브리세이스"를 차지하기 위해 그의 목숨과 그가 가진 모든 것을 걸었던 것을 기억하는가?

　잇수스 전투는 승자에게 두 개의 길을 열어주었다. 하나는 북동쪽 길로 동방의 주요 도시들을 지나 손쉽게 다리우스의 목줄을 쥘 수 있는 길이고, 나머지 하나는 남쪽으로 가서 쉬리아와 이집트에 이르는 길이었다. 알렉산드로스는 두 번째 길을 택했다. 바다의 자유를 맛볼 수 있으며, 적군이 그리스로 전장을 이동시키는 것을 차단하며, 이로써 적군을 아시아 고원 지대에 붙들어 매놓을 수 있기 때문이다. 알렉산드로스는 이 기회에 가장 덜 근사하고 가장 덜 낭만적이지만, 가장 확실한 선택을 한 셈이었다.

페르세폴리스. 낙타를 끌고 오는 조공국의 사신.
아파다나의 크세르크세스 계단에 새겨진 저부조. 로제 비올레 사진, 파리.

그는 쉬리아로 들어간 다음 페니키아로 입성했다. 당분간 다리우스와 그의 야심은 못 본 척하기로 한 것이다. 알렉산드로스는 여러 항구들에서 보내온 찬사를 받았으며, 그중에는 시돈도 들어 있었다. 난공불락이라고 여겨지던 천연의 요새 튀루스(티레)는 알렉산드로스의 입성을 거부했다. 평소에 참을성이라고는 전혀 없는 알렉산드로스였지만 시간을 두고 기다렸다. 바다에 진을 친 적군의 함대와 포위당한 섬의 군대가 퍼부어대는 화살비 속에서 알렉산드로스는 길이 500미터짜리 부두를 짓게 했다가 부수기를 여러 차례, 마침내 튀루스 섬은 대륙에 연결되었다. 알렉산드로스는 장비 가까이로 다가가 직접 성벽 뛰어넘기를 시도했다. 튀루스는 기원전 332년에 함락되었다. 저항을 시작한 지 7개월 만이었다.

자부심에 가득 차서 저항하던 도시의 성벽 아래에서 알렉산드로스는 다리우스가 보낸 대사를 맞았다. 다리우스는 일전에 알렉산드로스가 그에게 요청했던 대로 그를 왕으로 대접했으며, 알렉산드로스 또한 그를 동등하게 대접하면서 다리우스의 제안을 들어보기 위해 마케도니아 최고 통치기구를 소집했다. 이 장면은 제법 장엄하다. 우리가 보유하고 있는 사료 중에서 가장 신중하고 가장 건조한 문체라고 할 수 있는 아리아누스의 묘사인데도 그렇다.

대사들이 입을 열었다. 주군의 이름으로 제국의 절반, 그러니까 그리스 쪽 바다에서부터 유프라테스 강에 이르는 지역과 1만 탈란톤(7천만 금화 프랑)을 공주들의 몸값으로 지불하고, 다리우스 왕의 큰딸은 알렉산드로스와 결혼시킨다는 내용이었다. 요컨대 동맹관계와 우정을 동시에 선사하겠다는 것이었다! 한동안 침묵이 이어지다가 필립포스 시절에 맹활약했던 명장 파르메니온은 필립포스가 추구하던 야심을 훨씬 뛰어넘는 이 제안을 놓고 평화를 체결해야 할 순간이 왔으며, 이 순간을 놓치지 않는 것이 현명한 처사라고 선언했다. 파르메니온은 "내가 알렉산드로스라면 이 제안을 받아들일 것이다"라고 결론지었다. 그러자 그의 주군 알렉산드로스의 입에서 신랄한 응수가 튀어나왔다. "내가 파르메니온이라면 나도 이 제안을 받아들일 것이다."

로스레를 떠나기에 앞서 알렉산드로스는 헤라클레스에게 바치는 장엄한 제사를 집전했다. 동방에서나 서방에서 공공연하게 자신이 헤라클레스의 자손이라고 주장해온 알렉산드로스다운 일이었다. 튀루스의 헤라클레스는 인간을 위해 일하고, 인간을 위한 온갖 시련으로 점철된 삶을 살아온 끝에 마침내 신의 반열에 오른 인간일 뿐 아니라 태생적으로, 본질적으로 신(멜카르트 신[페니키아의 신으로 '도시의 왕'을 뜻한다. 그리스에서 이 신은 헤라클레스와 동일시되며, 따라서 멜카르트는 튀루스의 헤라클레스로 간주된다—옮긴이]), 다시 말해서 그 자체로서 충만하고 영속적인 가운데 신성한 특권을 지닌 자였다. 알렉산드로스는 바로 이 헤라클레스, 즉 튀루스의 헤라클레스에게 제사를 지냈으며, 자신이 그의 후손임을 강조했다. 알렉산드로스는 이미 자신의 천재성에 놀란 나머지 혹시 자신이 제우스 신의 친자가 아닌지 궁금해하지 않았던가?

알렉산드로스는 아무런 저항도 받지 않고 순조롭게 남쪽으로 진군을 계속했다. 그러다가 팔레스타인의 가장 중요한 도시 가자에 도착한다. 다리우스 왕이 임명한 바티스라고 하는 흑인 환관이 통치하던 이 도시는 주민들의 도움을 얻어 침략자에게 치열하게 저항했다. 이에 맞서 알렉산드로스는 두 달 넘게 지속된 끈질긴 포위 작전으로 대응했다. 마침내 도시가 함락되자, 알렉산드로스는 가혹한 보복을 자

행한다. 여자와 어린아이는 모두 노예로 팔렸으며, 성인 남자들은 칼로 처형되었다. 한편 흑인 통치자는 발뒤꿈치에 구멍이 뚫린 채 알렉산드로스의 수레에 매달려 고통으로 울부짖으며 마케도니아 병사들이 기뻐 날뛰는 가운데 도시 곳곳을 끌려 다녔다(이 일화는 로마 시대의 역사가로, 진기한 이야기에 관심을 보였던 퀸투스 쿠르티우스 루푸스의 기록에만 등장한다. 때문에 이 책에서는 그의 저술을 아주 제한적으로만 인용했다).

이집트 정복

알렉산드로스는 기원전 332년 12월에 이집트에 도착한다. 도착하자마자 그는 이집트의 신들에게 경의를 표했다. 그의 존재 전체를 사로잡고 있는 열렬한 신앙심이 수천 년 동안 이어지는 종교적 전통의 나라에 와서 비로소 만개하는 것 같았다. 그래서인지 알렉산드로스는 이집트에 도착하자마자 고향에 온 것처럼 마음이 편안했다. 그에 앞서 이집트를 정복했던 페르시아인들, 곧 캄뷔세스와 아르타크세르크세스는 어리석게도 신성한 소 아피스에게 상처를 입히거나 죽임으로써 이들의 성소를 유린했다. 이들은 또한 다른 이집트 신들도 공격했다. 하지만 알렉산드로스는 이들과는 정반대되는 태도를 보여주었다. 그는 멤피스의 아피스 신전에서 이집트 의식에 따라 제를 지냈으며, 다른 신들, 그러니까 이집트에 정착한 그리스인들이 그리스 신들과 마구 혼동해서 섬기는 여러 신들을 모신 신전에서도 마찬가지였다. 그 덕분에 알렉산드로스는 쉽사리 제사장들의 마음을 살 수 있었다. 원래 이집트에서는 파라오만이 그 같은 제사를 모실 권한을 가지고 있었다. 그렇다고 해서 알렉산드로스에게 정치적 계산이 작용했거나 갑작스럽게 관용의 정신이 샘솟았던 것은 아니다. 알렉산드로스의 영혼은 남들이 다른 신들에 대해 갖고 있는 신앙을 건성으로 "너그럽게 인정"하기에는 원래가 너무도 종교적이었다. 그는 진심으로 자기 안에 이 다른 신들을 영접했다. 그는 새로운 형태의 신을 그저 "너그럽게 인정"하는 정도가 아니라 그것을 자기 안에 "받아들였다." 이 둘 사이에는 엄청난 차이가 있다. 이러한 태도 덕분에 이집트인들은 그를 신처럼 떠받들었으며, 그에게 역대 파라오들에게 주어졌던 칭호들을 부여했다. '상(上)이집트 왕국의 왕', '하(下)이집트 왕국의 왕', '라의 아들' 같은 칭호가 대표적이었다.

게다가 알렉산드로스는 지중해에 위치한 페르시아의 해군 기지를 모두 폐쇄하고 파라오의 칭호를 얻겠다는 집념만으로 이집트에 간 것이 아니었다. 그가 이집트를 찾은 가장 큰 이유는 어린 시절부터 그를 떠나지 않았던 질문에 대한 답을 얻기 위해서였다. 디오뉘소스 신의 무녀인 알렉산드로스의 어머니 올림피아스는 자신의 꿈속으로 또 침대 속으로 그녀를 찾아오는 신의 환영을 늘 보지 않았던가? 그렇다면 알렉산드로스 자신은 과연 누구의 아들일까? 알렉산드로스는 바로 이 질문에 대한 답을 얻고 싶었다. 그래서 신에 관해서라면 모든 것을 믿을 준비가 되어 있는 영혼의 소유자 알렉산드로스는 제우스-암몬의 성소를 찾아가는 이 여정을 계획한 것이었다. 멤피스에서 아주 멀리 떨어진 데다 장애물로 점철되어 있는 사막에 세워진 이 신탁의 장소를 찾는 일은 알렉산드로스가 주도한 일 가운데 가장 이채롭고 가장 설명하기 어려운 일이다. 어쩌면 알렉산드로스에 대해서 가장 많은 사실을 알려주는 일일 수도 있겠지만 말이다. 그는 과연 그 유명한 신탁의 장소에서 무엇을 물을 것인가? 또 어떤 답을

들을 것인가? 이 문제에 대한 기록은 상당히 모순적이다.

오래도록 바닷가를 따라가던 알렉산드로스는 모래바다 속에 파묻혀 있는 시와 오아시스에 들어서면서 성소를 지키던 제사장의 영접을 받는다. 제사장은 알렉산드로스를 "암몬의 아들"이라고 부르며 인사를 건네는데, 이는 파라오들에게만 허용되는 칭호였다. 이어서 알렉산드로스는 성소에 들어간다. 부하들을 대동하지 않은 채 혼자서만 성소에 들어간 그는 마음먹었던 질문을 하고 거기에 대한 신의 답변을 듣는다. 도대체 무슨 질문을 했으며 무슨 답변을 들었을까? 성소 밖에서 기다리던 친구들의 추궁에 알렉산드로스는 그저 침묵으로 일관했다. 하지만 이 얼마나 웅변적인 침묵인가? 자신의 눈앞에서 베일을 벗은 신비를 관조하며 명상한 영혼의 침묵이 아니던가. 그 침묵은 출생의 비밀을 알게 되었으며, 자신이 필립포스의 아들이 아니라 신, 즉 아몬-라에 의해 올륌피아스의 몸속에 잉태되었다는 사실을 확신한 게 아니라면 도저히 설명될 수 없는 심오한 침묵이었다. 알렉산드로스는 친구들의 추궁에 마지못해 신으로부터 "그가 알고 싶었던 모든 대답을 들었다"는 의미심장한 한마디만 던진다.

혹시 알렉산드로스는 또 다른 문제에 대해서도 신탁을 청했을까? 어쨌든 그는 그날 일에 대해서는 더 이상 한마디도 하지 않았다.

자신의 소명에 대한 확고한 신념은 이 신탁으로 한결 공고해졌으며, 이날 이후 한 번도 흔들리지 않았다. 제우스의 아들. 그는 이제부터 제우스의 아들로서 이 땅에서 해야 할 일이 있었다…….

시와 오아시스까지의 여정 동안 알렉산드로스는 고즈넉한 바닷가 길을 따라가다가 한 어촌을 가리켰다. 파로스 섬과 마주하고 있는 이 항구 마을이 마음에 들었다. 그는 그곳에 도시를 세울 것을 명했다.

그 도시는 알렉산드로스 자신이 부분적으로 창조한 것이나 진배없었던 당시 상황을 감안하여 그가 완성한 제국의 수도, 즉 여러 세기에 걸쳐서 동방 세계와 서방 세계가 만나서 하나가 되는 중심지가 되었다. 새로 도래하게 될 문화적 시대에 그 이름을 길이 남기게 될 이 도시 알렉산드리아에 관해서, 알렉산드로스는 천재적인 직관에 따라 설립을 명했을 뿐 아니라 그 자신이 당시 태동하던 새로운 도시 계획 요구에 따라 직접 규모를 결정하고 설계 방향까지 지시했다. 또한 그는 파로스 섬 해안에도 둑을 건설하도록 명령함으로써 두 개의 항구를 고안해냈다.

다리우스의 죽음

기원전 331년 봄, 이집트 체류 기간 중에 떠오른 새로운 구상으로 한껏 고양된 알렉산드로스는 다리우스 추격을 재개했다. 그는 메소포타미아와 페르시아 구(舊)제국의 주요 도시 정벌에 나섰다. 그는 조상인 아킬레우스만큼이나 발이 빨랐다. 게다가 한창 기운이 팔팔한 스물다섯 살이었다.

튀루스를 다시 지나가면서 그는 위대한 조상 헤라클레스에게 엄청난 봉헌물을 바쳤으며, 대대적인 체육, 음악 제전을 개최했고, 비극 작품들을 무대에 올렸다. 이 모두가 바르바로스들에게 그리스 문명이 빚은 가장 고귀하고 완벽한 열매들을 제공한다는 자부심으로 가득 찬 행동이었다. 알렉산드로스는 이와 똑같은 일을 이집트에서도 벌임으로써 수천 년 역사를 자랑하는 고도(古都) 멤피스에서 이제까지 경험할 수 없었던 야심차고 놀라운 융합을 시도했다. 약관 스물다

섯의 새파란 바르바로스 젊은이에게 그리스 비극은 풋과일의 새콤한 맛을 지니고 있었다고나 할까.

튀루스에서 이런 식으로 일종의 여흥을 즐긴 그는 다시금 본연의 자세, 즉 정복자로 돌아갔다. 그는 군대를 이끌고 유프라테스 강을 건너고 티그리스 강도 건넜다. 잇수스 전투 이후 가졌던 충분한 휴지기 동안 다리우스는 박트리아, 소그디아나, 칼데아, 아르메니아, 메디아 산악 지대 등 제국에서 아득하게 멀리 떨어진 곳으로부터 군사들을 모집했으며, 인도인들과 그곳 코끼리들까지도 불러들였다. 다리우스 왕은 이렇게 모은 대군을 대평원에 집결시켰다. 알렉산드로스의 군대를 포위하고도 남을 만큼 너른 이 지역은 아르벨라에서 그리 멀지 않은 가우가멜라 평원이었다. 아리아누스는 다리우스 대군의 규모를 기병 4만에 보병 100만 정도로 추정한다. 엄청난 수의 병사 외에 전쟁 역사상 가장 오래된 탱크들, 즉 이미 못쓰게 된 낫으로 무장한 200대의 수레도 있었다. 그리스 병사들은 대열을 열어 이 수레들을 그냥 지나가게 하거나, 수레를 끄는 말들의 고삐를 잡아당겨 그 위에 탄 수레병들을 떨어뜨리는 전술을 구사했다.

다시 한 번 기병대의 선두에 선 알렉산드로스는 이 믿을 수 없을 정도로 많은 병사들의 심장부를 뚫고 나가면서 격렬한 백병전을 펼쳤다. 잠시 저항하는 듯하던 페르시아군의 사기가 떨어지면서 전투는 또다시 알렉산드로스의 승리로 끝났다. 결과는 참담했다. 마케도니아 쪽에서는 불과 100여 명의 사망자가 나온 데 비해 페르시아 쪽에서는 수십만 명의 병사가 목숨을 잃었다.

이로써 역사는 뒤바뀌었다.

다리우스는 산속으로 자취를 감추어버렸다. 올륌피아스의 아들은

페르세폴리스의 폐허. 아파다나(접견궁).
사진 안쪽으로 다리우스와 그의 뒤를 이어 왕위에 오른 크세르크세스의 궁이 보인다. 로제 비올레 사진, 파리.

이제 여자들의 환호를 받으며 바빌론에 입성했다. 그는 아시아의 왕이라는 칭호를 얻었다. 콧대 높던 수사, 전설적인 보물들을 간직한 페르세폴리스, 성스러운 파사르가다이, 에크바타나 등의 다른 도시들도 승자에게 머리를 조아렸다. 아이스퀼로스의 시 덕분에 그리스인들의 귀에도 익숙하게 들렸던 이 이름들을 이제 병사들은 자신들의 신발에 묻은 먼지와 더불어 몸으로 새롭게 익혔다.

알렉산드로스는 축제 분위기에 휩싸인 그의 군대에게 이 도시들 중 하나를 마음대로 약탈하고 불 질러도 좋다는 이해하기 어려운 훈령을 내렸다. 화려한 궁궐들, 특히 100개의 기둥으로 유명한 연회장 아파다나, 지천으로 쌓여 있는 금은보화와 더불어 부의 상징이었던 페르세폴리스(페르시아어로는 파르사)는 이렇게 해서 화염 속으로 사라져버렸다. 그리스를 침략해서 마라톤 전투를 벌였으며, 기원전 480년 살라미스 해전의 영광스러운 승리로 아테나이를 함락시켜 불을 지른 페르시아군은 번번이 이 도시에서 출발했다. 알렉산드로스는 그리스인들이 지켜보는 가운데 하늘의 정의를 구현하는 자의 역할을 기꺼이 수행한 것이다. 병사들에게 페르세폴리스의 약탈을 허용함으로써 그들에게 지나온 세월, 그러니까 펠로폰네소스 전쟁 이후 줄곧 그리스 전체를 동요로 몰아넣던 페르시아인들의 적대행위로 인해 그리스인들이 겪어야 했던 어려운 시절에 대해 보상을 해준 셈이었다.*

…… 그건 그렇다 치고, 우리는 이 다혈질적이고 정념에 휘둘리는 본성을 지닌 존재가 매 순간 벌이는 일들에 대해서 매번 합리적인 설

---

* 오늘날 파르사는 다시 일어났으며, 아파다나는 과거의 찬란함을 되찾게 해달라고 요구하고 있다. 독자들은 지금까지 한 번도 출판된 적이 없으며 이 책에 처음으로 수록된 몇몇 사진들을 통해서 고고학 발굴 현장의 모습을 살펴볼 수 있을 것이다.

페르세폴리스의 폐허.
높이가 무려 20미터(현재는 18미터)나 되는 36개의 기둥. 로제 비올레 사진, 파리.

명을 찾아내야만 하는 것일까?

다리우스는 여전히 도주 중이었다. 그는 메디아에서 카스피해 관문을 지났다. 알렉산드로스는 산과 사막을 가로질러 미친 듯이 질주하면서 그를 추격했다. 이따금씩 밤낮없이 말을 달리기도 했다. 마침내 달아나는 다리우스를 따라잡게 되었을 때, 모두에게서 버림받은 다리우스는 변함없이 충실한 개와 더불어 길가에 쓰러져 있었다. 사트라프 중 한 명에 의해 살해당한 것이었다. 알렉산드로스는 비록 적장이었으나 그의 비참한 최후를 애통해 마지않았다. 살해범을 잡아 모진 고통 속에서 죽게 한 다음, 제왕에 합당한 예를 다해 다리우스를 조상들의 묘에 묻어주었다(기원전 330년).

동쪽으로 진군, 인도까지 가다

그 후로도 알렉산드로스는 계속해서 동쪽으로 진군해나갔다. 그는 카스피해 동쪽, 인도 북쪽에 있는 나라들, 오늘날에는 투르키스탄, 아프가니스탄, 벨루치스탄이라고 부르지만 예전엔 각각 마르기아나, 박트리아나, 소그디아나라고 부르던 나라들을 정복하느라 3년을 보냈다. 알렉산드로스는 그 지역에 여러 개의 알렉산드리아를 세웠으며 그중에서 몇몇(후잔트, 사마르칸트, 헤라트, 칸다하르)은 오늘날까지도 이 지역의 모태 역할을 하고 있다. 일반적으로 알렉산드로스는 70개의 도시를 세웠다고 전해진다. 하지만 이는 상당히 과장된 것으로 보인다(도대체 그 도시들의 목록이 있기는 한가? 또 만일 있다면 누가 그것을 보았단 말인가?). 최대로 잡아 16개 정도가 설득력 있는 숫자일 것이다. 실제로 그 먼 곳까지 가본 그리스인은 그때까지 한 명도 없었다. 알렉산드로스는 "지구의 동쪽 끝까지" 가고자 꿈꾸었다. 그러므로 그는 지치지도 않고 진군을 계속했으며, 그의 뒤를 잇는 후계자들도 그렇게 했다…….

그런데 그가 새로 정복한 곳의 의식주와 풍습에 적응해가면서 점점 '동양화' 되어가자 그와 동행한 그리스인들과 병사들은 이를 몹시 못마땅하게 생각했다. 이제 알렉산드로스는 새로운 땅을 정복하고 새로운 도시들, 즉 새로운 공간을 만들어내는 데에만 혈안이 된 것이 아니라 과거, 즉 그의 백성이 된 민족들의 역사까지도 정복하려 들었다. 요컨대 그는 시간마저도 자기 것으로 만들어 자신이 대표가 되는 왕조를 다시금 세우려는 꿈을 키웠다. 그는 열심히 찾은 끝에 파사르가다이에서 위대한 조상인 퀴루스 왕의 무덤을 발견했다. 그는 불경한 손들에 의해 훼손된 묘비명을 읽은 다음 이를 복구시켰다. 묘비에는 "나는 퀴루스다. 나는 페르시아인들을 위해 이 제국을 정복했으며 아시아의 왕으로 군림했다. 나의 기억에 불과한 이 묘를 부러워하지 마라." 알렉산드로스는 묘비명과 묘의 복원을 위해 명확한 지침을 내렸다. 시시콜콜한 세부 사항에 이르기까지 매우 상세한 이 지시 사항은 삶과 죽음을 넘어서 가장 위대했던 선배와 알렉산드로스를 하나로 묶어주는 우애의 상징이라고 하겠다.

알렉산드로스는 곧 또다시 공간 정복의 야욕에 사로잡힌다. 소그디아나(현재 우즈베키스탄의 사마르칸트 인근 지역)에 머물면서, 남쪽에 위치하여 인도(부와 진기함의 나라, 디오뉘소스와 무녀들이 정복한 나라, 그의 조상인 헤라클레스가 정복한 나라)와 경계를 이루는 천연의 요새 힌두쿠시를 바라보았다. 상당히 많은 수의 병력을 소집한 그는 기원전 327년에 마침내 험준한 산들이 줄줄이 이어지는 산맥을 넘어 인더스 강 상

류에 위치한 한 지류가 흐르는 계곡 유역에 도착한다. 그곳에 이 강과 같은 이름의 도시를 세우니, 바로 카불이다. 나무에 매달린 원숭이들이 인간들을 비웃어대는 곳이었다. 카피사의 간다라에서 그는 인도의 심장부와 만난다. 브라만들에 의해 고무된 힌두인들은 격렬하게 저항했다. 대륙만큼이나 광대한 이 신세계에서는 간단히 풀리는 일이라고는 없었다. 포루스 왕은 전투를 청했다. 그의 군대는 200마리의 코끼리들을 투입해서 마케도니아 기병대를 태운 말들을 혼비백산하게 만들었다. 그리스 사수들이 화살로 코끼리 조련사들을 쏘자, 흥분한 코끼리들은 적군보다 오히려 힌두인들을 더 많이 짓뭉개버렸다. 결국 포루스 왕은 항복했다. 승자가 된 알렉산드로스는 여전히 기사도 정신에 입각하여 포루스를 왕으로 깍듯하게 예우했으며 서로 친구가 되었다.

그리스 인본주의와 불교 인본주의의 만남

그리스와 인도의 만남은 세계사의 관점에서 볼 때 대단히 중요한 사건이다. 고대사가 낳은 세 가지 인본주의 가운데 두 가지, 즉 그리스 인본주의와 불교식 인본주의(처음엔 브라만식 인본주의)의 만남이기 때문이다.

뛰어난 현자, 곧 붓다가 될 샤카무니의 가르침은 마침 알렉산드로스가 그곳에 당도했을 무렵 인도로부터 확산되기 시작했다. 그 가르침은 당시는 물론 모든 시대를 초월하여 힌두인들의 영혼에 깃들어 있었던 종교적 경향, 불교가 그 경향들을 하나로 융합하여 꽃피운 이후로도 줄곧 불교에 의해 완전히 대체되지 않고 그 주변에서 살아남게 될 경향에 화답하는 것이었다. 불교가 지닌 금욕적인 특성은 소크라테스로부터 파생되어 그리스에서 확산되기 시작하여 알렉산드로스 시대에 이미 견유학파(냉소적인 걸인들은 물론 소위 냉소적 '노동의 영웅들'이라고 불리던 자들을 모두 포함하여 일컫는 말)와 더불어 만개했던 금욕주의와 희한하게도 잘 어울렸다. 이 경향은 또한 플라톤의 금욕주의와도 썩 잘 결합했다.

알렉산드로스는 인도에서 금욕수행자들을 만났다. 그는 자신의 면전에서 이들에게 질문을 하도록 하기도 했다. 이들로부터 얻은 몇몇 답변은 희한하게도 매우, 어쩌면 지나칠 정도로 그리스적이었다. 다시 말해서 소피스트들의 사고 형태인 역설법과 닮아 있었다. 가령, 알렉산드로스가 "인간이 사랑받을 수 있는 가장 확실한 수단은 무엇인가?"라고 물으면 수행자들 중의 한 사람이 "모든 이들 가운데에서 가장 권능 있는 자가 된 후에도 두려움의 대상이 되지 않는 자"라고 대답하는 식이었다. 이는 독재자에 관해서 그리스인들이 줄기차게 벌이던 토론에서 튀어나온 것 같은 답변이었다. 그리고 알렉산드로스 자신이 운명에 대항해서 벌이는 토론에도 아주 잘 들어맞는 답변이었다.

알렉산드로스는 인도에서 또 다른 현자들, 또 다른 고행자들도 만났다. 벌거벗은 채로 풀밭에서 토론을 벌이는 이들은 품위를 잃지 않고 젊은 왕에게 소크라테스나 퓌타고라스, 디오게네스와 버금가는 권위를 가지고 말했다. 이들의 좌장으로 보이는 단다미스라고 하는 자는 "아무것도 필요로 하지 않으며, 아무것도 지니지 않은 데 대해서 아무런 두려움이 없다"고 당당하게 말했다. "평생 동안 과일 열매를 맺는 인도의 대지만 있으면 그것으로 충분했다. 죽고 난 후에는

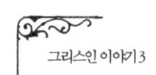

번거로운 동반자인 육체로부터 해방될 것이다"라는 말도 덧붙였다. 이들이 구사하는 언어는 알렉산드로스 안에 내재되어 있는 '자유로운 인간'을 일깨웠다고 아리아누스는 기술한다.

젊은 왕은 또한 칼뤼아나(그리스식으로는 칼라노스라고 하며, 브라만을 뜻한다)라는 이름을 가진 고행자에게 커다란 애착을 보였다. 죽을 날이 가까워오는 것을 느낀 그의 요청에 따라 알렉산드로스는 장작더미를 쌓게 했다. 이윽고 장작더미에 올라간 칼뤼아나는 놀란 군대가 지켜보는 가운데 한마디 탄식도 없이 불꽃 속에서 타죽었다. 친구의 자발적인 죽음을 차마 지켜볼 수 없었던 알렉산드로스는 그 자리에 참석하지 않았다. 그로부터 상당한 세월이 흐른 후 기독교의 제사장에서 견유 철학자로 변신한 수수께끼 같은 인물인 페레그리노스가 올륌피아에서 이와 똑같은 방식으로 죽음을 택한다.

이렇듯 알렉산드로스가 인도를 지날 무렵에는 그리스식 지혜와 힌두식 지혜가 마주치고 있었다.

알렉산드로스가 죽고 제국이 붕괴된 후에도 그의 동방 원정에서 비롯된 인도와 페르시아, 그리고 그리스 사이의 상업적, 문화적 접촉은 단절되지 않았으며, 시간이 지남에 따라 그의 후계자들에 의해서 오히려 강화되었다. 알렉산드로스 생전에도 이미 그의 지시에 따라 네아르코스가 인더스 강 물길을 상류에서부터 하류까지 탐사했으며, 오만 해와 페르시아 만의 동부 연안 탐사도 수행했다.

알렉산드로스가 세운 제국의 붕괴와 더불어 그의 아시아 후계자, 즉 셀레우코스 가문이 이어받은 여전히 광대한 제국마저 와해될 무렵, 하나의 그리스 왕국이 그 동쪽 끝, 곧 박트리아와 소그디아나에 세워졌다. 알렉산드로스 사후 70년째 되던 해의 일로서, 이 지역을 통치하던 그리스 출신 사트라프 디오도토스 1세가 최초의 군주로 군림하여 그리스인, 이란인, 파르티아인들로 구성된 백성들을 다스렸다. 박트리아(마케도니아 제국이 세운 여러 개의 알렉산드리아 중 하나)의 요새가 왕국의 수도였다. 중앙아시아 중심부에 자리 잡은 이 왕국을 통치한 군주들은 시베리아 초원 주변에서 그리스의 문명을 이어갔다. 이들 중 한 명은 알렉산드로스의 힌두쿠시 원정의 출발점이 되었던 카불 계곡의 재탈환을 시도하기도 했다.

그리스의 왕족이며 알렉산드로스의 후계자들인 이들은 자신들이 건립한 왕국의 궁정에서 그리스어와 그리스 관습을 이어나갔으며, 인도의 중심부인 카피사 주와 간다라 주에서 그리스 문명을 가꾸었다. 이러한 노력은 서기 1세기 초엽까지도 계속되었다. 이것이 바로 우리 박물관들에서 적지 않은 부처와 보살(석가모니가 되기 전의 부처를 부르는 말)들은 물론, 오랫동안 그리스-불교 예술이라고 불리던 방식으로 제작된 신과 악마의 상들을 볼 수 있는 까닭이다. 일부 학자들은 최근 들어 소련에서 진행된 발굴 작업을 근거로 하여 이 그리스-불교 예술의 존재에 대해 의문을 제기하기 시작했다. 그들은 그리스-불교 예술이라는 용어 대신 이란-파르티아-불교 예술이라는 용어를 선호한다. 하지만 내가 보기에는 여전히 그리스-불교 예술이라는 용어가 사용될 것이며, 기메 박물관에 전시된 수많은 힌두 형상들이 뿜어내는 '매력적인'(강력한 의미에서) 평온함에 마음이 사로잡히는 문외한의 한 사람으로서, 나는 이들이 보여주는 아폴론이나 아프로디테를 약간 닮은 듯한 인상으로 미루어 그리스 조각이 확실히 인도 고대 예술에 영향을 미쳤음을 믿으려 한다. 잔잔한 미소나 형언하기 어려운 매력이 어느 특정 민족의 전유물도 아니고, 모든 인간의

그리스-불교의 혼합 예술. 아프가니스탄의 하다에서 출토된 불상. 파리, 기메 박물관.

입술에서 그 같은 미소를 만날 수 있지 않겠는가.

그런데 인도 북부까지 이어지는 이 박트리아의 그리스 왕국, 알렉산드로스도 어렵게 정복했던 이 소그디아나에서, 세상 끝 같은 이곳, 이 파미르 고원에서 길을 잃은 그리스인의 시선이 예컨대 동쪽을 향한다면(알렉산드리아 에스카타, 즉 마지막 알렉산드리아, 알렉산드리아-후잔트), 그 시선은 거대한 산악 지대 톈산(天山)에 부딪히게 될 것이다. 톈산 너머에는 그때까지만 해도 아직 반쯤 잠이 든 상태로 중국이라는 세계, 서방에는 전혀 알려지지 않은 가장 오래된 인본주의, 즉 중국 인본주의가 숨 쉬고 있었다.

톈산 남쪽으로 머지않아 알렉산드로스의 시대가 종말을 고할 무렵, 오아시스로 점철된 저 유명한 비단길이 이어지게 될 것이었다. 로마의 우아한 미녀들이 중국으로부터 비단을 들여와 속이 훤히 비치는 옷, 풍자 시인 유베날리스에 의해 빛이 바랜 그 옷들을 만들어 입게 될 것이었다. 동방과 서방의 물자 교류는 파미르 고원을 통해서 이루어졌다. 알렉산드로스는 그의 원정을 통해서 누구보다도 먼저 그리스 상품들이 투르드피에르(돌로 지어진 탑을 뜻하는데, 현재의 타스쿠르간 또는 타슈켄트[두 지명 모두 돌로 된 성채를 뜻한다]를 가리키는 지명으로 보인다—옮긴이)에서 중국 상인들을 만날 수 있는 길을 열어주었다. 이로써 고대 세계는 최초로 하나가 되었다.

임시로 인더스 강 지역을 복종시킴으로써 알렉산드로스는 일단 원정의 끝에 도달했다. 물론 이곳이 그의 의지가 정해놓은 끝은 아니었다. 그는 이보다 더 멀리까지 가기를 원했다. 인더스 강에 도착하기 전에는 갠지스 강이 그에겐 약속의 땅이었다.

그는 이곳쯤에서 유럽으로 돌아가려고 생각했다. 인도양이라는 바다의 존재를 알지 못했던 그는 나일 강과 이집트를 통해서 자신의 출발지였던 마케도니아에 돌아갈 수 있으리라고 상상했다. 하지만 유럽 출신 병사들(그리스인과 마케도니아인)은 그를 따르기를 거부했다. 이들 중에서 상당히 많은 수가 무려 8년 반 동안 그를 따라 1만 8천 킬로미터(거의 지구 반 바퀴)를 주파했다. 더구나 다섯 개의 강 지역, 즉 펀자브 지역의 들판에서 열대 계절풍이 몰고 오는 폭우를 맞아가며 행군하고 전투를 계속한 지 70일째였다. 알렉산드로스는 이틀 동안 막사 안에서 혼자 고심했다. 그러고는 군대에게 고국으로 돌아간다고 선언했다. 올림포스의 신들을 위한 열두 개의 제단과 청동 기둥 한 개가 세워졌다. 기둥 위에는 "알렉산드로스는 여기에서 멈추었다"라고 새겨 넣었다(기원전 327년).

그리스인과 이민족의 통합을 꿈꾸다

여러 해가 지났다. 하지만 아주 여러 해는 아니었다(운명이란 초라하다). 알렉산드로스는 바빌론으로 돌아와서 제국을 조직했다. 그는 자기에게 맞는 나름대로의 통치 방식을 안착시켰다.

얼마 전부터 그의 뇌리를 떠나지 않는 생각이 있었다. 그 생각은 점점 더 깊숙하게 그의 마음을 파고들었다. 제우스-암몬의 신탁을 들었을 때 떠오른 생각일 수도 있었다. 마케도니아의 왕, 그리스인들의 수호자, 이집트의 파라오, 아시아의 왕, 이 모든 칭호는 백성들이 알렉산드로스에게 준 것이었다. 하지만 그렇다고 해서 그가 여기에서는 이런 방식으로, 저기에서는 저런 방식으로 통치를 한다는 건 말이 안 됐다. 알렉산드로스는 어디에서나 알렉산드로스여야 했으며, 자신에게 속한 모든 지역, 즉 알려진 세 개의 대륙에서 똑같고 유일한 알렉산드로스여야 했다. 그는 자신을 통해서, 자신 안에서 자신이 정복했으며 자신에게 복종하는 모든 민족의 통합이 이루어지기를 원했다. 그는 이들 민족 사이에 화합이 지배하기를 원했다. 그리스인들과 바르바로스들 사이의 화합.

왕의 개인적인 권력 덕분에 이루어지는 화합 속에서, 화합에 의해서 민족의 통합을 이룬다. 이 생각은 얼핏 보기에 완전히 정치적이며, 전혀 독창적이랄 것도 없는 것 같다. 하지만 당시 그리스에서는 완전히 새로운 생각이었으며, 점차 쇠퇴해가고 있는(아니, 좀 더 정확하게 말하자면, 균형점을 찾지 못하고 있었다고 할 수 있다) 도시국가 체제를 넘어설 수 있는 획기적인 발상이었다.

알렉산드로스에게 통합이라는 말은 서로 다른 민족들을 하나로 만들며, 이들, 즉 그리스인들과 바르바로스들을 서로 화해시키는 것을 의미했다. 그리스적인 사고에 젖어 있던 사람에게는 지극히 새로운 제안이었다.

그리스식으로 교육받은 왕이 바르바로스들과 원주민들에게 신뢰와 우정을 표하며, 페르시아의 가장 고귀한 귀족들을 자신의 궁정에 초대해 함께 식사를 하고, 그들에게 행정이나 군사 분야의 요직을 맡기는 것에 대해서 마케도니아인들은 물론 그리스인들까지도 못마땅하게 여겼다. 아니, 못마땅하게 여기거나 비웃거나 둘 중 하나였다. 말하자면 보자 보자 하니 왕이 해도 해도 너무 한다는 식이었다. 왕은 동양풍으로 옷을 입었으며, 제왕 앞에서 깊이 몸을 숙이는 동양식 예법을 즐겼다. 그리스 출신 백성들은 그것이 허영심의 발로인지 정치

적 계산인지 알고 싶어했다. 그리스인들이 바르바로스 앞에서 무릎을 끓는 것을 보고 과연 웃어야 할지 울어야 할지?

이도 저도 아니라면 항거를 해야 마땅할 것인가? 왕을 살해하자는 음모가 결성되고 계책들이 꾸며졌다. 알렉산드로스가 왕의 친위대에 페르시아 제후의 아들들도 선발하겠노라고 하자 마케도니아인들의 참았던 분노는 드디어 폭동으로 표면화되었다. 알렉산드로스는 이러 저러한 음모를 엄격하게 진압했다. 특히 어린 시절부터 친구였던 필로타스가 가담했다고 판단한 음모의 경우가 그러했다. 하지만 이는 그의 오판이었던 것으로 보인다. 화가 머리끝까지 난 알렉산드로스는 분을 이기지 못하고, 본인의 말은 들어보지도 않은 채, 몇몇 의심스러운 정황만을 가지고, 필로타스의 부친이며 필립포스의 오랜 친구이자 알렉산드로스 자신의 충성스러운 부하였던 파르메니온 장군을 처형하라고 명령했다. 조금이라도 비웃는 듯한 투로 말하면 왕권에 대한 모욕으로 받아들이는 예민한 기질에 취기가 더해져서 이성과 우정보다 더 큰 목소리를 낸 탓이었다. 자신을 길러준 유모의 동생이며, 그라니코스 전투에서 자신의 목숨을 구해준 친구 클레이토스가 되는 대로 떠벌린 말이 두 번이나 그에게 크나큰 모욕을 가했다는 이유로 창을 던져 죽여버렸을 땐 두 사람 모두 만취 상태였다.

필로타스와 클레이토스. 두 사람은 왕의 절친한 친구이면서 동시에 바르바로스를 감싸안는 왕의 취향을 대놓고 불명예스럽다고 비난한 적이었다!

솔직히 말해서, 알렉산드로스 통치 말년에는 그리스인도 마케도니아인도 그의 남다른 태도가 지니는 의미를 이해하지 못했다. 마케도니아 귀족들은 왕을 동료로 대하는 데 익숙한 사람들이었다.

그리스인들로 말하자면 자신들의 주군이 패배한 민족, 더구나 그리스 민족도 아닌 바르바로스들을 우애로 대하는 것을 볼 때마다 모욕을 느꼈다.

그의 행동을 어떻게 이해해야 할 것인가? 허영심이라고 해야 할까? 아니, 그렇지 않다. 허영심이라면 아마도 손톱만큼이나 될까 말까 할 정도일 테니 얼마든지 양해 가능하다. 그보다는 위대함의 절정에 도달한 자에게서 나타나는 지극히 정당한 자만심이라는 편이 더 적절해 보인다. 한편 복장에 관해서 말하자면, 플루타르코스는 알렉산드로스가 메디아의 옷은 입지 않고 페르시아 옷을 입었다고 전한다. "페르시아 복식은 메디아의 복식보다 훨씬 간소하고 검소하다……. 바르바로스 복식에서 지나치게 장식적이거나 지나치게 엄숙한 것, 비극적인 요소들은 모두 배제했다……. 그는 반은 페르시아식, 반은 마케도니아식으로 이루어진 복식을 채택했다……."

정치적인 배려였을까? 틀림없이 그런 면도 작용했을 것이다. 하지만 그것만으로는 설명이 충분하지 않다. 도대체 이 새로운 정책은 어디에서 기인한 것일까?

우리는 우선 알렉산드로스는 그리스인이 아니며, 따라서 그는 인간이 태어날 때부터 두 부류, 즉 그리스인과 그리스인들이 바르바로스라고 부르는 비그리스인으로 나뉘어 있다는 사실을 진리인 양 받아들일 이유가 없었다는 점을 이해해야 한다. 이 구분은, 데모스테네스를 비롯한 여러 인사들의 주장으로 미루어볼 때, 세계의 주인인 알렉산드로스를 바르바로스로 만든다.

알렉산드로스는 바르바로스인가? 그 자신도 이 문제를 제기했다. 그렇게 하지 않을 수가 없었다. 그는 그리스인과 바르바로스의 평등

과 우애(얼마 전부터 알렉산드로스 연구자들이 애용하는 용어를 사용하자면 형제애)를 주장함으로써 이 문제에 대한 대답을 대신했다. 알렉산드로스는 처음엔 스스로도 잘 모르는 상태에서 시작했지만, 재위 기간 내내 이 형제애를 확산시키기 위해 주력했다.

그런데 도대체 바르바로스란 누구인가? 이 용어는 원래 그리스어를 못하는 사람, 목에서 "바르-바르-바르" 소리를 내는 사람, 다시 말해서 짐승의 울음처럼 이해할 수 없는 언어로 말하는 사람을 가리킨다.

그런데 기원전 5세기 무렵부터는, 아니 그보다 더 오래전부터, 알렉산드로스도 알고 있는 이 본래적인 의미에 새로운 의미가 첨가되었으며, 기원전 4세기에는 특히 데모스테네스와 더불어 이 새로운 의미가 한층 명확해졌다. 따라서 알렉산드로스도 이를 몰랐을 리 만무하다. 새로운 의미에 따르면, 바르바로스는 비그리스인일 뿐 아니라 이방인, 상스럽고 무식한 저급한 존재, 아예 노예로 태어난 존재들이었다.

바르바로스에 대한 이 같은 '인종차별적인' 의미는 플라톤의 저작에서도 뚜렷하게 드러난다. 《국가》의 저자에게 바르바로스는 '천성적으로' 적이었다. 우리가 그들에게 가지는 증오심은 '자연스러운' 것이며, 따라서 전쟁을 해서 그들을 모두 말살시켜야 한다고 그는 주장했다. 한편 아리스토텔레스, 즉 알렉산드로스의 정신적 스승에게 바르바로스는 '천성적으로' 그럴 뿐 아니라 '천성적으로' 노예였다.

플루타르코스가 소개하는 아리스토텔레스가 알렉산드로스에게 보낸 편지를 보면, 스승은 제자에게 "그리스인들은 아버지로서 대하고, 바르바로스들은 주인으로서 대하라. 그리스인들은 친구와 가족으로 대하고, 바르바로스들은 동물이나 식물을 이용하듯이 이용하라"고 충고한다.

그런데 알렉산드로스는 이 문제에 대해서는 단호하게 스승의 의견에 저항한다. 그는 우리가 그리스인이거나 바르바로스인 것은 절대 '천성적'으로 그런 것이 아니라고 확고하게 믿는다. 이 문제에 있어서 출생과 혈연은 전혀 중요하지 않다. 다만 '문화'에 의해서 그렇게 되는 것이라고 생각했다.

알렉산드로스는 모든 사람들에게 아무런 차별 없이 주어지던, 호메로스에서 아리스토파네스로 이어지는 그리스의 숭고한 인본주의 분위기 속에서 자라났다. 바꿔 말하면 기원전 5세기 말엽에서 4세기로 이어지는 무렵에 태동한 민족주의 이전 시대의 인본주의를 자양분 삼아 성장한 세대였다.

페르시아 정복자인 그가 처음부터 끝까지 인간의 모든 행동에 대한 호의, "그리스인들과 바르바로스들의 놀랄 만한 행동"에 대한 기록으로 유명한 헤로도토스의 저작을 몰랐다고 생각할 수 있을까? 헤로도토스의 호기심과 즐거움, 열정은 인간 지성의 결정판이나 에너지 넘치는 활약상, 여러 나라와 민족의 진기한 풍습과 만날 때마다 자유롭게 폭발한다(그렇기 때문에 플루타르코스와 동시대인들은 헤로도토스를 모욕적인 의미에서의 야만인 애호가 philobarbaros로 취급했다).

플루타르코스의 말대로라면, 아시아 고원 지대까지 아테나이의 3대 비극 시인들의 작품을 가지고 오게 한 이 페르시아 정복자가 아이스킬로스의 《페르시아인들》이라는 작품을 열 번 이상 읽지 않았다고 믿어야 할 것인가? 이 작품은 흔히 알고 있는 것처럼 아테나이가 살라미스 해전에서 거둔 승리를 주제로 한다기보다 살라미스 해전의 패

배, 즉 페르시아 백성들과 왕이 아테나이 앞바다에서 겪은 불행을 주제로 삼고 있다. 살라미스 해전에 병사로 참가했던 아이스퀼로스는 침략자들에 의해 불타는 아테나이, 뿌리째 뽑혀나간 올리브나무와 포도 덩굴 한가운데에서 페르시아인들에 대한 연민을 주제로 한 비극을 써서 그리스인들의 심장이 패배한 페르시아인들이 흘리는 피눈물과 하나가 되어 뛰게 했다……. 아리스토파네스는 포위당한 아테나이에서 제국주의적인 궤변이 몰아오는 분기탱천한 동요에 맞서서 패배주의적인 희극을 무대에 올림으로써 가시 있는 웃음 폭탄을 선사했으며, 정치 논쟁과 모욕적인 언사들이 난무하는 진흙탕 속에서 지고한 평화에의 염원, 친구와 적 모두를 위한 평화, 시와 인본주의가 안겨주는 빛나는 평화의 꿈을 전파했다……. 투퀴디데스는 조국의 힘을 산산조각 내는 세계대전이라는 갈등을 넘어서 진실의 견고한 성채를 쌓아올렸다. 그 성채에 올라서서 바라보는 그의 시선은 정념과 온갖 사고의 바다를 굽어보았으며, 미래를 위해 영원한 법칙을 염원했다…….

이것이 알렉산드로스의 생각과 행동에 자양분을 제공한 인본주의, 모든 인간을 향한 그의 사랑이 뿌리 내린 인본주의였다…….

그렇다면 호메로스는? 알렉산드로스는 《일리아스》를 미치도록 좋아했다. 그는 저녁이면 잠들기 전에 《일리아스》를 읽고 또 읽었다. 머리맡에 칼과 함께 놓고 잘 정도였다. 이 죽음의 시를 가득 채우고 있는 인간에 대한 격렬하고 역설적인 긍정으로 무장한 알렉산드로스, 전쟁터에서 수없이 많은 사람의 목숨을 빼앗았던 그가 아킬레우스가 뤼카온을 내려치면서 한 말("그러니 이제 죽거라, 친구여, 너보다 훨씬 나은 파트로클로스도 죽었다.")을 떠올리지 않았다고는 상상할 수 없다.

죽음을 선사하는 몸짓 속에까지 스며 있는 우정의 흔적은 죽음을 맞이해야 할 공동의 필요에 직면하여 모든 인간, 그리스인과 비그리스인, 적과 친구를 하나의 공동체 안에서 결합시키는 형제애의 매우 특별한 표시가 아닐까?

그런데 알렉산드로스 혼자만 호메로스를 그처럼 열심히 읽었을까? 어쨌거나 '인종차별'이라는 주제에 관해서 앞에서 인용한 플라톤이나 아리스토텔레스의 의견은 당시 그리스의 보편적인 사고를 대변한다. 국수적인 민족주의의 열병이 그리스를 뒤덮고 있었던 것이다. 시인들도 예외는 아니었다. 에우리피데스는 《아울리스의 이피게네이아》에서 자신의 희생을 정당화하려는 아가멤논의 가엾은 딸의 입에서 다음과 같은 끔찍한 구절을 끌어낸다.

"바르바로스는 노예가 되기 위해서 태어났으며, 그리스인은 자유를 위해 태어났죠."

그리스인-바르바로스의 반목은 더 이상 토론할 여지도 없고 증명할 여지도 없는 일종의 공리(公理)가 되어버린 상태였다. 하지만 알렉산드로스는 행동과 확고한 의도로써 여기에 반기를 들었다. 이 점에 대해서는 플루타르코스의 지적이 아주 설득력이 있다. "그의 의도는 불한당 대장이 하듯이 아시아를 헤집고 다니면서 뒤죽박죽으로 만들어놓으려는 것도, 한니발이 이탈리아에서 그랬던 것처럼 약탈하고 노략질 하는 것도 아니었다……. 모든 땅을 이성이 지배하는 살 만한 곳으로 만들며, 모든 인간들을 똑같은 정부의 똑같은 통치(똑같은 나라의)를 받는 시민으로 만들려는 것이 그의 의도였다. 그렇기 때문에 그는 복장까지도 바꾸었던 것이다. 알렉산드로스의 영혼을 속세로 보낸 위대한 신이 그 영혼을 그토록 갑자기 불러들이지 않았다면,

이 세상에는 모든 사람들을 다스리는 단 하나의 법만이 있었을 것이고, 이 세계는 똑같은 빛이 비추는 것처럼 똑같은 정의에 의해 지배되었을 것이다……. 그의 원정의 첫 번째 목표는 그가 진정으로 철학자다운 의도를 가지고 있음을 보여주는 데 있었으며, 달콤하고 푸짐한 부를 정복하는 것과는 거리가 멀었다. 그는 또한 보편적인 평화, 화합, 결합, 그리고 모든 인간들 사이의 원활한 교류를 완성시키고자 했다."

또 이런 대목도 눈에 띈다. "하늘이 이 세계의 개혁가로, 통치가로, 그리고 화해가로 자신을 보냈다고 믿은 그는…… 모든 것을 하나로 집결시킴으로써, 마치 우애라는 하나의 잔 속에 삶과 풍습, 결혼과 생활방식 등을 집어넣어 모두에게 그것을 마시도록 함으로써 모든 사람들에게 그들의 나라가 살 만한 땅이며 그의 군대는 그들을 지키는 성이자 망루이며, 모든 사람들은 서로가 서로에게 가족이며 친지가 되어야 한다고, 오로지 심술궂은 자들만이 이방인이어야 한다고 지시했다."

이처럼 전통으로 굳어버려 그리스인들의 영혼 속에 그리스인과 비그리스인 사이에 뛰어넘을 수 없는 고랑을 파놓는 인종차별론을 알렉산드로스는 역사상 가장 대담하고 풍부한 혁명을 통해서 인본주의라고 하는 새로운 개념으로 대체했다. 인본주의에 따르면 인간들 간에 유일하게 정당하게 존재할 수 있는 차별은 선한 자들과 악한 자들의 차별이었다.

위에 인용한 플루타르코스의 대목이 강조하는 내용, 즉 "그는 스승인 아리스토텔레스가 충고한 대로, 다시 말해서 그리스인들은 아버지로서 대하고 바르바로스들은 주인으로서 대하라는 그 충고대로 행동하지 않았다"에 대해서는 의심할 여지가 없어 보인다. 조금 뒤에 다시 몇몇 사례를 소개할까 한다. 지금으로서는 그 이유를 파악하는 데 집중할 필요가 있다.

이 장에서는 이미 군데군데에서 알렉산드로스가 위대한 장군이자 정치가였을 뿐 아니라, 그가 품고 있던 심오한 의도로 볼 때 대단히 낭만적(이 표현의 시대착오적인 적용을 묵인한다면 말이다)이라고 할 수 있는 동기를 지녔으리라는 암시를 주었다. 간단히 말해서, 필립포스와 올림피아스의 아들 알렉산드로스는 양쪽 부모의 성격을 골고루 이어받았다. 그의 신비주의적인 기질은 세계적인 차원에서 자신이 가지고 있는 비전을 실현했을 때에 비로소 그 존재를 드러냈다.

그리스인과 바르바로스 사이의 구분을 없애는 것이 알렉산드로스가 품고 있던 가장 대담한 꿈이었으며, 이집트 성소에서 은밀하게 신의 부름을 받은 그가 고대 사회, 그가 정복한 두 동강 난 사회의 단일성을 위해 내건 대원칙이었다.

이처럼 신비주의적이며 현실적인 관점에서 알렉산드로스의 사고와 행동을 다시 생각해보면, 우리는 아주 단순하지만 당시로서는 혁신적인 몇 가지 개념에 도달한다. 그 개념들이란 다음과 같다.

신은 모든 인간의 아버지이며, 모든 인간들은 그리스인이건 비그리스인이건 형제들이다. 모든 민족들(최소한 알렉산드로스가 알고 있는 민족들)은 서로에게 같은 감정을 가지고 화합 속에서 살아야 한다. 모든 인간은 수동적인 자세로 왕의 백성이 되어 복종하는 것으로 만족하지 말고, 그와 더불어 제국의 통치에 적극적으로 참여해야 한다.

이 같은 개념들과 그것들이 함축하는 뉘앙스는 화합이라는 대원칙으로 귀결될 수 있을 것이다. 화합이라는 생각 속에는 고대 그리스가

막을 내리는 무렵부터 싹터온 전쟁 없이 살고 싶은 인간의 보편적인 욕망이 담겨 있다.

하지만 좀 더 명확하게 이 의미를 파악하려면, 플루타르코스가 알렉산드로스에 대해서 쓴 그의 대표적 저술의 한 대목에 비추어 앞에서 인용했던 구절들을 되새김질 해보는 것이 좋겠다(나는 아미요 판본 《알렉산드로스 일대기》를 인용한다).

"흔히 말하기를 알렉산드로스는 이집트에서 철학자 프사몬의 강의를 듣기를 원했으며, 그때 들은 말 가운데 신은 모든 것 위에 군림하고, 모든 것을 지배하는 것은 신이며, 따라서 신은 모든 인간의 왕이라는 말을 아주 마음에 들어했다고 한다. 그런데 그는 더 철학적인 이유를 대면서 다음과 같이 말했다. 신은 모든 인간의 공통적인 아버지이지만, 그중에서도 가장 선한 자들을 특히 아끼신다."

여기서 보듯이, "모든 인간의 공통적인 아버지"인 신에게는 존재하지 않는 그리스와 비그리스의 구분이 선한 인간과 그렇지 못한 인간의 구분으로 대체된다. 이처럼 알렉산드로스는 직접적으로 신에 대해 언급했다. 호메로스에 대해서도 언급했다. 그가 구사한 "모든 인간의 공통적인 아버지"라는 표현은 《오뒷세이아》에서 제우스를 "인간과 신의 아버지"라고 부르는 것과 일맥상통하기 때문이다.

요컨대 알렉산드로스는 제우스가 모든 인간의 공통적인 아버지이며, 특히 덕을 가진 선한 인간들의 아버지라는 생각을 가지고 행동에 임했다. 처음으로, 적어도 서방 세계에서는 처음으로 모든 인간이 형제라는 생각이 비록 간접적으로 표현되었을지언정 표면화되었다고 할 수 있다.

그의 원정 동안 적어도 두 번에 걸쳐서 알렉산드로스는 공개적으로 형제애에 대한 확신과 화합 속에서 모든 인간을 하나로 결합시키겠다는 의지를 천명했다.

두 얼굴: 형제애와 불관용

우리는 귀환 도중 오피스에서 그와 마케도니아 출신 부하들 사이에서 심각한 갈등이 불거졌음을 알고 있다. 군대의 핵심이라고 할 수 있으며, 오랫동안 왕을 보좌해온 친위대조차 알렉산드로스가 베테랑 군사들을 고향으로 돌려보내고, 특히 최정예 군인들로 구성된 친위대를 페르시아인들은 물론 원주민들에게도 개방하는 의중을 도무지 이해할 수 없었다. 그러니 군대 전체가 폭동을 일으켰다. 그들은 바르바로스들과 어깨를 맞대고 전쟁터에서 싸우기를 거부했으며, 그렇게 하느니 차라리 왕을 버리겠노라고 버텼다. 알렉산드로스는 전군을 모아놓고, 이제까지 그가 그들을 위해 해온 일들, 그들이 함께 이루어낸 일들, 앞으로 그들이 함께 이루어야 할 일들을 상기시켰다. 하지만 그의 말을 듣는 병사들 사이에서 비통한 침묵만 흐르자 그는 자신의 내부에서 분기가 솟구치는 것을 느꼈다. 그는 분노에 취하고 지리학적 지식에 취해 연설을 마친다.

"……너희들이 모두 떠나기를 원한다니, 그렇다면 가거라. 돌아가서 너희들의 왕 알렉산드로스, 페르시아와 메디아, 박트리아를 정복하고, 아욱시안, 드란기아나들을 복속시켰으며…… 파르티아, 코라스미아, 휘르카니아에서 카스피해에 이르는 땅을 정복했고, 카스피 관문 너머에 있는 카우카소스를 지났으며, 아무다리야 강과 타나이스 강은 물론, 디오뉘소스만 건넜다는 인더스 강을 건넜고…… 너희

들이 마음만 모았다면 휘파시스 강도 건넜을 것이며, 인더스 강의 두 끝을 통해서 대해(大海)에 도달하였고, 함대가 인도에서 페르시아에 이르는 해안을 지키는 동안 이제까지 아무도 군대를 이끌고 지나간 적이 없었던 게드로시아 사막도 가로지른 그 왕을 수사에 버려두고 너희들만 떠나왔노라고, 너희들의 왕을 패배한 바르바로스들의 손에 맡겨두고 떠나왔노라고 말하라. 자, 이것이 너희들이 돌아가서 전해야 할 말이다. 아마도 너희들의 행동은 인간들의 눈에는 명예스럽고, 신들의 눈에는 거룩하게 보일 수도 있을 것이다! 그러니 떠나라!"

이 무서운 "떠나라"는 말을 끝으로 알렉산드로스는 연단을 떠나, 분에 사로잡힐 때면 늘 그랬듯이, 혼자서 궁 안으로 들어가버렸다. 그가 분에 못 이겨 친구 클레이토스를 죽였을 때도 마찬가지였다. 하지만 오피스에서 이 일이 있고 난 다음다음 날, 침묵과 단식, 일시적 활동 정지에 의해서였거나, 혹은 그를 행동하게 만드는(아, 그는 그의 조상 아킬레우스와 얼마나 닮았는가!) 새로운 무엇인가에 의해서였거나 그는 안정을 되찾았다. "다음다음 날, 그는 페르시아군 정예 병사들을 불러 그들에게 사단의 지휘권을 분배하였으며, 그들에게 왕의 친척이라는 지위를 하사하고 그들에게만 왕에게 입맞춤할 수 있는 자격을 부여했다."

마케도니아인들은 왕(그들이 모든 사람들 가운데 가장 사랑하던 왕)의 연설로 호되게 한 방 얻어맞은 데다, 알렉산드로스가 메디아와 페르시아 정예군에게 새로운 처우를 약속했다는 소식에 절망한 나머지 더 이상 버티지 못했다. 떼를 지어 궁으로 달려간 그들은 간청하는 표시로 무기를 방문 앞에 던져놓은 다음 "알렉산드로스가 그들을 불쌍히 여겨주지 않는다면 밤이고 낮이고 그 자리를 떠나지 않겠노라"고 선언했다. 자, 이렇게 해서 굴곡 많은 그리스의 역사에 끼어든 공적 인물들 가운데 유일하게 연민에 사로잡힐 수 있었던 자의 연민을 얻기 위해 군대는 모두 엎드려 애원하기 시작했다.

알렉산드로스는 궁에서 나와 그를 향한 사랑 때문에 자존심 상하고 망연자실한 그의 군대를 보았다. "그는 엄청난 수의 병사들의 외침과 신음소리를 듣고는 약간의 눈물을 흘렸다. 그가 그들에게 무슨 말인가를 하기 위해 준비하는 동안, 그들은 모두 내내 애원하는 자의 자세로 자리를 지켰다. 그런데 그들 중에서 칼리네스라는 이름을 가진 자가 다음과 같이 발언했다. 그는 연장자였으며 기병대 사단의 지휘를 맡은 자였다. '오, 왕이시여, 마케도니아인들을 고통 속에 몰아넣는 것은, 당신이 페르시아인 몇몇을 당신의 친척으로 임명했으며, 페르시아인들이 알렉산드로스의 친척이라는 자격을 하사받았다는 점입니다. 이제까지 그 같은 명예를 얻은 마케도니아인은 한 명도 없었습니다.' 그러자 알렉산드로스는 그의 말을 멈추게 하고 대답했다. 아주 간단하면서 웅변적인 대답이었다. '아니, 나는 너희들 모두를 나의 친척으로 생각한다. 지금 이 순간부터 나는 너희들 모두에게 그 호칭을 하사하겠다.' 칼리네스는 이 말을 듣고 왕에게 다가와 그에게 입맞추었으며, 원하는 사람들은 모두 그렇게 했다."

알렉산드로스는 신들에게 제사를 지내고, 국적에 상관없이 9천 명을 초대하여 성대한 잔치를 베풀고 자신의 군대와의 화해(마케도니아인, 그리스인, 바르바로스들 간의 화해)를 축하했다. 그는 마케도니아인, 페르시아 사령관, 그 외 군대 서열과 업적에 따라 구분되는 다른 나라 출신들로 에워싸였다. 연회가 계속되는 동안 알렉산드로스는 모두를 대표해서 헌주(獻酒)했다. "그는 신들에게 일반적인 소원을 늘어놓았

다. 특히 화합과 마케도니아인들과 페르시아인들 간의 화목한 지휘권 분배를 빌었다."

알렉산드로스는 이 대목에서 마치 여러 민족의 화해자처럼 보인다. 그는 서로 다른 민족들에게 화합을 선사할 것이며, 제우스로부터 그 임무를 전달받았다. 아니, 좀 더 정확하게 말하면, 시와 오아시스의 성소에서 제우스-암몬으로부터 그 임무를 부여받았다고 할 수 있을 것이다. 그는 이민족들의 관습과 생활을 우애라고 하는 하나의 술잔에 한꺼번에 담았다. 그리고 이민족들에게 권력에 참여할 수 있는 자격을 선사했다. 아리아누스의 기술에서 가장 빈번하게 등장하며, 플루타르코스도 같은 비중으로 애용하는 두 단어가 있다면, 그것은 마음과 생각의 결합, 그리고 권력의 공유였다.

알렉산드로스를 이 같은 관점에서 소개하는 또 다른 대목도 있다. 수사에서 거행된 결혼식 장면이다.

알렉산드로스는 결혼식을 통해서 이민족 간의 피의 결합, 아니 플루타르코스의 표현대로 "자식들의 결합을 통해 두 나라를 하나로 엮어주는 정당한 사랑과 정직한 결혼"을 실천에 옮기려고 시도했다.

수사에는 웅장한 막사가 세워졌다. 바닥에는 동방의 양탄자가 깔렸고, 벽면에는 신비주의적인 장면을 수놓은 천이 드리워졌다. 잔칫상 주위에는 거의 100개의 긴 의자가 주빈들, 그러니까 동방 세계와 서방 세계에서 온 약혼자들을 맞았다. 행렬이 입장했다. 알렉산드로스와 그의 새 부인인 다리우스 3세의 장녀 스타테이라가 선두에서 행렬을 이끌었다. 장군들이 왕과 왕비의 뒤를 이었다. 알렉산드로스의 가장 친한 친구 헤페스티온은 스타테이라의 동생을 부인으로 맞고, 크라테로스는 다리우스 3세의 조카와 결혼하는 날이었다. 요컨대 마케도니아의 귀족 전체가 신들 앞에서 동방 군주들의 딸들과 혼인했으며, 이 결혼을 왕가의 명부에 기록했다. 심지어 소그디아나의 태수로 알렉산드로스의 가장 악착같은 적이었던 스피타메네스의 딸조차도 이 결혼식에서 셀레우코스를 새로운 남편으로 맞았다. 셀레우코스는 알렉산드로스의 후계자들 가운데 가장 강력한 힘을 보유한 자 중의 하나로 군림하게 된다.

알렉산드로스는 이보다 몇 년 전에도 이미 박트리아 귀족의 딸인 록사네와 결혼함으로써 이와 비슷한 결합을 추진했다. 왕이 새 부인을 맞았어도 록사네는 쫓겨나지 않았다. 동방의 일부다처제가 그리스인들 사이에도 뿌리를 내리게 된 것이었다.

막사 밖에도 잔칫상이 마련되어 1만 명의 보병과 해병 장병들과 그들의 아시아 신부들을 대접했다.

수사의 결혼 잔치는 무려 닷새 동안이나 계속되었다. 놀이와 춤, 연극 공연, 음악, 체육 경연 대회 등이 흥을 돋우었다. 아테나이, 쉬라쿠사이, 레스보스의 시인들뿐만 아니라 인도 출신의 곡예사들, 페르시아와 메디아의 기병들, 이란의 점성가들이 하객들에게 즐거움을 선사했다. 이들은 더 이상 승자와 패자가 아니었으며 놀이와 예술(여기에는 후손들이 말하듯이 사랑의 기술도 포함된다)의 기쁨 속에서 하나가 되었다.

이처럼 인간이 할 수 있는 모든 놀이가 질펀하게 한 장소에서 제시된 것은 훗날 여러 세기 동안 알렉산드리아, 페르가몬, 안티오크, 티그리스 강변의 셀레우케이아, 그리고 로마 제국 등 헬레니즘 세계의 중심 도시를 특징지어줄 혼합 문명의 기점이 되었다고 할 수 있다.

대대적인 결혼식, 동방과 서방이 최초로 형제애를 맺는 예식은 기

원전 324년 2월에 거행되었으며, 이는 여러 민족들에게 알렉산드로스가 보편적이고 지속적이기를 바랐던 화합과 우애의 징표였다.

이렇듯 파라오-아시아의 왕-그리스의 수호자-마케도니아의 왕 알렉산드로스는 민족에 따라 다른 식으로 취급하라는 스승 아리스토텔레스의 충고를 철두철미하게 거부했다. 알렉산드로스와 스승의 결별은 그리스인과 비그리스인 사이의 태생적인 불평등을 인정하지 않겠다는 제자의 거부에서 기인한다. 이 같은 견해 차이는 아리스토텔레스의 조카이며 사료 편찬관의 자격으로 알렉산드로스의 원정길에 동행한 아첨꾼 칼리스테네스가 왕이 참석한 공개 토론장에서 "그리스인들은 '절'을 하는 관습, 알렉산드로스가 부하들에게 차마 강요는 하지 않았지만 은근히 정착시키고자 한 몸을 굽혀 절하는 관습을 받아들일 필요가 없다고 주장했을 때 한층 심화될 수밖에 없었다. 칼리스테네스는 그로부터 얼마 후 왕의 명령에 따라 '시동들'의 음모에 연루되었다. 아직 청소년기를 벗어나지 못했던 이들 시동들은 치기에서, 아니 그저 장난삼아 왕을 살해한다는 계획을 세웠다. 아무 죄도 없는 사료 편찬관은 합당한 재판 절차도 없이 실형을 선고받았다고 전해지며, 결국 교수형에 처해졌다. 이처럼 그리스인과 비그리스인이 존재한다는 사실마저도 잊어버리려고 한 너그러운 왕은 자신과 다르게 생각하는 사람은 도저히 용납할 수 없는 불관용의 왕이기도 했다! 매사에 이성이 아닌 정념이 그를 인도했다.

수사의 결혼식 축하연에서 그는 더 이상 부하들이 없기를 바랐다. 그의 곁에는 평등과 기쁨 속에서 결혼하는, 식탁과 잠자리의 쾌락, 공연과 놀이의 즐거움을 함께 공유하는 남자들과 여자들이 있을 뿐이라는 것이었다.

그러니 결과적으로 우리는 알렉산드로스의 모순적인 행동에 놀라지 않을 수 없다. 테바이와 할리카르낫소스의 무자비한 약탈을 명하고, 아무런 죄도 없고 마음을 나누는 친구들이었던 파르메니온과 필로타스, 칼리스테네스를 가혹하게 처형하고, 클레이토스를 살해한 장본인이 수사의 결혼식을 진두지휘하고, 병영 내의 모든 병사들을 친척이라고 부르며, 그리스인이 바르바로스보다 우월하다는 주장을 단호하게 내치고, 그리스인들과 비그리스인들 간의 우애를 꿈꾸었던 사람과 과연 동일한 인물일 수 있단 말인가? 그렇다, 분명 두 남자는 동일 인물이다. 그렇다면 도대체 그는 누구인가, 어느 쪽이 진짜일까?

알렉산드로스는 길들여지지 않아 거칠고, 사춘기를 벗어나지 못한 청소년이었다. 한창 젊은 나이에 요절했으므로, 평생을 야성적인 청소년으로 살았다고 해도 틀린 말이 아니다. 거친 야수라도 천재적인 야수임은 분명하다. 하지만 그는 어디까지나 인본주의에 사로잡힌 야수였다. 아리스토텔레스는 그를 교육했고, 그리스 문명의 독자성이라는 개념을 벗어나지 않음으로써 그를 실망시켰다. 알렉산드로스는 교육 덕분에 그리스 문명에 심취했으나, 아리스토텔레스와 헤어진 이후로 그를 형성하고 교육한 것은 전쟁과 비그리스 세계의 정복 계획이었다. 그는 이 계획을 헬레니즘의 기치 아래서 시작했다. 그는 그리스에 복수하기 위해 그리스와 마케도니아를 하나로 만들었다. 하지만 그는 이집트를 필두로 이 세계 끝에 이르는 비그리스 세계로 깊숙이 들어가면 갈수록 동방 세계의 광대함에 매료되었다. 그는 더 이상 그리스어로 말하지 않았으며, 그렇다고 비그리스어로 말하지도 않았다. 그렇다면 그는 그리스어-비그리스어로 혼합된 말을 사용했

을까? 그는 이 차이를 뛰어넘었다. 그는 말하자면 인간으로서 말했다. 그는 그가 아는 모든 인간을 향한 인류애를 위해 싸우고 복속시켰다. 이 세계의 끝에 사는 인도의 포루스는 그의 친구였다.

알렉산드로스는 포도주가 아닌 자기 자신의 위대함, 광대한 세계를 발견해가는 과정에서 자신의 내부에서 발견한 위대함에 취했다. 이 이중의 위대함을 그는 자신의 마음속에서 타오르는 횃불로 받아들였다. 누가 지핀 횃불일까? 그 자신 또는 신이 지핀 불. 그는 그것이 결국은 매한가지이며, 그 방향으로 계속 나아간다면 살아서 인간들에게 경배받을 것임을 어렴풋이 알 수 있었다("알렉산드로스는 그가 원하기만 한다면 신이 될 수 있다"고 라케다이몬인들은 그리스 도시에서 신으로 대접받기를 원한다는 알렉산드로스의 요청에 이렇게 대답했다). 알렉산드로스는 불멸을 추구했다. 영광의 불멸성은 물론 신들의 불멸성까지도 넘보았다.

이 살아 있는 신은 더구나 평생 거친 야수로 살았다. 《일리아스》에 등장하는 신들이나 핀다로스의 신들, 소포클레스의 신들도 나름대로의 방식으로 거칠기는 다를 바 없다. 신들은 기쁨이 충만한 가운데 이해할 수 없는 진노, 그들이 지닌 온갖 정념들을 야성적으로 폭발시킬 때 자신들의 신성을 가장 효과적으로 자각한다.

그렇다면 알렉산드로스에게 깃들어 있는 삶의 흐름 속에서 모순적인 요소들을 만난다고 한들 그것이 특별히 놀라운 일이겠는가? 최초로 무언가를 행동으로 옮기고, 최초로 무언가를 생각한 사람처럼 굴지도 않는 알렉산드로스는 무엇 때문에 우리를 놀라게 하는가? 그에 대한 답은 두 방향에서 찾아보아야 할 것이다. 분노나 취기에 사로잡혀 막무가내로 아무 잘못 없는 친구를 살해한다는 방향과, 자신이 이

알렉산드로스 대왕. 루브르 박물관. 지로동 사진.

룩한 제국 안에 사는 모든 사람들에게, 그리스인이건 비그리스인이
건 상관없이 말이나 행동으로 관대함을 베푼다는 방향이다. 그의 놀
라운 행동들은 그보다 더 놀라우면 놀라웠지 절대 덜하지 않은 생각
에서 나온다. 그러니 특별히 호들갑스럽게 놀라지 말자. 인간의 역사
는 끊임없는 놀라움의 연속이다. 그렇지 않은가?

플루타르코스는 아주 이상한 방식으로 알렉산드로스가 다음 세기,
그러니까 알렉산드로스도 마땅히 살아 있었어야 했을 기원전 3세기
에 활동할 스토아 철학자 제논의 생각을 먼저 실행에 옮겼다고 주장
한다. 제논은 "모든 인간들은 이 세계의 시민이다……. 모든 사람들
에게 세계는 하나"라고 주장했다. 제논은 모든 인간들이 "똑같은 목
동 밑에서 풀을 뜯고 똑같은 성가신 일들을 겪는 양 떼처럼" 똑같은
삶을 누리기를 원했다.

새로우면서 미래를 향해 열려 있는 이 생각을 스토아 철학자 제논
은, 플루타르코스에 따르면, 알렉산드로스에게서 이어받았다고 한
다. 알렉산드로스는 이러한 생각이 정형화되기도 전에 이미 행동을
통해서 각인시켰다는 것이다. 제논은 "마치 꿈속에서처럼" 이민족
간의 우애에 토대를 둔 화합이 지배하는 세계를 상상했다고 플루타
르코스는 말한다. 그는 알렉산드로스가 이루어놓은 실물을 보고 상
상했을까? 그건 얼마든지 가능하다. 모름지기 행동이란 사고에 우선
하는 것이 아닌가? 어쨌거나 이 둘은 로고스와 에르곤이라는 개념을
만들어낸 그리스인들에게는 쌍둥이, 동전의 양면 같은 것으로, 개개
인의 행동이나 인류 전체의 역사에서 늘 함께한다.

하지만 알렉산드로스와 제논을 이어주는 사슬에서 굳이 빠진 고리
를 찾아내자면, 다른 것들보다도 특히 알렉산드로스와 제논의 중간

세대쯤에 우라노폴리스라는 아름다운 이름을 가진 팜필리아(꿈의 도시) 도시를 건설한 알렉사르코스를 꼽을 수 있을 것이다. 우라노폴리스의 주민들은 우라노폴리탄이라고 부르지 않고, 하늘의 아들을 뜻하는 우라니데스라고 불렀다. 이 도시에서 주조한 화폐에는 태양과 달, 별들이 새겨져 있었는데, 이들은 자연의 신, 예전부터 여러 민족들이 숭배해온 보편적인 신, 왕과 왕비, 천상의 도시의 시민들을 재현하는 스토아적인 신을 의미했다. 이 화폐에는 또한 이 세계에 널리 퍼져 있는 사랑을 상징하는 하늘의 신비로운 딸(플라톤에게서도 이미 천상의 아프로디테라는 이름을 가진 신비로운 여인을 만날 수 있었다)도 새겨져 있었다.

알렉사르코스는 모든 인간들이 그가 세운 우주론적인 도시의 일원이 되기를 꿈꾸었다. 그는 하늘의 아들들을 위해 특별한 언어를 창조했다(혹시 이 언어는 고대의 에스페란토였을까?). 어찌 되었든 우리는 이 희한한 인물에 대해서는, 그가 끈질긴 몽상가였으며 문헌학자였다는 사실을 제외하고는 거의 아무것도 알지 못한다. 하지만 학자들은 대체로 대단한 상상가들이 아니던가? 이들은 상상을 통해서 세운 가설들과 더불어 최대한 현실에 가깝게 접근한다. 물론 검증이 필요한 가설이겠지만.

그렇다면, 이제 제논이 신비주의적 문헌학자 알렉사르코스를 통해서 알렉산드로스로부터 그가 세운 체제를 영광스럽게 만들어주는 전 인류적인 형제애의 개념을 전수받은 것이라고 생각할 수 있을까?

그보다는 그런 생각이 당시의 사회 분위기 속에 어느 정도 녹아 있었으며, 문명화된 세계(주로 그리스 세계)의 지평이 때마침 확장되었다고 말하는 편이 좀 더 설득력 있어 보인다.

알렉산드로스는 누가 뭐래도 공간의 정복자였다. 그는 그리스 도시국가들을 영원히 파괴했으며, 그 대신 이집트, 페르시아, 인더스 강, 펀자브 지역까지 자신의 제국을 넓혔다. 그는 후계자들에게 그 당시까지는 알려지지 않았던 중국으로 가는 길을 열어주었다. 제논은 그 이후에 등장한다. 제논은 공간의 정복자가 아니라 인류 공동체의 정복자다. 하긴 알렉산드로스도 인류 공동체의 정복자였다. 그 후 타르수스의 파울루스가 나타나 "신 안에서는 인간들의 어떤 특별한 점도 존재하지 않는다"고 말한다. 파울루스와 예수의 사도들은 알렉산드로스가 그리스인과 비그리스인을 구분하지 않았던 것처럼, 할례를 받은 자나 받지 않은 자, 유대인과 그리스인을 막론하고 모두에게 '복음'을 전했다. 기독교에서 말하는 형제애가 이렇게 해서 활짝 문을 열었다.

이보다 훨씬 나중 일이 되겠지만, 형제애, 즉 박애는 혁명의 주요 개념이 되었다. 1790년에는 많은 사람들이 형제애를 외쳤다……

알렉산드로스는 이러한 일련의 움직임의 원조, 즉 인류 문명에서 가장 먼저 이를 창안한 선구자들 중의 하나다. 그는 모두에게 주어지는 문명이 아니라면 그 문명은 결코 오래도록 지속될 수 없음을 우리에게 일깨워준다.

제왕의 죽음

기원전 323년 6월, 알렉산드로스는 바빌론에 체류 중이었다. 그는 아라비아 정복을 위한 새로운 원정 계획을 세우고 있었다. 그 원정이 끝나면 서방 세계의 헤라클레스(그의 위대한 조상!)의 기둥까지 진출할 작정이었다. 그렇게 되면 그리스와 아시아, 카르타고, 로마를 우애로 연결하는 것이 가능해질 터였다. 6월 13일, 올림피아스와 필립포스의 천재적인 아들 알렉산드로스는 갑작스럽게 오른 열을 이기지 못하고 평균 수명의 절반에도 못 미치는 서른세 살도 채 안 된 나이에 죽음을 맞이한다.

전쟁의 폭력성과 잔인함으로 데이고 찢어져서 만신창이 되었으나 인간적인 자비심으로 충만했던 천재의 육신을 장군들은 대지로 돌려보내지 않았다. 그들은 미래의 발아를 위해 알렉산드로스의 시신을 지상에 모셔두었다. 자신들이 애지중지하던 자의 시신을 끔찍할 정도로 방부 처리한 다음, 서로 그 시신을 차지하겠노라고 고함을 지르고 협박을 가했다. 결국 프톨레마이오스가 석관에 안치되어 있던 시신을 빼돌려 알렉산드리아로 운반했다. 그렇게 하면 친구를 위해서나 적을 위해서, 이 세상 모든 사람들을 위해 알렉산드로스의 마음속에서 활활 타오르던 횃불을 자기 것으로 만들 수 있으리라고 생각했을까?

chapter 10

질서라는 탈을 쓴 무질서,
두 명의 프톨레마이오스

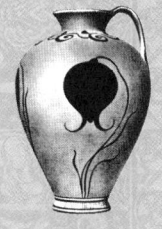

알렉산드로스의 사망 이후, 이미 쇠락기에 접어든 그리스 문명, 솔
론과 아이스퀼로스, 아리스토파네스를 낳았으며, 도시국가라고 하
는 정치 구조로 특징지어지는 이 문명은 사라지게 된다. 하지만 이
오래된 그리스 문명을 연장한다고 볼 수 있는 또 하나의 문명이 새
로 태어난다. 이른바 헬레니즘 문명이다. 이 새로운 문명의 토대가
되는 정치 구조는 완전히 바뀌었다. 그리스에서는 물론 동부 지중해
연안과 근동 지역 어디에서도 민주주의적인 자유 도시는 흔적조차
찾아볼 수 없게 되었다. 그 대신 왕조가 이끄는 네다섯 개의 거대한
국가들이 알렉산드로스가 정복한 지역 전체를 차지했다. 이들 국가
각각의 내부에서는 행정과 문화의 중심이 되는 거대 도시가 민중의
의사라기보다는 왕의 의사에 따라 완전히 새로워진 사회 환경 속에
서 문학 작품, 예술 활동의 명맥을 이어나갔으며, 특히 지속적인 과

학적 발견을 중요시하는 분위기를 유지해나갔다.

하지만 이런 일들은 절대로 하루아침에 이루어지지 않는다. 알렉산드로스는 장군들에게 "너희들은 나의 장례를 치르면서 피를 보게 될 것"이라고 일찌감치 예언했다. 비교적 새로운 질서가 정착하기까지는 무려 20년 동안이나 계속된 전쟁을 치러야 했다.

그런데 이 새로운 질서란 무엇을 말하는가? 왕과 왕이 거느린 군대의 힘 외에 다른 무엇에 토대를 둔 질서란 말인가?

새로운 시대를 장식하는 가장 놀라운 현상은 민중의 퇴장이다. 이들 거대 국가 내에서, 알렉산드리아, 페르가몬, 안티오크처럼 인구가 많은 거대 도시에서 자유시민은 존재하지 않았다. 오직 백성들만이 있을 뿐이었다. 복잡하고 면밀하며 까다로운 국가의 행정 업무를 담당하는 공무원들도 상당수였다. 그리고 궁정 대신으로 일하는 귀족들과 신흥 부자들이 있었으며, 해방된 노예들이 기생충처럼 그들 주변을 맴돌았다.

민중들은 도대체 어디에 있단 말인가? 온갖 국적과 종교를 가지고 도시에서 수많은 직종에 종사하는 형체 없는 군중의 무리, 왕을 향한 막연한 충성심을 제외하고는 이해관계의 공유, 시민 의식, 신의 영광 또는 '미래의 인간들'을 위해 모두가 하나 되어 참여하는 작업 같은 것이라고는 찾아볼 수 없으며, 이렇다 할 공통의 관심사도 없는 그 무리가 민중일까? 농촌에서 농사짓는 농부들, 가령 이집트에서처럼 반쯤은 농노에 가까우며 가혹한 감시에 시달리는 사람들이 민중일까? 농촌에서는 노예제도와 비참함, 독재적인 조세제도 때문에 나일 강이 빚어놓은 전설적인 비옥함에도 불구하고, 농부들은 민중이라기보다 헐벗고 굶주린 노동자에 불과했다.

작가와 예술가, 학자들은 이들을 옭아매는 군주나 학파의 수장들이 제정한 엄격한 규율에도 불구하고 대부분의 경우 고립되어 살았다. 이들은 궁정이나 이른바 '박물관'이라고 불리는 대학에 나오라는 군주의 부름을 받았으며, 직접적으로 혹은 학문의 영달이라는 방식으로 군주의 영광을 위해 일하도록 권유받았다. 그런데 솔직히 그런 일들이 뭐 그리 열광적이었겠는가? 창조가 어디에 뿌리를 내리고 꽃을 피울 수 있었겠는가? 어떤 구속적인 사랑이 그와 같은 힘을 발휘할 수 있었겠는가? 신들은 이제 아득히 멀고 의심스러운 존재가되었다. 인간은 아직 자신의 위대함을 충분히 자각하지 못했다. 예술에 대한 사랑, 진리에 대한 사랑, 그리고 아름다움에 대한 사랑은 분명 있었을 것이다. 하지만 민중의 축제나 뛰어난 생존 본능을 지닌 정치적 공동체로부터 저만치 떨어져서, 인간과 신들로부터 멀찌감치떨어져서 고립되어 있다면, 그런 창조 행위는 과연 무엇이란 말인가? 그런 아름다움은 도대체 무엇이란 말인가? 아름다움이란 소중한 형태적인 아름다움, 일부 학자들, 일부 문인들에게만 소중한 아름다움이었다. '여흥'을 추구하는 몇몇 개인들의 즐거움을 위해 만들어진 아름다움……

사실 군주들에 의해서 정립된 질서는 무질서에 가까웠다. 이 질서라고 하는 것은 무정부주의만큼이나 황폐하고 비생산적임이 곧 드러난다.

제국의 분열과 후계자 전쟁
두 명의 군주를 소개해볼까 한다. 헬레니즘 세계에서 가장 강력한 권

프톨레마이오스 1세. 코펜하겐, N. 칼스베르.

위를 행사한 라고스 왕조(프톨레마이오스의 아버지의 이름인 라고스에서 비롯된 왕조 명칭이나, 프톨레마이오스 왕조라는 명칭이 보편적으로 사용된다―옮긴이)의 초대 왕들로서, 이들은 이집트 전역을 다스렸다. 프톨레마이오스 1세와 2세, 이 두 왕은 어느 모로 보나 감탄을 자아낸다.

프톨레마이오스 1세 소테르, 즉 구원자로 알려진 프톨레마이오스 1세는 입지전적인 인물의 전형이라고 할 수 있다. 왕으로 즉위한 후 헤라클레스의 후손이 되기 위해 족보까지 날조한 이 인물은 원래 말단 병사 출신이었다. 보잘것없는 낮은 서열의 병사로서 그는 다소 우스꽝스러운 아버지의 이름(라고스라는 이 이름은 산토끼를 의미한다) 정도는 알고 있었지만 할아버지로 올라가면 이름조차 알지 못했다. 훗날 아첨꾼들의 극성은 그의 소박한 출신에 베일을 씌워버렸다. 알렉산드리아에서 편찬된 《70인 역(譯) 성경》에서 산토끼는 '라고스'라는 단어로 불린 적이 없으며, 이 짐승의 특징 중의 하나를 묘사하는 형용사, 즉 '발에 털이 난'을 뜻하는 다쉬푸스(dasypous)임을 발견했던 것이다.

프톨레마이오스는 비록 알렉산드로스의 원정에서 뛰어난 공을 세운 장군 축에는 끼지 못했지만, 그래도 신임받는 자문이었음은 분명하다. 그는 알렉산드로스보다 열 살 넘게 나이 많은 형뻘이었으며, 시동들의 음모가 있던 날 알렉산드로스의 막사를 지켰다. 왕과 클레이토스의 다툼이 벌어진 날, 우선 신중하게 클레이토스를 막사 밖으로 끌어낸 자도 바로 그였다. 원정 기간 내내 그는 그다지 열정적이지는 않았지만 흔들리지 않는 충성심으로 젊은 왕을 보필하는 상식적인 인물이었다.

프톨레마이오스는 원정 《회고록》을 작성했다. 그가 작성한 원본은

우리에게 전해지지 않지만, 아리아누스가 저술한 역사는 이 《회고록》을 상당히 비중 있게 다루고 있다. 《회고록》은 알렉산드로스의 사망과 더불어 원정과 관련된 역사에 몰아닥치기 시작한 '소설화'에 진실로 맞서고자 했던 정직한 한 인간의 기록이었다. 그가 그 자신에게는 아주 유리할 수도 있을 소테르, 즉 구원자라는 별명과 관련한 신화를 부정한 것도 이런 맥락에서였다고 볼 수 있다. 한 전투에서 왕의 생명을 구했다는 것이 그 신화의 요지였는데, 그는 그런 일이 없다고 부인한 것이다.

알렉산드로스가 숨을 거둔 다음 날, 라고스의 아들은 상식적이고 합리적인 판단력을 유감없이 발휘했다. 장군들이 모인 가운데 후계라는 어마어마한 문제를 제기한 것이다. 그는 제일 먼저 해결책을 제시한 장본인이며, 그가 제시한 제국의 분할이라는 해결책은 세월이 흐름에 따라(20년이라는 긴 시간이 흐른 다음에) 유일한 해결책이었음이 판명되었다. 너도나도 으뜸가는 자리를 차지하려는 장군들 간의 경쟁심에 직면하여 그는 외교적인 방안을 제시했다. 제국의 통치를 장군들의 연합체에 맡긴다는 것이었다. 하지만 장군 연합체와 군대는 왕이라는 허구를 유지하기로 결정했다. 게다가 한 명이 아닌 두 명, 즉 태중에 있는 알렉산드로스의 아들(임신 중이었던 록사네가 아들을 낳을 경우)과 알렉산드로스의 이복동생인 아리다이오스, 이렇게 두 사람을 왕으로 지명했다. 아리다이오스는 필립포스와 무희 사이에서 태어난 아들로 거의 바보에 가까운 인물이었다. 이와 동시에 페르딕카스 장군을 섭정으로 결정했다. 두 명의 왕은 그 후 얼마 지나지 않아 모두 살해되었으며, 섭정 페르딕카스(훗날 그와 비슷한 야심을 지녔던 안티고노스 장군도 같은 방식으로 행동한다)는 왕년의 군대 동료들에게 자신의 권위를 강요하기 위해 여러 동맹을 조직했는데, 이때마다 프톨레마이오스가 참모 역할을 도맡았다.

장군들의 첫 번째 회동에서 프톨레마이오스는 태수 자리를 장군들이 나누어 가질 것을 강력하게 주장했다. 그의 주장은 이의 없이 받아들여졌다. 결론적으로 그는 가장 좋은, 다시 말해서 가장 부유하고 가장 효과적으로 통합되어 있으며, 따라서 가장 방어하기 쉬운 이집트를 차지하게 되었다. 이집트 태수로서의 지위를 확보한 프톨레마이오스는 서둘러 바빌론을 떠나기로 했으나, 그래도 록사네의 해산과 돌아가신 왕의 장례를 기다릴 정도의 참을성은 발휘했다. 두 가지 중요한 행사가 끝나자 그는 기원전 323년 11월 이집트를 향해 떠났다. 이집트에 정착한 그는 제국의 복귀를 위한 시도를 저지할 필요가 있는 경우를 제외하고는 그곳을 떠나지 않았다.

40년 동안이나 계속된 통치 기간에 프톨레마이오스 1세의 대외 정책은 두 가지 목표를 추구했다. 첫째, 섭정의 간섭으로부터 벗어나고, 둘째, 알렉산드로스가 세운 제국으로부터 분할되어 생긴 국가들 간의 균형을 이집트에 유리하도록 유지한다는 점이었다.

나는 여기서 '디아도코이', 즉 후계자들의 전쟁에 대해서는 언급하지 않으려 한다. 이 전쟁은 보기 드물게 복잡하고 반전에 반전을 거듭하는 배신의 연속이었다. 프톨레마이오스에게 가장 힘들었던 전쟁은 페르딕카스를 상대로 벌인 싸움이기보다는 안티고노스, 그리고 그의 유명한 아들 데메트리오스 폴리오르케테스와의 싸움이었다. 특히 데메트리오스는 모험에 있어서나 방탕에 있어서, 그리고 전쟁에 있어서 가히 천재적인 인물이었다.

늙은 애꾸눈 안티고노스 장군과 데메트리오스는 제국을 거의 복원했

다. 아시아가 그들의 손에 들어갔을 때, 두 사람은 돌연 그리스를 공격했다. 마케도니아를 지배하는 캇산드로스에게서 그리스를 빼앗기 위해서였다. 데메트리오스는 대대적인 공격을 감행했다. 멋진 함대를 이끌고 페이라이에우스로 들어가 아테나이를 함락시킨 그는 열광하는 아테나이인들의 한가운데에서 '아테나이의 독립'을 선언한다. 물론 자신의 아버지 안티고노스 왕의 지배를 받는 독립을 의미했다.

플루타르코스의 저술에서, 흥분을 감추지 못하는 폴리오르케테스와 아테나이 사이의 짧은 밀월 관계를 기술한 대목을 읽어볼 필요가 있다. 데메트리오스는 아테나이와 아테나이가 자랑하는 예술가들, 철학자들, 그리고 자유를 숭배하는 분위기에서 자라났다. 마케도니아에 복속당한 아테나이에 '자유(비록 허울뿐인 말에 불과할지라도)'를 돌려줌으로써, 아테나이로부터 구원자로 추앙받는 것이 그가 젊은 시절부터 내내 키워온 꿈이었다. 그는 아테나이를 자기 것으로 만들기 위해 여인에게 구애할 때처럼 열정을 쏟았다. 주인이 된 그는 아테나이에 선물 공세를 퍼부었으며, 온갖 아첨의 말에 취했다. 반쯤만 마음을 연 아테나이인들은 전례 없는 상상력을 동원하여 그에게 아부의 말을 건넸다. 구원자 신들을 위해 입상을 세우고 4두 이륜 전차를 만들었으며 제단을 쌓았다. 한 해의 연호를 정하는 집정관인 아르콘을 없애고, 그 대신 구원자 신의 제사장으로 그의 업무를 대체했다. 1년 중 어느 한 달은 데메트리온 달이라는 이름을 얻게 되었다. 디오뉘소스 축제는 데메트리온 축제가 되었으며, 아테네 여신의 옷자락에는 안티고노스와 폴리오르케테스의 얼굴이 새겨졌다. 파르테논 신전 뒤로는 데메트리오스의 거처가 마련되었다. 플루타르코스는 "비록 행동거지로 미루어 처녀 여신과 이웃할 자격이 없는 인물이기는 했으나" 그렇게 되었다는 주석을 잊지 않았다.

그러나 균형을 깨뜨리는 이 같은 돌출 행동을 그대로 두고 볼 프톨레마이오스가 아니었다. 그는 함대를 무장시켰다. 하지만 너무 신중한 성격 탓에 뒤늦은 감이 없지 않았다. 그는 퀴프로스(그는 은밀하게 이집트의 지배를 이곳까지 확대했다)에서 공격을 준비했다. 그러자 데메트리오스는 함대를 이끌고 달려왔다. 이렇게 해서 퀴프로스 버전 살라미스 해전이 벌어졌으며, 이집트 함대는 힘 한 번 제대로 써보지 못하고 몰살당했다. 프톨레마이오스도 몇 척의 배와 더불어 간신히 목숨만 건졌다. 결국 데메트리오스의 손에 "하인들과 친구들, 데리고 갔던 여자들", 전쟁 장비, 그리고 8천 명의 병사들을 고스란히 내어주고 말았다.

이 같은 대승은 당연히 성대하게 축하할 필요가 있었으므로, 안티고노스와 데메트리오스는 기회를 놓치지 않고 자신들에게 왕의 칭호를 부여했다. 사실 이것이야말로 모든 디아도코스들의 은밀한 열망이었다. 그 외에도 두 사람은 기념물을 축조하고 봉헌물을 바쳤다. 루브르 박물관이 자랑하는 가장 아름다운 소장품 중의 하나인 저 유명한 '사모트라케의 승리의 여신'도 이 무렵에 갤리선의 뱃머리에 세워졌던 석조 기념조각이다. 승리를 기념하기 위하여 활짝 편 도도한 대리석 날개를 단 여신은 옷자락에 잡힌 주름 사이로, 옆으로 튼 가슴 사이로 몰려드는 파도를 헤치고 바람을 맞으며 당당하게 앞으로 전진한다……. 데메트리오스는 또한 신사적인 몸짓으로 선수를 치는 사치도 부렸다. 포로로 붙잡아두었던 프톨레마이오스의 친구들과 하인들을 모두 돌려보낸 것이다. 하지만 아름다운 라미아는 돌려보내지 않고 자신이 차지했다.

이 같은 열정과 적극적인 선전은 아테나이인들에게 깊은 인상을 남겼으며(아테나이인들은 승자가 거두어온 전략품으로부터 1200개의 갑옷 일습을 전달받았다), 이를 보다 못한 프톨레마이오스는 반격하기로 결심한다. 해전에서의 패배 이후 그는 훨씬 강경한 태도를 보이게 되었다. 패배를 계기로 그 역시 스스로에게 왕의 칭호를 부여했으며, 이는 왕성한 혈기를 자랑하는 그의 성격과 잘 어울리는 결정이었다. 그런 다음 그는 안티고노스와 그의 아들이 보여주는 갑작스러운 위엄과 점점 커지는 야심에 우려를 표시하는 동료들(그사이에 그들도 모두 왕이 되었다)과 협상을 시작했다. 안티고노스에게 한 번 당했지만, 그가 차지하고 있던 제국의 아득히 먼 영토를 되찾은 셀레우코스, 트라케의 왕 뤼시마코스, 마케도니아의 왕 캇산드로스, 이렇게 세 사람과 더불어 프톨레마이오스는 4자 동맹을 체결했다. 우여곡절 끝에 프톨레마이오스는 모험의 대가 데메트리오스를 밀어내고 그 자리를 차지하게 된다. 이집트 함대가 그리스 해안에 모습을 드러냈으며, 이 함대 또한 그리스에게 '자유'를 호소했다. 데메트리오스의 왕좌는 보기 좋게 무너졌으며, 그는 포로가 되어 산속에 있는 헬레나 섬이라고나 할 곳에 갇히는 신세가 되었다. 그는 그곳에서 방탕과 권태로 점철된 3년을 보내다가 사망했다……. 아테나이인들은 그가 구원자 신으로 있는 동안에는 반쯤 열어두었던 문을 이제 그가 추락한 신이 되어 사망하자 미련 없이 닫아버렸다.

이것으로 후계자 전쟁은 종결되었다. 알렉산드로스 제국의 분할로 탄생한 왕국들은 완전히 분리되었다. 이집트만이 알렉산드로스의 사망 직후부터 자신들만의 왕조와 단일성을 유지하는 데 성공했다. 여기에는 아마도 프톨레마이오스 1세의 지혜와 외교적 수완이 크게 작용했을 것이다.

이집트의 새로운 왕, 프톨레마이오스 1세

나는 프톨레마이오스의 내정에 대해서는 언급하지 않을 작정이다. 그저 그가 제사장들을 다독였으며, 백성들에게 여전히 인기를 누리 던 파라오 숭배의식을 계속했다는 점 정도만 지적하겠다. 전체적으 로 그의 이집트 통치는 합리적인 선에서 왕실과, 왕권을 수호하기 위 해 유지했던 군대, 그리고 지중해 동부의 패권을 장악하기 위해 육성 했던 해군력을 위해 '검은 흙'으로 덮인 비옥한 나라의 자원을 착취 했다고 볼 수 있다. 이 같은 정책은 그의 후계자들에게 그대로 전수 되었다.

프톨레마이오스 소테르는 이집트를 그리스화하는 데에는 성공하지 못했다. 이집트 안에 서너 개의 그리스 도시를 세우기는 했으나, 이 집트 거주인들에게만 열려 있었던 이 도시들 정도로는 그리스화를 도모하기에 역부족이었다. 가령 알렉산드리아에서 헬레니즘은 이집 트적인 삶에 포개졌을 뿐, 결코 혼합되지 않았다. 프톨레마이오스는 종교에 호소하는 방식을 택했다. 그는 그리스인들과 이집트인들에게 동시에 호소력을 가질 만한 새로운 신에 대한 숭배를 창안했다. 이를 위해서 세라피스라는 이름을 가진 멤피스의 혼합 신을 택했는데, 이 신은 이름만 들어도 오시리스와 아피스의 합성임을 알 수 있었다. 박 코스의 신비를 떠올리는 그리스 방식으로 숭배된 이 신은 이집트인 들과 그리스인들에게 동시에 제시되었는데, 이는 공통의 종교를 통 해 두 민족을 결합시키려는 시도로 보인다. 비록 이 목표에는 도달하

이집트의 저부조. 카르나크. 앙리에트 그랭다 사진.

지 못했지만, 세라피스 신 숭배는 여러 세기에 걸쳐서 엄청난 유행을 몰고 왔다. 특히 로마 제국 시대에 절정을 이루었다. 세계 곳곳에서 세라피스 신 숭배자들이 생겨났다. 알렉산드리아에는 세라페이온, 즉 세라피스 신을 위한 신전이 세워졌으며, 세라피스는 이곳에서 수많은 기적을 행했다……

그리스 관리들을 대폭 늘려 국토 전역에 배치하고, 도처에 왕권 강화를 위해 여러 나라에서 징집한 용병들을 주둔시킴으로써 이집트에 헬레니즘을 정착시키려는 시도에 대해 이집트인들은 그다지 심하게 저항하지 않았다. 한편 아테나이에서 알렉산드리아로 인위적으로 수입된 그리스 문화는 프톨레마이오스 왕조 초대 두 왕의 야심에도 불구하고 별다른 호응을 얻지 못했으며, 역시 인위적으로 알렉산드리아로 이주하게 된 일부 지식인들만 관심을 보였다. 궁정 조신들과 대학 관계자들도 흥미를 보였다. 특히 시인-문헌학자들은 박물관이라고 하는 휴경지를 열심히 가꿔 꽃이 만발한 화단이라고 하는 대학으로 만든 주역들이다.

프톨레마이오스 2세와 세기의 악녀 아르시노에

여든네 살의 나이로 세상을 뜨기 전에 프톨레마이오스 1세는 난제인 자신의 후계 문제를 해결했다. 이 라고스 가문의 이야기는 새로운 세계에 감히 질서를 안착시키겠노라고 주장하던 사람들을 사로잡았던 끝 모를 무정부주의적 태도를 이해하고자 하는 이들에게는 매우 교훈적이므로 여기서 다룰 필요가 있겠다.

프톨레마이오스에게는 수사의 결혼식에서 맞아들였으며 결혼식이

끝난 후 곧 잊힌 아시아 공주는 제쳐두고도 두 명의 정식 부인이 있었다. 첫 번째 부인 에우리뒤케는 섭정의 딸로, 두 사람의 결혼은 일시적인 동맹을 공고히 하기 위한 정략적 결혼이었다. 반면 평민 출신으로 추측되는 베레니케와의 두 번째 결혼은 사랑에 의한 결합이었다. 두 번째 결혼으로 첫 번째 부인과의 결혼이 끝난 것은 아니었으며, 에우리뒤케는 그로부터 상당한 세월이 흐른 후에 내쳐진다. 베레니케는 그녀의 아름다움을 찬양하고, 두 사람의 변함없는 결합을 부러워하며, 이따금씩 넌지시 에우리뒤케를 헐뜯는 내용도 곁들이는 알렉산드리아의 시문학에서 매우 중요한 역할을 한다. 예를 들어 테오크리토스는 그의 전원시에서 에우리뒤케가 프톨레마이오스에게 "아버지와는 전혀 닮지 않은 아이들을 낳아주었다"고 암시한다. 공식적인 기록에 따르면 베레니케가 프톨레마이오스의 친누이, 즉 라고스의 딸이라는 설도 있다. 하지만 그것이 사실일 가능성은 거의 없다. 이 공식적인 족보라는 것이 프톨레마이오스 1세의 경우를 본보기로 하여, 프톨레마이오스 2세 필라델포스(Philadelphos: 형제를 사랑한다는 뜻을 가진 이름이다—옮긴이) 때부터 라고스 가문에서 행해지던 형제자매 사이의 결혼을 합리화하기 위해서 부랴부랴 만들어진 것이기 때문이다. 어쨌거나 프톨레마이오스는 베레니케를 사랑했고, 그녀와의 사이에서 낳은 자식들을 사랑했다. 불행하게도 에우리뒤케가 낳은 자식들은 이 같은 행운을 누리지 못했다⋯⋯.

첫 번째 부인으로부터 프톨레마이오스는 여러 명의 자식을 얻었다. 그중에는 케라우노스(천둥과 번개를 뜻한다)라는 별명을 지닌 아들이 있었다. 이런 별명을 얻게 된 것은 불같은 성격 때문이거나 그런 성격으로 말미암아 저지른 폭력 범죄 때문이리라고 쉽게 짐작할 수 있다. 늙은 왕의 애정이 누구에게로 향하는지 잘 알고 있던 궁정 조신들은 베레니케의 아들, 그러니까 미래의 필라델포스의 매력(테오크리토스가 말한 고불거리는 금발의 미소년 아폴론)을 케라우노스의 사나운 성정과 대비시켰다. 시인들은 하늘의 왕좌를 차지한 제우스도 크로노스의 세 아들 중에서 막내아들이었음을 상기시켰다. 프톨레마이오스 소테르는 악덕과 덕성 중에서 선택해야 하는(마치 갈림길에 선 헤라클레스처럼) 기로에서 백성들에게는 어질고 선한 주인, 식자층에게는 계몽적인 군주를 선택해주어야 한다고 믿었다.

그의 결심은 끔찍한 일련의 범죄라는 결과를 낳았다. 그 같은 범죄는 세계의 새로운 주인들의 사고방식과 됨됨이를 잘 보여준다. 나는 지금부터 프톨레마이오스 필라델포스의 재위 기간 동안 중요한 역할을 한 등장인물을 소개할까 한다. 바로 역사학자들이 '악녀 아르시노에'라고 부르는 여인이다.

이집트에서 추방당한 케라우노스는 트라케와 마케도니아의 왕인 뤼시마코스에게로 가서 피신처를 구했다. 그는 그곳에서 두 명의 누이와 합류했다. 한 명은 이복누이, 즉 프톨레마이오스와 베레니케의 딸 아르시노에로 뤼시마코스 왕의 부인이었다. 나머지 한 명은 그와 마찬가지로 에우리뒤케의 소생인 뤼산드라로, 왕세자 아가토클레스의 부인이었다. 그런데 악녀 아르시노에는 의붓아들인 아가토클레스를 미치도록 사랑한 나머지 그와 잠자리를 같이한 다음, 상대로부터 버림을 받자 앙심을 품고 복수하기로 한다. 아가토클레스가 아버지인 왕을 살해하려 했다고 누명을 씌운 것이다. 뤼시마코스 왕은 젊은 부인을 향한 맹목적이고 격정적인 노년의 사랑에 눈이 멀어 아들을 감옥에 가둔 다음 아르시노에가 알아서 처분하도록 한다. 아르시노

에와 의기투합한 케라우노스는 누이의 요청대로 감옥에 갇혀 있는
그를 죽인다.

젊은 왕세자가 살해당하자 여론은 뤼시마코스에게 비난의 화살을
퍼붓는다. 남편 아가토클레스를 잃고 과부가 된 뤼산드라는 안티오
크로 가서 셀레우코스 왕에게 남편의 복수를 해달라고 청하고, 케라
우노스에게도 남편의 복수를 부탁한다. 그가 바로 남편을 죽인 장본
인임을 알지 못했기 때문이다. 잘만 하면 뤼시마코스가 왕위를 잃고
왕위가 공석이 될 것임을 간파한 케라우노스는 아가토클레스의 죽음
에 대해 격분한 시늉을 해가며 셀레우코스 왕에게 뤼시마코스를 상
대로 전쟁을 벌이라고 부추긴다. 결국 뤼시마코스의 왕국은 붕괴된
다. 하지만 셀레우코스는 승자가 되어 당당하게 적국의 수도에 입성
하려는 순간 케라우노스의 단검에 찔려 숨을 거둔다. 마침내 케라우
노스는 병사들의 환호를 받으며 왕좌를 차지한다.

자, 이렇게 해서 케라우노스는 마케도니아의 왕이 되었지만, 이야
기는 그것으로 끝나지 않는다. 누이 아르시노에, 다시 말해서 죽은
뤼시마코스 왕의 부인이 자신의 아들들이 왕위를 차지해야 한다고
주장했기 때문이다. 그러니 케라우노스는 이번엔 상대를 제대로 만
난 셈이었다. 아르시노에는 원래 누구에게도 잘 속지 않는 데다, 그
가 저지른 범행을 속속들이 다 아는 처지였으므로, 케라우노스에게
는 상대하기가 어려운 인물이었다. 케라우노스는 아르시노에에게 자
신과 결혼할 것을 제안했으며, 그렇게 하면 그녀의 아들들을 양자로
삼겠다고 했다. 그 정도면 미묘한 후계 문제를 비교적 매끄럽게 해결
할 묘책이 될 수 있었다. 하지만 경계심을 늦추지 않은 아르시노에는
아이들을 데리고 다른 도시로 피신했다. 그러자 케라우노스는 짐짓

사랑에 빠진 것처럼 연기를 하면서 이 결혼에 정치적 계산이 깔려 있긴 하지만, 아르시노에에 대한 그의 진정한 사랑도 한몫하고 있다는 듯이 행동했다. 마침내 아르시노에는 그의 사랑 타령이 처음은 아니었던지 마지못해 그의 청을 받아들였다. 곧 성대한 결혼식이 거행되었다. 다정한 새신랑은 이제 그의 자식들이 된 조카들에게 입맞추고 싶다고 청했다. 아르시노에는 그를 아들들의 처소로 안내했다. 그러자 케라우노스는 본심을 드러냈다. 병사들이 성채를 지키는 동안 그는 엄마 품에 안겨 있는 아이들을 칼로 찌른다. 아르시노에는 이집트로 몸을 피한다. 얼마 후 골족이 마케도니아를 침략하자, 케라우노스는 이들에 맞서서 싸우다가 죽음을 맞이한다. 도덕군자들이 희희낙락할 대목이다. 신은 언제가 되든 악당들에게는 반드시 벌을 내린다.

졸지에 두 명의 왕의 미망인이 된 아르시노에는 이집트로 돌아와 새로운 왕좌를 차지하기 위해 계략을 꾸민다. 프톨레마이오스 2세, 즉 그녀의 친동생이 이집트를 통치하고 있었다. 역사학자들로부터 악녀만으로도 모자라서 '구역질해대는 여자(항상 토악질을 한다고 해서 이런 별명이 붙었다)'라는 소리까지 듣는 아르시노에는 음식과 담즙만 토하는 것이 아니라 지독한 중상모략까지도 서슴지 않고 토해냈다. 프톨레마이오스 2세는 또 한 명의 아르시노에, 즉 뤼시마코스의 딸과 결혼한 사이였다. 아르시노에 1세에 맞서서 구역질하는 악녀인 아르시노에 2세는 의붓아들 아가토클레스(그러니까 아르시노에 1세와 남매지간)에게 효과적으로 써먹은 적이 있는 모함 공세를 대대적으로 몰아붙였다. 요컨대 왕비가 음모에 가담했다는 것이었다. 음모라니, 도대체 무슨 음모란 말인가? 하지만 모함의 구체적인 내용은 밝혀지지 않았다. 그저 남편인 왕에 관한 음모라는 것만 흘리는 정도였다.

프톨레마이오스 2세는 이 무시무시한 누이의 기세에 눌렸다. 더구나 여덟 살이나 손위 누나가 아닌가. 아르시노에는 게다가 남동생에게 온갖 아양을 다 떨었다. 아닌 게 아니라 남동생은 관능적인 편이었다. 모함과 유혹이 적당히 버무려지자 결국 실체도 없는 음모가 발견되고, 왕비가 그 음모에 연루되었음이 밝혀지면서 왕비는 처벌을 면할 수 없게 되었다. 아르시노에 1세는 테바이 지역에서 은둔하는 신세가 된 반면 아르시노에 2세는 왕비의 자리를 차지했다. 이 모든 일이 오로지 남매 사이의 애정 때문에 생겨난 일이라는 이유를 들어 필라델포스라는 칭호를 갖게 되었다. 이 칭호는 곧 왕에게도 옮겨져, 프톨레마이오스 2세 필라델포스로 불리게 되었다.

시나 산문으로 아부하는 재주를 가진 자들에게 남매간의 결혼(그리스 관습에 따르면 엄연한 근친상간)은 프톨레마이오스 2세의 통치를 상징하는 대단한 발상으로 간주되기 시작했다. 때문에 이를 제우스와 헤라의 히에로스 가모스, 즉 성스러운 혼인에 비유하면서 정당화했다. 심지어는 그 결혼으로 인간 남매들을 남매 신으로 신격화하기도 했다. 신학자들은 이시스와 오시리스의 사례와 비교했다. 그런가 하면 정치가들과 사법가들은 남매간의 결혼은 이집트 왕정 관련 법률의 요구에 따른 것이라고 강변했다. 한편 사료 편찬관들은 프톨레마이오스 소테르는 베레니케와 결혼하면서 자신의 아버지가 낳은 딸과 결혼한 것이라고 말하기도 했다. 일이 이렇게 되자, 라고스 출신들은 파라오들처럼 실제로 또는 법이라는 허구를 통해서 집안 내에서 결혼을 하거나, 아니면 불멸의 신들처럼 자신들의 혈통이 죽을 운명을 타고난 일반 인간들의 혈통과 섞이지 않도록 관리에 나서야 했다.

프톨레마이오스 필라델포스의 전성기

나는 이들의 통치 기간 중에 치러진 전쟁들에 대해서는 상세하게 기술하지 않겠다. 상당 기간 이집트는 전쟁에서 승승장구했다. 특히 프톨레마이오스 필라델포스의 정책에 크나큰 영향력을 행사했던 것으로 보이는 아르시노에 2세, 아버지보다 훨씬 제국주의적 성향이 강했던 이 여걸이 살아 있는 동안에는 승리 가도를 달렸다.

통치 기간 내내 전쟁에서 승리를 거둘 때마다 성대한 축하 행사가 열렸으며, 찬양 일색인 문학 작품들이 쏟아져 나왔으나, 오늘날까지 알려진 작품은 유감스럽게도 전혀 없다. 프톨레마이오스 2세는 예식을 좋아했으며, 제사를 위해 피우는 향을 좋아했다. 시인들은 그에게 줄기차게 아첨을 해댔다. 문학에 대한 그의 사랑은 진실하고 지성적임에 틀림없었지만, 계산이 완전히 배제되었다고 말하기는 어려웠다. 그는 자신의 아버지처럼 문화에 완전히 문외한은 아니었다. 어렸을 때부터 훌륭한 스승, 그러니까 문헌학자인 제노도토스나 최초로 그리스어 사전을 펴낸 시인인 코스의 필레타스 등 박식한 교수들의 지도를 받았기 때문이다. 허영심에서였건 진실한 취향에서였건, 필라델포스는 문학에 크게 공헌했다. 그의 재위 기간 중에 그의 왕궁이 고대의 베르사유 궁으로 격이 높아진 것과 마찬가지로, 그리스 문학은 알렉산드리아 문학이 되었다. 시인들이 그로부터 받은 지원금을 후한 찬사로 갚은 건 그가 나름대로 문학을 후하게 대접한 데 대한 보상이었던 것이다.

여기서 나는 이처럼 좋은 게 좋은 관계를 보여주는 알렉산드리아 시를 하나만 소개해볼까 한다. 이 시는 고전주의 시대에 핀다로스 같은 시인이 자신의 생계를 쥐고 있는 군주에 대해 친근하면서도 엄격

한 어조로 노래하는 것과 큰 대조를 이룬다. 테오크리토스가 쓴 〈프톨레마이오스 찬가〉라는 시는 시적 재능으로도 찬사의 지루함을 덜어내지 못한 좋은 예다. 요컨대 프톨레마이오스의 무제한적인 권력에 대한 애매모호하고 과장된 한 폭의 그림이라는 말이다. 프톨레마이오스 2세는 천 개의 나라에서 사는 천 개의 민족을 다스렸으며, 3만 3333개의 도시(이 어리둥절한 숫자를 얻기 위해서 시인은 독자들에게 아주 복잡한 계산을 주문한다. 가령, 프톨레마이오스는 300여 개 도시의 왕이며, 3천여 개를 3만 개에 더한 다음, 세 개의 두 곱과 아홉 개의 세 곱을 더해야 한다는 식이다. 그 결과가 바로 3만 3333이다!)가 그의 통치를 받았다. 프톨레마이오스는 남신과 여신의 아들(프톨레마이오스 소테르와 베레니케를 신격화하는 이 말은 시인의 입에서 제일 먼저 나왔다. 법관들이나 제사장들보다 그가 성질이 훨씬 급했던 모양이다)이다. 그는 또한 "침실에서 젊은 남편, 마음 깊은 곳에서부터 진심으로 사랑하던 남동생이자 남편을 끌어안은, 여자들 중에서 가장 훌륭한 여자"(구역질하는 아르시노에의 모습이 떠오르는가?)의 남편이다. 하지만 이 시에서 찬사의 절정을 제대로 보여주는 대목은 뭐니 뭐니 해도 곳곳에 철철 흘러넘치는 황금의 비유다. "웅장한 거처 안에 한가하게 쌓여 있을 새가 없이 사용되는 황금"이라니! 시인들의 노고에 보상하는 용도보다 더 명예로운 황금의 용처가 또 어디 있겠는가! "디오뉘소스의 신성한 도움이 있다 하더라도, 군주가 재능에 합당한 선물로 보상해주지 않는다면 조화로운 노래를 들려줄 수 있는 시인은 없다. 이렇듯 뮤즈의 통역자들은 프톨레마이오스의 후함에 대한 보답으로 그를 찬미했다." 그러니 궁정시에 청원서 문학이라는 소리가 나올 수밖에 없다! 시인들이 그런 시 말고 다른 시도 쓸 수 있었는지 모르겠지만, 여기에서는 그와 같은 재능은 취급하지 않겠다. 그래도 이 별 볼일 없는 재능 덕분인지 테오크리토스는 훗날 알렉산드리아 궁정과 결별한 후에 쓴 시에서 "남편을 세 번이나 바꿔 치운 여자"에 대해 신랄한 비난을 퍼부었다!

프톨레마이오스 2세의 통치 말기(기원전 270년에 아르시노에가 사망한 이후)는 초창기에 비해 훨씬 그 빛이 바랬다. 왕은 정복한 땅의 일부를 양도해야 했다. 그는 홀아비로 보내는 24년 동안 상당히 우울하게 지냈던 것으로 보인다. 그는 자신의 누이이자 부인을 몹시 그리워했다. 아니 적어도 그리워하는 것으로 보이고 싶어했다. 하지만 그의 눈에서 흘러내리는 눈물도 그로 하여금 수많은 정부(情婦)를 들이는 것을 막지는 못했다. 그중에서 몇몇은 왕의 호의 덕분에 왕비 같은 지위를 누리기도 했지만, 그 외에는 모두 자신들의 거처에 머물렀다.

프톨레마이오스는 죽은 왕비에게 여신에 해당하는 예우를 허락했다. 그 결과 이집트에 위치한 신전 대부분에 아르시노에의 입상이 세워졌으며, 머지않아 아르시노에이아, 즉 아르시노에를 섬기는 신전이 건축되었다. 여기에는 부인을 먼저 떠나보낸 남편으로서의 감정과 정치적 계산이 적당히 혼합되어 있었으므로 일부 사람들의 감탄을 자아내기도 했다. 새로 마련된 숭배의식을 제도화한다는 명목으로 이집트 신전에서 거둬들이는 수입의 일정 부분을 왕실 수입으로 돌렸기 때문이다. 프톨레마이오스 자신도 이 신전을 순회하는 순례 여행을 기획했으며, 신전을 찾을 때마다 자신의 명으로 세워진 동상들에, 아니 그 동상들이 재현하는 대상에 불멸의 숨결을 불어넣는다는 명목으로 성대한 제례의식을 거행했다. 달이 가고 해가 가면서 명문에 새겨 넣은 글들을 통해서 우리는 그가 선도한 필라델포스 여신 숭배의 극치를 짐작할 수 있다. 그는 심지어 형제애를 대표하는 신들

을 위한 신전까지 지었다!

그리스 전통이라는 관점에서 보자면 매우 희한하고 동양적인 사고로 똘똘 뭉쳤으며, 로마 제국이 영리하게도 제국 건설에 이용한 이 신비주의적이며 다분히 정치적이고 감상주의적인 숭배가 헬레니즘 세계에서는 처음으로 활짝 꽃피었던 것이다.

프톨레마이오스는 죽음을 몹시 두려워했다. 그는 늙는 것을 슬퍼했으며, 심기증에 빠져들었다. 상당한 문화적 소양에도 불구하고, 그가 육성한 자연과학에 대한 실용적인 취향에도 불구하고, 그의 이기주의와 상상을 초월하는 허영심은 자신의 건강에 관한 한 그를 줏대 없이 남의 말에 휘둘리게 했다. 그는 마술사들에게 의사들도 장담하지 못하는 처방을 요구했다. 당시의 한 역사학자는 다음과 같이 적었다. "왕은 너무도 많은 행운을 누린 나머지 언제까지고 살 수 있을 것이라고 믿었으며, 오직 자신만이 불멸의 비밀을 발견했노라고 자랑했다." 하지만 평생 강건한 적이 없었던 그의 기질은 절제와 소박함이라고는 모르고 지냈던 여러 해 동안의 삶 때문에 손상을 입었다. 그가 무제한적인 삶을 꿈꾸면서까지 두려워했던 죽음은 그가 예순두 살이 되던 해에 그를 찾아왔다. 기원전 246년, 재위 39년째 되던 해의 일이다.

박물관과 도서관, 다시 말해서 세계 최초의 대학을 세운 두 왕의 이야기는 이렇게 끝을 맺는다.

chapter 11

책의 전성시대, 알렉산드리아
: 도서관과 박물관

고대가 막을 내려가는 몇 세기 동안의 알렉산드리아는 거대 도시였다. 알렉산드로스의 결정에 따라 나일 강 어귀의 한가로운 마을, 비록 어부들과 목동들만 살지만 바다와 강이 만나며, 세 대륙이 이어지는 교통의 요지라는 환상적인 입지에 세워진 이 도시는 빠른 시일 안에 세계의 창고, 세계에서 가장 큰 상업 도시로 부상했다. 이와 동시에 적어도 3세기 동안은 헬레니즘 문화의 수도로서의 지위도 누렸다.

  알렉산드리아는 알렉산드로스가 살아 있을 당시에 한 도시건축가의 설계로 빛을 보게 되었다. 대담함으로 널리 알려진 이 건축가는 바로 로도스의 데이노크라테스였다. 그는 두 개의 간선도로(하나는 남북으로, 다른 하나는 동서로 뻗은 길)를 도시 중심에서 만나게 함으로써 새로 건설할 도시를 네 구역으로 분할했다. 각각의 구역에는 알파벳의

처음 글자들에서 따온 이름을 붙였다. 동서 방향 도로는 길이 7500 미터에 넓이는 30미터였으며, 양옆으로 인도를 따로 계획했다. 남북 방향 도로 옆으로는 두 개의 넓은 산책로를 구상했으며, 그 사이에는 가로수를 심었다.

네 개의 사각형 구역 안에서 수직, 수평을 이루며 연결되는 다른 길들의 폭은 이보다 훨씬 좁았다(6미터 정도). 축제날만 통행량이 많았던 고대 도시들에서는 길이 넓을 필요가 없었다. 오히려 기후를 감안한다면 길은 좁아야 마땅했다. 행렬을 위한 넓은 도로는 하나만으로도 충분했다.

헬레니즘 문화의 꽃, 알렉산드리아

축제가 벌어지는 날, 알렉산드리아의 거리 풍경을 보자. 쉬라쿠사이 출신 여인네가 친구에게 하는 말이다. "맙소사! 웬 사람이 이렇게 많담! 이 복잡한 틈바구니를 어떻게 뚫고 지나가지? 이건 완전히 끝도 없이 밀려드는 개미 떼로군! 이봐요, 프톨레마이오스, 정말로 당신은 당신 아버지가 신의 반열에 오른 다음부터 좋은 것도 많이 가지셨구려. 이집트 사람식으로 요리조리 빠져나가면서 길 가는 사람 들치기 하는 사기꾼이나 없으면 좋으련만!……(기병 종대가 여자들 있는 곳까지 다가온다. 몸싸움이 벌어진다.) 애, 고르고, 이러다가 우리 어떻게 되는 거 아닐까? 무장한 왕의 말들 좀 봐! 이보세요, 친구분들, 제발 날 밟지나 마시구려. 저 밤색 말은 꼿꼿하게 두 발로 일어서네. 저기 좀 봐, 아주 화난 녀석 같잖아! 이런, 멍청이 에우노아 계집(하녀) 같으니, 누가 너더러 덩달아 같이 행진하라더냐? 저러다가 저 녀석 때문

이집트 풍경. 파이윰. 앙리에트 그랭다 사진.

에 괜히 기수만 죽는 거 아냐? 아이를 집에 두고 나오길 얼마나 잘했
는지 몰라!"

　고대 말엽에는 그 면적이 거의 100제곱킬로미터에 달했던 거대 도
시 알렉산드리아는 짧은 시일 안에 온통 석재로 지어졌는데, 이는 당
시로서는 매우 새로웠다. 궁전 건축을 위해서는 이집트에서 전혀 생
산되지 않는 대리석을 수입했다. 브루케이온이라고 불리던 프톨레마
이오스 왕의 궁전 주위는 정원으로 둘러싸였다. 새로 건설된 수도의
인구를 늘리기 위해 헬레니즘 문화권 전역에서 백성들을 불러 모았
다. 심지어는 강제 이주도 불사했다. 프톨레마이오스 소테르는 예루
살렘을 정복하자 수천 명의 유대인들을 알렉산드리아로 이주시켰다.
새로 건설된 지 50년이 지난 후, 알렉산드리아는 인구 30만 명을 헤
아리는 거대 도시, 다시 말해서 세계에서 가장 인구가 많은 도시로
성장했다. 초기 기독교 시대에는 상주 인구가 무려 100만 명이 넘었
던 것으로 보인다. 인구의 급속한 팽창과 더불어 사각형의 도시 내부
는 점점 높이를 지니게 되었다. 주로 임대용 주택으로 사용되는 여러
층짜리 높은 건물들이 들어선 것이다. 이는 그리스 도시에서는 전혀
볼 수 없었던 새로운 현상이었다. 우리는 모자이크나 테라코타 기법
들을 통해서 알렉산드리아에 세워졌던 고층 건물들을 볼 수 있다. 이
들 중에서 일부는 마천루처럼 높이 솟아오르기도 했다.

　알렉산드리아의 자랑거리는 항구와 저 유명한 등대다. 알렉산드로
스가 낙점한 장소는 천연적인 항구로서는 그다지 뛰어난 입지라고
할 수 없는 곳이었다. 하지만 알렉산드로스는 해안에서 불과 수천 미
터 떨어진 곳에 위치한 파로스 섬을 이용해서 근사한 항구를 만들 수
있을 것으로 확신했다. 정박지를 두 개의 항구로 갈라놓는 길이 1킬

로미터 정도의 방파제를 쌓으면 섬과 해안이 이어질 수 있었다. 이렇게 되면 동쪽에 위치한 항구는 두 개의 부두 때문에 입구가 좁아지게 되는데, 이는 군사용 항구와 병기창, 조선소, 그리고 군주 개인용 항구로 사용할 수 있었다. 에우노스토스, 즉 무사 귀환을 뜻하는 서쪽의 두 번째 항구는 물자 교류를 위한 상업용 항구로 안성맞춤이었다. 두 항구를 갈라놓는 방파제에 두 개 정도의 통로를 뚫고 그 위로 다리를 놓으면 배들이 이 항구에서 저 항구로 이동할 수도 있었다. 알렉산드리아가 자랑하는 이 이중의 항구는 그 후 헬레니즘 문화권의 여러 도시가 앞다투어 베꼈다.

한편 등대는 크니도스의 소스트라테스라고 하는 기술자의 작품이었다. 높이가 111미터나 되는 이 등대는 위로 갈수록 점점 좁아지는 세 개의 층으로 이루어져 있다. 불빛은 궁륭을 지탱하는 여덟 개의 기둥을 세워 궁륭 아래쪽에서 송진을 많이 머금은 나무를 태워 유지했다. 거울을 설치해서 불빛이 더 많이 확산되도록 했다고도 한다. 승강기가 있어서 불을 붙이는 부분까지 올라가는 것도 가능했다.

등대는 곧 세계의 7대 불가사의 중 하나로 손꼽히게 되었다. 아랍인들의 첨탑도 이 등대에서 유래했다고 한다.

프톨레마이오스는 알렉산드리아의 하늘을 이 등대의 불빛보다 찬란한 두 개의 빛으로 수놓았다. 시와 과학의 불빛이었다.

새로운 문화 수도

프톨레마이오스 소테르는 이 도시를 당대 제일가는 문화 수도로 만들어 이 분야에서 아테나이의 헤게모니를 빼앗겠노라고 결심했다.

그는 시인, 학자, 철학자들을 부추겼다. 몇몇 시인들의 마음을 얻는 데에도 성공했다. 앞에서 이미 코스의 필레타스에 대해서는 언급했다. 프톨레마이오스 소테르는 필레타스를 아들 필라델포스의 스승으로 삼았다. 시인이면서 박식한 학자였던 그는 곧 알렉산드리아 문명의 선도자가 되었다. 테오크리토스 같은 시인을 길러내기도 했다. 또한 명성 높은 의사, 수학자, 천문학자들도 불러들였다. 하지만 철학자들을 끌어들이려는 그의 시도는 거의 실패로 끝났다. 사실 그가 가장 원한 것이 철학자들이었는데도 말이다. 바젤 출신 역사학자 부르크하르트는 시치미 뚝 떼고 농담하는 듯이 말하는 그만의 독특한 방식으로, 철학자들은 디아도코스와 조신들에 비해서 당대의 톱스타들이었다고 말한다. 견유학파, 스토아 학파, 에피쿠로스 학파 등 주요 학파의 대표들은 모두 프톨레마이오스의 부름을 요리조리 빠져나갔다. 아테나이는 고대가 막을 내릴 때까지 줄곧 철학자들의 도시로서의 명성을 굳건히 지켰다. 프톨레마이오스는 아리스토텔레스 학파를 대표하는 팔레론의 데메트리오스만을 끌어올 수 있었다. 데메트리오스는 식물학의 창시자 테오프라스토스의 제자였으며, 스승이 아리스토텔레스의 제자였음을 감안할 때, 그 역시 아리스토텔레스의 제자라고도 할 수 있다. 한편 테오프라스토스 자신은 알렉산드리아 무세이온(museion, 오늘날 박물관을 뜻하는 뮤지엄이라는 말은 여기에서 유래했다─옮긴이)에서 강의해달라는 요청을 거절했다.

무세이온의 설립 과정에서 팔레론의 데메트리오스는 아주 중요한 역할을 수행했다.

그는 상당히 굴곡 많은 삶을 산 사람이다. 대단히 인기 있는 연설가였던 그는 마케도니아의 캇산드로스의 이름으로 아테나이인들을 통치할 것을 수락한다. 마케도니아 주둔군을 등에 업고 그는 10년 동안 아테나이의 독재자로 군림했다. 게다가 독재자치고는 상당히 유능한 통치자였다. 그의 재임 기간 동안 아테나이는 물질적으로 대단한 번영을 이루었으니, 위대하다고까지는 말할 수 없지만 어쨌거나 절반의 성공 정도는 되는 셈이었다. 군주들의 동상을 세우던 당시 유행에 따라 그의 동상도 건립되었다. 하지만 그의 동상은 곧 내려졌다. 그의 보호자였던 캇산드로스의 사망과 더불어 그는 알렉산드리아로 건너왔다. 프톨레마이오스는 그를 신뢰했으며, 수도에 문학과 과학, 예술 애호 문화를 뿌리내리게 하는 일을 그에게 맡겼다. 훗날 무세이온과 도서관이 될 기관들의 설립 계획도 데메트리오스에게 맡겼다.

무세이온이라는 생각과 명칭은 그다지 새로울 것도 없었다. 데메트리오스가 몸담고 있는 아리스토텔레스 학파에서 이미 오래전에 실천에 옮겼던 생각이기 때문이다. 아니 그보다도 더 옛날, 그러니까 퓌타고라스 학파까지 거슬러 올라갈 수도 있었다. 퓌타고라스 학파는 일종의 평신도회(거의 수도원에 해당한다)를 세웠고, 그 안에서는 뮤즈 숭배가 학문 또는 과학적 탐구를 상징하며 이를 지속적으로 유지해나가는 전통이 있었다.

이 전통이 아리스토텔레스와 테오프라스토스에 의해 다시금 수면 위로 부상했다. 아리스토텔레스는 과학의 정립을 위해서는 학자들끼리의 협업이 반드시 필요하다고 주장했다. 어쨌거나 이는 풍부한 발전성을 지닌 생각이었으며, 따라서 그 이후로 줄곧, 특히 근대에 들어와 근대와 현대 과학 분야에서 눈부신 발전을 일궈내고 있다.《동물에 관한 연구》가 굉장한 결과에 도달할 수 있었던 것은 수많은 학자들의 협조가 있었기에 가능했다. 이와는 다른 분야에서도 아리스

토텔레스는 《정치학》을 쓰기에 앞서 정치의 형성에 관한 광범위한 조사 작업을 시도했다. 이 조사는 무려 158개 도시국가를 대상으로 삼는 방대한 작업이었다. 고대인들은 이 158권의 조사 보고서를 읽었다. 그중에서 가장 중요한 책으로 꼽히는 《아테나이인들의 정치체제》는 19세기 말에 그 원본이 발견되었다. 물론 이 책들을 모두 아리스토텔레스가 직접 쓴 것은 아니다. 대부분의 책들은 그에게 지도를 받은 제자들이나 친구들이 썼다. 아리스토텔레스의 뒤를 이어 그의 제자인 테오프라스토스는 뤼케이온에서 무세이온을 조직했으며, 이것이 알렉산드리아 무세이온의 효시가 되었다. 그가 구상한 무세이온은 강의실과 교수들의 숙소로 이루어졌으며, 아리스토텔레스의 장서들을 모아놓은 서고도 그곳에 자리 잡았다.

요컨대 아리스토텔레스와 테오프라스토스는 학자들과 학생들을 도서관과 과학 자료실 주변으로 모이게 함으로써, 이들 사이에 활발한 협조가 이루어질 수 있는 환경을 조성하고, 이는 과학의 발전으로 연결될 것이라는 생각에서 출발했다. 팔레론의 데메트리오스는 그러므로 씀씀이가 큰 프톨레마이오스의 지원을 받아 이 계획을 조금 더 키우기만 하면 되었기 때문에, 박물관과 도서관을 짓는 것쯤은 그다지 힘든 일이 아니었다.

알렉산드리아 박물관의 실제 건물과 조직은 오늘날에 제대로 알려지지 않고 있다. 고고학자들은 우리가 고대 문인들의 묘사를 통해서만 어렴풋이 알고 있는 그 건물들을 찾아내지 못했다(그도 그럴 것이, 알렉산드리아 시내 한가운데에서 어떻게 고고학 발굴을 진행할 수 있단 말인가?). 그곳에는 강의실과 연구실, 거의 대부분이 교수였던 박물관 연구원들의 숙소, 함께 모여 식사를 할 수 있는 식당 등이 마련되어 있었다.

세월이 흘러감에 따라, 특히 열정적인 박물학 애호가였던 필라델포스 이후, 정원에는 식물과 동물 수집품들이 늘어났고, 아주 기초적인 천문대, 해부실도 생겨났다. 박물관은 말하자면 최초의 대학이었다.

박물관의 연구원들은 주로 학자, 시인이었으며, 드물게 철학자들도 끼어 있었다. 이들은 박물관 안에서 기거하면서 국가에서 주는 수당을 받아 생계 걱정 없이 강의와 연구에 전념할 수 있었다. 학생들이 몇 명이나 되었는지에 대해서는 아무런 정보가 없다. 분명 수백 명은 되었을 것이다. 나는 현대에 들어와 편찬된 한 교과서에서 한창때에는 학생이 1만 4천 명이나 되었다는 내용을 읽은 적이 있다. 도대체 어디에서 이렇게 수상한 숫자를 건져 올렸는지 알 수 없는 노릇이다.

한편 고대의 한 작가가 몰상식하게도 "닭장 속에 갇혀서 주는 먹이나 받아 먹는 가금류"라고 표현했던 교수-연구원들은 약 100명 정도였다. 박물관의 경영은 뮤즈의 제사장과 총재가 맡았다. 이 총재는 행정적인 기능만을 수행할 뿐, 학자는 아니었다. 총재보다 더 중요한 직책은 사서로서, 고대인들은 역대 사서들의 명단을 우리에게 남겨 주었다. 뷔잔틴 시대의 작가들에 의해서 우리에게까지 전해지고 있는 이 사서 명단들 사이에는 약간의 차이가 있다. 예를 들어, 비교적 최근에 이집트 옥쉬륀쿠스의 모래 속에서 발견된 명단의 경우, 초대 프톨레마이오스 왕 시대에 작성된 것으로 판명되었다. 문헌학자 제노도토스, 로도스 출신의 학자이며 시인인 아폴로니오스, 수학자이며 지리학자인 에라토스테네스, 뷔잔티온의 아리스토파네스, 사모트라케의 아리스타르코스(이 두 사람은 모두 문헌학자이며 문학 비평가) 등의 이름이 눈에 띈다. 또 다른 명단을 보면, 시인이면서 알렉산드리아에

서 각광받던 시학파(詩學派)의 수장이었던 칼리마코스의 이름도 올라 있다. 칼리마코스는 도서관에서 매우 비중 있는 인물이었다. 그는 총 120권짜리 "각 분야별 우수 작가와 그들의 대표작 일람표"를 작성했다. 이는 작가의 전기와 주석까지 첨부된 일종의 도서관 색인으로서, 작품들은 먼저 장르별로 분류되고, 각 장르에서는 우수성 순위에 따라 분류되었다. 이는 또한 그리스 문학의 개요라고도 할 수 있었다.

최초의 도서관

이 모든 자료는 이제 우리를 박물관의 영광, 박물관의 꽃이라고 할 수 있는 도서관으로 안내한다.

이집트는 오랜 문화 국가이며 따라서 많은 소장품을 간직하고 있었다. 과거의 파라오들도 개인 도서관을 보유하고 있을 정도였다. 그중 한 도서관에는 이집트 문자로 '정신의 피난처'라는 명문이 새겨져 있다. 앗쉬리아와 바빌론의 몇몇 군주들도 역시 도서관을 보유하고 있었다. 그중 하나에서는 쐐기문자로 기록된 장서들이 발견되었으며, 그 책들은 벽돌로 만들어졌다! 오랫동안 오로지 군주들만이 책을 소유할 수 있을 정도의 재력을 확보하고 있었다.

아리스토파네스는 에우리피데스의 서가에 대해서 조롱하는 투로 말한다. 에우리피데스로 말하면 그가 소유한 책들에서 건진 정수를, 마치 녹차 거르듯이 자신의 비극 작품을 통해서 우려낸 시인이라고 할 수 있다. 상당한 분량의 장서가 구비된 개인 서가를 소유한 자로는 단연 아리스토텔레스를 꼽아야 한다. 아리스토텔레스는 알렉산드로스의 아낌없는 후원 덕분에 서가를 마련할 수 있었다.

아레투사의 샘 인근에 자라나는 파피루스, 시라쿠사. 비올레 사진.

알렉산드로스 이후에는 파피루스와 양피지의 대량 생산, 그리고 특히 식견 있는 노예들이 필경사로 대거 진출함으로써 책의 생산량이 크게 늘어났으며, 덕분에 덜 비싼 값으로 책을 구입할 수 있게 되었다. 서기 이후로는 소설의 시대가 열렸으며, 이는 독자의 증가를 의미한다.

팔레론의 데메트리오스는 알렉산드리아 도서관을 위해 엄청난 양의 책을 구입했다. 프톨레마이오스 필라델포스는 그의 요청에 따라 테오프라스토스의 상속자들로부터 아리스토텔레스의 장서를 사들였다. 한 작가는 이 왕의 재위 기간 동안 아테나이에서 도착한 배들이 알렉산드리아 항구의 부두 위에 여러 보따리의 '볼루멘(족자처럼 돌돌 만 파피루스를 가리키는 말─옮긴이)'을 내려놓았다고 전한다. 필라델포스의 재위가 끝나갈 무렵에 나온 공식적인 보고서에 따르면, 박물관에는 40만 개의 볼루멘이 있었으며, 이중에서 겹치는 것들을 제외하면 총 9만 개의 타이틀이 보관되어 있었다고 한다. 필라델포스의 후계자도 장서를 늘리는 노력을 꾸준히 계속했다. 필라델포스의 아들인 프톨레마이오스 3세 에우에르게테스는 귀중하고 희귀한 책들을 구입하기 위한 지출이라면 마다하지 않았다. 때문에 그는 엄청난 액수의 보증금을 물고 아테나이에서 기원전 4세기에 필사되었으며 아테나이의 위대한 시인들의 작품이 총망라되어 있는 공인된 비극 전집을 임대했다. 일단 책이 손에 들어오자 그는 보증금을 포기하고 그 책을 두고두고 보관했다.

도서관은 고전 작품의 구입뿐만 아니라 당대 작가들의 왕성한 작품 활동을 통해서 점점 확장되었다. 디뒤모스라는 문헌학자는 무려 3500권의 주석서를 썼다. 그다지 해박하지 않은 작품조차도 쉽사리 여러 권(그러니까 파피루스 두루마리 여러 개)으로 늘어나다 보니, 다산성은 곧 우려스러운 현상으로 비치기 시작했다. 그 결과 고대인들은 그런 식으로 '알을 낳기 위해서는' 청동 내장을 타고나야 한다고 인정했다. 그들은 문헌학자 디뒤모스를 가리켜 디뒤모스 칼켄테로스, 즉 청동 내장을 가진 디뒤모스라고 불렀다. 우리는 철학자들과 학자들을 포함하여 1100명이 넘는 헬레니즘 작가의 목록을 가지고 있다. 이 정도면 완전히 홍수 수준이다! 문학적 재앙이 따로 없었다. 양적으로 들이대는 문학이라니!

기원전 47년, 카이사르가 이집트에서 전쟁을 벌이던 무렵, 알렉산드리아 도서관의 장서는 70만 권에 달했다고 전해진다.

도대체 이 도서관은 어떤 책들을 소장하고 있었을까? 어떤 책들을 구입한 것일까? 틀림없이 괜찮은 그리스 문학이라면 전부 사들였을 것이다. 우리는 필라델포스가 동료 왕들에게 시인, 역사학자, 연설가, 의사들이 쓴 것이라면 무엇이든지 전부 보내달라고 청했다는 증언을 접할 수 있다. 박물관에서 연구하는 학자들은 서사시, 서정시, 극작품 등의 모든 문학 작품, 역사학자들의 저술과 엄청난 양의 철학, 의학 저술 등 그야말로 문자로 쓰인 (거의) 모든 것을 읽을 수 있었다. 고대의 주요 저작들은 대부분 보존되었다고 할 수 있지만, 양적인 면에서만 보자면, 100분의 1, 아니 1000분의 1도 남아 있지 않다고 말할 수 있다. 아테나이에서는 이른바 평균작이라고 하는 희극 작품들이 800편씩 쏟아져 나왔지만, 우리에게까지 전해진 건 하나도 없다. 아리스토파네스의 《플루토스》 같은 작품을 평균작으로 친다면 또 모르겠지만 말이다.

우리는 사서들이 비그리스 민족이 생산한 문학 작품들도 구입했는

지, 구입했다면 그중에서 일부라도 번역을 했는지 궁금하지 않을 수 없다. 물론 이 경우에 해당되는 몇몇 사례들은 잘 알려져 있다. 가령 필라델포스 재위 기간 중에 그리스화된 이집트인 제사장 마네토는 도서관에 있는 책들을 사용해서 그리스어로《이집트 고대사》를 저술했다. 마찬가지로 칼데아 출신 제사장 베로수스는《칼데아 고대사》를 집필했다. 그러니 도서관에는 번역이 되었건 되지 않았건 십중팔구 이방국가의 서적들이 있었다고 추측할 수 있다.

  가장 중요한 번역 작업은 이른바 '70인 번역'이라는 유명한 작업으로, 우리가 흔히 구약이라고 하는 유대인들의 성서를 그리스어로 번역한 사업을 꼽을 수 있다. 유대인 전통에 따르면, 프톨레마이오스 필라델포스는 70명의 유대인 학자들을 모아서 이들에게 그들의 경전을 그리스어로 옮길 것을 요청했다고 한다. 하지만 이건 어디까지나 신화에 불과하다. 실제로 번역은 아주 오랜 기간 지속되었으며, 모세 오경의 번역은 기원전 3세기에, 예언서들과 시편은 기원전 2세기에, 그리고 전도서는 기독교 시대가 시작된 지 100년이 지난 다음에야 완성되었다. 이 같은 번역 작업이 존재했다는 사실로 미루어 당시 이집트에 제법 많은 수의 유대인들이 거주했으며, 이들 중의 상당수는 자신들의 언어를 잊고 살았음을 유추해볼 수 있다. 알렉산드리아에는 아닌 게 아니라 그리스화된 유대인들이 수십만 명이나 살고 있었다.

  한 가지 더 주목할 점은 도서관에 많은 수의 외경(外經)들도 존재했다는 사실이다. 수집가들의 열성은 항상 위조자들의 열성을 자극했다. 따라서 서고에 잔뜩 쌓여 있는 책들 가운데에서 진품과 위조품을 가려내는 일도 제노도토스를 비롯한 알렉산드리아 문헌학자들의 주요 임무 중의 하나였다. 제노도토스로 말하자면, 호메로스가 쓴 시들의 순수한 원래 모습을 복구해내는 데 열심이었다. 그는 가필되었다고 여겨지는 구절이나 문단에는 갈고리 모양의 부호로 표시를 했다. 현대에 출판되는 버전들은 제노도토스가 나중에 첨가되었다고 생각되거나 어쩐지 미심쩍다고 표를 해놓았다면, 이를 고려한다. 다른 문헌학자들도 비극시를 필두로 하는 그리스 문학 작품 전반에 걸쳐서 이와 비슷한 작업들을 진행했다. 이렇게 해서 박물관과 도서관에서 텍스트 분석이 태어나게 되었다.

같은 시기에, 그리고 이들 학자들을 중심으로 잘 쓰지 않는 말이나 고어가 되어버린 어휘들이 각광을 받기 시작했다. 문학 비평서나 주석서, 문법서들이 쏟아져 나와서 지난간 5~6세기 동안 걸작품들을 탄생시켜온 문학이나 언어에 대한 접근성을 높여주었다. 박물관과 도서관에서 일하는 학자들은 이 어렵고 까다롭지만 누군가는 반드시 해야 하는 일 앞에서 주저하거나 뒷걸음질 치지 않았다.

기독교의 발전과 알렉산드리아의 쇠퇴

여기서 알렉산드리아가 낳은 이 두 기관이 어떤 운명을 맞았으며 언제까지 번영을 누렸는지 짚고 넘어가는 것이 좋을 듯하다. 세워진 지 한 세기하고도 반이 지났을 무렵 박물관과 도서관은 심각한 위기를 맞게 된다. 프톨레마이오스 8세 또는 백성들이 카케르게테스라고 부르던 에우에르게테스 2세의 통치 기간 중이었다. 에우에르게테스가 '선한 자'를 의미한다면, 카케르게테스는 그 반대를 의미한다. 이 인물은 끔찍한 범죄를 저지른 장본인이다. 그는 자신의 친아들을 죽인 다음 시신을 토막 내서 부인, 그러니까 아들의 생모에게 생일 선물로

보내는 끔찍한 일을 저질렀다. 수도로부터 추방되었던 그는 내란을 틈타 다시 수도로 잠입한다. 그는 알렉산드리아에 불을 지르고 피바다를 만들었으며, 박물관 출입을 금지하고 연구원들을 모두 추방했다. 이 사건을 두고 아테나이오스는 "수많은 문법학자, 철학자, 기하학자, 의사들이 세계 도처에서 유랑하며 구걸하듯이 그들이 아는 것을 가르치는 극빈자로 전락했다"고 묘사했다. 이 이야기는 터키인들의 침략을 받은 콘스탄티노플이 함락되면서 뷔잔틴 학자들과 예술가들이 뿔뿔이 흩어지게 된 사건을 떠오르게 한다. 하지만 그 자신이 문학을 사랑하고 필로로고스(!)라는 칭호를 사용할 정도였던 이 희한한 프톨레마이오스는 다시금 박물관의 교수진을 영입했다. 알렉산드리아 도서관과 페르가몬 도서관이 경쟁을 벌이는 와중에서 이로 인하여 전례를 찾아보기 힘든 전쟁을 벌인 장본인도 그였다. 그는 이집트에서 생산되는 파피루스의 수출을 금지했다. 페르가몬은 이 수출 금지 조치에 양피지의 발명으로 맞섰다. 양이나 염소 또는 송아지 가죽으로 만들어진 양피지는 파피루스보다 훨씬 견고해서 문자를 기록하는 데 더 효과적이었다. 이것은 서적의 교역이 한층 활발해지는 역설적인 결과를 낳았다.

박물관의 절정기는 이미 지나갔다. 기원전 2세기 말엽에만 하더라도 연구원 명단에서 유명 인사의 이름은 찾아볼 수 없다. 그러니 박물관의 영광이라고 해봐야 고작 1세기하고 반세기 정도만 지속되었다고 할 수 있으며, 이는 프톨레마이오스 왕조의 초대 왕 대여섯 명의 재위 기간과 맞먹는다. 그 후로는 그저 명맥을 이어가는 기관에 불과했다. 로마의 몇몇 황제들이 관심을 보였을 뿐이다. 수에토니우스는 클라우디우스 황제가 새로운 박물관을 세웠다고 전해준다. 클라우디우스 황제는 작가로 자처했던 황제였다. 그는 《에트루리아 고대사》를 집필했으며, 1년에 한 번씩 알렉산드리아에서 많은 대중들이 모인 가운데 자신의 글을 읽게 했다. 이 무렵 박물관은 문학이나 사상의 조류와는 무관한 일종의 학술원으로 변모한 상태였다.

기독교의 발전은 박물관 쇠퇴의 주요 요인 중의 하나로 작용했다. 서력기원이 시작된 초기 몇 세기 동안 박물관에서 여전히 명맥을 이어가던 과학 교육은 다신교 신앙을 전제로 삼고 있었다. 최초의 여성 수학자이자 철학자였던 휘파티아는 4세기 말엽부터 5세기 초엽까지 강의했다. 그런데 사제들에 의해서 광신도가 된 대중들은 415년 어느 날 집으로 돌아오는 휘파티아를 강제로 끌어내 사지를 찢은 다음 시신을 조각 냈다. 퀴릴로스 주교가 손을 쓸 틈도 없이 벌어진 이교도 살해 사건이었다.

한편 도서관의 경우, 여전히 역사 교과서에서 통용되고 있는 일화에 따르면 서기 47년, 카이사르의 이집트 원정 기간 중에 처음으로 도서관이 불탔다고 한다. 하지만 여기에 대해서는 최근 들어 이의 제기가 늘어나고 있다. 이 진술은 역사가 캇시우스 디오의 증언에 토대를 두고 있는데, 그는 서적을 보관하는 '아포테카이'에 불이 났다고 적었을 뿐이며, 그나마도 "그렇게들 말한다"고 덧붙였다. 아포테카이라는 말은 '창고'나 '서고'를 의미하며, 따라서 도서관을 가리킨다고는 볼 수 없다. 그러니 아마도 서가나, 카이사르가 가져가려고 부두에 쌓아놓았던 책 보따리에 불이 났을 개연성이 높다. 한편 카이사르 자신도 알렉산드리아 함대에 불을 질렀으며, 그 불이 부둣가 가까이 있던 건물로까지 번졌다고 말한다. 이런 정황들을 감안해볼 때, 고대인들이 이 사건을 두고 불이 도서관까지 번졌다고 함으로써 좀

더 극적인 효과를 노렸을 법하다. 안토니우스는 화재로 인한 손실을 복구하기 위해서였는지, 클레오파트라에게 잘 보이고 싶어서였는지 그 이유야 알 수 없지만, 하여튼 이 화재 사건을 계기로 이집트 여왕을 통해 페르가몬 도서관에 서적 20만 권을 기부했다.

그보다 한참 후에 알렉산드리아 도서관에는 정말로 불이 나서 박물관과 브루케이온이 소실되었다. 서기 273년의 일로, 당시 집권 중이던 아우렐리우스 황제가 팔뮈라의 여왕과 전쟁을 벌이고 있던 시기였다. 아우렐리우스 황제는 낙타 등에 올라 오랜 추격전을 벌인 끝에 동방에서 광대한 제국을 건설했던 제노비아 여왕을 생포했으며, 로마에서 열린 성대한 개선 축하 행사에 여왕을 참석하도록 했다.

그 이후 도서관은 새롭게 정비된 박물관 안에 다시 한 번 재건되었다. 640년 아랍인들이 알렉산드리아를 점령했을 무렵엔 이 두 기관이 존속하고 있었는지조차 확실하지 않다. 두 기관이 사라진 확실한 연도를 찾아내기란 쉬운 일이 아니다. 10세기 넘도록 명맥을 유지해오던 두 기관은 인간의 기억 속에 너무도 찬란한 흔적을 남겼기 때문에 두 기관을 둘러싼 전설이나 신화가 중세까지도 모든 문예부흥을 지배했다. 알렉산드리아는 이 같은 영속성 덕분에 고대와 현대를 이어주는 가교가 되었다.

알렉산드리아의 학자와 시인들

그런데 여기서 박물관과 도서관, 두 기관은 설립 초기(기원전 3세기와 2세기)에는 힘 자라는 데까지 모든 그리스 문명에 영향력을 행사했음을 잊어서는 안 된다.

메난드로스가 쓴 친필 원고의 마지막 부분.
아래 부분에서 메난드로스의 이름과 '불평쟁이'라는 작품의 제목이 눈에 띈다.
제네바 보드메르 도서관, 장 아를로 사진.

물론 학문 탐구에 있어서 바람직한 영향력을 끼쳤다는 말이다. 결과적으로 이 두 기관을 탄생시킨 아리스토텔레스의 생각이란 사실 간단했다. 학문은 협업의 결실이라는 것이 그의 생각이었다. 학문은 세대 간의 집단적인 노력을 통해서 발전해나간다. 반면 예술 작품, 문학 작품은 전통, 시공간 등에 크게 영향을 받긴 하지만 본질적으로 개인적인 재능의 결과이며, 어느 날 문득 완성된 형태로 갑작스럽게 등장할 수도 있다. 이는 항상 집단적인 노력의 결과이며, 항상 새로 시작해야 하는 학문적인 발견과는 상당히 대조적이다. 학문의 발전에 필수적인 천재성은 이 과정에 하나의 사슬처럼 편입되어 다음번 사슬이 이어질 수 있는 자리를 만든다고 할 수 있다.

아리스토텔레스는 세계와 인간에 대한 보편적인 탐구로서의 학문의 길을 열었다. 무한한 인내심을 요구하는 이 같은 탐구는 사실을 존중하는 데에서 출발한다. 결승점에 도달하기 위해서는 최대한 많은 양의 사실을 수집하고 분류하여, 이 사실들에 대한 설득력 있는 설명을 제시해야 한다. 박물관의 학자 연구원들은 그것이 설사 아리스토텔레스의 철학이라고 할지라도 절대 결정론적인 철학을 설파하지 않았다. 이들은 아리스토텔레스로부터 형이상학을 차용한 것이 아니라 연구가 나아가야 할 방향, 연구를 진행시켜나가는 방법을 받아들였다. 따라서 박물관은 스토아 학파의 스토아 포이킬레나 플라톤의 아카데메이아, 아리스토텔레스의 뤼케이온 같은 하나의 철학 학교가 아니라 진정한 의미에서의 대학이었다는 말이다. 이렇듯 알렉산드리아에서는 학문을 정립해나갔다. 이집트의 군주들은 학자들을 위해 도서관과 수집품, 실험실 등 학문 연구에 필요한 값비싸지만 꼭 필요한 도구들을 제공했으므로 학문은 빠른 속도로 발전할 수 있었다.

그러니 박물관에 몸담았던 유명 인사들이나 당시 알렉산드리아에서 활약한 위대한 인물들 중에는 시인보다 학자들이 월등히 많았다고 해서 그리 놀랄 것도 없다. 기원전 3세기와 2세기 무렵에 활약한 위대한 수학자들은 대개 박물관에 살면서 강의를 하곤 했다. 그중에서 가장 유명한 인물이라면 단연 에우클레이데스(유클리드)를 꼽을 수 있다. 그는 감탄을 자아낼 정도로 깔끔하고 군더더기 없는 문체로 쓴 기초 기하학 방법에 관한 논문으로 유명세를 탔지만, 솔직히 가장 천재적인 인물은 아니었다. 페르게의 아폴로니오스나 힙파르코스 같은 천재적인 학자들이 있긴 하지만 내가 이해하지 못하는 내용을 잔뜩 늘어놓을 수는 없으므로 유감스럽게도 그들에 대해서는 별로 할 말이 없다. 페르게의 아폴로니오스에 대해서는 한마디만 해두겠다. 그는 원뿔의 특성을 연구한 원뿔 곡선론을 저술했다. 그런가 하면 힙파르코스는 구면 삼각법을 창안했다. 인류 역사상 열 손가락 안에 꼽히는 위대한 천재 중의 한 사람인 아르키메데스는 쉬라쿠사이와 알렉산드리아를 오가며 살았다. 알렉산드리아 박물관에서 교육 받은 그는 알렉산드리아에서 대부분의 논문을 발표했다. 당시 가장 유명한 천문학자들이었던 사모스의 아리스타르코스(고대의 코페르니쿠스)나 천체 관측의 대가로 (망원경도 없이) 850여 개의 항성을 구별해냈으며, 세차(歲差)를 발견해낸 힙파르코스도 박물관에서 가르쳤다. 유명한 의사들도 예외는 아니었다. 신경 체계와 동맥의 분포도를 발견하고 혈액의 순환을 예측(실제로 이것이 재발견된 것은 18세기에 들어와서였다)한 칼케돈의 헤로필로스가 대표적이다. 수학자이며 지리학자로 지구의 둘레를 계산한 에라토스테네스도 박물관에서 가르쳤다. 제노도토스, 뷔잔티온의 아리스토파네스, 사모트라케의 아리스타르코스 등, 앞에

서 언급한 위대한 철학자들도 물론 빼놓을 수 없는 박물관 교수들이었다.

이렇게 이름을 줄줄이 늘어놓는 일은 부질없어 보인다. 하지만 전성기 때의 박물관에서 진행되던 연구의 범위와 중요성을 가늠해보기 위해서라면 절대 쓸데없는 일이 아니다. 당시 박물관이야말로 학문 발전에 가장 선도적인 역할을 수행한 첨병이었기 때문이다.

알렉산드리아의 박물관과 도서관이 학문 발전에 크게 기여했다면, 알렉산드리아의 시는 사정이 어떠했을까? 시 또한 박물관과 도서관의 도움으로 성장할 수 있었을까? 시시한 졸작 몇 작품이 생산된 것을 제외한다면, 시에서는 내세울 만한 것이 무엇이 있단 말인가? 알렉산드리아에서는 시조차도 박물관에서 잉태되었다. 아니 적어도 박물관을 그늘 삼아서 빛을 보았다. 시학파의 수장격인 이론가 칼리마코스는 오랜 기간 박물관에 머물면서 체계적인 도서관 색인을 만들었다. 서사 시인 로도스의 아폴로니오스는 정식 사서직을 역임했다. 시인들은 모두, 아니 거의 모두(그렇다, 테오크리토스도 예외는 아니다) 해박한 학자들이었다. 이들의 학식은 대체로 제대로 소화되지 못한 채 이들의 시에 작용함으로써 시만이 지니는 빛이 퇴색하고 말았다. 말하자면 학식이 부분적으로나마 시를 갉아먹었다고 할 수 있다. 이 무렵 시인들은 동시대인들과 학문 탐구의 열망을 공유했다. 그거야 누가 뭐래도 좋은 일이 아니겠는가. 이들 시인들이 저지른 실수라면 이같은 학문 탐구 취향을 시라고 하는 장르에도 그대로 적용하려 했다는 점일 것이다. 학문 탐구가 시에 섣불리 적용되면, 몸에 잘 안 맞는 옷을 입은 것처럼 어딘지 어색하고 불편한 법이다. 가령, 아폴로니오스의 시는 이따금씩 매우 아름다운 구절도 눈에 띄긴 하지만, 유식한 티를 내는 본문이나 주석 때문에 오염되어 있다. 그는 독자들에게 신의 이름의 어원(그것도 틀린 어원!)이나 당시 통용되는 관습의 유래(역시 잘못된 정보!)를 설명하거나, 그가 보기에는 자신들의 도시와 아무런 관련이 없는 영웅을 섬기는 폰토스 에욱세이노스(현재 흑해—옮긴이)의 한 도시 주민들에게 훈계를 늘어놓느라 등장인물들과 행위를 망각하곤 한다. 생각해보라. 시의 본문 중에 그런 내용들이 끼어들면 시적인 환상이 산산조각 나는 것이 당연하지 않겠는가. 말하자면 사서이며 박학다식한 학자인 아폴로니오스가 시인인 아폴로니오스가 창조한 세계를 끊임없이 짓밟는 격이었다. 아폴로니오스보다 한층 더 유식했으며, 어쩌면 그보다 시인 기질이 덜했던 칼리마코스는 이렇게까지 고통스러울 정도로 조화롭지 못하다는 느낌은 주지 않았다. 아마도 그에게서는 학식이 적어도 어떤 관점에서는 그가 선택한 시의 소재와 비교적 잘 동화되었기 때문일 것이다. 하지만 그의 작품을 보면 어찌나 박식한 표시가 자주 나는지, 고대 독자들이나 현대 독자들이나 할 것 없이 신화적, 역사적, 지리적, 천문학적…… 하여간 대학에 몸담고 있는 사람들처럼, 책으로 습득할 수 있는 모든 교양과 과학적 재능을 갖추어야만 제대로 읽을 수 있다. 그런데 이처럼 묵직한 내용들은 미약하게나마 남아 있는 시적 도약마저 끌어내리기 십상이다! 솔직히 도서관과 박물관의 존재는 책이 문학까지 지배하는 풍토를 낳았으므로 오히려 역효과를 냈다고 볼 수 있다.

이들 시인들은 너무도 많은 것을 읽고, 도서관의 강의실에서 너무도 많은 볼루멘을 펼쳤다. 이들은 독서를 통해 영감을 얻고자 했다. "독서는 문체의 본질"이라고 아폴로니오스는 말했다. 그는 게다가 스스로를 가리켜 "뮤즈의 비서"라고 칭했다(이 말은 시사하는 바가 크다). 그런

가 하면 칼리마코스는 "나는 증거가 없다면(그러니까 자료가 없다면) 아무것도 노래하지 않는다"고도 말했다. 이건 사실이었다. 어떤 주제가 되었건 그 주제를 다루기 위해서, 시인들은 자료를 찾았다. 말하자면 문학이라는 자원을 고갈시켰다. 그렇기 때문에 일부 작품들은 데자뷔, 즉 언젠가 본 듯한 느낌을 준다.

알렉산드리아 시대라고 해서 뛰어난 시적 기질을 지닌 사람들이 없었던 것은 아니다. 그렇지만 이들이 박물관과 도서관에 머물면서 알렉산드리아의 시는 학식 있는 교양인의 시가 되어버렸다.

chapter 12

알렉산드리아의 과학
:아리스타르코스의 천문학

과학은 이오니아에서 기원전 7세기경 탈레스와 더불어 태어났다. 고전시대에는 데모크리토스, 힙포크라테스와 코스 학파, 투퀴디데스 (기원전 460년에 태어난 이 세 사람은 완벽하게 동시대인이다) 등과 더불어 과학은 활활 타올랐다. 알렉산드리아 시대, 곧 기원전 3세기에서 2세기는 과학이 가장 활발하게 꽃핀 시기였다. 그리스 문명의 말기라고 할 수 있는 이 시기에 인간 영혼의 에너지, 발명가로서의 천재성, 대중들의 호기심 등 고전주의 시대에 신전의 건축, 찬란한 비극 작품의 탄생 등의 예술적 창조를 이끌었던 이 세 가지 요소들은 이보다 더하면 더했지 결코 덜하지 않은 열정(비록 그때에 비해서 덜 보편적이긴 해도)으로 과학적 발견에 투자되었다. 사모스의 아리스타르코스와 아르키메데스는 의심할 여지없이 아이스퀼로스나 페이디아스만큼 대단한 천재들이지만, 이들이 자신들의 천재성을 쏟아 붓는 대상은 바뀌었

다. 이들은 더 이상 새로운 건축물을 축조하지 않고, 비극 3부작을 통해 세계를 재편성하지 않았으며, 그 대신 과학을 정립해나갔으며 물리적인 세계를 설명하기 위해 공을 들였다.

그러한 활동이 인간들, 그러니까 가장 교양 있고 학식 있는 인간들을 열광시켰다. 그 결과 시인들을 따르는 청중의 무리는 크게 감소했다. 시는 당시 정신적인 흐름의 주류에서 벗어난 셈이었다. 고전적인 시는 공공장소에서 낭송되는 시, 대중들을 끌어모으는 시였다. 알렉산드리아의 시는 소수만을 위한 실내용 시가 되었다. 학자들은 비록 대중들을 이끌고 다니지는 않았지만, 그래도 당대의 스타들이라고 할 수 있었다. 아니, 그 이상이었다. 연구를 통해서 인류의 미래를 짊어진 사람들이 바로 학자들이었기 때문이다.

천문학의 발달

이번 장에서 나는 알렉산드리아 과학의 몇 가지 면모를 소개하려 한다. 우선 천문학 분야다. 이 분야는 농부들과 뱃사람들에게 가장 필요한 분야로서, 뱃사람이자 농부들로 이루어진 그리스에서 인간이 최초로 정립한 과학이라고 할 수 있다.

그런데 우리는 그리스보다 더 오래전으로 거슬러 올라갈 필요가 있다.

그리스 사상의 근원에서부터, 그러니까 밀레토스의 탈레스와 이오니아 학파에서부터 그리스 학자들은 하늘에서 일어나는 현상들을 설명하고자 노력했다. 이들보다 앞서서 바빌로니아 사람들도 하늘을 열심히 관찰하여 수성, 금성, 화성, 목성, 토성, 이렇게 다섯 개 행성과 그 외 주요 별자리의 표를 만들었다. 바빌로니아인들은 뛰어난 천체 관측가들이었다. 그들은 여러 세기에 걸쳐서 수많은 사실들을 관찰하고 이를 자료로 축적했다. 알렉산드리아의 학자들은 알렉산드로스 원정 덕분에 그리스나 칼데아 지역과의 교류가 가능해짐으로써 이 같은 관찰 결과를 이용할 수 있게 되었다. 하지만 현대의 과학사가들은 바빌로니아의 천문학은 진정한 의미에서의 학문, 다시 말해서 그리스어로는 '현상'이라고 하는 가상에 대한 설명 또는 현상을 설명하려는 시도라기보다 단순한 사실의 축적에 불과하다고들 말한다. 하늘에서 정유(停留)하거나 역행하는 행성의 움직임을 관찰하고 예측하는 일은, 그 이유를 설명하지 못하더라도, 아니 설명할 필요조차 느끼지 못하더라도, 얼마든지 가능하다. 반면 그리스의 천문학은 출발부터 현상에 대한 설명을 추구했다는 점에서 이와 크게 구별된다.

초창기부터 설명은 무성했다. 물론 틀린 설명들이었지만, 그래도 완전히 부조리하다고는 할 수 없었다. 특히 초자연적인 것을 끌어들이기를 경계했다는 점은 높이 평가할 만하다. 그리스식 설명은 이성적이었다. 그리스 학자들이 제기하는 질문들이란 주로 이랬다. 낮과 밤이 생기는 원인은 무엇일까? 계절이 생기는 이유는 무엇일까? 하늘에서 행성들의 움직임이 불규칙한 까닭은 무엇일까? 월식이나 일식은 어째서 일어나는 걸까? 달은 왜 모양이 변하는 걸까? 이 문제는 이미 400년 전에 해결되었고, 그래서 오늘날의 우리가 보기에는 비교적 간단한 문제들일 수도 있다.

어쨌거나 기원전 6세기 그리스에서 현상에 대한 설명은 무성했다. 어떤 이는 지구를 납작한 원반이라고 상상했다. 둥그런 쟁반 같은 것에 가장자리가 둘러져 있고, 태양은 일몰부터 일출까지의 밤 동안 그

가장자리 주변을 빙 돈다고 말했다. 어떤 이는 태양과 달은 불타는 구름인데, 일출부터 일몰까지 하늘을 가로지른 다음에는 "구멍 속으로 떨어지며", 다음 날이 되면 새로운 태양과 새로운 별들에 불이 붙는다고 했다. 그런가 하면 어떤 이는 달은 일종의 불로 가득 채워진 화병 같은 것으로, 때로는 우리에게 밝은 안쪽을 보여주고(이때가 보름달이다) 때로는 어두운 바깥쪽을 보여준다고 했다. 그렇기 때문에 화병의 위치에 따라서 달의 모습이 달라지고, 월식이 일어난다는 것이었다. 일식이나 월식은 우리도 모르는 사이에 하늘을 순환하는 흙으로 된 투명한 천체들에 의해 생긴다고 하는 이들도 있었다.

이처럼 초기 단계의 설명들은 우리가 보기에는 유치하기 그지없다. 유치한 건 분명하지만 그래도 사실을 파악하려 했다는 점은 높이 살 만하다. 사실 나는 일부러 틀린 설명만 나열했다. 이렇게 잘못된 가설들이 난무하는 반면, 정확한 가설들도 물론 존재했다. 아낙사고라스는 기원전 5세기에 벌써 달의 변화와 월식에 대해서 정확한 설명을 제시한다.

퓌타고라스 학파, 지구는 둥글다는 최초의 주장

이러니저러니 해도 당시 사람들이 가장 중요하게 여겼던 문제는 한 가지였으며, 나머지 문제들은 이 중요한 문제에 귀속되는 부수적인 것들이었다. 바로 지구의 형태와 지구가 우주 전체에서 차지하는 위치에 관한 문제였다. 고대 천문학자들의 대다수는 지구를 물 또는 공기 중에 떠 있는 원반 형태로 생각했다. 모두, 아니 거의 모두가 알렉산드리아 시대가 될 때까지 지구가 우주의 중심이며, 나머지 것들이 지구 주위를 돈다고 믿었다. 지구 중심설은 고대 천문학 전반을 좌우했다.

알렉산드리아 시대에 앞서서 이 문제, 그러니까 다시 한 번 반복하지만 지구의 형태와 천체에서 지구가 차지하는 위치 문제를 해결하는 데 가장 크게 공헌한 사람들은 단연 퓌타고라스 학파에 속하는 학자들이었다.

퓌타고라스 학파는 기원전 6세기 무렵에 벌써 최초로 지구가 둥글다는 주장을 내놓았다. 이러한 주장을 내놓은 까닭은 부분적으로는 이데올로기 탓이라고 할 수 있다. 구(球)는 절대적인 대칭성으로 말미암아 완벽한 형상으로 간주되었기 때문이다. 하지만 이는 어디까지나 부분적인 이유에 불과했다. 왜냐하면 이들은 월식이 일어나는 것은 지구의 그림자 때문이며 이 그림자를 살펴보면 원의 형태가 찾아진다는 사실을 이미 알고 있었기 때문이다.

태양과 행성들의 운행에는 두 종류의 움직임이 결합되어 있다는 사실을 알아낸 것도 퓌타고라스 학파였다. 두 움직임 중에서 하나는 하루짜리 움직임으로, 동쪽에서 서쪽 방향으로 이루어지며(별들의 움직임과 같은 추이를 보인다), 북극성과 지구의 중심을 축으로 삼는다. 이 움직임은 천구적도(또는 지구적도)의 층위에서 일어난다. 태양과 행성들의 다른 움직임은 1년짜리 움직임으로, 첫 번째 움직임과 반대 방향으로, 그리고 황도(黃道)라고 하는 다른 층위에서 일어난다. 우리는 이 두 움직임이 지구가 자신의 축을 중심으로 하루 만에 한 바퀴를 도는 자전과 태양 주위를 1년 만에 도는 공전과 가상상 일치함을 알 수 있다. 퓌타고라스와 그의 학파는 즉각적으로 설명을 내놓지는 못했지만, '자, 이것이 우리가 관찰한 내용이고, 이제 그에 대해서 정

확하게 설명을 할 필요가 있다'고 말함으로써 정확하게 문제의 핵심을 짚었다. 그런데 어째서 초기의 퓌타고라스 학파 사람들은 설명을 제시하지 못했을까? 왜냐하면 그들은 지구가 천체의 부동의 중심이라고 믿었기 때문이다.

퓌타고라스의 제자인 필롤라오스는 최초로 지구의 위치를 움직였다. 그는 더 이상 지구를 세계의 중심에 놓지 않았다. 그의 가설은 상당히 희한한 면이 있다. 그는 자신이 세운 체계의 중심에 태양을 놓지 않고, 이른바 중심 불(feu central)이라고 하는 또 다른 태양을 내세웠으며, 우리의 지구는 그 중심 불 주변을 24시간 만에 돈다는 것이었다. 하지만 우리는 그 중심 불을 볼 수 없는데, 그건 지구에서 사람이 살지 않는 면이 늘 중심 불을 향하고 있기 때문이다. 지구에서 사람이 사는 쪽은 천구를 향하고 있다. 이 가설은 적어도 낮과 밤이라는 현상에 대한 다소 설득력 있는 재현을 보여준다는 장점이 있다. 요컨대 필롤라오스의 지구는 24시간 동안 중심 불 주변을 한 바퀴 돌면서, 두 면을 태양 쪽과 움직이지 않는 별들 쪽으로 번갈아 가며 향하게 한다. 그러니 하루 사이에 태양과 별이 나타나는 움직임을 관찰할 수 있다는 것이었다. 이는 태양과 별들이 아닌 지구가 움직인다는 설명으로서는 단연 최초였다.

필롤라오스는 우리에게는 보이지 않지만 지구와 동시에 같은 원주상에서, 그러나 반대편에서 중심 불 주변을 도는, 그렇기 때문에 사람이 살고 있는 지역에서는 볼 수 없는 또 하나의 별이 있다고 상정함으로써 상당히 복잡한 세계를 구축했다. 그는 이 별을 반(反)지구라고 불렀다. 이 별의 존재는 모르긴 해도 중심 불 주변에 위치한 구 또는 별의 개수를 완벽한 숫자인 10으로 만들려는 의도에서 나온 것이 아닐까 짐작한다. 별들이 총총히 박힌 구, 태양, 달, 알려진 다섯 개의 행성, 지구, 반지구, 이렇게 하면 꼭 10개가 되지 않는가. 우리는 여기서 숫자적인 또는 기하학적인 완벽성이라고 하는 편견을 만나게 되며, 이 편견 때문에 고대 천문학자들은 많은 오류를 범했다.

하지만 필롤라오스보다 늦게 활동한 두 명의 퓌타고라스 학파 학자들은 반지구를 빼버리고, 중심 불을 지구의 중심으로 놓았으며, 다시금 지구를 세계의 중심으로 삼았다. 하지만 이들이 생각한 지구는 하루에 한 바퀴씩 도는 존재였다.

이렇듯 퓌타고라스 학파는 약 2세기 동안 여러 단계를 거쳐서 지구가 둥글다는 사실과 자전한다는 사실을 발견했다. 지구가 중심 불의 주변을 돈다는 필롤라오스의 가설 외에, 지구가 세계의 중심이 아닐 수도 있다는 생각이 다시금 고개를 들었다.

아리스타르코스의 가설: 지구는 자전을 하고 태양 주위를 공전한다

기원전 4세기 말엽, 헤라클레이데스 폰티코스라고 하는 소요학파의 학자가 태양 중심설이라고 할 만한 가설을 제시했으며, 이것은 곧 사모스의 아리스타르코스의 가설로 이어졌다. 헤라클레이데스는 우리가 지구에서 보는 행성들이 천체에서 앞으로 진행하다가 멈춰 서는가 하면 역방향으로 움직이는 것을 관찰하면서도 이에 대해서 제대로 된 설명을 제시하지 못하는 기막힌 노릇에 종지부를 찍어야겠다고 마음먹었다. 지구가 중심이며 다른 별들이 지구를 중심으로 돈다는 가설을 고집할 경우 모든 행성들 중에서 우리가 보기에 가장 이상한 습성을 가진 행성은 수성과 금성이었다. 이 두 별은 지구와

태양 사이에 놓여 있으므로 지구를 중심으로 돈다고는 도저히 생각할 수 없는 반면, 지구보다 태양에서 훨씬 멀리 떨어져 있는 다른 별들은 태양 주위를 돌면서 지구 주위도 돈다고 할 수도 있었다. 헤라클레이데스는 수성과 금성에 대해서 아주 단순하지만 정확한 설명을 제시했다. 두 별은 태양 주위를 돈다는 것이었다. 이는 곧 태양 중심설의 시작이기도 했다. 하지만 헤라클레이데스는 그럼에도, 지구의 자전이 낮 동안 태양의 움직임을 설명해준다는 점을 고려할 때, 태양이 여전히 지구 주위를 돈다고, 물론 하루가 아니라 1년에 한 바퀴를 돈다고 믿었다.

이제 사모스의 아리스타르코스의 가설을 살펴보자. 이 위대한 학자는 기원전 310년부터 230년까지, 그러니까 프톨레마이오스의 초대 세 왕이 통치하는 기간에 활동했다. 그는 일생의 대부분을 알렉산드리아에서 보냈으며, 박물관에서 가르치면서 수많은 저서를 펴냈다. 그가 태양 중심설을 주장한 저서는 우리에게 전해지지 않는다. 《태양과 달의 크기와 거리》라는 저서만이 전해질 뿐이다. 이 책에서 그는 고대에는 처음으로 태양은 지구보다 훨씬 크다고, 거의 300배나 크다고 주장한다(실제로는 130만 배 크다). 그런데 예를 들어 아낙사고라스는 기원전 5세기에 태양이 지구와 달보다 훨씬 작다고 말했다. 태양이 "펠로폰네소스만 하다"고 한 그의 가설은 당시에도 상당히 대담한 편에 속했다.

아리스타르코스는 이처럼 태양의 크기에 대한 새로운 주장, 그리고 이와 동시에 불거져 나온 헤라클레이데스의 반쪽짜리 태양 중심설 등에 힘입어 온전한 태양 중심 체계를 제안하기에 이른다. 그는 지구보다 300배나 더 큰 태양이 지구를 중심으로 하여 돈다는 것은 아무래도 이상하다고 여겼다. 아리스타르코스는 우리가 입수한 간접적인 자료, 즉 아르키메데스와 플루타르코스의 저술에 따르면, 매우 분명한 언어로 태양 중심설을 내세웠다. 그는 "지구는 다른 행성들처럼 태양 주위를 도는 하나의 행성에 불과하다. 지구가 태양 주위를 도는 데에는 1년이 걸린다"고 단호하게 말했다. 태양은 움직이지 않는 별이며, 다른 별들도 역시 고정되어 있다. 또한 아리스타르코스는 지구에서 태양까지의 거리는 굉장히 먼데, 태양으로부터 다른 별까지의 거리는 이보다 훨씬 더 멀다고 주장했다. 여기에 대해서 그는 기하학적인 증거를 제시했다. 지구상에서 충분히 거리가 떨어져 있는 두 개의 점을 밑변으로 하고 태양을 꼭짓점으로 하는 삼각형을 그릴 수 있는 반면, 태양 아닌 다른 별들과는 이것이 불가능하다는 것이다. 왜냐하면 지구로부터 그 별들까지의 거리가 거의 무한대임을 감안한다면 지구상의 두 점을 잇는 거리는 거의 영(零)에 수렴하기 때문이다. 그는 또한 지구 궤도의 지름은 다른 별들이 위치하고 있다고 그가 믿는 궤도 지름에 비하면 역시 영에 가깝다는 주장도 폈다.

아리스타르코스 체계를 대략 간추리면 이렇게 된다. 지구는 하루에 한 번 자전을 하고 1년에 한 번 태양 주위를 공전하며, 이 공전 궤도는 원형이다. 여기서 우리는 그의 체계가 코페르니쿠스의 체계와 정확하게 일치함을 알 수 있다. 지구와 다른 행성들이 태양을 공전하는 궤도가 원형이라는 오류까지도 동일할 정도다.

물론 이는 결코 단순한 우연의 일치가 아니다. 코페르니쿠스는 사모스의 아리스타르코스가 제시한 가설뿐만 아니라 고대를 풍미하던 다른 천문학 체계들에 대해서도 정통했다. 그는 1539년에 펴낸 《천체의 공전》이라는 책에서 자신이 세운 체계를 설명하면서 그렇게 말

했다. 그는 지구가 자전을 한다거나 태양 주위를 공전한다고 믿었던 고대 천문학자들을 인용했다. 필롤라오스와 헤라클레이데스, 그리고 아리스타르코스를 특별히 비중 있게 인용하면서 그는 "이러한 대목들이 나로 하여금 지구의 움직임에 대해 생각하게 만들었다"고 덧붙였다. 이 인용문은 코페르니쿠스의 겸손함과 성실성을 고스란히 드러낼 뿐 아니라 현대 과학의 탄생에 고대 과학이 얼마나 중요한 역할을 했는지도 생생하게 보여준다.

과학보다 강한 종교적 믿음

그런데 여기서 아리스타르코스를 추종하는 자가 그다지 많지 않았다는 사실은 매우 흥미롭다. 그보다 한 세기쯤 뒤에 활동했으며, 현재 우리에게는 아무런 자료도 남아 있지 않은 한 명의 천문학자만 예외다. 고대인들이 그가 내세운 가설을 인용하는 것은 오로지 그 가설을 깎아내리려고 할 때뿐이다. 그의 가설은 천문학 개념에 가히 혁명을 몰고 올 만한 것이었던 듯하다. 그러나 훗날 코페르니쿠스의 체계도 그 같은 어려움을 겪었듯이, 대중적 또는 종교적인 믿음과 충돌했거나 과학적으로 신빙성 있는 반대 의견과 심각한 갈등을 빚었던 것으로 보인다.

대중적인 편견이라고 하면 특히 지구가 모든 것의 중심이 되어야 한다는 인간적인 자존심에서 기인한다고 볼 수 있다. 종교적 믿음은 지구가 다른 행성들과 동급으로 취급되는 과정에서 이미 크나큰 상처를 입었다. 지구는 소멸하는 물질로 이루어져 있는 반면, 별들은 본질적으로 소멸하지 않고 신성하다는 구분, 그렇기 때문에 지구가 아닌 다른 행성들을 신으로 여기는 근거를 제공해주었던 그 구분을 없애는 것은 한마디로 불경 그 자체였다. 아낙사고라스는 아테나이 법정에서 태양은 불타는 암석이며 달은 흙으로 되어 있다고 주장했다는 이유로 유죄 판결을 받았다. 별에 대한 숭배는, 다신교 체제 속에서 별 숭배를 비중 있게 취급한 스토아 철학과 동방에서 그리스로 물밀듯이 밀려온 점성술의 영향으로 기원전 3세기 무렵에 매우 널리 퍼져 있었다. 종교 철학에 토대를 두고 있던 아리스타르코스의 적수들 가운데 클레안테스라고 하는 스토아 철학의 대가가 있었다. 그는 지구가 움직인다는 주장을 했다는 이유로 아리스타르코스를 법정에 세워야 한다고 주장했다. "본질적으로 부동의 것을 움직인다고 주장했다"는 것이었다. 흥미로운 논리가 아닌가!

하지만 아리스타르코스가 실패한 가장 중요한 이유는 아르키메데스, 페르게의 아폴로니오스, 그리고 이들보다 한 세기 후에 등장한 힙파르코스 같은 명망 있는 학자들의 반대에 부딪혔기 때문이다. 이들 학자들은 아리스타르코스의 가설은 가상, 즉 '현상'을 정확하게 반영하지 못한다고 비난했다. "현상을 구해내야 한다"고 힙파르코스는 말했다. 이는 우리가 관찰한 대로의 사실을 고려해야 한다는 원칙의 표명으로, 정당한 것이다. 가설을 정립하는 것만으로는 충분하지 않으며, 그것이 사실에 부합하는지를 살펴야 한다. 학자들은 그러므로 과학적 엄밀성이라는 무기로 아리스타르코스를 공격한 것이었다.

아리스타르코스의 가설로 말하자면 행성들이 원을 그리며 태양 주위를 돈다는 것이었는데, 우리는 행성들의 궤도가 원형이 아니라 타원형임을 알고 있다. 힙파르코스처럼 세심한 관찰자는 따라서 아리스타르코스의 가설에 따라 행성의 진행을 설명하고자 할 때 '오류'

가 생기는 것을 알 수 있었다. 16세기에 코페르니쿠스도 똑같은 이유로 튀코-브라헤 같은 학자의 공격을 받았다. 튀코-브라헤는 지구를 체계의 중심으로 되돌려놓았으며, 이 체계에서 지구가 아닌 다른 행성들은 태양 주위를 돌고, 태양은 지구 주위를 돈다. 케플러가 지구와 다른 행성들의 공전 궤도가 타원형임을 발견하고는 "행성들의 궤도는 타원이며, 태양이 이들의 중심 자리를 차지한다"는 법칙을 선언하자, 코페르니쿠스의 체계는 현상에 부합하지 않는 것으로 판결이 났다.

지구 중심설과 지구 부동설

아리스타르코스에게 반대하는 태도를 취했던 학자들이 케플러처럼 연구를 끝까지 밀고 나가지 않은 점은 유감천만이다. 하지만 천체가 원형의 움직임을 보인다는 믿음이 너무도 깊게 뿌리내린 나머지, 이들은 이 문제가 아닌 다른 문제로 아리스타르코스를 공격했다. 따라서 원형 궤도는 여전히 명맥을 유지하게 된 반면, 태양 중심설은 지구 중심설에 자리를 내어주게 되었다. 그리고 이는 곧 이중의 오류로 이어진다. 이 오류는 아주 복잡한 체계 덕분에 현상과 부합한다는 합의에 도달한다.

이 같은 잘못된 합의에 도달하기 위해 천문학자들은 이심원과 주전원이라는 두 가지 체계를 고안해냈으며, 이 두 가지는 곧 결합한다. 이 두 가지 이론, 그중에서도 특히 주전원 체계는 매우 기발하다. 이 이론에 따르면 하나의 별은 직접적으로 지구 주위를 도는 것이 아니라 하나의 점을 중심으로 도는데, 말하자면 이 점이 지구를 중심으로 돈다는 것이다. 이 체계는 주전원을 순차적으로 배열함으로써 얼마든지 복잡하게 발전해나갈 수 있다. 이 방식을 사용하면 행성들의 진행, 즉 행성들의 정류, 역방향 전진 등에서 나타나는 겉보기 불균등함을 수학적으로 계산할 수 있다. 하나의 행성으로 하여금 중심이 계속 지구와 반대 방향으로 움직이는 반원을 그리게 할 경우, 그 행성의 지구로부터의 정류를 얻을 수 있다는 말이다.

그런데 이 같은 이론은 물리 지향적인 천문학자들이 아닌 수학 지향적인 천문학자들의 발명품에 지나지 않는다는 사실을 명심해야 한다. 물리학자라면 별들을 실제적인 물질 덩어리가 아닌 상상적인 점들을 중심으로 행성들을 공전하게 한다는 생각은 결코 하지 않았을 것이기 때문이다.

주전원 체계라고 하는 대단히 유연한 도구로 일단 무장을 하게 되면, 겉보기 현상을, 그러니까 어떤 현상이라도 그것을 현실이라고 받아들이기를 두려워하지 않게 된다. 그러니 지구 중심설로 되돌아올 뿐 아니라 모든 것의 중심으로서의 지구는 움직이지 않고 부동이라는 이론으로 후퇴하게 된다. 다시 말해서 아리스타르코스의 체계를 파기할 뿐 아니라, 지구가 자전한다고 한 퓌타고라스 학파의 이론마저도 저버리게 되었다. 이렇게 되기까지는 지구 부동설을 주장했던 아리스토텔레스의 명성도 크게 일조했다.

지구 중심설과 지구 부동설이라는 이중의 교리가 강요된 것은 고대 말엽의 일이다. 서기 2세기경에 활동한 클라우디오스 프톨레마이오스의 체계는 새로운 내용의 첨가 없이 고대 말엽에 천문학이 처해 있던 상황을 충실하게 반영한다. 그의 체계는 이 이중의 교리를 답습한 것으로, 이는 중세까지 그대로 이어졌다. 가톨릭교회는 19세기에 와

서야 비로소 이 교리가 잘못되었음을 인정하게 된다. 1615년, 코페르니쿠스의 이론을 옹호하던 갈릴레이는 로마에서 열린 종교재판에 참석해서 그 이론을 포기하겠다는 언약을 한 것으로 알려져 있다. 이로써 지구가 축을 중심으로 자전하며 태양 주위를 돈다는 제안은 잘못된 것이며 이단이라고 만천하에 공표되었으며, 코페르니쿠스의 저작은 금서 목록에 올랐다. 가톨릭교회가 지구가 돈다는 내용의 저술을 출판하는 것이 합당하다고 최초로 결정한 것은 1822년의 일이다.

나는 알렉산드리아에서 활동한 다른 천문학자들에 대해서는 언급하지 않겠다. 힙파르코스는 대단한 학자였다. 하지만 세차라고 하는 그의 발견은 너무도 전문적이고 기술적이라 대중적인 교양서가 되고자 하는 이 책에서 언급하기에는 나의 역량을 넘어서는 것으로 보인다. 힙파르코스는 게다가 아주 뛰어난 관찰자였다. 그는 이렇다 할 도구도 없는 상태에서 정확한 별자리 지도를 작성하는 엄청난 작업을 완수했다. 그가 완성한 지도에는 850개가 넘는 별이 표시되어 있다. 이 지도가 완성되자 그는 자신의 관찰과 자신보다 여러 세기 앞섰던 바빌로니아인들의 관찰을 비교했다. 그의 역작은 이 비교의 산물이라고 할 수 있다.

천문학, 점성술에 자리를 내주다

힙파르코스 이후로 기원전 2세기 무렵에는 천문학에서 이렇다 할 새로운 발견이 전혀 이루어지지 않았다. 따라서 과학적 천문학은 고사할 처지에 놓여 있었다. 로마인들은 천문학을 아무짝에도 쓸모 없다고 여겨 도통 관심을 보이지 않았다. 로마가 낳은 위대한 몇몇 문인들은 이 분야에 대해서 기가 막힐 정도로 문외한이었다. 가령 루크레티우스는 크세노파네스 시절에 그랬던 것처럼, 어떤 날 보는 달이 그 전날 보았던 달과 과연 똑같은 달인지 묻곤 했다. 타키투스가 쓴 어떤 대목에서는 지구가 둥글다는 사실조차 모르는 무지함이 드러난다.

이후 오랫동안 천문학은 하늘에 관한 유사 과학에 지나지 않는 점성술에 자리를 내어준다. 나는 칼데아의 종교였다가 헬레니즘 문화 지역으로 옮겨왔으며, 수학자들을 비롯한 쟁쟁한 학자들이 연구에 몰두하던 분위기에 덩달아 학문 흉내 내기에 열을 올렸던 점성술에 대해서는 아무 말도 하지 않겠다.

천문학이 그리스인들이 이루어놓은 업적 위에서 새로운 출발을 하려면 르네상스까지 기다려야 한다.

chapter 13

지리학
:퓌테아스와 에라토스테네스

앞에서 하늘 이야기를 했으니, 이제 땅 이야기로 넘어가보자.

알렉산드로스의 원정은 바야흐로 탐험의 시대, 지리 연구의 시대를 열었다. 대중들의 호기심과 상인들의 돈벌이 욕심 또한 알렉산드로스 원정에 참가했던 동반자들의 이야기 덕분에 한껏 부풀어 올랐다. 대지의 면적이나 바닷길, 육로 등에 대해 정확한 지식을 얻으려는 학자들의 탐구욕도 이에 못지않았다. 기원전 3세기 무렵에 이루어진 수많은 여행 중에는 상거래를 위한 여행뿐만 아니라 학문적인 목적을 위한 여행도 적지 않았다. 지리학자들은 이 같은 여행을 토대로 정확한 세계 지도를 만들겠다는 원대한 포부를 품고 있었다. 이와 동시에 각 지역 주민들의 풍습과 알려진 지역들에서 생산되는 물품들에 대해 최대한 많은 정보를 수집하겠다는 야심도 감추지 않았다.

이 무렵에 활약한 많은 지리학자들 가운데 나는 이번 장에서 두 명

만 소개하고자 한다. 한 명은 여행가이자 대륙 발견자, 해상 항로 탐험가인 동시에 학자인 퓌테아스이며, 다른 한 명은 수학자인 동시에 지리학자, 지도 제작 전문가인 에라토스테네스다.

새로운 땅과 바다의 발견자, 퓌테아스

퓌테아스는 맛살리아(오늘날의 마르세유—옮긴이) 태생으로, 엄밀히 말하면 알렉산드리아와는 관계가 없지만, 그가 남긴 저작들은 알렉산드리아 학자들에게 애용되었다. 그의 여행은 알렉산드로스 통치 말기에 주로 이루어졌다. 알렉산드로스가 동방에서 인도를 발견할 무렵, 그는 서방에서 주석의 바다와 호박의 바다를 발견한다. 퓌테아스의 목표는 주석 항로와 호박 항로를 발견하고, 주석의 바다(오늘날의 도버 해협)와 호박의 바다(오늘날의 북해)에 인접한 나라들을 방문하는 것이었다. 페니키아인들만이 그보다 앞서서 이 지역에 들어갔다. 따라서 그는 이 지역을 돌아다니고 이 지역에 대해서 기술하는 최초의 그리스인인 셈이었다.

퓌테아스가 맛살리아 공화국으로부터 중요한 자원들이 생산되는 이 북부 지역 탐험 임무를 부여받았다는 사실은 매우 흥미롭다. 이는 보기 드문 경우로, 아마 지금까지도 거의 유일무이한 사례가 아닌가 싶다. 그도 그럴 것이, 고대 사회에서 학문 연구 활동은 사회적 기능을 가진 것으로 간주되지 않았기 때문에 학자는 어디에도 속하지 않은 독립적인 인격체였다. 연구원이나 학자는 그러므로 공동체로부터 어떠한 물질적 지원도 받지 않았다.

퓌테아스는 봄에 카디스에서 출발했다(그의 여행 출발 연도와 날짜는 확실하지 않다. 기원전 328년에서 321년 사이였을 것으로 추정된다). 그는 이베리아 반도 해안을 따라가다가 가스코뉴 만으로 곧장 올라가 아르모리크 곶으로 향했다. 카디스에서 출발해서 우엣상 섬까지 가는 데 여드레가 걸렸다. 그곳에서부터는 전혀 모르는 지역이었다. 퓌테아스는 주석의 바다가 가까워짐에 따라 진행 속도를 늦추었다. 그는 주변을 세심하게 관찰하고 항로에서 마주치게 되는 섬들을 일일이 기록했으며, 그곳에 사는 주민들의 이름도 적었다. 이들의 언어로 미루어 맛살리아의 후배지로 켈트족들이 사는 지역에 들어섰다고 짐작했다. 이로써 그는 골 지역을 일주한 최초의 그리스인이 되었다. 이 시기라면 카이사르가 등장하기 3세기 전임을 명심해야 한다.

주석의 나라라는 표현은 사실 코르누아유를 가리키는 말이었다. 퓌테아스는 그곳을 지나갔다. 그곳까지는 페니키아인들과 카르타고인들의 항로를 따라갔던 그는 이제 브리타니아를 살피고 싶었으므로, 6주 동안(4월과 5월) 영국의 서쪽 해안을 따라 아일랜드해 안쪽을 탐사했다. 마침내 스코틀랜드의 북쪽 끝에 도착한 그는 브리타니아는 거대한 삼각형의 섬이며, 시켈리아 섬보다 훨씬 면적이 크다는 것을 확인했다. 그는 여러 차례 해안에 내려서 조수의 높이를 측정했으며, 주민들의 풍습을 기록했다.

(그의 저술은 우리에게 전해지지 않는다. 우리는 그의 저서를 대대적으로 인용한 지리학자 스트라본을 통해서만 그를 알 수 있다.)

퓌테아스는 이어서 도버 해협으로 들어서는데, 갔던 길을 그대로 되돌아왔을 수도 있지만, 브리타니아의 동쪽 해안을 따라 내려왔을 가능성이 높다. 그런 다음엔 호박의 바다로 향한다. 그는 그가 "백색의 해안"이라고 묘사한 켄트족들의 해안을 떠난다. 도버 지역의 특

성인 백악의 절벽으로 이루어진 해안이었다. 북해를 향해서 계속 전진한 그는 일주일 만에 거대한 강의 어귀에 이르는데, 아마도 엘베강이었을 것으로 짐작된다. 그는 근처의 섬에 머물렀는데, 이 섬들은 프리슬란드 섬들과 헬리고랜드임이 분명하다. 아마도 그곳에서 제3기 소나무들의 화석 송진인 노르스름한 호박을 채취했을 것이다. 몇몇 역사학자들은 호박의 바다는 북해가 아니라 발트해라고도 한다. 하지만 그건 아니다. 적어도 퓌테아스의 여행기에 입각해서 추측해본다면 그렇지 않다.

호박의 섬에서 잠시(5월과 6월) 머문 뒤, 퓌테아스는 다시 돛을 올리고 곰자리 방향으로 항해를 계속한다. 일주일 만에 그는 윌란 반도에 다다르는데, 이곳을 섬으로 생각하고 해안을 따라간다. 이 '섬'에서 새로운 땅을 향해 그가 대해협이라고 부른 곳, 즉 스카게라크 해협이 분명한 곳의 입구를 지나가게 된다. 그는 해협을 본격적으로 가로지르는 대신 남북 방향으로 따라 내려가 대단히 가파른 지형의 해안에 도착한 다음, 북쪽 방향으로 이 해안을 따라간다. 이곳 주민들은 자신들이 사는 곳을 토울레라고 불렀으며, 현재의 노르웨이일 것으로 짐작된다.

퓌테아스는 토울레에서 체류했다. 때로는 육로로, 때로는 강을 따라 그곳을 여행했다. 그 결과 그는 우리가 '피오르드'라고 부르는 지형을 매우 정확하게 기술했다. 그는 이렇게 해서 트론헤임까지 간다. 사람들은 그에게 태양이 기나긴 여러 밤 동안 휴식을 취한다는 곳을 보여주었다. 겨울이면 그 나라의 북부 지역에서는 별이 지평선 위로 거의 올라오지 않는다는 이야기도 들려주었다. 퓌테아스 자신은 여름철에 밤이 고작 두세 시간밖에 계속되지 않으며, 그 대신 낮이 스물한 시간에서 스물두 시간씩이나 된다는 것을 경험했다.

그는 오늘날 멕시코 만류라고 하는 해류도 관찰했다. 열대지방에서 시작되어 북대서양의 수온을 높이는 해류다.

그에 따르면, 토울레 지역 원주민들은 야만인이 아니었다. 이들은 과일과 귀리, 밀 등을 수확하며, 수확한 곡식으로 빵이나 발효 음료수를 만들어 먹고, 남부 지역 사람들은 꿀에 대해서도 잘 알고 있었다.

그는 이들 중 몇몇을 항해사로 배에 태우고 이들을 통역사로 키우며 계속해서 북쪽으로 나아갔다. 하지만 며칠 못 가서 뱃머리를 돌려야 했다. "바다가 물도 공기도 아니었기 때문"이라고 그는 설명했다. 이 표현은 무수한 해석을 낳았다. 퓌테아스가 안개 때문에 항해를 계속하지 못한 것이라고 추측하는가 하면, 빙하와 충돌했을 것이라는 추측도 있다. 스트라본은, 어쩌면 퓌테아스의 말을 근거로 했을 수도 있을 텐데, 북쪽의 '꽁꽁 언 바다' 때문이었다고 말한다. 그런데 퓌테아스가 쓴 다른 책에 등장하는 '바다 허파'라는 표현은 얼음장처럼 찬 안개를 가리킨다. '바다 허파'라는 표현은 바다가 '숨'을 내뿜어서 나오는 것처럼 보이는 불투명한 안개를 가리킬 때 흔히 사용된다.

어쨌거나 퓌테아스는 북쪽으로 계속 항해하는 것을 포기했다. 그는 말하자면 고대인들이 "사튀로스의 바다"라고 부르는 곳, 다시 말해서 뱃사람들에게는 금지된 지역에 다다른 것이었다.

퓌테아스는 여덟 달(날수로는 115일에서 116일 정도밖에 안 된다) 동안의 여행을 마치고 10월에 맛살리아로 돌아왔다.

고대인들은 퓌테아스가 쓴 두 권의 책을 즐겨 읽었는데, 그의 여행기인 《페리 투 오케아누(오케아노스에 관해서)》와 《세계 일주》쯤으로 번역할 수 있는 당시 지리학적 지식 요약본이 그것이었다.

그의 책은 내가 이미 말했듯이 여행가이며, 상인이며 동시에 학자였던 자의 기록이다. 퓌테아스는 헤로도토스나 다른 연대기 작가들처럼 바르바로스들의 풍습에 대단한 호기심을 보였다. 맛살리아의 무역, 생산지, 시장 등과 관련된 것이라면 하나도 빼놓지 않고 기록했다. 그의 저술에는 엄밀한 의미에서의 학술적인 기록도 상당 부분 포함되어 있다. 가령 그가 자신이 정박했던 모든 장소의 경도와 위도를 표시하고, 각 장소 사이의 거리를 꼼꼼하게 계산한 내용 등이 좋은 예다. 이는 지도 작성을 염두에 둔 밑작업이었다고 볼 수 있다. 그는 앞에서도 말했듯이 물결의 높이에도 관심을 보였으며, 조수의 차이와 달의 변화가 일치한다는 사실에 주목한 최초의 학자였다.

퓌테아스의 저작은 헬레니즘 시대에 활동한 지리학자들로부터 열렬히 환영받았다. 수학자이면서 동시에 천문학자, 지도 제작자였던 힙파르코스와 모든 분야를 두루 섭렵한 석학 에라토스테네스의 경우가 대표적이다.

그런가 하면 그 후, 특히 로마의 영향을 받은 지리학자들을 중심으로 전혀 다른 반응이 나타나기 시작했다. 솔직히 로마인들은 퓌테아스가 열어놓은 바닷길을 금세 잊어버렸다. 로마인들도 물론 호박의 바다에 도달했지만, 그건 어디까지나 육로를 통해서였다. 그렇게 되자, 퓌테아스를 거짓말쟁이로 모는 사람들도 등장했다. 폴뤼비오스는 일찌감치 이러한 공격이 개시됨을 알렸으며, 스트라본도 그의 뒤를 이어 목청을 높였다. 하지만 오늘날에 와서는 퓌테아스가 매우 정확한 관찰자였으며, 그의 저술은 신빙성이 높다는 것이 정석으로 자리 잡았다.

그런데 솔직히 그의 저술은 그리스 소설가들에게 너무도 애용된 나머지, 학자들에게는 오히려 부정적으로 작용했다. 기독교 시대에 들어와 모험 소설 작가들의 수가 크게 늘어났는데, 그들은 퓌테아스가 묘사한 여러 나라들을 자신들이 상상하는 소설의 무대로 활용했다. 그 과정에서 퓌테아스의 정확한 묘사는 온갖 종류의 동화들, 심지어는 아랍인들을 통해서 우리에게 뱃사람 신드바드의 모험으로 전해진 인도의 동화들과도 뒤죽박죽 섞여버렸다. 소설가들은 탐험가 퓌테아스가 묘사한 실제 장소에, 예를 들어 고대 그리스 시에 등장하는 휘페르보레이오이족 같은 허구적인 종족들을 내세웠다. 이렇게 되면서 토울레의 정확한 위치 따위는 잊어버리게 되었다. 사람들은 토울레가 아이슬란드라고 생각하게 된 것이다. 이러한 잘못된 믿음은 중세 내내 지속되었으며, 심지어 일부 현대 학자들도 여전히 이에 동조하고 있다. 하지만 퓌테아스가 기술한 면적이나 주민들의 생활 방식, 특산물 등은 아이슬란드에는 전혀 부합하지 않는다.

요컨대 모험가이면서 새로운 땅과 바다의 발견자라는 진면목을 지닌 퓌테아스는 로도스의 아폴로니오스가 쓴 시에서 아르고선을 타고 모험에 나선 원정대를 이끄는(그런데 그가 과연 이끌긴 했던가?) 이아손보다 훨씬 매력적인 인물이며, 엄청나게 유식한 아폴로니오스 자신보다 훨씬 진지한 학자임에 틀림없다.

이런 부류의 인간은 자기 시대에만 고립되어 존재하지 않는다. 나는 여기서 머릿속에 떠오르는 대로 두세 명의 인물을 더 소개함으로써 당시의 모험 열기와 지리적 호기심 열전을 펼쳐 보일까 한다.

또 다른 탐험가, 에우튀데모스와 힙팔로스

우선 또 한 명의 맛살리아 출신 모험가 에우튀데모스. 그는 아프리카의 대서양 연안을 따라가 세네갈 강과 바다가 만나는 곳에 이르렀다.

또 프톨레마이오스 소테르 통치 기간 중에 인도와의 무역을 위해서 홍해에 면한 베레니케라는 항구에서 출발한 힙팔로스를 꼽을 수 있다. 그는 홍해를 빠져나오면서 해안을 따라가는 대신 계절풍을 타고 원양으로 나가 말라바르(인도 남부 해안)까지 갔다. 그 이후 사람들은 계절풍을 양 방향으로 이용하게 되었다. 불어오는 시기가 규칙적이며 방향이 뒤바뀌는 현상 덕분에 상인들은 마치 강물의 흐름에 몸을 맡기듯이 이 바람을 타고 바닷길을 왕래했다. 7월에 인도를 향해 출발했다가 12월이 되면 이집트로 돌아오는 식이었다. 베레니케 항은 말라바르에서 뱃길로 스무 날 거리였다.

힙팔로스는 인도 길을 열었으며, 이는 중세 내내, 바스코다가마가 등장하기 전까지 유지되었다. 그런데 고대에 이미 바스코다가마에 필적할 만한 인물이 있었으니, 바로 퀴지코스의 에우독소스다. 이 항해가는 프톨레마이오스 왕가를 위해 일했으며, 그들을 위해 여러 차례 인도를 오갔다. 그는 지브롤터와 아프리카 남부를 지나가는 새로운 항로를 개척하려는 계획을 세웠다. 그러나 동아시아 무역권을 독점하고 있던 프톨레마이오스는 이로 인해 경쟁자들이 생겨날 것을 두려워한 나머지 그에게 맡겼던 일을 거두어들였다. 하는 수 없이 에우독소스는 독자적으로 원정 계획을 수립했다. 곡물을 수입하는가 하면 항로를 따라가며 겨울을 나면서 계절풍이 불어오기를 기다렸다가 여름에 떠날 작정이었다. 그는 과연 아프리카 일주 항해에 성공했을까, 성공하지 못했을까? 고대인들은 이 문제에 대해 의견이 분분했다. 어떤 이들은 그가 도중에 좌초했다고 하고, 어떤 이들은 그가 출발은 예전처럼 홍해에서 했지만, 돌아올 때에는 희망봉과 지브롤터를 거쳐서 왔다고 말한다.

이런 인물들이 알렉산드리아 시대에 세계를 발견하고 새로운 길을 개척했던 대표적인 사람들이다.

지구 둘레를 잰 에라토스테네스

자, 이제 다시 과학적 지리학의 영역으로 돌아오자. 에라토스테네스는 이 분야에서 가장 뛰어난 대표적인 인물이며, 지리학만으로 제한하기에는 너무도 광범위한 분야에서 활동했다.

기원전 275년 퀴레네에서 태어난 그는 처음엔 같은 세대에 속하는 다른 사람들과 마찬가지로 칼리마코스의 문하로 들어가 그의 제자가 되었다. 그는 또한 여전히 철학 도시로서의 명성을 누리고 있던 아테나이로 가서 철학을 공부했다. 아카데메이아에서 아르케실라오스가 플라톤주의를 개연론이라고 불리는 회의주의로 변화시키던 무렵이었다. 에라토스테네스는 이 가르침을 받았으며, 그 후 《철학사》를 저술한다. 그는 또 열두 권짜리 《고대 희극사》도 집필한다.

에라토스테네스는 시인이기도 했다. 시인들이 서로 학자 행세를 하려고 아우성치던 시기였다지만, 학자들 중에서도 시인 지망생들이 없지 않았다. 에라토스테네스는 전통적인 시 본연의 기능, 즉 헤시오도스와 솔론의 시가 그랬던 것처럼 교육적인 기능을 시에 돌려주고자 했다. 당대의 과학을 운율 있는 시로 만들어 설명하려 했던 것이다. 그의 시작품은 《헤르메스》라는 제목으로 소개되었다. 이 작품에

서 그는 헤르메스의 신화에서 출발하여 헤라의 젖꼭지를 깨물어 하
늘에 은하수를 흩뿌린 다음, 은하수 길을 따라 별들의 나라로 날아간
다. 그의 시는 천문학적인 동시에 지리학적이었다. 하지만 지구를 묘
사한 일부분, 즉 지구의 다섯 개 지역에 관해 그가 노래한 대목으로
베르길리우스에 의해 인용된 부분만 지금까지 전해진다.

우리는 앙드레 셰니에(18세기에 활동한 프랑스 시인—옮긴이)도 그의 필
생의 대표작이라고 할 만한 《에르메스》라는 제목의 과학적, 우주론
적 시를 쓰기 시작했음을 알고 있다. 매우 아름다운 일부분만 현재까
지 전해 내려오고 있다. 그 시의 첫머리는 이렇다.

> 안녕, 오 찬란하게 빛나면서 어두운 아름다운 밤이여,
> 휴식에 바쳐진······.

앙드레 셰니에는 필사적으로 알렉산드리아풍 시에 매달렸다. 1776
년에 출간된 브룅크의 《아날렉타》는 그가 침대 머리맡에 두고 즐겨 읽
던 애독서였다. 셰니에는 십중팔구 에라토스테네스의 《헤르메스》를
통해서 자신도 《에르메스》를 쓰겠다는 착상을 했을 것이다.

한편 에라토스테네스가 알렉산드리아 도서관의 위대한 사서들 중
의 한 사람이었다는 사실도 잊어서는 안 된다. 프톨레마이오스 3세
는 아테나이에 있는 40대의 그를 불러들여 도서관 사서직을 맡겼다.
그 후 그는 기원전 195년 80세로 죽을 때까지 40년 동안이나 사서로
일했다. 그는 모든 분야의 학문, 당대의 모든 지식을 향해 열린 마음
과 머리로 학문을 위해 헌신하는 충만한 삶을 살았다. 그는 말하자면
이탈리아 콰트로첸토(400을 뜻하는 이탈리아어로, 15세기의 문예 부흥과 관련

된 제반 사건들을 뭉뚱그려 가리킨다—옮긴이) 시대에 활약한 학자들과 동류였다.

우리의 관점에서 보자면, 그는 뭐니 뭐니 해도 뛰어난 지리학자였다.

알렉산드로스는 아리스토텔레스의 제자답게 원정 기간 내내 학자들을 동반했으며, 이들에게 위치 관련 도면을 수집하고 작성하게 했다. 이는 아시아의 지도를 만드는 데 요긴하게 쓰였다.

기원전 300년경, 소요학파에 속하는 디카이아르코스가 그때까지 알려진 세계의 지도를 편찬하기 위해서 몇몇 산의 높이와 지구의 둘레를 계산해보려고 시도한 적이 있다.

에라토스테네스는 지구의 모습을 보여주는 과학적인 지도를 만들겠다는 디카이아르코스의 계획을 시도해보기로 했다. 디카이아르코스보다 훨씬 나은 수단을 사용하였음은 물론이다. 그는 과학적인 방식을 통해서 경도와 위도가 정립된 지점들을 수집했다. 최대한 많은 지점과 최대한 많은 나라를 수집하기 위한 원정 계획도 수립했다. 에라토스테네스 시대의 학자들이 실행에 옮기기 시작한 이 원정 계획은 천문학자이며 지리학자인 클라우디오스 프톨레마이오스가 활약하던 시기(서기 2세기)에 대대적으로 실시되었다. 일부 지점들에 관한 자료들을 가지고 있던 에라토스테네스는 적도에 평행한 선들과 자오선들을 그어가면서 지도를 작성해나갔다. 그는 그가 알기로 같은 무렵에 정오를 맞이하는 점들, 즉 같은 경도를 지닌 점들을 이음으로써 자오선을 그었다. 또 같은 위도를 가진, 다시 말해서 지평선과 북극성이 이루는 각도가 같은 지점들을 이어 위선을 그었다. 극지방에서는 이 각이 직각을 이루며, 적도에서는 이 값이 영(0)임을 우리는 잘 알고 있다. 에라토스테네스는 이런 방법을 통해 불균등한 사각형 형

태를 얻었다. 그가 제작한 지도는 비교적 정확하다.

다른 한편으로 에라토스테네스는 지표면에서 육지와 바다의 비율에 대해 상당히 정확하게 추측했다. 아리스토텔레스는 인도의 극동 지방이 아프리카와 만난다고, 따라서 바다가 육지에 둘러싸여 있다고 믿었다. 이건 알렉산드로스의 생각이기도 했다. 인도에서 나일 강을 따라 육로를 통해 고향으로 돌아가겠다는 그의 생각은 거기에서 비롯되었다. 에라토스테네스는 바다는 하나이며, 육지가 섬들처럼 그 위에 떠 있는 것이지, 바다가 육지 속에 고립되어 있는 것이 아니라는 사실을 알고 있었다. 인도양과 대서양 조수의 유사성을 지적하면서 그는 따라서 스페인에서 인도까지 항해할 수 있다고 주장했다. 그로부터 얼마 후 퀴지코스의 에우독소스가 이를 증명해 보이려고 시도했으며, 바스코다가마가 마침내 성공한 것이 바로 이 바닷길이다.

또한 아리스토텔레스에 이어서 더욱 정확한 방식으로 지구상의 기후대를 구분한 것도 다름 아닌 에라토스테네스다. 그는 북극권과 남극권에 의해서 제한되는 두 개의 극지대, 양극권과 열대 사이에 위치한 두 개의 온대 지역, 그리고 마지막으로 뜨거운 열대 지역, 이렇게 다섯 개의 지역으로 나누었다. 열대 지역 내부에서 에라토스테네스는 적도를 주변으로 하여 사람이 사는 하나의 지역과 살지 않는 두 개의 지역이 있다고 지적했다. 이는 관찰의 결과라기보다는 추측이었을 터이나, 지구에서 사막의 위치를 감안한다면 매우 사실에 가까운 것이다.

에라토스테네스는 지구의 둘레를 재는 작업에도 착수했으며, 탁월한 방법을 사용하여 사실과 매우 가까운 수치를 제시하는 데 성공한다. 그 방법은 이 장에서 소개할 가치가 있어 보인다.

에라토스테네스는 우선 동시에 지구상의 모든 지점으로 보내지는 태양 광선은 평행하다는 점을 전제로 한다.

이번엔 그가 배웠거나 직접 관찰한 사실을 한 가지 기억해낸다. 가령 하지에 상(上)이집트의 아스완, 나일 강의 제1폭포 근처에서는 정오에 해시계 막대의 그림자가 생기지 않는다거나 깊은 우물의 표면에서 해를 볼 수 있는데, 이는 해가 아스완의 정점에 있기 때문이다. 바꿔 말하면, 정오에 아스완을 지나는 태양 광선은 이론적으로 지구의 중심을 관통한다고 말할 수 있다.

한편 아스완은 알렉산드리아와 거의 같은 경도에 위치한다.

에라토스테네스는 같은 날 정오에 알렉산드리아에 떨어지는 태양 광선과 알렉산드리아의 정점으로부터 지구의 중심을 지나가는 선이 이루는 각 α를 측정했다.

두 개의 평행선을 두 개의 같은 각도로 자르는 분할선의 정리를 이용하면, 위에서 말한 각 α는 정점이 지구의 중심을 지나며 아스완과 알렉산드리아 두 곳의 정점에 의해 결정되는 각 α'와 동일하다.

그런데 문제의 각은 네 개의 직각의 50분의 1이므로, 각 경도 간의 거리를 구할 수 있다.

그러므로 알렉산드리아와 아스완의 거리인 5천 스타디아(1스타디아는 약 180미터 — 옮긴이)에 50을 곱하면 경도의 길이, 즉 지구의 둘레를 얻을 수 있다.

계산의 결과는 4만 50킬로미터(스타디아를 사용해서 이를 킬로미터로 환산했을 때)로, 이것은 실제 지구의 둘레와 50킬로미터밖에 차이 나지 않는다.

오차 따위는 전혀 중요하지 않다. 그 오차라는 것은 아스완과 알렉

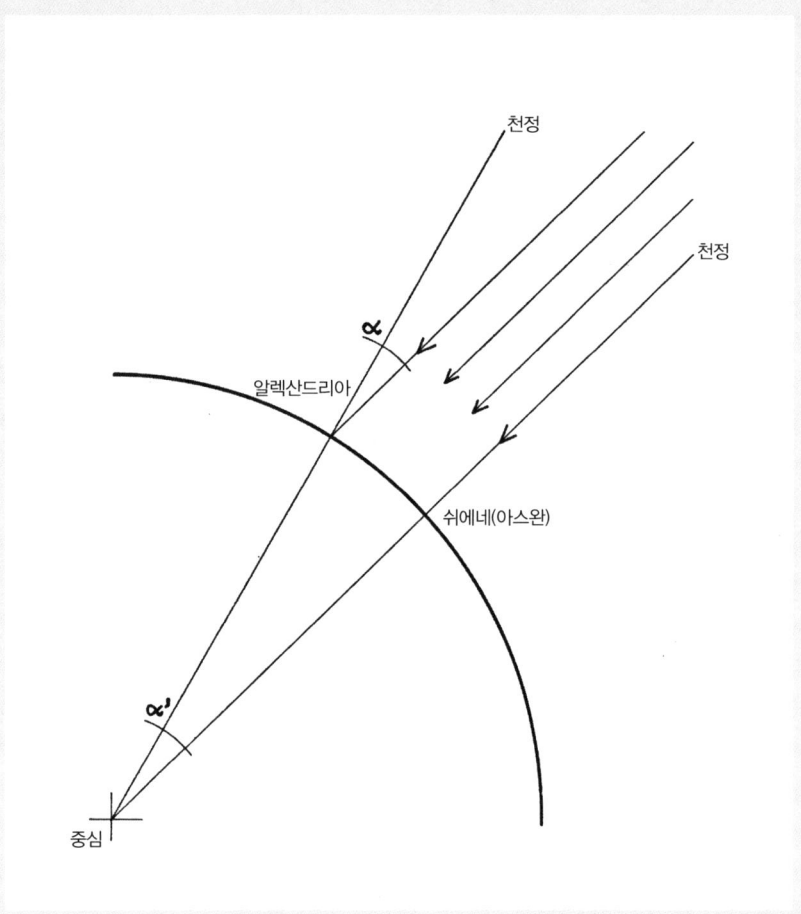

산드리아가 엄밀하게 같은 경도에 위치하지 않는 데다, 5천 스타디아라는 거리도 낙타를 타고 다니는 대상들이 측정한 값이므로 아주 정확하다고는 할 수 없는 데에서 기인한다. 중요한 것은 그가 사용한 방법으로, 이는 더할 나위 없이 엄밀하고 효과적인 방식이었다. 훗날 이루어진 계산, 특히 아랍인들의 계산 결과는 이보다 훨씬 부정확하다. 14세기 중엽에 가서야 좀 더 정확한 결과가 얻어졌다.

율리우스 달력의 고안자

에라토스테네스는 자신의 지리학적 연구를 《지리학》이라는 제목의 책으로 펴냈으나, 지금은 소실된 상태다. 첫 권에서는 지리학의 역사를 기술했다. 그는 여기에서 호메로스로부터 자신의 시대에 이르기까지 사용되어오던 지리학 개념들을 비판했다. 그는 《오뒷세이아》에 나타난 지리적 묘사를 문자 그대로 믿는 자들의 어리석음을 질타한다. 그는 오뒷세우스의 여정을 탐구하기 전에 아이올로스(바람의 신)의 가죽 부대를 꿰맨 무두장이를 찾아내야 할 것이라고 비웃었다. 가히 신격인 호메로스에 대한 이 같은 불경스러운 태도는 폴뤼비오스에게는 커다란 충격이었다. 에라토스테네스는 이렇듯 비판 정신을 발휘했으며, 일부 현대 사가들, 특히 빅토르 베라르(1864~1931, 프랑스의 헬레니스트, 외교관, 정치가. 호메로스의 《오뒷세이아》를 번역했으며, 오뒷세우스의 여행을 재현하려고 시도한 것으로 유명하다 —옮긴이) 같은 이가 이런 정신을 이어받았다면 좋았을 것이다.

그가 쓴 다른 책들은 지리학, 물리학 또는 정치학 등 다양한 분야를 다루고 있다. 우리는 스트라본을 통해서 이 책들에 대한 지식을 얻을

수 있다. 솔직히 스트라본의 저술 중에서 제일 뛰어난 부분은 대개 에라토스테네스에게서 차용했다고 보면 틀림없다.

나는 에라토스테네스가 연대학 분야에서도 연구를 했다고 덧붙이고 싶다. 그는 이집트 자료들을 조사함으로써 고대 그리스 역사 중에서, 흔히 올림피아드 시대라고 부르는 시대 이전에 일어난 사실들에 정확한 연대를 부여하려는 시도를 멈추지 않았다. 가령 그는 트로이아 전쟁이 기원전 1180년 무렵에 일어났다는 결론에 도달했으며, 이는 현대 사가들에 의해 사실로 판명되었다.

그 밖에도 에라토스테네스는 이른바 율리우스력이라고 하는 달력을 발명했다. 율리우스 카이사르가 1세기에 사용했다고 해서 붙은 이름이다. 이 달력 체계는 1년을 365와 4분의 1일로 잡으며, 윤년을 두었다. 다른 달력 체계에 비해 1년이 조금 더 길지만, 무질서하게 난립했던 고대 달력 체계들 중에서 가장 유용하게 사용되었다.

이렇듯 에라토스테네스는 수많은 분야에 손을 댔다. 그의 동시대인들이나 제자들은 그를 가리켜 운동 경기 전 종목을 아우른다는 의미에서 '5종 경기 선수'라는 별명으로 불렀는데, 요즘 말로 한다면 '팔방미인' 정도가 되지 않을까?

chapter 14

의학
:아르키메데스, 헤론, 그리고
증기기관에 관하여

그리스인들에 의해서 토대가 확립된 과학은 위대한 알렉산드리아 시대(기원전 3세기부터 1세기까지)를 거치면서 다양한 방향으로 활발하게 꽃피워 나가는 한편, 로마 시대로 접어들면서부터(그 후에 이어지는 중세에는 더 말할 나위도 없다), 모든 과학적 응용의 적이라고 할 수 있는 관조적인 태도를 고집함으로써 정체의 수렁 속으로 빠져드는 운명을 맞는다. 이 같은 상황은 여러 세기 동안 지속된다. 그럼에도 헬레니즘이 낳은 여러 신생 과학 중에서 적어도 한 분야는 이렇듯 서서히 찾아오는 죽음, 과학이 인간에게, 인간의 진보를 위해, 인간의 더 나은 일상을 위해 봉사하기를 거부할 때 맞이할 수밖에 없는 그 죽음을 거부했다. 이 특별한, 특권적인 과학은 다름 아니라 의학이었다.

힙포크라테스 덕분에 인간들의 위협받는 삶을 최대한 연장시키며 건강을 보장해주기 위한 실증적인 탐구로 우뚝 선 의학은 기원전 5

세기에서 4세기까지만 하더라도 종교적, 대중적 편견에 부딪혀 인체 각 기관과 그 기관들의 기능에 대한 정확한 지식 축적이라는 면에서 크게 발전하지 못했다. 가령 사망한 자의 사체 해부만 하더라도 그리스 전역에서 엄격하게 금지되었다. 무수히 많은 동물들을 해부한 아리스토텔레스였지만, 인체를 유지시켜주는 각 기능의 기제를 알기 위해서는 인간이 아닌 다른 포유류 해부에 의존해야 했다. 그러니 얼토당토않은 가설이 들어설 여지는 얼마든지 있었다.

박물관에서 최초로 의학을 강의한 헤로필로스

과학과 관련된 활동이 그리스에서 이집트로 옮겨오면서 생겨난 가장 놀라운 변화는 바로 시체 해부가 너무도 당연시되기 시작했다는 사실일 것이다. 수천 년 전부터 시체를 방부 처리하여 보존하는 전통을 유지해온 이집트에서는 관습적으로 가족 친지들의 해부를 일종의 장례 의식처럼 친근하게 여겼으므로, 박물관에서 연구하는 학자들을 위해서 인체 해부 금지라는 그리스적인 조항이 해제된 것은 오히려 자연스러운 일이었다. 헤로필로스의 의학 강의에는 인간 사체의 공개적인 해부가 곁들여졌다는 증언도 여러 곳에서 찾아볼 수 있다. 이는 대단한 혁명이었으며, 미래의 진보를 약속해주는 상징이었다.

 기원전 300년경에 태어난 헤로필로스는 프톨레마이오스 1세, 2세 재위 기간 동안 박물관에서 최초로 의학을 강의한 인물이다. 그는 아리스토텔레스와 테오프라스토스의 수제자로 뤼케이온을 이끌다가 알렉산드리아로 건너가 프톨레마이오스 필라델포스의 스승이 된 람프사코스의 스트라톤으로부터 정밀 과학의 방법론을 전수받은 학자다. 스트라톤은 사실과 경험을 중요시했다. 헤로필로스와 우애를 맺은 이후로는 자신이 중요하게 여기는 사항을 그에게 전수했다. 그의 이 같은 철학 자체가 이미 과학에 있어서 경험적인 방식의 도입을 함축한다.

헤로필로스는 자신이 직접 본 것이 아니면 아무것도 가르치지 않았다고 전해진다. 인체기관에 대한 지식은 그를 기쁨으로 열광시켰다. 그는 실천과 가시적인 지식에 토대를 두지 않은 이론에 대해서는 경멸감을 감추지 않았다. 그는 또한 그의 강의를 듣기 위해 그리스 전역과 동방 세계에서 몰려드는 젊은 학생들에게 인체 각 기관의 실물을 차례차례 보여주었다. 인간의 몸을 구성하는 조립품들을 실제로 보고 그 기능에 관해서 설명을 듣는다는 건 그전에는 상상도 할수 없었던 흥미로운 구경거리였다. 헤로필로스가 공개적으로 해부한 사체가 무려 600구에 달한다고 테르툴리아누스는 말한다. 이 새로운 관행 덕분에 수많은 발견이 이어졌다. 초보적이지만 당시로서는 놀라운 발견들이었다. 헤로필로스는 해부 결과들을 책으로 엮었으며, 중요한 대부분의 내용이 그의 《해부학》에 수록되어 있다. 하지만 모두 분실되어 오늘날까지 남아 있는 것이라곤 하나도 없다.

그는 동맥과 정맥을 구별했으며, 동맥과 정맥 모두가 혈액으로 가득 차 있다는 사실을 최초로 밝혀냈다. 이로써 그는 그리스 의학에서 오래도록 명맥을 이어가던 오류를 바로잡았다. 오랫동안 금기시되어 왔던 문을 강력한 힘으로 열어젖히자 광대한 새로운 지평이 보이기 시작했다고나 할까. 그는 간, 췌장, 생식기관 등 많은 기관들을 두 눈으로 직접 보면서 연구했다. 그중에서도 특히 심장과 순환체계에 관심을 쏟았다. 심장의 작동 원리를 이해하기 위해서 그는 맥박을 이용

했으며, 이를 통해서 심장의 수축과 이완, 그리고 이 두 상태의 중간 단계인 두 종류의 소강 상태, 이렇게 네 가지 단계를 구분했다. 맥박을 진단의 가장 본질적인 요소로 간주했던 그는 물시계 같은 도구를 사용해서 단위시간당 횟수를 측정했다. 이는 생물학적 현상의 수량적 연구에 획기적인 전기를 마련했다.

헤로필로스 덕분에 의학은 눈과 시신경, 망막에 관한 세심한 관찰 자료를 확보할 수 있었다. 그는 눈에 관한 연구를 하던 중 신경체계에 대한 중요한 발견을 하게 된 것으로 보인다. 그는 뇌가 신경체계의 중심임을 밝혀내면서 이 분야에 관한 지식을 여러 단계 발전시켰다. 가령 뇌와 척수의 연관 관계를 찾아냈으며, 감각신경과 그리스어로는 똑같이 '신경'이라는 명칭으로 불리지만 사실은 아주 다른 기관인 근육과 뼈를 연결해주는 힘줄을 구분했다. 하지만 감각신경과 운동신경은 확실하게 구분하지 못했다.

이처럼 헤로필로스는 해부학 분야에서 많은 발견을 했고, 그 발견들이 지니는 중요성 덕분에 해부학의 창시자라고 불릴 만하다. 그가 만들어낸 해부학 관련 용어들의 상당 부분은 오늘날까지도 그대로 사용되고 있다.

그가 산파들을 위해 쓴 소논문은 출산 환경을 개선하는 데 크게 기여했다.

헤로필로스의 생리학은 그의 모든 의술이 그렇듯이 비록 초보적인 수준이기는 하나 단단하게 뿌리를 내린 해부학의 토대 위에서 꽃필 수 있었다.

생리학의 아버지, 에라시스트라토스

에라시스트라토스는 헤로필로스와 같은 시대에 활동한 인물로, 오랜 기간 알렉산드리아에서 그의 심장과 혈관체계 연구에 참여했다. 그 후 셀레우코스 왕가의 부름을 받아 안티오크로 건너가, 기원전 240년경 그곳에서 숨을 거두었다.

에라시스트라토스는 확신을 가지고 연구에 임했다. 그는 생리학의 아버지라는 호칭이 말해주듯이, 방대한 분야를 두루 아우르는 연구 성과를 거두었다. 헤로필로스가 해부학에서 이룬 성과를 그는 생리학이라고 하는 분야에서 올린 셈이다(해부학이 신체의 각 기관을 기술하는 학문이라고 한다면, 생리학은 그것들의 기능을 탐구하는 학문이라고 할 수 있다).

그는 뇌의 중요성을 일찌감치 간파했으며, 뇌의 기능에 주목했다. 운동신경과 감각신경을 최초로 구분해낸 사람도 에라시스트라토스였다. 그는 또한 동맥과 정맥을 구분하면서, 동맥에는 맥박이 있는 반면, 정맥은 그렇지 않다는 사실도 발견했다.

그는 정석대로 실험을 진행함으로써 실험적 방법이라는 것도 창안했다. 그러나 그의 저술들은 모두 분실되었다. 하지만 이집트에서 발견된 한 장의 파피루스 덕분에 적어도 그가 행한 한 가지 실험에 대한 기록은 살펴볼 수 있다. "새 한 마리 또는 그와 비슷한 다른 아무 동물이나 한 마리를 (무게를 잰 다음) 금속 용기에 담아 여러 날 동안 먹이를 주지 말고 그대로 둔 다음에 다시 녀석의 무게를 재면(우리 눈에 보이도록 드러난 실체로서의 녀석의 배설물까지 포함한 무게), 먼젓번보다 훨씬 가벼워졌음을 알 수 있다. 이는 실체에 있어서 상당한 증발이 있었음을 의미하는데, 이 증발은 눈이 아니라 이성적인 추리에 의해서만 인정할 수 있다." 실험은 구상이나 실행에 있어서 흠잡을 데 없

이 진행되었다고 하더라도 사실과는 무관한 이성적 추리를 동원해야 함을 에라시스트라토스는 날카롭게 지적하고 있다. 헤로필로스는 그의 이러한 지적에 동의하지 않았으며, 에라시스트라토스가 사실에 입각하지 않은 추리를 남용한다고 비난했다.

의학계의 이 두 거물은 두 개의 학파를 창시했으며, 두 학파 모두 의학을 진정한 과학의 길로 이끌었다. 두 학파는 경쟁 속에서, 그리고 정당한 실험 방법을 통해서 해부학과 생리학에서 중요한 결과를 축적해갔다(이 결과물의 소상한 내용을 열거하는 것은 이 책의 취지와는 그다지 어울리지 않는 듯하다).

다만, 마취가 도입되기 시작한 것은 알렉산드리아 의사들에 의해서였다는 사실만 덧붙이자. 당시에는 수술 부위에 만드라고라의 즙을 문질러 마취 효과를 얻었다. 이 덕분에 외과 의술은 괄목할 만한 발전을 이루게 된다.

헤로필로스와 에라시스트라토스가 세운 학파는 서기 2세기 무렵까지 명성과 더불어 유지되었다.

그 뒤를 이은 세기에도 그리스 의학은 결코 완전히 잊히지 않았다. 의학 연구는 과학의 다른 분야들과는 달리 로마 시대에도, 중세에도 맥이 끊어지는 일 없이 지속되었다. 일시적인 변덕으로 내동댕이치기에는 그 유용성이 너무도 절박했기 때문이었을 것이다.

로마 시대에도 의학은 여전히 그리스의 학문으로 남아 있었다. 대(大)카토는 로마에서 승승장구하는 그리스 의학에 대해 괜한 트집을 잡았다. 그는 "그리스인들은 의술을 이용해서 바르바로스들을 모조리 죽이자고 맹세했다"고 말하곤 했다. 로마인들 중에는 의학 연구나 임상 의술에서 특출했던 이가 전무한 상태다. 요컨대 의학은 그리스의 학문이었다.

최악의 전염병 사태로 죽음처럼 암울하던 시대에도, 아랍인들 덕분에 일신한 의학은 그리스라는 근원을 저버리지 않고 충실하게 지켰다. 다시 말해서 엄밀한 의미에서의 학문으로 남아 있었다. 자칭 치료사들이 벌이는 섣부른 기술 앞에서도 물러서지 않았으며, 마술이나 주술의 유행에도 흔들리지 않았다. 의학은 어디까지나 사실의 관찰과 이성적인 추리에 입각한 겸손한 학문으로서의 위치를 지켰다. 미신이 판을 치던 중세에도 위대한 의사가 배출되거나 위대한 발견이 이루어지지 않은 세기란 없었다.

인간이 이루어낸 정복이니 인간을 위해 사용되는 것이 당연하지 않겠는가.

기술자들의 본고장이 된 알렉산드리아

알렉산드리아는 기술자들의 본고장이기도 했다. 나는 이 점을 강조하고 싶다.

그리스 민족은 밖으로 드러내지는 않았지만 항상 기계에 대한 취향을 간직하고 있었다. 그리스 민족의 상상력이 탄생시킨 그리스 초창기 문명의 아들이라고 할 수 있는 오뒷세우스만 보더라도, 시인은 그를 "뛰어난 기술자"(다방면에 걸친 기술자)라고 불렀다. 이 책의 앞부분에서 우리는 이미 오뒷세우스가 뛰어난 뱃사람이었을 뿐 아니라 모든 제조 분야에서 뛰어난 기술자라고 말한 적이 있다. 그는 말하자면 호모 파베르(*Homo faber*), 즉 도구를 만드는 인간의 전형이었다.

기술로부터 탄생했으나 너무 오랫동안 철학적 연구와 연관을 맺고

철학의 지배를 받아온 과학은 실생활에 적용되기보다는 점점 더 순수한 사고를 지향하게 되었다. 물론 역사적인 발전 과정에서 다른 경향이 이보다 더욱 중요하게 대두되었을 수도 있겠으나, 이는 매우 주목할 만한 그리스적인 특징이다. 여기에는 기술적이고 사회적인 이유가 분명 존재한다. 조금 후에 그 이유들을 꼼꼼하게 짚어볼 것이다. 여하튼 알렉산드리아 시대 초기에 그리스 과학은 특히 이론과 추상, 그리고 계산으로 요약된다. 그리스 과학은 의학이나 생물학 같은 특별한 경우를 제외하고도, 산술과 기하학, 천문학, 지도 제작 등에 많은 지식을 제공함으로써 인류 문명에 공헌했다. 이 지식이란 따지고 보면 엄격한 논리학을 토대로 삼고 있으며, 서로 밀접하게 연결되어 너무도 조화롭고 너무도 구속력 강하며 인간 정신이 근본적으로 필요로 하는 것에 너무도 잘 부합하는 일체를 이룬다. 그렇기 때문에 인간은 그 같은 일체감이 와해되는 것을 지켜보기보다는 차라리 죽는 편이 낫다고 생각할 수도 있을 것이었다.

하지만 알렉산드로스 원정 이후 아테나이는 본격적으로 쇠락의 길로 접어들었으며, 모든 과학 활동(철학 활동과 분리된 과학 활동을 말하며, 이 점은 분명히 주목할 필요가 있다. 철학은 내내 아테나이의 소관이었다)은 헬레니즘의 새로운 수도로 이동하게 되었다. 과학의 무게중심이 아테나이에서 알렉산드리아로 이동했다고 함은 그리스인들에게 고유한 이성적인 논리가 건축, 그러니까 모든 것이 경험에 의한 주먹구구식 처방, 그럼에도 3천 년부터 그 효과가 검증되어온, 다시 말해서 해마다 나일 강이 범람할 때마다 측량을 하고, 그에 따라 두레박에서부터 탈곡기에 이르기까지 그때그때 필요한 다양하고 산발적인 해결책을 발명해낸 소중한 경험과 만나게 되었음을 의미한다.

유서 깊은 이집트(또는 동방)의 경험주의와 그리스 합리주의의 만남 (바닥을 치고 도움닫기를 하는 마지막 기회), 이질적인 것들끼리의 융합은 그리스 학자들의 기계 좋아하는 전통을 소생시켰을 것이다.

아르키메데스, "지렛대만 주면 지구를 들어올리겠다"

제2의 오뒷세우스라고 할 수 있는 아르키메데스는 기원전 287년에 태어났다.

이 뛰어난 학자가 이룩한 이론적인 업적은 눈이 부실 정도다. 하지만 나는 그 업적에 대해서는 아무런 언급도 하지 않을 것이며, 오직 기계에 대한 그의 남다른 사랑만 짚고 넘어가겠다. 피에르 라루스가 펴낸 백과사전에 따르면, 그의 업적에서는 놀랍게도 적분 방식에 대한 예감이 드러난다고 한다. 적분 방식이라고 하면 이보다 적어도 2천 년이 지난 후에야 비로소 빛을 보게 되는 방식이 아닌가. 퓌타고라스 학파가 이루어놓은 성과물과 이를 완성시킨 에우클레이데스의 업적, 그리고 그와 동시대 인물들에 의해서 알려진 새로운 발견과 더불어 아르키메데스의 수학적 방식은 우리를 둘러싸고 있는 물질적 공간에 대한 지식을 물체의 이론적 형태, 다시 말해서 완벽한 형태, 곧 기하학적 형태에 대한 지식으로 승화시켰다. 물체들은 정도의 차이는 있겠으나 모두 기하학적 형태에 근접하며, 따라서 우리가 물질세계에 제대로 반응하기 위해서는 그 형태들이 지니는 고유한 법칙을 알아야 할 필요가 있다.

이뿐 아니라 아르키메데스는 물체들이 형태와 차원만을 지닌 것이 아니라 특정의 힘을 가하면 움직일 수도 있고 한자리에 고정되어 있

을 수도 있음을 알고 있었다. 쉬라쿠사이 출신의 이 위대한 학자는 그러므로 이 힘들을 연구하는 수학의 새로운 분야를 개척했다. 물질로 이루어져 있으며 일정한 기하학적 형태를 지닌 사물들은 무게를 가진다는 것이 이 새로운 분야의 출발점이었다. 이른바 무게의 기하학, 이것은 합리적 역학, 정역학(靜力學) 또는 정수역학(靜水力學)이라고 한다. 아르키메데스는 욕조의 물속에서 한 다리를 들어올리며 다리의 무게가 물 밖에 있을 때보다 가볍다는 점에 깜짝 놀라 이 원칙, 그의 이름을 따서 부르게 된 이 원칙을 발견했다고 한다(너무 좋아서 흥분한 그가 "나는 발견했다"라는 뜻의 유레카를 외치며 벌거벗은 채로 욕조 밖으로 뛰어나왔다는 일화는 유명하다. 재미있는 일화이긴 하지만 정확하게 사실에 부합하지는 않는다. 유레카라는 유명한 말은 흔히들 이야기하듯이 아르키메데스의 원리를 발견할 때 외친 것이 아니라, 그의 또 다른 유명한 발견, 즉 금속들이 고유한 무게를 지니고 있음을 알게 되었을 때 한 말이라고 한다. 비트루비우스 저술에 당시의 상황이 기술되어 있다).

아르키메데스는 훌륭한 학자였을 뿐 아니라 열렬한 기계 마니아였다. 그는 당시에 알려져 있던 '간단한 기계' 다섯 가지, 즉 지렛대("나에게 받침점만 주면 지구를 들어올릴 수 있다"), 쐐기, 도르래, 무한 나사, 그리고 권양기를 모아서 하나의 이론을 만들었다. 심지어 그가 무한 나사를 발명했거나, 그게 아니면 이집트인들이 습지를 건조시키기 위해 사용하던 수압 나사를 그가 개량했다는 설도 있다. 어쨌거나 그는 나사못에서 출발하여 여기에 암나사를 더해서 볼트를 발명해낸다. 지금은 너무도 흔해졌지만, 당시로서는 매우 중대한 발명이었다.

이 같은 발명품들이 모두 쓸데없다고 생각하는 동시대인들에게 아르키메데스는 어느 날 지렛대와 권양기, 나사를 재주 좋게 배치한 다음, 육지로 올라와 정박하고 있던 묵직한 갤리선에 선원과 짐까지 모조리 싣고는 미리 배치해놓은 도구들을 이용해서 배를 물에 띄워 보였다. 놀라서 입이 떡 벌어진 구경꾼들 앞에서 보기 좋게 자신의 이론을 증명해 보인 것이다. 기원전 212년에 로마인들이 쉬라쿠사이를 포위하자, 쉬라쿠사이가 낳은 가장 영광스러운 아들들 중의 하나인 지혜로운 아르키메데스는 일련의 전투용 기계들을 발명했고, 이 때문에 로마의 쉬라쿠사이 침공은 3년 가까이 실패를 거듭했다. 기계의 효용성과 관련하여 이보다 더 설득력 있는 증명이 어디 있겠는가. 플루타르코스와 폴뤼비오스, 티투스 리비우스가 전하는 이러한 활약상은 일반 대중들에게는 어느 모로 보나 파이(π)의 계산보다 훨씬 파급력이 크다. 물론 파이의 계산은 아르키메데스가 이룬 또 하나의 개가이며, 오늘날 젊은 수학도들에게는 없어서는 안 될 유용한 업적이다.

아르키메데스는 쉬라쿠사이 포위가 계속되던 기간 중에 스스로에게 제시한 문제 풀이에 몰두하다가 로마 병사의 손에 죽었다.

그는 수많은 제자들을 두었다……. 새로운 지평을 연 그에게 열광하고 그를 찬미하는 젊은이들이 앞다투어 몰려들어, 지식이 구체적인 실천이 될 수 있음을 증명해 보이고자 스승 못지않게 열의를 불태웠다.

그의 제자들 중에서 제일 선배로는 기원전 2세기에 살았던 알렉산드리아 출신 크테시비오스를 꼽을 수 있다. 아르키메데스의 기계 발명이 한창 승승장구하던 무렵, 크테시비오스는 톱니바퀴를 발명해서 스승에게 힘을 보탰다. 크테시비오스는 이빨이 달린 잣나무와 맞물리도록 바닥에 바퀴를 굴려서 회전계를 만들었으며, 이는 오늘날 자동차에 사용되는 속도계의 전신이라고 할 수 있다. 여기에 그치지 않

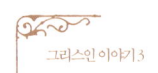
고 그는 물시계의 개량에 착수했으며, 맞물림 장치를 이용해서 소리가 울리거나 작은 인물 형상들을 움직이게 만들었다. 이어서 그는 수압 오르간, 술통에서 포도주를 추출하는 기계, 지하에서 물을 끌어올리는 기계, 또는 상처로부터 고름을 빨아올리는 기계 등을 연달아 발명했다.

크테시비오스의 제자들 가운데 한 명이 유난히 펌프 기술에 능했는데, 그는 오늘날 아르키메데스의 뒤를 이어 당시 알렉산드리아에서 가장 뛰어난 학자라고 추앙받는 헤론의 스승이 되었다.

증기기관을 발명한 헤론

헤론은 기원전 150년에서 100년 사이에 살았던 사람으로 추정된다. 다행히 그가 남긴 저작의 상당 부분이 지금까지 전해지고 있다. 그 글들을 주의 깊게 읽어보면, 그전까지 우리가 독창적이라고 여겼던 르네상스 시대 사상가들 중에 알고 보니 헤론의 판박이에 불과한 사람이 한두 명이 아님을 알게 될 것이다. 레오나르도 다 빈치도 그중 한 명이라고 몇몇 사람들은 말한다(이는 틀림없이 오해겠지만).

헤론은 순수하게 이론적인 작업 외에도 그 자신이 알렉산드리아에 설립한 기술학교의 책임자 노릇에도 열심이었다. 두 가지는 완전히 다른 성격의 일이었다. 이전 세기에 메소포타미아와 이집트가 오늘날까지도 추앙받는 건축가들을 양성한 것은 사실이지만, 이 아득히 먼 옛날의 위인들은 학문의 발전에 필수적인 이론적 소양을 학생들에게 전달하고 다음 세대를 위해서 이를 보존하는 일에 매우 서툴렀다. 반면 헤론이 설립한 기술학교를 오늘날의 공과대학과 비교하는 것은 전혀 사리에 어긋나는 일이 아니다. 헤론의 학교는 오늘날의 공과대학에서와 마찬가지로 산술과 기하학, 물리학, 천문학 등 추상적이고 보편적인 강의들과 이론 강의에서 배운 내용을 나무나 금속, 기계 설비, 건축 등에 실제로 적용해보는 실습을 병행했다.* 우리에게 전해지고 있는 것은 헤론이 했던 강의 내용들이다.

그의 학교에서 가르치는 훌륭한 교수들은 한 분야만 파고드는 전문가들이 아니었다. 헤론 자신도 어느 현대 역사가가 평가했듯이 "학교에서 가르치는 모든 과목에서 뛰어난" 사람이었다. 그가 얼마나 다방면에서 뛰어난 인물이었는지는 조준의(照準儀)의 발명 외에 다른 증거를 찾으려고 애쓸 필요도 없다. 측지학(測地學) 도구인 조준의는 잘게 눈금이 매겨진 나사 위로 올라온 물의 높이를 이용하는 기구로, 이중 장치를 통해서 오차마저도 스스로 수정하는 신통한 기능을 가지고 있다. 그는 정수역학 분야에서도 적지 않은 발명품을 남겼다. 그중에서도 '헤론의 기력구(汽力球)'는 그로부터 18세기가 지난 후 어린 장-자크 루소가 장난감처럼 이 마을 저 마을에 가지고 다니며 돈을 모금했던 것으로도 유명하다.

그런데 제어 가능한 증기의 특성을 발견한 헤론은 이 모든 것보다 훨씬 중요한 발명품을 고안했다. 바로 취관(吹管)으로 이는 증기기관이나 진배없다. 말하자면 파팽(프랑스의 물리학자, 기술자. 증기기관의 개척자—옮긴이)의 압력솥보다 18세기, 찰스 파슨스의 증기기관보다 무려 20세기 앞선 증기기관이었다.

헤론의 《기체학》에서 그리스어로 이 기계를 묘사한 대목을 보자.

---

* 피에르 루소의 《기술의 역사》를 참조하라. 나는 이 책을 쓰면서, 이 부분에서도, 이보다 앞부분에서도 그의 저서를 요긴하게 참고했다.

"뜨거운 물이 담긴 냄비 위에 공 하나가 축 위에서 움직인다." (이것이 그 글의 제목이다).

"AB, 즉 뜨거운 물이 담긴 냄비가 불 위에 있다고 하자. 냄비를 뚜껑 $\Gamma\Delta$로 닫는다. 뚜껑 $\Gamma\Delta$를 구부러진 관 EZH가 관통한다. 구부러진 관 EZH의 한쪽 끝 H는 구멍 뚫린 구 $\theta\kappa$ 속으로 넣는다. H로부터 구를 가로지르는 반대편 끝(HΔ)에 축 ΛM이 고정되어 있으며, 축 ΛM은 뚜껑 $\Gamma\Delta$에 의지하고 있다.

이제 구 위로, 구를 관통하는 지름의 양쪽 끝에 팔꿈치 모양으로 굽은 작은 관을 첨가한다. 관의 굽은 정도는 정확하게 직각이어야 하며, 관은 HΔ와 정확하게 수직을 이루어야 한다.

냄비가 달궈지면, 증기가 관 EZH를 통해서 작은 구로 전달되며, 이렇게 전달된 증기는 팔꿈치 모양으로 굽은 관을 통해 대기 중으로 배출되어 구를 움직이게 만든다……."

헤론의 이 글은 의심할 여지가 없다. 취관을 제작함으로써 아르키메데스의 수제자는 증기기관을 발명한 것이 확실하다.

그렇다면 한 가지 의문이 떠오른다. 그는 그 증기기관으로 무엇을 했을까? 고대인들은 그걸 가지고 무얼 했을까?

대답은 간단하다. 아무것도, 아니 거의 아무것도 하지 않았다.

이 발명품은 오늘날의 노르망디호나 퀸 메리호 같은 거대한 여객선이 대양을 가로지르게 해주는 엄청난 동력을 지녔음에도 고대인들은 그것을 이용하지 않았다. 그들은 아테나이에서 알렉산드리아 또는 맛살리아로 오고 가는 데 여전히 노 젓는 일꾼을 이용했다.

왜 그랬을까? 여기에는 기술적, 심리적 이유 등 여러 가지 이유가 난마처럼 얽혀 있지만, 그처럼 긴 망각, 인류 역사상 가장 중요한 발

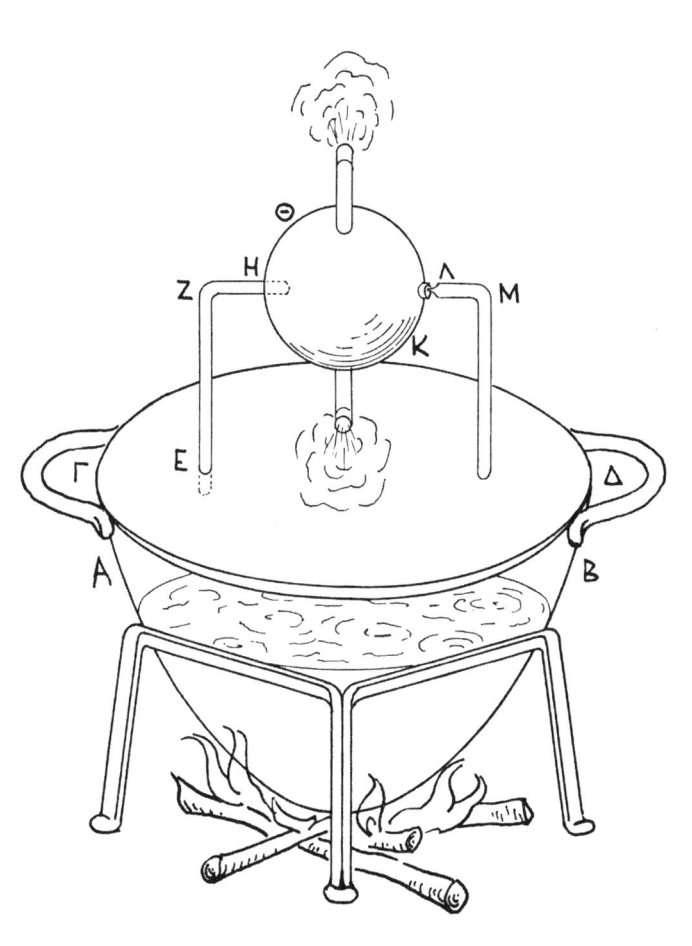

명품을 그토록 오래도록 묵혀두었던 저변에는 사회적인 이유가 가장 크게 작용했던 것으로 보인다.

고대인들은 과연 노 젓는 이들, 아니 보다 일반적으로 노동자들의 고통을 줄여주기 위해서 자신들이 이룩한 발명품을 이용할 줄 몰랐을까? 그들은 분명 그렇게 할 수 있었을 것이다. 하지만 그들은 그렇게 할 생각조차 하지 않았다. 그 때문에 그렇게 하지 않았다. 이것이 그 오랜 망각에 대한 설명이다.

노예 사회라는 한계에 갇힌 과학 기술

과학의 역사에서는 항상 새로운 지식의 발견과 그 지식의 실질적인 쓰임 사이에 엄청난 시차가 있게 마련이다. 현대에도 전류의 흐름에서 파생되는 빛 에너지의 발견과 그것이 진공관 속에 전선을 넣어 우리 주변을 밝혀주는 전구의 발명으로 이어지는 데에는 여러 해의 시간이 필요했다……. 하긴 고작 여러 해이지 무려 17세기는 아니었다! 가령 전쟁 같은 절실한 필요가 개입하지 않는 한, 인간의 정신은 자신의 발견을 완성시키는 데 그다지 신속하지는 않은 모양이다.

물론 발견을 실질적인 사용으로 이끄는 데 제동을 거는 요인들은 그 밖에도 다양하다. 편견과 선입견도 대표적인 요인이다. 우리는 앞에서 이미 몇 가지 예를 제시했다. '기하학의 존엄성'이라는 관념론적인 편견도 여기에 해당한다.

기술적인 발명에 열중하던 헬레니즘 세계는 새로운 장난감, 즉 기계 발명품에 열광했다. 헤론 자신도 증기기관을 설명한 《기체학》을 출간하자마자 곧이어 《자동기계의 제작》이라는 저술을 내놓았다. 헤론은 이런 종류의 기계에 관심이 많았다. 그는 증기기관을 이용해서 인형들이 원을 그리며 춤추게 만드는가 하면, 신전의 문이 저절로 열리게 하고, 작업 중인 대장장이들, 전투 중인 헤라클레스, '저절로 걷는' 인물들을 만들어 구경꾼들의 입이 딱 벌어지게 했다. 그런 그에 대해서 아무런 반감도 느끼지 않았던 플루타르코스는 그가 "기하학을 유쾌하게 만들었다"고 평했다. 헤론보다 앞서서 요즘 말로 로봇을 만드는 일에 빠져들었던 선배들 중에 아르퀴타스는 나무로 만든 비둘기들을 하늘에 날려서 플라톤으로부터 혹독한 비난을 받기도 했다. 플라톤은 이들이 "기하학으로 하여금 비물질적이며 순수하게 지성적인 세계로부터 마치 노예들처럼 신체적이고 감각적인 사물로 하강하게 함으로써 기하학을 타락시키며, 기하학이 지닌 존엄성을 훼손시킨다"면서 진노했다. 플라톤은 또한 "손의 노동을 요구하며, 노예적인 직업에나 어울릴 법한 자료를 사용한다"고도 비난했다.

손을 쓰는 일을 노예적이라고 간주하는 편견(여기서는 플라톤이 그와 같은 편견을 가진 대표적인 인물로 소개되었다)은 궁극적으로 응용 역학의 가치를 평가절하하고 질적 저하를 가져왔으며, 이를 고사시키는 결과를 낳았다. 위에 인용한 대목에서 보았듯이, 이 같은 편견은 노예제도와 밀접하게 연결되어 있었다.

노예제도는 기계의 사용을 저해한 또 다른 이유가 되었다. 당시 노동력은 전혀 비용이 들지 않았으며, 노예제도가 존속하는 한 바닥이 보이지 않을 정도로 풍부한 저장고를 보유한 것이나 다름없었다. 그러니 도르래나 기울어진 경사면, 그리고 인간의 상상력이 아직 생각해내지 못한 몇몇 '간단한 기계'의 도움을 받아 이들 수천, 수만 명의 근육이 제공하는 노동력을 언제까지고 사용해서 피라미드도 올리

고 오벨리스크도 세우면 그뿐이었다. 확실히 도움이 될지 아니면 그
저 심심풀이 장난감에 그치고 말지 의심스러운 기계를 만들기 위해
그토록 엄청난 돈을 쏟아 부을 필요가 어디에 있단 말인가? 하지만
혹시 기계가 노예보다 더 많은 일을 할 수 있지 않을까? 라고 묻는
이들도 있었을 것이다. 바보 같은 소리야. 이보게, 우리는 현실적이
되어야 하네. 우리한테는 노예들이 있지. 그러니 노예들의 노동을 이
용해야지. 팔 곳도 없으니 생산을 늘려야 할 필요도 없지 않은가. 당
시에는 아무도 상식만큼이나 반박하기 어려운 이런 식의 논리에 대
항할 수 없었다. 아무도 그럴 생각조차 하지 않았다. 그만큼 노예제
도의 존재는 고대 전체를 지배했다. 노예제도는 말하자면 건널 수 없
는 망망대해였다.

  여기에 또 한 가지 이유를 덧붙이자. 증기기관을 비교적 그럴듯한
용도로 사용할 수 있으려면, 그 크기가 상당해야 한다. 헤론은 자신
이 개인적으로 사용하기 위해 작은 크기의 설비만을 제작했다. 당시
철 산업 수준으로는 더 크게 만든다는 것도 불가능했다. 우리는 철
기 제조, 아니 최소한 철기 보급에 있어서는 힛타이트족에게 감사해
야 한다는 사실을 잘 알고 있다. 철기가 보급된 시기는 기원전 1300
년 정도로 추측된다. 이 당시 철은 무기 제조에 주로 사용되었다. 기
원전 1000년경 그리스인들로부터 그리스와 펠로폰네소스를 빼앗은
도리스인들의 칼은 날씬하고 긴 철검인 반면, 이들의 공격을 받은
아카이아인은 짧은 청동 단검이나 육중하고 둔한 청동 장검을 가지
고 방어에 나서야 했다. 그러니까 철은 기원전 1000년대 초반부터
상용되기 시작했다고 볼 수 있으며, 그 상용이라는 것은 많은 발명
품들과 마찬가지로 전쟁을 위한 용도였음을 알 수 있다.

증기기관 앞에서 몽상에 잠겨 있는 노예. 한스 에르니의 데생.

비록 이 무렵에 철이 상용되기 시작했다는 말이 틀리지는 않지만, 그래도 구리나 청동에 비해서 여전히 손에 넣기 어려운 금속이었다. 1083도의 고열로 구리를 녹이면 모암으로부터 구리가 분리된다. 이 구리에 주석을 더해서 만든 청동은 232도만 되면 벌써 녹기 시작한다. 그런데 철은 1535도가 되어야 비로소 액화되기 시작한다. 뿐만 아니라 철광석이 항상 산화물 상태로 존재하기 때문에 산소를 제거하기 위해서는 다량의 석탄과 대규모 풀무와 상당한 높이가 확보된 화덕 등이 필요하다. 그런데 알렉산드리아에는 이러한 설비가 없었다.

요컨대 헤론이 자신의 발명품인 증기기관을 끝까지 밀어붙이고, 그것을 제대로 활용하려고 했다면 넘어야 할 산이 한둘이 아니었던 것이다. 하지만 다시 한 번 강조하건대 이 시대 사람들에게는 노예의 노동력을 기계로 대체해야 할 이유가 전혀 없었다.

결과적으로 이 증기기관 일화는 대단히 교훈적이다. 이 이야기는 문명이란 대중의 상승 의지가 있을 때에만 발전 과정 중에 부딪히게 되는 일정한 장애를 넘어설 수 있다는 교훈을 남긴다. 현대에 들어와 드니 파팽(얼마나 우여곡절이 많았던가!)과 와트의 증기기관을 사용하게 된 것은 17세기, 19세기에 부르주아 계급의 상승과 맞물린다. 그런데 이에 비견할 만한 어떤 상승 의지가 처음 구상되었을 당시의 헤론의 증기기관을 부양할 수 있었겠는가?

그런데 흥미로운 건 이와 동시에 인류의 그 어떤 위대한 발명도 영원히 소멸되는 법이 없다는 교훈도 얻을 수 있다는 점이다. 오늘날 인간이라고 하는 피조물이 처해 있는 만개냐 위기냐의 절박한 상황에서 보면, 때로 인간은 수많은 우연이 낳은 무기력한 아들이라는 자괴감이 드는 것도 어찌 보면 당연하다. 실제로 이 굉장한 모험, 천일

야화를 천 배, 만 배, 아니 수십만 배 부풀린 동화 같은 인류의 역사를 따라가노라면, 반드시 하나의 주체와 만나게 되어 있다. 항상 존재감이 넘치며, 세기가 거듭될 때마다 한층 현명하고, 양식 있고, 적극적으로 발전해가는 주체, 유산되어버린 우연을 건저 올려 새 삶을 부여하여 새싹을 틔우고 풍성한 잎을 자라나게 하며 탐스러운 과실을 맺게 하는 주체를 우리와의 조우를 위해 달려오는 미래(그리스인들의 표현을 빌리면 그렇다) 속에서, 매 순간 우리에게는 현재가 되는 미래 속에서 만나게 된다. 바로 인간의 천재성이라고 하는 주체다.

희망이 있는 한 완전히 잃어버리는 것은 아무것도 없다.

chapter 15

시로의 회귀
: 칼리마코스, 로도스의
아폴로니오스가 쓴《아르고나우티카》

과학적인 탐구와 발견이라는 꿈을 한바탕 꾸고 난 알렉산드리아에서 시는 상대적으로 창백해 보이지 않았을까?

이 질문에 대해서 우리가 제시할 수 있는 최선의 답변은 아마도 예전 시를 답습하지 않으려는, 즉 '관학풍'에 끌려가지 않으려는 경향을 가장 중요한 특징으로 삼으며 나름대로 노력했다 정도가 될 것이다.

알렉산드리아에서 움트는 신(新)파르낫소스의 수장은 칼리마코스였다. 새로이 부상하는 시의 시대의 부알로(Nicolas Boileau, 1636~1711, 프랑스의 시인이자 비평가. 기존 프랑스 시의 형태를 개혁하기 위해 노력했다―옮긴이)라고 할 수 있을 그는 프톨레마이오스 필라델포스 통치하의 알렉산드리아에서 시에 관한 모든 것을 지배했다고 해도 과언이 아니다. 그는 당시 시인들에게 찬탄과 복종, 영감, 심지어는 반항심까지

도 불러일으키는 인물이었다.

로도스의 아폴로니오스가 쓴 《아르고나우티카》는 박물관 교수이자 알렉산드리아 시학파의 수장인 칼리마코스의 지시와 시 미학에 반기를 든 젊은 시인의 반항 행위라고 할 수 있다.

고전의 답습을 철저히 배제한 칼라마코스

그렇다면 도대체 칼리마코스는 누구인가? 그의 일생은 평생을 시인이며 문인으로 지내온 자들의 삶이 지니는 전형적인 굴곡을 보여준다. 먼저 문인으로서의 면모를 보자. 크게 세 단계로 나눠볼 수 있다. 첫째, 투쟁 단계. 별 볼일 없는 초등학교 교장으로 지내온 비참한 시절이다. 퀴레네 지방 출신으로 알렉산드리아 변두리에서 작은 학교를 운영하면서도 자신은 시인이라고 믿고 시인이 되기를 열망했던 그는 학생들을 가르치는 짬짬이 선언문에 가까운 시, 격언시, 전권을 지닌 군주에게 보내는 진정서 형식의 시들을 발표한다. 말하자면 그는 다소 방랑자적인 삶을 살면서, 손쉬운 사랑과 수상쩍은 사랑을 적당히 즐겼다. 아니 적어도 시를 통해서 그런 척했다.

둘째 단계. 군주에게 보낸 아첨이 제대로 먹혀들어가 성공을 이루는 단계로, 박물관에서 웅변술 또는 시 교수직을 얻음으로써 대중의 칭송과 권력층의 총애를 받고, 도서관의 공직을 맡으며 궁정 시인이 되어 녹을 받는다. 이는 또한 시에 관한 새로운 교리를 선언하며 그 교리를 가장 잘 나타낸다고 여겨지는 거장의 시를 출판하는 단계이기도 하다.

마지막 세 번째 단계. 질투심을 느끼는 경쟁자들이 거물급 시인의 험담을 일삼고, 서른 살 미만의 젊은 세대들은 문학을 둘러싼 신구논쟁을 부추기거나 그저 무심한 듯 어깨만 으쓱거리는 태도를 보인다. 격언시나 풍자시 전쟁이 일어나면서 존경받는 거장의 이론들이 방어되거나 폐기된다.

우리는 이 모든 과정을 증거까지 입수하여 확실하게 확보하기보다는 솔직히 그저 얼핏 보고 감을 잡는다는 표현이 적절하다. 작품의 대부분이 소실되었기 때문이다. 우리가 아는 것이라고는 그 작품이라는 것이 교리의 시적인 '본보기'에 지나지 않는다는 사실 정도다. 물론 교리는 나름대로 가치를 지닌다. 자신이 주장하는 새로운 시학을 실현하는 구체적인 사례를 제시하기엔 칼리마코스 자신이 시인으로서 자격 미달이었다는 점이 불행이라면 불행이었다.

하지만 칼리마코스는 영리한 사람이었다. 그는 동시대인들에게 이제는 고전이 된 과거의 위대한 시인들의 모방을 장려하지 않았다. 그는 말하자면 관학풍과는 정반대되는 태도를 취했다. 고전의 모방을 장려하기는커녕 고전 모방이 모든 예술적 창조 행위를 짓누른다는 이유를 들어 이를 완전히 배제해버렸다. 그는 구닥다리 시 장르는 죽은 지 오래되었음을 잘 알고 있었다. 호메로스가 부활하는 일도, 비극 작품들이 다시 소생하는 일도 없을 것이었다. 그는 서사시가 명맥을 이어가기 위해 헛되이 매달리고 있는 연작시의 상투성을 맹렬하게 비난했다. 그는 자신의 격언시에서 "나는 연작시를 증오한다. 누구나 지나가는 상투적인 그 길…… 나는 공동 우물의 물은 마시지 않을 것이다. 대중적인 것들은 나에게 혐오감을 불러일으킨다"고 토해냈다. 그뿐 아니라 "앗쉬리아의 강물만 보더라도 그 흐름이 대단히 위력적이긴 하지만 출렁거리는 물결 속에는 더러워진 흙, 진흙도

포함되어 있다. 데오에서는 제사장들이 아무 물이나 마시지 않고 샘에서 솟아나는 깨끗하고 투명한 물, 그 몇 방울의 지고한 순수함을 마신다!"

그러니 시는 서사시에 등장하는 위력적인, 위력적이지만 더러운 강물보다 순수한 샘물, 가느다란 물줄기에 불과해도 한 방울 한 방울이 소중한 샘이 되어야 한다는 것이었다.

칼리마코스는 짧고 가지런하게 손질된 작품을 선호했다. "장문의 시는 재앙"이라고 그는 주장했다. 그는 시인이라는 직업의 가치를 각인시켰으며 기술적인 완벽성을 강조했다. 시인이라는 직업의 필요성을 상기시킴으로써 예술가들에게 봉사했으며, 테오크리토스처럼 극단적인 기술적 완벽성을 추구하는 시인이 등장하게 된 것도 칼리마코스의 이러한 철학 덕분이었다. 비유하자면, 그는 빅토르 위고와 이따금씩 소홀함이 보이는 위고의 위대한 작품보다는 호세-마리아 데 헤레디아와 그의 잘 가다듬어진 소품들을 추구했다고나 할까. 물론 열심히 노력하는 것이 영감을 대체할 수는 없으며, 칼리마코스 자신도 그 점을 잘 알았다. 하지만 영감이 고갈되고, 누구나 별로 힘들이지 않고 5막짜리 비극을 뚝딱 써내거나, 장단단격 육각시(호메로스의 운율로, 프랑스 시의 12음절처럼 그리스 서사시의 대표적 운율)로 신화적인 주제를 가지고 24개 노래로 구성된 서사시를 시도해볼 정도로 창작이 식은 죽 먹기가 되어버린 시대에, 시가 다시 어려워져야 한다고 주문하는 것은 역설적이지만 시를 구하는 길이었다. 고전의 답습으로 특징지어지는 관학풍으로부터 시를 구해내려는 그 나름의 방식이었다. 시에서 고전의 답습이란 곧 죽음을 의미하기 때문이다.

그렇다고 칼리마코스가 명예를 거머쥐고 있는 기존의 예술을 문제

삼음으로써 예술을 위한 예술이나 순수시 이론을 정립한 것은 아니다. 그는 작품의 주제에 큰 비중을 두었다. 그는 어떤 주제를 선호했을까?

소박하고 정직하게도 칼리마코스는 시의 주제는 새로운 세계의 새로운 관심사와 연관이 있는 것이어야 한다고 주장했다. 그가 서사시나 비극을 배제하는 것은 앞에서 지적한 것처럼 형식과 관련한 이유 때문이기도 하지만, 그것이 전부는 아니었다. 서사시나 비극의 뼈대를 이루는 영웅주의가 진부하고 작위적인 것으로 변질되다 보니 더 이상 사람들의 관심을 끌지 못한다는 것도 그가 내세운 중요한 이유였다. 《일리아스》에 등장하는 전투, 운명에 대항하는 비극적인 영웅의 투쟁, 에우리피데스 같은 작가가 애용한 운명적인 정념 등 한마디로 이전 시대 시문학의 중심 테마였던 인간과 인간 조건 사이의 갈등, 암흑처럼 어두운 집단적인 불만이라는 이 갈등이 운명과의 투쟁으로 이어지며, 마침내 공동체를 위해, 영예를 위해 죽어가던 영웅의 은밀하고 역설적인 기쁨에 도달하는 이 이야기는 인간의 마음속에서 활력을 고양시키며 자꾸만 더 앞으로 나아가게 만들었다. 하지만 과거에는 그랬던 것이 칼리마코스와 동시대 알렉산드리아 사람들에게는, 아니 적어도 그들 중의 상당수에게는 더 이상 관심사가 되지 못했다. 영웅주의는 개인적인 차원에만 머물러 있을 뿐이었다. 그들에게 신이란 더 이상 행동의 원칙이 아니었으며, 더 나은 인간이 되도록 투쟁하게 만들거나, 투쟁을 통해서 스스로를 뛰어넘게 만드는 신비스러운 요구가 될 수 없었다. 신은 단순히 위로를 제공하는 존재에 불과했다. 인간은 신의 품 안에서 자신을, 자신과 자신의 비참함을 잊을 수 있으면 그것으로 족했다. 어쩌면 당대 사람들은 이러한 사실

을 명확하게 인식하지 못했을 수도 있다. 그래서 그저 단순하게 잠시 제쳐두었으리라는 추측도 가능하다. 인간들은 이제 개인적인 흥미를 좇았다. 개인들은 더 이상 도시국가의 영광이나 신을 위한 봉사, 숙명적인 정념 따위에는 관심을 보이지 않았다. 그 어떤 가치 있다고 여겨지는 위업도 그들을 기꺼이 전쟁터로 내몰 수는 없었다. 어느 정도 지성을 갖춘 소시민이 된 인간들은 그들만의 안락함과 문화 속에 정착했다. 이들에게 영웅주의란 한낱 구체제에 속하는 신들에 의해 좌우되는 겉만 요란스러운 관습에 불과했다. 칼리마코스는 "천둥은 내가 아니라 제우스가 만든 것"이라는 경거망동도 서슴지 않았다. 그는 자신만의 문학을 주장했으며, 그 문학은 그의 화려한 경력이 지닌 야심에 걸맞아야 할 것이었다. 하지만 영웅주의를 모방하는 것으로 만족하는 자들의 문학보다는 훨씬 소박하고 진실할 것이었다.

칼리마코스는 적어도 각 시대는 그 시대가 지니는 본질적인 관심사 속에서 나름대로의 시를 새로이 발견해야 한다는 사실만큼은 이해하고 있었던 것 같다. 시를 삶과 밀접하게 연결시키며, 살아 있는 예술이면서 동시에 어려운 예술로 복권시키는 것이 칼리마코스가 스스로에게 부과한 야심찬 목표였다.

딱딱한 과학 논문이 되어버린 시

그런데 유감스럽게도, 당시의 관심사라고 하는 것이 솔직히 시의 소재가 되기에는 너무도 빈약하고 척박했다는 지적을 덧붙여야겠다. 당시 인간들은 예를 들어 과학, 그중에서도 특히 소화불량에 비유할 수 있는 박학다식 형태의 과학에 흥미를 보였다. 그것이야말로 이들이 열정을 쏟는 대상이었다. 칼리마코스는 문자 그대로 박학다식에 열정을 보였으며, 박학다식에 취했다고도 말할 수 있다. 박학다식이야말로 그의 서정성이며 그의 개인적인 시정이었다. 알렉산드리아인들은 그러므로 칼리마코스의 영향 아래서 박식한 시 또는 천문학적인 시를 지으려고 애를 썼다. 그들로서는 사산아 격인 고전 시 모방 작품을 쓰느니 그런 시를 쓰는 편이 훨씬 현명한 처사였다. 만일 《안티고네》보다 새로운 별의 발견이 이들을 더 흥분시킨다면, 어쩌겠는가. 내면 세계보다는 물리적인 외면 세계를 소재로 시를 쓰는 수밖에. 하지만 인간과 인간이 지닌 문제, 인간의 신비 등을 제쳐둔다면, 시가 끔찍한 위기를 맞게 되는 건 불을 보듯이 뻔한 노릇이다.

칼리마코스의 요구 사항을 가장 정확하게 실천에 옮긴 작품은 아라토스의 《파이노메나(하늘의 현상)》가 아닐까? 《파이노메나》는 과학 논문처럼 건조한 투에 신화적 박학다식을 가미하여 하늘의 별자리를 묘사하는 천문학 시다. 이 작품은 여러 세기 동안 대단한 인기를 누렸다. 키케로는 라틴어로 이 시를 번역했으며, 베르길리우스와 오비디우스는 이 작품을 본보기로 삼았다. 르네상스 시대에는 이 작품이 고대의 대표작으로 간주되기도 했다. 레미 벨로는 이 시를 번역하면서 다소간의 온기를 첨가하기도 했다. 우리 현대인들의 눈에는 과학이 우리에게 밝혀 보인 대로의 세계는 아라토스가 작성한 천문학 요점 정리서보다 훨씬 방대하며, 그가 짜깁기한 자질구레한 신화들이 실제 천체 공간보다 훨씬 차갑고 건조하다!

이 정도면 칼리마코스 시학의 굵직한 윤곽에 대한 개략적인 소개는 될 것이다. 이 시학은 그다지 뛰어나다고는 할 수 없지만, 그래도 나름대로 적절성을 지니고 있음을 인정해야 한다. 무엇보다도 당시를

지배하던 힘의 진가를 간파했기 때문이다. 뛰어난 시인 한두 명 정도가 새로운 시 분야를 개척했는데, 전원시 분야의 테오크리토스와, 가장 평범한 의미에서의 사실주의 시 분야의 헤론다스다. 두 사람은 상투적이 되어버린 영웅주의를 과감하게 내동댕이쳤다는 점에서뿐만 아니라 작품의 예술적인 완벽성을 줄기차게 추구했다(이 점에서는 특히 테오크리토스가 두드러지지만, 헤론다스에게도 그만의 고유한 방식이 있었다)는 점에서 칼리마코스의 가르침을 충실하게 따랐다고 할 수 있다.

스승에 반대하는 호메로스 추종자

칼리마코스가 정확하게 예측한 대로, 아니 적어도 암시한 대로 시를 재해석하고 시에 새로운 가치를 부여한 뛰어난 제자들이 있었던 반면, 늙은 스승의 충고와는 정반대로 아르고나우티카, 곧 아르고호를 타고 황금 양털을 찾아 항해에 오른 원정대의 영웅적인 모험담, 다시 말해서 이아손과 메데이아의 사랑 이야기를 방대한 서사시로 써내려간 약관 스무 살의 시인도 있었음을 주목해야 한다. 호메로스의 열렬한 독자로 그의 시 세계를 이어받아 호메로스에 버금가는 시인이 되고자 했던 이 학생 시인은 어느 날 친구들과 교수들, 그리고 궁정과 도시의 식자층을 불러놓고 자신이 쓴 《아르고나우티카》를 낭송했다. 아폴로니오스라는 이 청년은 훗날 로도스의 아폴로니오스로 불리게 된다. 그의 시 낭송이 몰고 온 돌풍의 여파로 스스로 로도스 섬으로 망명했거나 강제로 귀양살이에 처해졌거나, 둘 중 하나였기 때문이다(고대인들은 칼리마코스의 요청에 따라 프톨레마이오스 왕이 그에게 망명을 명령했다고들 하는데 어느 프톨레마이오스인지는 확실하지 않다. 하지만 이런 종류의 뜬소문은 얼마든지 날조 가능하다).

《아르고나우티카》를 칼리마코스에 대항하는 저항의 깃발처럼 흔들면서 아폴로니오스가 광고 효과를 노린 것이라면, 그는 완전히 성공을 거두었다고 보아야 한다. 그러나 다른 한편으로는 그가 오로지 자신의 천재성만 믿고 마음먹은 대로 저지른 일이 아니라고 생각할 근거도 전혀 없다. 어쨌거나 "뮤즈들의 닭장", 곧 시인들의 사회에서는 대(大)서사시 옹호자들과 단어 하나하나에 세심하게 신경 쓰는 잔재주 시 옹호자 사이에 한바탕 전쟁이 벌어졌다. 아폴로니오스는 문제의 원고를 고치고 또 고치며 평생을 보냈다. 그는 공개 시 낭송 사건 당시엔 미처 지니지 못했던 박식함으로 그 시를 꽉 채웠다. 그도 그럴 것이 박학다식함이란 스무 살 애송이 학생에게서는 기대하기 어려운 덕목이 아니겠는가. 그는 그렇게 함으로써 자신의 시를 향상시킬 수 있다고 믿었으며, 마음만 먹으면 얼마든지 그렇게 할 수 있음을 보여주고 싶어했다……. 애석하게도 그의 노력에도 불구하고 솔직히 시는 전혀 나아지지 않았다.

그 후 아폴로니오스는 다시금 펜을 잡고 칼리마코스를 상대로 격언시 전쟁을 선포했다. 그런데 그 수준이라는 것이 그다지 높다고는 할 수 없었다.

"칼리마코스, 이 더럽고, 농담이나 하는 고집불통 같으니, 이렇게 말하게 된 원인은 누구일까? 그야 《사연들》의 저자 칼리마코스지."

(《사연들》은 칼리마코스의 시집 제목이다.)

몇 편 더 소개해보겠다. 주제는 언제나 똑같다. 아폴로니오스(또는 그의 동조자들)는 시인의 부류와 교수, 유식한 척하는 사람의 부류를 대비시켰다.

"문법학자 종족들, 다른 사람의 뮤즈를 갉아먹는 이 쥐새끼 같은 자들 같
으니, 걸작품들을 더럽히는 멍텅구리 송충이들, 칼리마코스를 지켜준답시
고 그 앞에서 짖어대는 발바리, 오 어린아이 같은 치기를 암흑 속으로 빠뜨
리는 시인들의 재앙이여, 악마에게나 가버려라. 아름다운 시들을 먹어치
우는 빈대들 같으니!"

이런 시도 있다.

"문법학자들, 책이나 갉아먹는 벌레들, 제노도토스의 강아지들, 칼리마코
스의 병정들, 분사나 찾으러 다니는 불쌍한 사냥꾼들, 그저 '민' 이랑 '스
핀' 만 있으면 좋아서 어쩔 줄 모르고, 퀴클롭스가 개를 키웠는지 아닌지
알기 위해 기를 쓰는 자들⋯⋯."*

가만히 당하고만 있을 칼리마코스가 아니므로 당연히 그도 반격을
가했다. 서사시를 둘러싸고 벌어진 이 대결의 양측 당사자는 저마다
진정한 시를 대표한다고 우겼다. 칼리마코스는 당대 가장 위대한 시
인으로 추앙받던 테오크리토스의 지지를 받았다. 테오크리토스는 그
의 전원시 가운데 한 작품에서 이렇게 말했다.

"나는 오로메돈 산보다 더 높은 집을 지으려고 기를 쓰는 건축가를 싫어하
는 만큼 키오스의 성가대장(호메로스를 가리킨다) 앞에서 수다를 떠느라

* '민' 과 '스핀' 은 호메로스가 사용하는 대명사격 형태로, 어린 학생들에게 늘 설명해주어야 한다. "퀴클롭스는 개들을
키웠는가?" 는, 가령 "루이 13세는 스페인어를 알았는가?" 와 비슷한 부류로, 박식함을 뽐내는 작품의 제목인 것으로 보
인다.

고 공연히 목만 쉬어버린 뮤즈의 닭들도 싫어한다!'

호메로스의 서투른 모방, 《아르고나우티카》

식자들의 억지소리는 이쯤 해두고, 아폴로니오스가 호메로스를 모방해서 썼다고 하는 서사시 《아르고나우티카》를 요약해볼 겸, 그래도 그중에서 제일 잘 쓴 부분을 살펴보기로 하자.

우선 줄거리부터 보자. 첫 번째 노래는 아폴론을 향한 기원으로 시작한다. 이 시구들은 서사 행위의 근원, 즉 펠리아스 왕이 이아손에게 콜키스로 가서 황금 양털을 가져오라고 한 명령을 상기시키는데, 그 방식이 모호하고 불충분하다. 그런 다음 시인은 《일리아스》의 방식에 따라 시를 전개해나간다. 등장인물들의 목록(《일리아스》에 군함의 목록이 등장하는 것과 같다)을 작성하는 것이다. 도합 54명의 인물이 등장하는데, 각각의 인물마다 전기적인 요소가 첨부되어 있으며, 심지어 그 인물이 태어난 고장의 특산물까지도 적었다. 말하자면 그리스의 지리를 가르치는 교과서 같은 모양새를 한 셈인데 이만저만 지루한 것이 아니다. 지루한 정도가 아니라 완전히 무용지물인 것이, 목록에 언급된 등장인물의 대다수는 시가 전개되는 데 아무런 역할도 하지 않는다.

작별과 제사 장면, 그리고 고전 서사시를 모방한 몇몇 구차스러운 장면들이 이어진다. 출발한 배는 해안을 따라 항해한다. 여행은 흑해 한가운데 자리한 콜키스까지 계속된다. 물론 이 지역의 역사, 지리, 어원에 관한 무수히 많은 설명과 주석이 첨부된다. 아폴로니오스가 이 대목에서 박학다식을 유감없이 발휘하기 때문이다. 그러니 서사

시를 읽는다기보다 교양인을 위한 관광 안내서를 읽는다는 느낌을
떨쳐버릴 수가 없다. 이 부분에서 아폴로니오스는 최대한 많은 지명
들과 그 지명들에 붙어 다니게 마련인 볼거리들을 빠짐없이 제공해
야 한다는 의무감에 사로잡히기라도 한 듯하다. 하지만 이 같은 일종
의 '각주'는 그보다 더 서투를 수 없을 정도로 어색하게 본문과 연결
되어 있다. "그렇기 때문에 오늘날에도 여전히…… 그 같은 관습이
남아 있다……. 이 장소는 그렇기 때문에 그런 이름이……." 이렇게
흐름이 뚝뚝 끊어지니 서사시가 주는 환상은 일찌감치 깨어져버린
다. 아폴로니오스는 고만고만한 알렉산드리아인에 불과한 것일까?

최초로 등장하는 중요한 일화는 렘노스 체류가 될 것이다. 우리는
먼저 렘노스의 여자들이 집단적인 질투심의 발로로 남편들을 모두
살해했으며, 그것으로도 모자라서 섬에 사는 남자란 남자는 어린아
이까지 포함하여 모조리 죽였음을 알게 된다. 지난 1년 동안 여자들
은 아테네 여신과 퀴프리스(아프로디테의 다른 이름 —옮긴이) 여신의 법
에 따라 사는 대신 밭을 갈고, 필요하다면 무기를 들었다. 아르고 원
정대가 섬에 온다는 소식은 여자들을 공포에 떨게 했다. 이자들이 공
격해온다면 무슨 수로 막아낸단 말인가? 휩시퓔레 여왕은 여자들을
소집해서 회의를 열고는 아르고 원정대에게 식량과 덕담을 전해서
그들이 다시 항해를 계속하도록 하자고 제안했다. 그때 여왕의 나이
든 유모인 폴뤽소가 더 나은 생각을 내놓았다. 아르고 원정대들을 맞
아들인 다음 이 절호의 기회를 이용해서 섬의 인구를 늘리자는 제안
이었다. 휩시퓔레는 결국 이아손에게 초대의 뜻을 전한다.

이아손은 외투를 여몄다. 아테네 여신이 신화에서 따온 여러 장면
을 수놓아준 외투였다. 이 외투는 《일리아스》에 등장하는 아킬레우

스의 방패와 정확하게 대응한다. 그러니 또 아주 상세한 묘사가 뒤따른다……

이아손은 여왕의 궁으로 간다. 휩시퓔레는 능란한 여자였다. 여왕은 그럴듯한 거짓말로 그리스인들에게 렘노스에 어째서 남자들이 보이지 않는지를 설명한다. 여왕은 또한 필요하다면 수줍게 두 눈을 내리깔고 얼굴을 붉힐 줄도 알았다. 적절한 말로 여왕은 이아손에게 왕좌를 물려주고 기꺼이 이아손의 여자가 되겠다고 한다. 이아손은 여왕의 유혹을 받아들이고, 다른 사람들은 그들대로 다른 여자들의 꾐에 넘어간다. 헤라클레스만이 배를 지키며 노발대발한다. 그가 아니었더라면, 그가 토해내는 격한 비난이 아니었더라면, 이아손과 그의 동료들은 렘노스의 달콤한 유혹에 빠져 모든 것을 홀딱 잊어버리고 말았을 것이다. 여기서 우리는 《오뒷세이아》의 표절을 간파할 수 있다. 휩시퓔레는 키르케와 칼륍소의 대역인 셈이다. 더구나 당당함이 약간 모자라는 듯한 대역이다. 모험이 벌어지는 장소도 훨씬 '격조 높은' 곳이다. 작별의 장면은 사교계에 걸맞게 아주 그럴듯하다. 어조는 호메로스보다는 차라리 조르주 오네(Georges Ohnet, 1848~1918, 프랑스의 대중작가. 기자로 문인의 삶을 시작하여 희곡을 썼으나 그다지 성공하지 못했으며, 소설로 인기를 누렸다 ─옮긴이)에 가까운 편이다.

그다음으로 등장하는 모험담 역시 《오뒷세이아》에서 차용한 '동화' 같은 이야기다. 좀 더 정확하게 말하자면, 식인 거인인 라이스트뤼고네스인들을 만난 오뒷세우스의 모험담에 해당한다. 라이스트뤼고네스인들은 절벽 위에서 항구를 향해 암석 덩어리를 던져서, 멋모르고 항구에 들어오는 배들을 부셔버렸다. 때문에 항구 바깥쪽에 멈춰 서 있던 오뒷세우스가 탄 배를 제외하고 나머지 배들은 모두 침몰

했다. 《아르고나우티카》에서는 거인들이 대지의 아들들로 살짝 바뀐다. 이 거인들은 여섯 개의 팔을 가졌으며, 바위 꼭대기에서 아래쪽 항구를 향해 거대한 바윗덩어리를 던져 항구 입구를 봉쇄한다. 그 바람에 그리스인들은 오도 가도 못하고 붙잡힌다. 하지만 그리스인들에게는 다행스럽게도 헤라클레스가 있었다……. 모방은 명백하다……. 헤라클레스는 활시위를 당겨 거인들을 전부 죽인다. 살아남은 괴물은 하나도 없는 반면, 그리스인들 중에는 한 명의 부상자도 없다. 아폴로니오스는 모든 상황에서 영웅들이 아무런 피해도 입지 않고 온전히 살아남게 함으로써 이들을 한층 더 돋보이게 한다. 그러나 이는 실제로 역효과를 가져온다. 순한 양 떼들처럼 맥없이 죽어가는 거인들이라는 설정은 아무래도 진지하게 받아들이기 어렵기 때문이다.

이들의 모험은 근사한 비교로 마무리된다. 세부 묘사에 강한 아폴로니오스답게 이 작품의 마무리 세부도 상당히 아름답다. 그는 서술보다 묘사에 뛰어난데, 서사 시인에게는 그다지 장점이 될 수 없다. 어쨌거나 무엇이 되건 잘한다는 건 득이 되지 않겠는가.

서술에는 약하고 묘사에는 뛰어난 서사 시인

그리하여 나무꾼들이 도끼로 방금 찍어내어 해안 기슭의 가파른 경사면을 따라 줄지어 내려보내 물기를 머금게 된 아름드리나무 기둥들이 물살의 힘에 의해 단단한 곳부터 쩍쩍 갈라지게 되는 한편, 패배자들의 시신이 항구가 좁아지는 길목에서 쉴 새 없이 밀려오는 파도의 하얀 포말 위를 둥둥 떠다니게 되었다. 머리와 몸통은 물에 처박힌 채 나머지 부분은 기슭에 엎어진 시신이 있는가 하면 반대로 머리는 기슭의 모래톱에, 발은 바닷물 속에 잠긴 시신도 있다. 어느 쪽이건 새들과 물고기들의 먹이가 되는 건 다를 바 없다……

첫 번째 노래에서 가장 뛰어난 일화는 제일 마지막에 등장한다. 여기서 아폴로니오스는 옛 시인들을 모방하는 대신, 알렉산드리아 시의 가장 순수한 경향을 유감없이 보여준다. 그는 사물들과 인간 존재에 대한 사랑으로 가득 찬 시, 감각적인 세계가 제공하는 환희와 그러한 환희를 늘 꿈꾸어온 마음이 느끼는 향수, 꿈과 하나가 되고 싶은 애절한 마음을 담은 시를 선보인다.

그 일화란 다름 아닌 헤라클레스와 휠라스의 일화다. 테오크리토스도 이들의 이야기를 다룬 적이 있다. 두 젊은이는 남다른 우정으로 뭉친 사이였다. 천하무적의 힘을 가진 헤라클레스는 형제애로 젊은 휠라스의 아름다움을 보호했다……. 어느 날 바다가 진노하면서 헤라클레스의 노가 부러졌다. 그날 저녁 숙박지에서 동료들이 모닥불을 피우는 동안 헤라클레스는 새 노를 만들기 위해 숲으로 들어갔다.

그사이에 휠라스는 샘물을 길어오기 위해 청동 물병을 들고 숙소에서 벗어났다……. 그는 곧 인근 주민들이 샘이라고 부르는 웅달샘에 이르렀다. 바로 그때 요정들로 이루어진 합창단이 나타났다. 모두 이 아름다운 곳에 사는 주민들이었던 요정들은 밤이면 밤마다 노래와 춤으로 아르테미스를 찬미해오던 중이었다. 산꼭대기와 동굴에 사는 요정들, 깊은 숲 속을 떠다니는 요정들까지 몰려와 동료 요정들과 합류했다. 맑고 아름다운 물이 솟

아나는 샘에서 샘의 요정도 모습을 드러냈다. 샘의 요정은 아름다움과 우아함으로 빛나는 휠라스를 보았다. 마침 하늘에서 보름달이 내려보내는 부드러운 달빛이 그의 얼굴에 광채를 더해주었다. 퀴프리스가 요정의 마음을 때렸다. 벅찬 감정에 사로잡힌 요정은 마음을 다잡을 수 없을 지경이었다. 휠라스가 물병을 샘물에 담그자, 물이 맑은 소리를 내며 휠라스의 청동 물병 속으로 흘러들어가기 시작했으며, 요정은 휠라스의 아름다운 입술에 입맞추고 싶은 욕망에 사로잡혀 왼팔을 그의 목에 두르고 오른손으로는 그의 팔꿈치를 잡고서 휠라스를 물속으로 이끌었다…….

어떤가, 기분을 좋게 해주는 알렉산드리아 시가 아니겠는가. 물론 테오크리토스처럼 노래하는 듯한 그리스적인 형태를 갖추지는 않았지만, 그래도 숲의 매력, 샘의 아름다움, 젊고 싱싱한 육체의 갈구 등에 주목하는 미덕이 있지 않은가……. 앙드레 셰니에는 아폴로니오스의 이 대목과 테오크리토스의 전원시에서 영감을 얻어 우아한 향취를 그득 담은 〈휠라스〉를 썼다.

아폴로니오스 시의 마지막 대목은 헤라클레스의 고통을 보여주며, 그가 밤새 친구의 이름을 부르며 어떻게 숲을 방황했는지를 알려준다. 새벽이 되자 배는 헤라클레스를 태우지 않고 출항한다. 일행은 그가 타지 않았음을 뒤늦게야 알아차린다.

《아르고나우티카》의 두 번째 노래는 시 전체에 아무런 새로움도 더해주지 못한다. 여행에서 만나게 되는 일화들이 쭉 이어지지만, 그 일화들 사이에는 이렇다 할 연관성이 없다. 아폴로니오스는 연속적인 모험담을 수집해서 열거하면 그것으로 서사시가 된다고 믿었던 모양이다. 그는 말하자면 《오뒷세이아》를 모험 카탈로그로 믿었던 것이다. 하지만 호메로스의 작품으로 보자면, 서사시의 주인공은 자신의 강력한 존재감을 통해 연달아 일어나는 모험에 단일성을 부여한다. 오뒷세우스의 모험은 오뒷세우스를 새롭게 특징짓는다. 오뒷세우스는 포세이돈이나 칼륍소, 페넬로페 또는 운명이 제시하는 시련을 겪을 때마다 매번 조금씩 성장한다. 용기, 적절한 기계를 제조함으로써 운명에 반격을 가하는 기발함, 시간을 두고 준비하는 계책 등 모든 면에서 그는 성장한다. 오뒷세우스는 매번 운명에 응답함으로써 인간으로서의 그의 자질을 확인시키는 것이다.

하지만 이아손은 그렇지 못하다. 예측하지 못했던 불행 앞에서 그는 당황한다. 아폴로니오스는 여러 차례나 똑같은 표현으로 그의 사람됨을 묘사한다. 가령, 하나의 난제에 봉착했다 하면 즉시 "무기력에 빠진 이아손"이 되고 마는 식이다. 요컨대 이아손이라고 하는 인물은 성격 부재를 통해서 성격이 드러나는 인물인 셈이다. 결국 시의 처음부터 끝까지, 아니 그 정도까지는 아니더라도, 거의 전편에서 그는 순전히 무(無)로서 존재한다. 아폴로니오스가 쓴 이 서사시 전체가 주인공의 '무기력'에 의해 지리멸렬하게 조각 나버리고 만다. 주인공의 무기력이란 물론 인물을 창조해야 하는 시인의 무기력이기도 하다.

두 번째 노래의 끝부분으로 가면, 《아르고나우티카》는 들쭉날쭉한 여정을 제외하고는 아무런 단일성도 찾아볼 수 없게 된다. 다음 대목을 예로 들어보자.

"다음 날 밤까지 이들은 줄곧 칼뤼베스족의 땅을 따라 항해했다. 칼뤼베스족은 땅을 일구지도 않았으며…… 어떤 방식으로도 땅에서 수확을 얻지 않았고, 가축 떼에게 풀을 먹이지도 않았다……. 그 대

신 이들은 철이 많이 나는 땅을 팠으며, 파낸 철을 살아가는 데 필요한 물품들과 바꿨다……. 이 종족을 지난 다음에도 이들은 티바레노 이족들이 사는 해안을 따라 계속 나아갔다. 이곳에서는 여자들이 아이를 낳고 나면, 남편들이 침대에 누워 머리를 가린 채 신음을 하고, 여자들이 이들을 보살피고, 음식을 먹여주며, 아이를 낳은 사람들에게 오히려 더 좋을 것 같은 목욕을 시켜준다(거꾸로 된 세상: 유사 헤로도토스가 유사 호메로스와 어깨를 나란히 하고 있는 격이다). 그런 다음 이들은 못쉬노이코아인들이 사는 곳을 지났다. 못쉬노이코아인들은 그리스어로 오두막을 뜻하는 '못쉬네'에 살기 때문에 그런 이름이 붙었다. 이들의 관습과 법은 다른 곳의 관습과 법과는 매우 다르다. 우리가 도시 안에서, 광장에서 공개적으로 하는 모든 일들을 이네들은 집에서 한다. 우리가 집 안에서 하는 일들을 이들은 길 한복판에서 스스럼없이 하며 아무런 비난도 받지 않는다. 심지어 이들은 남들이 다 보는 곳에서 아무렇지도 않게 짝짓기를 한다……." (헤로도토스가 환생한 것이 아닐까!)

이런 식으로 500행 정도가 계속된다……. 그러니 그냥 지나가자…….

성공적인 한 폭의 그림, 사랑에 빠진 메데이아

반면, 세 번째 노래는 아폴로니오스에 대한 이제까지의 평가를 완전히 다시 보게 만든다.

세 번째 노래는 사랑에 관한 시를 주관하는 뮤즈인 에라토를 향한 기도로 시작한다. 시인은 이 시에서 새로운 시 세계, 즉 정념의 시를 정복해나가는 주인 격이다. 정념의 시인들인 삽포나 에우리피데스를 잠시 잊을 수 있다면 말이다.

노래 도입부에서 헤라와 아테네는 아프로디테를 찾아온다. 두 여신은 아프로디테에게 아들 에로스를 시켜 메데이아에게 화살을 쏘게 해달라고 부탁한다. 화살을 맞고 사랑에 빠진 메데이아는 이방인에게 황금 양털을 얻어주게 된다.

여신들의 만남은 매우 사실적인 투에 약간의 유머까지 곁들여 처리되고 있다. 헤라와 아테네 여신은 자신들보다 사회적 지위가 낮은 사람을 방문하는 알렉산드리아의 지체 높은 귀부인들처럼 그려진다. 하지만 지체 높은 귀부인들은 지체 낮은 사람에게 간곡하게 부탁할 일이 있다. 마침 화장대 앞에서 머리를 빗고 있던 아프로디테는 자신을 방문한 두 여신을 아름다운 안락의자에 앉도록 한 다음, 무슨 바람이 불어서 좀처럼 자신을 찾지 않던 두 여신이 이토록 귀한 발걸음을 했는지 묻는다. 헤라 여신은 이 말 속에 가시가 박혀 있음을 느끼지만, 그래도 찾아온 용건을 말한다. 아프로디테는 겸손한 태도를 유지하면서 아들에게 부탁이야 해보겠지만, 아들을 순종하게 만들기는 너무도 힘들다고 털어놓는다. 아프로디테는 에로스를 버릇없고 당돌하며 심지어 어미를 위협하기도 하는 아들로 묘사한다. 이 말을 들으면서 두 여신이 너무도 좋아하는 것을 본 아프로디테는 자신이 너무 심했음을 후회한다. 이렇듯 여자들 사이의, 자식 가진 어머니들 사이의 경쟁심이 함축되어 있는 이 장면에서는 톡 쏘는 듯한 맛이 느껴진다.

아프로디테는 올림포스 산의 초원에서 가뉘메데스와 주사위 놀이를 하고 있는 아들에게로 간다. 에로스는 놀이에 열중하고 있었다. "방금 딴 황금 주사위를 가득 쥔 왼손을 가슴에 얹고, 에로스는 승리

감을 만끽하며 두 뺨이 발그스름하게 상기된 채 들판에 서 있었다. 친구는 그 곁에 쪼그리고 앉아 말없이 땅바닥만 응시하고 있었다……. 친구에게는 이제 주사위가 겨우 두 개만 남아 있었다……. 승자의 환한 웃음 때문에 그는 더 화가 났다."

아폴로니오스는 여기서 매우 성공적인 한 폭의 그림을 보여준다. 묘사가 돋보이는 대목이다.

이때 아프로디테가 나타나 아들의 턱을 치켜세우며 "이 골칫덩어리야!"라고 부른다. 그러고는 아들의 도움을 얻어내기 위해 "근사한 장난감"을 주겠다고 약속한다. 어린 제우스를 위해 만들었던 황금 고리들을 엮어 만든 공이었다. 어린 에로스는 얼른 장난감을 달라고 조른다. "얼른, 지금 당장" 달라고 보챈다. 하지만 어머니도 지지 않는다. 일을 마쳐야 갖게 될 거라고 못 박는다. 이 장면은 전형적인 알렉산드리아 취향으로 다듬어졌다고 말할 수 있다. 이 시기는 시에서나 조각에서나 어린아이들을 즐겨 등장시켰는데, 이는 고전시대 문학이나 예술에서는 거의 찾아볼 수 없는 특징이다. 아니, 적어도 에우리피데스가 등장하기 전까지는 그랬다.

시인은 이아손과 더불어 우리를 아이에테스 왕의 궁으로 데려간다. 이아손은 그곳의 진기한 풍경, 과수원과 포도밭, 궁전 등에 감탄한다. 여행 중에 이아손이 맞아들인 아이에테스의 손자들은 어머니 칼키오페, 즉 메데이아의 언니의 품으로 달려간다. 온 사방이 기쁨으로 충만하다. 곧이어 연회가 열린다.

그 틈을 타서 사랑의 신이 좌중 가운데로 슬그머니 끼어든다. "에로스가 누구의 눈에도 띄지 않게 도착한다. 그는 정념의 동요를 가지고 왔다. 암송아지들에게로 뛰어드는 등에 같은 형국이다. 연회장 입

니코폴리스의 에로스. 기원전 2세기. 소피아 박물관.

구에서 서둘러 활시위를 얹은 그는 화살통에서 아직 한 번도 사용한 적이 없는 화살을 꺼낸다. 많은 눈물을 쏟게 할 화살이었다……. 꿰뚫어보는 듯한 그의 눈길이 재빠르게 좌중을 훑는다. 이아손의 발치에 쪼그리고 앉은 에로스는 화살을 활줄 한가운데 고정한 다음 메데이아를 향해 곧장 쏘았다. 소리 없는 충격이 메데이아의 가슴을 조였다. 그사이 에로스는 벌써 날개를 펴고 깔깔거리며 궁 밖으로 날아올랐다.

화살을 맞은 젊은 처녀의 가슴은 불꽃처럼 타올랐다. 메데이아는 이아손에게서 불타오르는 눈길을 떼지 않았다. 불안감으로 가득 찬 메데이아의 가슴은 요란하게 쿵쿵거렸다. 다른 생각이라고는 전혀 할 수 없었으며, 영혼 전체가 이 달콤한 고통으로 소진되는 것 같았다. 두 손으로 양털을 잣느라 바쁜 여인네가 깜부기불에 나뭇가지를 던져 꺼져가는 불길을 살려 어두운 방 안에 밝은 불빛을 만들어내는 것 같다고나 할까. 그 자그마한 깜부기불로부터 우람한 불꽃이 솟아나와 나뭇가지를 온통 재로 만들어버리지 않는가. 그처럼 메데이아의 마음 한구석에서는 비밀스럽게 아주 잔인한 사랑이 불타오르고 있었다. 메데이아의 젊은 처녀다운 고운 두 뺨은 영혼의 동요 속에서 창백해졌다가 발갛게 달아오르기를 반복했다."

자, 이것이 아름다운 시구로 표현된 정념의 공격을 받은 젊은 처녀의 마음이다. 이 같은 정념이 표출되어가는 양상이 세 번째 노래의 주제를 이룬다.

그런데 이아손은 여행의 목적을 아이에테스 왕에게 설명하느라 여념이 없다. 왕은 그가 시련에서 이겨야만 황금 양털을 내어줄 수 있다고 말한다. 시련이란 몹시 흥분한 황소 두 마리를 길들이는 일이다. 콧구멍에서 불을 뿜는 이 소들을 길들여서 밭을 간 다음 그 밭에 용의 이빨을 뿌려서 이 파종으로부터 태어나게 될 무장 거인들을 멸종시켜야 한다. "이토록 고약한 상황에 떨어지게 되어 매우 당황한" 이아손은 주저한다. 망설임 끝에 시련과 맞서보기로 결정하지만, 사실 어떻게 해야 이 난관을 극복할 수 있을지 알지 못한다.

그가 궁을 떠날 때, 시인은 우리 앞에 메데이아를 데려온다.

이아손은 자리에서 일어나 궁 밖으로 나갔다……. 그는 미모와 우아함으로 모든 존재들 사이에서 빛을 발했다. 메데이아는 그에게서 눈을 떼지 못하고 하염없이 바라본다……. 젊은 처녀의 영혼은 마치 꿈속에서처럼, 멀어져가는 이아손이 남기고 가는 자취를 따라 날아간다……. 이아손의 모습이 사라지자 메데이아는 사랑이 야기하는 부드러운 온갖 상상들을 마음 가득 안고 집으로 돌아간다. 메데이아의 눈앞에 방금 전에 흘러간 순간들이 다시금 나타난다. 그가 입은 옷, 그의 입에서 나온 말, 그가 의자에 앉아 있던 자태, 그가 궁 밖으로 나올 때의 걸음걸이 등 모든 것이 새록새록 메데이아의 눈앞에 펼쳐진다. 그러자 생각이 어지러워지며 이 세상 남자들 중에서 그런 남자는 두 번 다시 만날 수 없다고 속삭인다. 메데이아의 귓전에는 이아손의 음성과 그가 한 부드러운 말들이 맴돈다. 그러자 메데이아는 문득 이아손 걱정에 두려움에 사로잡힌다. 화가 난 황소가 두렵고, 아이에테스 왕이 두렵다. 메데이아는 이아손이 벌써 죽기라도 한 것처럼 울기 시작한다. 연민을 가득 담은 눈물이 두 뺨을 타고 천천히 방울져 흘러내린다……. 눈물로 범벅이 된 메데이아가 중얼거린다. "어째서 불행하게도 나는 이렇게 마음이 불안한 걸까? 그가 용감하게 죽든 비겁하게 죽든, 그게 나랑 무슨 상관이란 말인가? 아! 하지만 그가 다치지 않고 그 시련

을 이겨낸다면 정말 좋을 텐데! 아, 위대한 헤카테 여신이여, 일이 그렇게 되게 하소서! 그도 죽음을 면하고 그의 고향으로 돌아가게 하소서! 하지만 이곳에서, 황소와의 싸움 속에서 죽음을 맞이하는 것이 그의 운명이라면, 적어도 내가 그의 운명을 달가워하지 않았다는 사실만큼은 그가 알아주면 좋겠어!"

이아손은 친구들과 함께 그가 구해준 칼키오페의 아들 아르고스에게 자문을 구한다. 아르고스는 자신의 어머니와 의논해보라고, 어머니가 헤카테 여신의 제사장이며 마법에 정통한 메데이아를 설득해서, 이아손에게 시련을 이겨낼 수 있는 마법의 약을 넘겨주도록 부탁하면 어떻겠느냐고 제안한다. 이아손은 충고를 받아들인다. 그렇게 되자 그리스인들, 즉 칼키오페와 이아손이 구해준 칼키오페의 아들들의 생각은 온통 메데이아에게로 수렴하게 된다.

그런데 사랑의 감정에 이끌린 메데이아는 누가 시키지 않았는데도 모두가 그녀를 데려가고 싶어하는 그 자리에 스스로 나타난다. 메데이아는 물론 다른 사람들이 그녀에게 무엇을 원하는지는 전혀 알지 못한다.

잠깐 잠이 든 메데이아는 여러 가지 꿈에 시달린다.

이방인은 시련을 받아들이기로 한 것 같았다. 그리고 그건 황금 양털을 가져가기 위해서라기보다(그가 여기에 온 것은 그 때문이 아니었다), 그녀를, 메데이아를 그의 집으로 데려가기 위해서, 다시 말해서 메데이아를 자신의 아내로 삼기 위해서인 것 같았다. 그녀는 또한 자신이 그의 곁에서 황소와 싸워 승리를 거두었으나, 그녀의 부모는 딸이 아니라 이아손이 황소를 길들여야 한다는 조건을 내걸었다는 이유로 약속을 지키려 하지 않으며, 그 때문에 그녀의 아버지와 이방인들 사이에 갈등이 생기고, 그 갈등이 점점 더 증폭되자, 양측이 모두 메데이아에게 마음 가는 쪽으로 결정하라고 종용을 하게 되고, 종용에 못 이긴 그녀는 부모 생각은 아랑곳하지 않고 이방인 이아손을 선택한다. 그러자 고통을 이기지 못한 그녀의 부모는 분노의 고함을 내지른다. 이 고함소리에 깜짝 놀란 메데이아는 잠에서 깨어난다. 가슴이 마구 방망이질 쳐대자, 두려움에 사로잡힌 메데이아는 침대에서 내려와 공포에 가득 찬 시선으로 주변을 살핀다.

그때 메데이아는 엄습해오는 두려움 속에서 누군가를 찾아가야 할 필요를 느낀다. 언니에게 가서 속마음을 털어놓을까 망설인다. 하지만 수치심이 그녀를 저지한다. 맨발로 문 뒤에서 서성거리던 메데이아는 집으로 돌아가 침대에 몸을 던진다……. 시인은 이 같은 "사랑이 주는 수줍음과 대담함" 사이의 밀고 당기기를 길게 묘사한다. 마침내 하인이 이 같은 상황에 처해 있는 메데이아를 발견하고 언니에게 알려준다.

두 자매의 대담 장면은 무척이나 아름답다. 메데이아는 놀라우면서도 감탄스러운 태도로 이제 막 사랑이라는 정념에 감염된 젊은 처녀의 벅찬 마음과 절제를 보여주는 동시에 사랑에 본능적으로 따라오는 외교술, 아니 시인의 표현대로라면 "에로스가 지닌 대범성에서 영감을 받은 인위적인 기량"을 유감없이 발휘한다. 한편 칼키오페는 위협받는 아들들을 구하려는 어머니로서, 어린 동생에게 연민을 느끼는 언니로서의 착잡한 감정을 보여준다.

매우 탄탄하고 섬세한 심리 묘사에 토대를 둔 이 장면은 아주 적절

하게 연출된다. 야밤에 이루어진 이 대담에서 두 자매는 '이방인'에 대해서는 거의 언급하지 않는다. 메데이아가 이아손에게 느끼는 모든 감정은 암시적이며 그늘 속에 가려져 있다. 두 자매가 함께 추구하는 것은, 만일 아이에테스 왕이 이방인들에게나 부과하는 벌을 칼키오페의 아들들에게 내릴 경우 이들을 구해내는 방편이다. 더구나 우리는 메데이아가 자신과 함께 성장했으며 나이도 비슷한(이 대목에서 시인은 현명하게도 메데이아의 나이를 언급한다) 조카들에게 느끼는 애정이 매우 사실적이고 진실함을 느낄 수 있다. 이 애정은 심지어 그녀가 더 큰 정념을 위해 이를 이용하고자 생각하는 순간에도 변함이 없다. 칼키오페에게 조카들에 대한 자신의 애정을 말함으로써 메데이아는 언니를 놀라게 한다. 급기야 칼키오페가 나서서 메데이아에게 이방인을 구해주라고, 그래야만 아이들을 구할 수 있다고 애원하기에 이른다. 그런데 이것이야말로 사랑에 빠진 여인의 외교술, 인위적인 기량이 노리던 것이었다.

> "내 아이들을 위해서 혹시 네가 그렇게 해줄 수는 없겠니? 제발 부탁이야, 뭐든 생각 좀 해봐. 이 끔찍한 시련 속에서 그 이방인을 위해서라도 무슨 꾀를 좀 내보라니까. 그 사람한테도 그게 필요하잖니?" 칼키오페는 동생에게 간청했다. 언니의 말에 속으로 날아갈듯이 기뻐하는 메데이아는 곧 얼굴을 붉힌다. 행복에 겨워 현기증을 느낄 정도였다.

메데이아는 모든 것을 약속한다. 다음 날 헤카테 신전에서 이아손을 만나 그에게 그를 무적으로 만들어줄 마법의 약을 선사하겠노라고 장담한다.

그러나 언니와 헤어지자마자 메데이아는 곧 불안감에 사로잡혀 자신과의 투쟁을 벌인다. 부끄러움이 엄습해오는가 싶더니, 생판 모르는 이방인을 위해 아버지에게 반기를 드는 계획을 실천에 옮긴다는 두려움에 몸을 떨었다. 메데이아는 불안 속에서 밤을 지새웠다. 이따금씩 이아손이 죽는 모습을 보고 싶다는 욕망도 고개를 들었다. 그래야만 정념과 고통으로부터 벗어날 수 있을 것 같았다. "아냐, 그건 안 돼. 가엾은 것 같으니, 설사 그가 죽는다고 해도 나는 이 마음의 병으로부터 벗어나고 싶지 않아!" 그런가 하면 곧 사랑하는 남자를 구할 기쁨으로 충만했다……. 불현듯 수치심이 몰려와 그녀를 절망으로 몰아넣고, 스스로 목숨을 끊는 것만이 모든 것을 끝내는 길이라고 결심할 때까지, 메데이아의 마음은 극과 극을 오갔다. 독약이 들어 있는 상자를 집어든 메데이아는 상자를 무릎 위에 올려놓고 연 다음 치명적인 독을 고른다. 그러면서도 터져 나오는 울음을 참지 못한다…….

그런데 갑자기 흉측한 하데스로 인한 공포가 메데이아의 영혼을 사로잡았다. 오래도록 침묵을 지키던 메데이아의 주위로 이제까지 그녀의 마음을 부드럽게 달래주던 일상의 모든 일들이 모습을 드러냈다. 메데이아는 산 자들을 매혹하는 즐거움을 추억하고, 친구들의 모습을 떠올리고 친구들과 나눈 기쁨을 추억했다. 마음에 담겨 있던 추억거리를 끄집어낼수록 태양빛까지도 한층 부드러워지는 것 같았다. 이윽고 메데이아는 무릎에서 상자를 들어올렸다……. 더 이상 주저할 필요가 없었다. 메데이아에게는 오직 한 가지 욕망뿐이었다. 최대한 빨리 새벽을 맞아 언니에게 약속했던 대로 그에게로 가서 마법의 약을 선사하리라. 그러고는 몇 번씩이나 문의 빗

장을 잡아당겨 새벽이 오는지를 엿보았다. 마침내 새벽이 부드러운 광선
을 보내는가 싶더니, 도시에서는 벌써 만물이 움직이기 시작했다.

    이 대목이 시의 절정이다. 뒤에 이어지는 어느 대목도 이처럼 정념
의 엄습으로 갈팡질팡 갈등하는 마음의 절절한 묘사를 뛰어넘지 못
한다. 또한 어느 대목에서도 시인이 이처럼 독창적이지 못하다는 점
도 지적해두어야겠다. 이 대목에서만큼은, 죽음을 끌어안으려고 다
가가는 이 장면, 삶에 대한 원초적인 사랑 때문에 결국 포기하게 되
는 자살의 문턱까지 다가가는 이 장면에서 시인은 그 누구도 모방하
지 않는다. 다만 자신의 존재 내부에서 사랑과 반대되는 목소리가 솟
아오르기를 기다리며, 그 목소리에 귀를 기울인다.
    나는 여기서 이아손과의 대화도 몇 구절 인용해볼까 한다. 이 장면
은 메데이아에게 집중되어 있으므로, 잠시나마 이아손의 불충분함을
잊을 수 있다.
    우선 사랑하는 이를 기다리는 젊은 처녀의 흥분을 보자.

    메데이아는, 비록 동료들과 노래를 불러야 하는 형편이었음에도 머릿속은
온통 이아손 생각뿐이었다. 새로운 노래마다 곧 메데이아의 마음에 싫증
이 났다. 불안감 속에서 메데이아는 끊임없이 노래를 바꿔가며 불렀다. 한
순간도 두 눈을 친구들에게 고정시킨 채 있을 수가 없었다. 멀리 길 쪽을
바라보며 줄곧 고개를 돌리기도 했다. 가슴이 요란스럽게 방망이질 해댔
다, 발자국 소리가 들리는 듯할 때마다……. 마침내 메데이아가 바라던 대
로 모습을 드러낸 그가 빠른 걸음으로 다가왔다. 마치 바다에서 솟아오른
시리우스처럼 아름답고 찬란한 빛을 뿜어대지만 결국 양 떼들에게 재앙을

가져오듯이, 아이손의 아들은, 메데이아가 보기에, 메데이아를 불행 속으로 빠뜨리기 위해 광채 속에서 나타났다. 메데이아는 심장이 멎어버리는 것 같았다. 두 눈은 갑자기 안개가 낀 것처럼 희미해졌으며, 뜨거운 무엇인가가 두 뺨을 붉게 물들였다. 두 발은 바닥에 못이라도 박힌 것처럼 꼼짝하지 않았다. 시녀들은 멀어져갔다. 두 사람은 서로 마주 보았다. 아무 말도 하지 않는 두 사람은 산 중턱 바위틈을 뚫고 나란히 성장해오면서 바람의 침묵 속에서 부동자세를 유지해온 참나무나 전나무 같았다. 하지만 곧 입김이 불어오자 두 사람은 흔들리기 시작하고, 곧 소곤거림이 웅장한 울림이 되어 서로에게 화답했다. 이렇게 해서 두 사람은 에로스의 입김 속에서 흔들리며 서로에게 말을 걸기 시작했다.

두 사람을 움직이지 않는 나무에 비유하다니, 그것도 "소곤거림이 웅장한 울림이 되어 서로에게 화답"하는 나무들이라니, 희한하면서도 멋진 비유가 아닌가.

이아손이 부탁할 거리를 털어놓자 메데이아는 행복에 겨워 전율한다.

메데이아는 고개를 기울이고 두 눈을 내리깐 채 입가에는 미소를 머금고 그의 말을 들었다. 가슴은 기쁨으로 녹아내리는 것 같았다. 그런 다음 메데이아는 두 눈을 들어 정면을 바라보았다. 무슨 말부터 해야 할지 알 수가 없었다. 모든 말을 동시에 다 하고 싶었다. 메데이아가 우선 급한 대로 속마음을 완전히 드러내면서 허리춤에 차고 있던 마법의 약을 내어주자 이아손은 좋아서 어쩔 줄 모르며 그 약을 손에 쥐었다. 확실히 메데이아는, 그가 그렇게 해달라고 청했다면, 자신의 목숨까지도 그에게 내어주었을

것이다. 그 정도로 사랑의 힘은 아이손의 아들 이아손의 금발머리에 찬란한 광채를 선사했다. 기쁨으로 가득 찬 메데이아의 두 눈은 곧 그 안에서 타오르는 열기로 녹아내렸다. 마치 장미에 맺힌 이슬방울들이 아침 햇살이 뜨거워짐에 따라 증발하는 것처럼…… 시간이 한참 지난 후에야 메데이아는 입을 열었다…….

나는 그 말을 모두 인용하지는 않을 것이다. 메데이아는 당혹감과 자신의 은밀한 감정을 애써 감추며 주어진 시련에서 이기기 위해서는 어떤 방식으로 마법의 약을 이용해야 하는지를 조목조목 분명하게 설명했다. 하지만 말을 마칠 무렵이 되자 어쩔 수 없이 자신의 속내를 내비친다. 처음엔 절제되고 수줍어하는 태도를 보이다가 이야기가 계속되는 동안 점점 대담해져서 마침내 감출 것도 거의 없이 완전히 고백하는 수준에 이른다. "이렇게 하면 당신은 황금 양털을 그리스로, 콜키스에서 아주 먼 곳으로 가져갈 수 있을 거예요. 떠나세요, 마음이 부르는 곳으로, 당신이 서둘러서 돌아가고 싶어하는 곳으로 가세요……." 이렇게 말하는 메데이아의 두 눈은 바닥을 응시했으며, 두 뺨으로는 그가 혼자서 먼 곳으로 떠나리라는 생각 때문에 눈물이 주룩주룩 흘러내렸다. 그러다가 이내 대담성을 되찾은 메데이아는 그의 오른손을 덥석 잡았다. 그 순간 두 눈에서는 부끄러움도 사라져버렸다. "기억해주세요, 당신 나라로 돌아가더라도 내 이름, 메데이아를 기억해주세요. 나도 떠나간 사람을 기억할 테니까……." 조금 뒤로 가면 훨씬 위협적인 어조로 바뀐다. "당신에게 딱 한 가지만 부탁할게요. 이올코스에 돌아가거들랑 나를 기억해주세요. 이곳에서 내가 부모님의 뜻을 어기면서도 당신을 기억하는 것과 마찬가지로요. 그곳에서 당신이 나를 잊어버리면, 전령안 새가 나에게 알려줄 거예요. 아니면, 태풍이 나를 파도를 넘어 그리로, 이곳에서부터 이올코스로 데려갈 테죠. 그러면 나는 당신 앞에 나타나 비난을 퍼붓고 나 덕분에 당신이 죽음을 면했다는 걸 상기시킬 거예요. 그래요, 그런 다음에 나는 아무도 모르는 채로 당신의 집에서, 당신의 궁에서 죽어가겠죠!"

이 대목에서는 사랑에 빠진 젊은 아가씨의 내면에서 질투심에 불타는 여인의 모습이 화려하게 기지개를 켠다. 이아손은 간신히 메데이아를 진정시킨다. 그는 메데이아에게 결혼과 정절을 약속한다. 두 연인은 다시 만날 희망을 안고 헤어진다.

세 번째 노래는 이아손이 황소들과 싸움을 벌여 황소들을 길들이며, 그것들의 이빨로부터 나온 거인들을 대대적으로 무찌르는 이야기로 막을 내린다. 상투적인 서사시의 기제가 다시 등장하는 것이므로 솔직히 아무런 감흥을 주지 못한다.

세 번째 노래에 나오는 몇몇 멋진 대목을 인용한 뒤에 네 번째이자 마지막인 노래까지 분석하는 식으로 시 작품 《아르고나우티카》를 연구한다는 건 참으로 잔인한 일이 될 것이다.

모험담이 아니라 지리서

끝도 없이 이어지는 네 번째 노래는 세월아 네월아 늘어지는 이들의 유럽 귀환 여정을 다룬다. 유럽 중부와 서부를 비롯하여 북부 아프리카에 이르기까지, 그야말로 아폴로니오스가 자신의 해박한 지리학적 지식을 장황하게 늘어놓을 수 있는 절호의 기회였던 것이다. 이 지역

아르고호. 기원전 4세기에 제작된 석관 조각, 부분.
로마, 빌라줄리아 국립박물관. 앤더슨 사진.

의 각 고장에서 이어져 내려오는 시문학 전통이며 당시(때는 에라토스테네스의 시대였다) 막 생겨나기 시작한 각종 종교에 관한 유사학문적인 잡다한 정보 등 엄청난 양의 박학다식이 네 번째 노래에서 환상적인 여정과 결합하여, 마침내 아르고호는 물길을 따라 출발했던 지점으로 돌아온다.

아폴로니오스는 도나우 강을 거슬러 올라가는 일종의 북-서 항로를 찾아내기 위해 애를 쓰다가 이를 발견하는데, 덕분에 아르고호는 강줄기를 따라 항해하다가 아드리아해(아이스킬로스와 아리스토텔레스의 가설이다)에 이른다. 아드리아해로부터 포 강과 포 강의 여러 지류 중의 하나를 거슬러 올라가면, "호수가 많은 켈트족의 나라"에 닿는다. 이 나라는 의심할 여지없이 스위스가 분명하다(그리스 문학에 스위스가 처음으로 언급되는 대목이다). 이어서 라인 강의 한 지류를 따라 내려가다가 로렐라이 놀이를 하는 헤라의 무시무시한 음성이 들리면 왔던 길을 되돌아 뇌샤텔 호수(당시에도 벌써 이 호수는 라텐 선사시대 유적지로 알려져 있었다)까지 물길 따라 항해를 계속하다 보면 보 주에서 라인 강 유역을 지나 론 강 유역으로 건너갈 수 있는 방도가 생긴다……. 도대체 어느 지점에서 그것이 가능하단 말인가? 두 강의 두 지류가 시작되며 보 지역 사람들이 농담 삼아 꽤 거창하게도 세상의 중심이라고 부르는 물웅덩이(물랭 보르뉘가 바로 이 지점이다!)를 통하면 가능해진다. 여기서부터 황금 양털과 메데이아의 사랑 이아손을 실은 배는 브노주 강과 론 강을 따라 내려가기만 하면 지중해에 닿는다.

이 놀라운 여정을 따라가는 데에는 솔직히 약간 걱정이 없는 건 아니다. 지리학적 지식이라는 탈을 쓴 허황된 이야기들이 곧잘 등장하

기 때문이다. 강들이 제멋대로 두 방향으로 흐르는가 하면, 명확하게 위치가 표시되었거나 정확한 묘사가 뒤따르는 산들이 여정에 아무런 장애도 되지 않는 일이 빈번하게 일어난다. 사실 아폴로니오스는 이 말도 안 되는 여정을 억지로 짜 맞추기 위해서 복잡한 계산도 마다하지 않았으며, 최대한 머리를 썼다. 그래도 일이 잘 풀리지 않을 때면 뜬금없이 헤라 여신에게 호소했다. 헤라 여신이야말로 그에게 '데우스 엑스 마키나(Deus ex machina: 문학 작품에서 결말을 짓거나 갈등을 풀기 위해 작품 내적으로는 아무런 관계가 없이 끌어들이는 플롯 장치를 가리킨다—옮긴이)'인 셈이다. 한 가지 예를 들어보자. 네레이데스(바다의 요정들)가 아르고호를 구해주기 위해 배를 가지고 공놀이를 하면서 스퀼라와 카륍디스 사이를 지나는 절박한 순간에 아폴로니오스는 "비록 시어머니이지만 며느리를 구해달라"는 희한한 표현으로 헤라 여신을 향해 이들의 어머니 테티스(그리스 신화에 나오는 요정으로 인간 펠레우스와 결혼하여 아킬레우스를 낳았다—옮긴이)에게 간청해달라고 한다. 메데이아가 아킬레우스와 저승에서 결혼할 것이라는 신탁이 있었기 때문이다! 그럴 수도 있다. 그런데 그 신탁이 실현되려면 우선 메데이아가 죽어야 한다는 점을 고려할 때, 헤라까지 들먹이며 간청하는 짓은 부조리하며 어이가 없다. 이런 식의 어불성설이 《아르고나우티카》의 네 번째 노래에는 수두룩하다.

두 명의 아폴로니오스: 연애소설과 지리학 소고

자, 이제 마무리를 지어보자. 《아르고나우티카》는 한마디로 실패작이다. 아폴로니오스는 시인이었다. 그러나 그 자신이 생각했던 것보다 훨씬 칼리마코스, 그가 그토록 맞서서 싸우고자 했던 그 스승에 가까운 시인이었다. 자신이 생각했던 것보다 훨씬 동시대인들의 취향에 가까웠던 시인이기도 하다. 그는 그들의 박학다식 취향을 공유(그중에서도 특히 지리학적 지식 전문가였다)했으며, 알다시피 이 취향은 시에는 치명적이다. 그는 마음속 깊이 호메로스를 사랑했으며, 젊고 야심 많았던 시절엔 그에 버금가는 시인이 될 수 있을 것이라고 믿었다. 그러니 이따금씩 상당히 재능을 발휘하기도 하는 그가 자신이 선택한 아름다운 사랑 이야기에 지리학적 서사시라는 독특한 형태를 부여한 것도 그다지 놀라운 일은 아니다. 그는 서사시에는 전혀 재능이 없었으며, 당시 문인들이 전부 그랬던 것처럼, 거대한 스케일로 이야기를 구성할 만한 역량을 갖추지 못했다.

게다가 자신 안에 깃들어 있는 지리학적 박학다식과 시적 상상력 또는 예술적 감수성을 소통하게 만드는 일은 그에겐 절대적으로 불가능했다. 시로 인해 학식이 불타오르는 경우는 일찍이 없었다. 아폴로니오스 안에는 두 명의 아폴로니오스가 있었으며, 이 두 명의 아폴로니오스는 서로에게 말을 걸지 않았다. 그는 자신의 작품에서 이 두 인물을, 두 인물이 재현하는 사물들을 그저 나란히 병치해놓았다. 그의 작품 속에서 연애소설과 지리학 소고, 이 두 가지는 하나로 융합하는 것이 아니라 뚜렷하게 구별된다. 사랑과 지리라고 하는 이 두 가지 '주제'가 아폴로니오스가 지니는 두 가지 취향, 두 가지 본성을 잘 드러낸다는 점은 인정한다. 그러니까 그가 시를 통해서 그 두 가지를 단일성으로 이끄는 데 성공하지 못했다고 한다면, 그건 단일성을 이루어낼 만큼 그의 개성이 강하지 못하다는 말이 될 수 있다. 요컨대 그의 안에 있는 시인이 참패한 것이다. 그는 자신의 시대가 낳

473

은 방식을 받아들였으며, 그 방식은 시를 위험 속으로 몰아넣었고, 결과적으로 시는 소화불량기가 농후한, 전혀 인간미를 풍기지 않는 지식의 무게에 눌려 질식해버렸다.

아폴로니오스는 자신의 천성과 재능의 폭을 잘못 알고 있었을 뿐 아니라, 자신의 재능을 가장 효과적으로 발휘할 수 있는 문학 장르를 선택함에 있어서도 판단 착오를 일으켰다. 그는 서사시라면 반드시 들어가야 할 요소나 법칙 같은 것을 전혀 알지 못했다. 그가 서사시를 선택한 것은 스승이 이를 배척했기 때문이다. 그러니까 순전히 젊은 학생의 치기였다고밖에는 달리 생각할 도리가 없다. 그가 스스로를 통찰력 있게 파악하고 있었더라면, 몇 세기 후에 등장하게 될 사랑 소설 분야를 개척할 수 있었을 것이다. 사랑과 모험, 뜻대로 되지 않는 정념과 세계를 떠돌아다니는 방황 등이 적당하게 혼합된 이 새로운 문학 장르를 우리는 《다프니스와 클로에》에서 확실하게 만날 수 있으며, 그 정도까지는 아니더라도 에페소스의 크세노폰이 쓴 《에페소스인들의 이야기》에서도 감지할 수 있다. 아폴로니오스는 그리스가 마지막으로 창조해낸 이 분야, 새로운 문학 장르의 창시자였으며, 그 자신도 알지 못한 이 분야의 선구자였다.

연애소설이라는 새로운 장르의 태동

여기서 문학사를 새로 쓰지는 말자. 아폴로니오스는 호메로스를 잊을 수가 없었다. 그는 자신이 새로 태어난 호메로스라고 믿었다. 영국 출신의 한 비평가는 그의 시도에 대해 "야심만만한 실패"였다고 평가했다.

어쨌거나 그의 이름에는 영예가 따라다닌다. 아폴로니오스 자신은 알지 못했지만, 자신은 원하지도 않았고 실제로 완전히 성공을 거둔 것도 아니지만, 그럼에도 분명 그리스 최초의 소설가였다.

그를 정당하게 평가하자. 그는 분명 시인이다. 때로는 아주 위대한 시인이기도 하다. 자, 그가 시인임을 인정한다면, 이번에는 말 한마디 한마디를 신중하게 가늠하면서 이렇게 덧붙이자. 그의 시는 낭만적인 기질에서 비롯되었다. 물론 여기서 낭만주의의 정의에 대해 새로이 논의할 때는 아니다. 다만 아폴로니오스가 들려주는 정념의 이야기에서는 낭만적인 향취가 뿜어져 나오며, 그 향취는 어느샌가 마음속에서, 또 사건의 전개 과정에서 가장 깜깜한 어둠과 가장 밝은 빛이 되어 찬란하게 흩어진다는 점만 짚고 넘어가자. 낭만적인 기질의 핵심 중 하나는 바로 극단적인 것에 대한 지향이며, 그중에서도 특히 하나의 극단에서 전혀 반대되는 극단으로 넘나드는 것이라고 할 수 있다. 그런데 정념과 관련된 모든 이야기들은 이처럼 극과 극을 이루는 가치의 대립을 첨예하게 보여주지 않는가.

이렇게 볼 때, 아폴로니오스는 결코 주제를 잘못 선택한 것이 아니다. 적어도 그가 선택한 주제의 일부에 대해서는 그렇게 말할 수 있다. 그는 메데이아라고 하는 인물과 그 인물이 연루된 모험에서 이처럼 극단적으로 강렬한 정념의 대립이 평범한 한 젊은 여자에게서 나타날 수 있음을, 천진난만하고 거의 순진무구하며 어린아이 같은 영혼을 뒤흔들 수 있음을 느꼈다. 메데이아가 이아손을 바라보는 순간, 첫눈에 반해버리는 낭만적인 설정은 이 연애소설의 첫 장면에서부터 이처럼 격렬한 대조를 주저함 없이 전면에 부각시킨다. 가장 얌전하고, 사랑에 대해서라면 가장 철부지인 젊은 아가씨가 절대로 저항할

수 없는 정념의 마법에 사로잡히는 것이다. 이 여자는 알지도 못하는 이방인에게 아낌없이 자신을 내어주듯이, 즉각적으로 자신의 모든 것을 이 감정에, 이 마력에 바친다. 그러는 동시에 여자는 매 순간 내어주려는 자기 자신을 되찾아오거나 되찾아오려고 시도한다. 낭만주의란 이처럼 상반되는 가치들이 인간 존재의 마음속에서 서로 얽히고 뒤척이면서 상대방을 밀어내는가 하면 밀려나는 움직임의 연속이다. 첫눈에 반한 운명의 순간에 이어지는 밤중 내내 메데이아라고 하는 인물은 전적(全的)인 수줍음과 전적인 정념 사이를 헤아릴 수도 없이 여러 차례 오간다. 요컨대 메데이아는 빅토르 위고 식으로 말하자면 천당에 올라갔다가 지옥으로 떨어지기를 수도 없이 반복한다. 죽음으로 돌진하는가 하면 어느새 한달음에 삶을 향해 뛰어오른다. 상자를 무릎 위에 올려놓고 뚜껑을 열어 생을 마감하게 해줄 독약을 꺼내는 일화, 눈물이 흘러내리고, 죽음과 접촉하려는 순간 문득 솟아오르는 즐거웠던 순간들의 이미지, 죽음을 밀어버리고 기쁨을 향해, 이아손과의 사랑을 향해 나아가도록 이끄는 그 이미지들. 이 장면은 문자 그대로 낭만주의의 결정판이다(결정판이라고 하면 완벽함을 의미한다). 나는 이런 관점에서 이 장면이 그리스 문학에서 유일무이한 장면이라고 확신한다.

정념과 정념으로 인해 파생되는 대조의 효과 외에, 아폴로니오스에게는 낭만주의적(이 용어를 남용할 의도는 전혀 없다)이라고 형용할 수 있는 또 다른 면모가 있는데, 바로 주인공의 심리 상태에 자연을 결부시킨다는 점이다. 현대의 낭만주의자들은, 하긴 베르길리우스도 이미 그렇게 느꼈지만, 자연이 우리의 감정과 일치하거나 그와 반대로 불화한다고 느꼈다. 낭만주의자들은 자연이 우리와 더불어 괴로

위하기를 바라거나, 반대로 자연이 우리의 고통에 무심하다고 분노
했다. 하지만 결국 같은 말이다. 전자나 후자 모두 자연은 주관적으
로, 다시 말해서 우리의 심리 상태와의 관계를 통해서만 존재하기 때
문이다. 그런데 자연을 대하는 이런 형태의 감수성은 고대에는 매우
드물게 눈에 띈다(서정시인 삽포가 이따금씩 자신의 정념이 빚어내는 다양한
상태와 자연을 혼합하곤 했다). 자연에 대해 언급하는 고대 시인들에게 자
연은 그 자체로 존재하는 현실이며, 신과 연관된 현실이다. 그 안에
서 인간은 물론 나름대로의 자리를 보유하고 있긴 하나, 시인은 자신
이 느끼는 것과 그 자연을 연관시키려는 생각은 하지 않았다.

　메데이아의 심리 상태는, 그녀가 일부러 자연의 우호적인 태도에
호소하지는 않았더라도, 그녀가 느끼는 감정에 어울리는 배경 속으
로 스며들어갔음에 나는 주목한다. 메데이아는 낭만주의가 낳은 여
주인공들처럼 달빛을 필요로 한다. 그런데 두 번씩이나 달빛이라는
조명이 등장한다. 메데이아가 아버지의 집에서 도망칠 때, 그것도 때
마침 묘지 근처를 지날 때, 지평선에 달이 떠오른다(낭만주의의 절정이
아니겠는가!). 또 한 번은 메데이아가 자기 방 창가에서 달이 떠오르는
광경을 바라보다가 자신의 얇은 상의의 주름 사이사이로 파고드는
달빛으로 눈길을 옮기는 장면이다. 어떤 비평가는 이 대목에서 독일
낭만주의의 색채가 느껴진다고 말했다.

베르길리우스에게 계승된 낭만주의

아폴로니오스는 이 정도로 해두자. 하지만 그 자신도 너무 오랫동안
네 번째 노래에서 지체하느라 잠깐 잊은 듯이 보이지만, 마침표는 어

디까지나 다섯 번째 노래에 들어 있음을 잊지 말자. 그는 수많은 후계자들을 배출했다. 이는 그의 작품이 비록 대단히 인위적이며 주변 환경이 주는 압력과 고전주의적인 전통에 의해 지나치게 무거워진 경향이 있음에도 불구하고 온전히 과거 지향적이지만은 않았음을 반증한다. 그리스 소설은 그의 시에서 나왔다. 하지만 그보다 훨씬 유명한 그의 후계자가 있다. 아이네아스와 디도의 사랑 노래를 쓰면서 베르길리우스는 〈아이네이스〉의 네 번째 노래에서 《아르고나우티카》의 세 번째 노래를 가져다 쓰며 이를 완성시키고 변형시킨다. 디도의 아름다운 사랑을 그린 시 〈아이네이스〉는 메데이아의 발자취를 그대로 따라간다. 요즈음의 우리는 더 이상 아폴로니오스를 읽지 않는다. 그의 대표작은 〈아이네이스〉 속으로 편입되었다. 베르길리우스가 그의 작품을 완전히 흡수해서 마지막 한 방울까지 철저하게 이용했다는 말이다. 솔직히 흡수라는 말로는 부족하다. 베르길리우스는 아폴로니오스의 작품을 완전히 지워버리고 말살시켰으며 살아 숨 쉬는 문학 작품의 반열에서 밀어냈다. 그에게는 아폴로니오스가 늘 반쯤만 완성했던 것들을 거의 완전하게 완성시키는 재주가 있었던 것이다.

한 가지 예만 소개하겠다. 《아르고나우티카》의 네 번째 노래에 나오는 제법 아름다운 대목(이런 대목은 아주 드물다!)에서, 리뷔에의 해안에 떨어진 영웅들은 물도 없이 사막에서 여러 날을 지낸다. 그런데 갑자기 밤바람이 마치 모래 위를 걷는 발자국 소리처럼 신비한 소리를 실어온다. 일행 중 몇몇 사람들이 무슨 일인지 살펴보러 간다. 꿰뚫어보는 눈을 가진 륀케우스는 "혼자서 아주 먼 곳에, 끝도 없이 펼쳐지는 들판의 까마득한 곳에 있는 헤라클레스를, 마치 안개 속에서 초승달을 보듯이, 아니 본다고 믿듯이, 본 것 같다"고 말한다. 여기서 비유는 그 자체로서는 아름답지만, 결코 적절하다고는 할 수 없다. 헤라클레스와 초승달이 기를 쓰고 짝이 되어본들, 결국 비유는 성립되지 않으며, 그저 문맥과 상관없이 가져다 붙인 장식이 될 뿐이다. 베르길리우스는 이 대목을 아폴로니오스의 시를 번역한 두 행의 시로 만들어 저승으로 내려가는 노래 속에 삽입했다.

> …… 그리고 그는 그림자들 속에서 그녀를 알아보았다.
>
> (하지만 우선 라틴어로 인용해야 한다.)
>
> ……agnovitque per umbras
>
> Obscuram qualem primo qui surgere mense
>
> Aut vidit aut vidisse putat per nubila lunam.

도대체 아이네아스는 그림자들(obscuram) 속에서 "마치 구름 속에서 초승달을 보았다고 믿듯이" 누구를 알아보았단 말인가? 그건 단한 번도 유령이나 얼핏 도망치는 듯한 실루엣으로 나타난 적이 없는 거구의 헤라클레스가 아니라 도금양 숲에 있는 창백한 디도였다. 비유의 가치는 이 변화로 말미암아 완전히 변한다. 그렇게 되니 모든 것이 제자리를 찾게 되고, 불일치로 인해 시적인 감동이 어색해지는 일도 생기지 않는다.

아폴로니오스의 시는 완전히 과거만을 지향하는 시는 아니다. 이 알렉산드리아 출신 시인이 지닌 불확실한 재능은 분명 무언가를 향해 나아간다. 연애소설을 비롯하여 특정 형태의 낭만주의, 다시 말해서 베르길리우스의 낭만주의를 예고한다고 하는 말은 따라서 괜한 소리가 아니다.

chapter 16

테오크리토스의 낙원

테오크리토스. 휴가의 시. 그리스의 시, 아니 그리스 문학 전체는 대단할 정도로 진지했다. 호메로스에서 아리스토파네스에 이르기까지 한결같이 진지했다. 그렇다, 희극 시인 아리스토파네스마저도 그가 아무리 이리 뛰고 저리 뛰면서 꾸며낸 이야기를 들려주고 눈물이 날 정도로 우리를 웃겨도 다 소용없었다. 그는 시종일관 진지했다. 아니, 오히려 이러한 진지함 덕분에 벌건 대낮에 위험천만의 재주넘기를 하면서도 실수 한 번 없이 웃으면서 평온한 마음으로 착지 동작을 완성할 수 있었다고 보아야 할 것이다.

그리스 문학은 물론 관객들에게 즐거움을 선사하고 독자들에게 기쁨을 주고자 탄생했다. 여럿이 공유하는 즐거움을 통해서 문학은 공동체에 보탬이 되고자 했으며, 공동체의 행위를 효과적으로 조율하고자 했다. 그리스가 발명한 대표적인 문학 장르인 비극만 놓고 보더

라도, 처절한 인간 조건에 대한 인식을 불어넣어줌으로써 인간들에게 지혜와 투쟁, 그리고 해방의 도구를 쥐여준다. 그리스 문학은 적어도 공동체가 존재하는 한 그와 같은 기능을 수행했다. 그리스 문학이란 인간의 인간 자신에 대한 성찰이며, 공동의 행위를 위한 에너지 비축이라고 생각해도 좋았다. 요컨대 그리스 문학은 순수한 '오락거리', 무상성과는 거리가 멀었다.

그런데 이제 도시국가는 사라졌다. 대도시에는 각자 자신의 이익을 추구하며 즐거움에 탐닉하는 개인들만이 존재한다. 문학은 따라서 개인적인 즐거움으로 변질되었다. 취향을 살려 교양을 높이는 것을 휴식이라고 여기는 자들의 전유물이 되어버린 것이다. 비천한 사람, 불쌍한 문맹자들에게는 군사 행진, 오페라 가수들의 노래…… 이런 정도를 제외하고 나면 그다지 제공할 것이 없었다. 스스로 교양을 쌓고자 하는 사람들에게 테오크리토스는 섬세하게 가다듬어진 시, 도시인들을 위한 전원시를 제공했다.

테오크리토스는 목가를 썼다. 목가라고 하는 말은, 당시에는 그리고 그 자신에게는 약 100행 정도로 이루어진 짧은 시를 의미할 뿐이었다. 짧은 동시에 칼리마코스가 제시한 충고를 충실하게 따르는 시가 그의 목가였다. 이는 또한 비극이나 서사시를 고집하기에는 너무도 짧은 호흡의 영감을 지닌 그에게 썩 잘 어울리는 형식이기도 했다.

사랑에 빠진 외눈박이 거인의 노래, 《퀴클롭스》

하지만 그런 테오크리토스도 칼리마코스의 충고를 받아들여 아주 짧은 서사시에 몇 번쯤 도전해보았다. 그중에서 유일하게 성공작이며

그의 서사시 중에서 내가 소개할 유일한 작품은 《퀴클롭스》다. 테오크리토스는 오래전부터 그리스 신화에 등장하는 인물을 주제로 택해 다소 사실적이고 유머러스한 투로 갈라테이아를 사랑하게 된 폴뤼페모스를 그려낸다. 여자들에게 늘 놀림을 받는 둔해빠진 남자가 사랑에 빠지는 이야기다. 미련하게 큰 체구에 짓눌려 빛을 보지 못하는 선한 영혼의 소유자 외눈박이 거인을 웃음을 위한 웃음의 대상이 아닌 감동스러운 인물로 그려내기 위해서는, 가장 단순하면서도 진실한 감동을 이끌어내기 위해서는 테오크리토스가 지닌 재능을 온통 쏟아 부어야 했을 것이다. 가령 이 미련한 연인의 입에서 당시 유행하던 식의 과장된 은유와 유치한 이미지로 가득 찬 사탕발림 어구들이 튀어나오도록 하는데, 그 때문에 우리가 마음껏 웃는 동시에 그에게 연민의 감정을 느끼는 것을 보면, 테오크리토스의 대담성도 보통이 아니다.

해안의 바위 위에서 폴뤼페모스가 물속에 숨어서 보이지 않는 갈라테이아를 부르는 소리를 들어보자. 그는 요정의 마음을 얻으려면 요상한 방식으로 말해야 한다고 믿는다. 이를테면 요정이 자신의 손으로 그의 영혼에 불을 질렀으며, 그의 눈썹과 하나밖에 없는 눈, 이 세상에서 그 무엇보다도 소중한 그 눈을 타오르게 한다, 그는 태어날 때부터 어머니가 특별한 아가미를 주었기 때문에 사랑하는 여인이 숨어 있는 파도 속으로 얼마든지 잠수해서 들어갈 수 있다고 말한다. 그런 그를 보면서 우리는 미소를 머금게 된다. 이 같은 표현들은 그리 많지도 않기 때문에 상대방의 마음에 들기 위해서는 그런 말을 사용해야 한다고 믿는 자의 순진함을 더욱 돋보이게 한다.

폴뤼페모스가 사랑하는 요정에게 못생겨서 미안하다고 용서를 구

하는 대목에서는 한층 더 감동적이다. 그는 사랑에 빠지면서 비로소 자신의 못생긴 용모를 의식하게 되었다. 그가 감동을 주는 이유는 사랑이 기운 센 그를 사납게 만드는 것이 아니라 너무도 유순하고 섬세하게 만들기 때문이다. 갈라테이아에게 그는 그저 자신의 오두막으로 와서 곁에 앉아만 있어달라고 부탁한다. "그리고 만일 당신이 보기에 내가 너무 거칠고 퉁명스럽다면 나를 상대해줄 것도 없어요. 하지만 내가 참나무 장작을 마련해놓았으니 화롯불 곁에 앉아만 있어요. 나는 혼자서 슬픔을 견딜 테니까⋯⋯. 난 당신이 입술을 허락하지 않는다면 그저 손등에나 키스할 겁니다⋯⋯."

그는 순진하며, 그가 연인에게 주겠노라고 제시하는 선물들이 또 감동적이다. "나는 당신을 위해서 달의 흔적을 간직한 열한 마리의 암사슴과 네 마리의 아기 곰을 기를 겁니다⋯⋯. 그리고 당신을 위해서 눈꽃을 따올 거예요. 나는 당신에게 양귀비 꽃다발을 만들어줄 겁니다. 그런데 하나는 여름에 피고 다른 하나는 겨울에 나오니, 두 가지를 동시에 당신에게 줄 수는 없겠군요⋯⋯." 폴뤼페모스는 이렇듯 사랑과 사랑의 고통으로 시를 엮는다. 우리는 테오크리토스가 어떤 식으로 작품 속에 칼리마코스의 원칙을 녹여 넣는지 볼 수 있다. 그는 사실주의와 일상적인 심리 묘사를 통해 신화를 현대화하는 동시에 그를 뛰어넘었다. 그가 묘사한 퀴클롭스는 여느 양치기와 다름없는 평범한 목동이다. 그는 더 이상 신화적인 인물이 아니라 여느 남자들과 똑같은 순진한 남자이며, 여자친구에게 "나와 함께 가축을 돌보고, 가축의 젖 짜는 것을 도와주며 짠 젖에 시큼한 응고효소를 넣어 치즈를 만들어요" 하고 간청하는 농부에 지나지 않는다. 이것이 바로 신화의 사실주의적인 현대화 단계라고 할 수 있다. 하지만

이 단계는 곧 극복된다. 이 연인이자 농부가 바로 시인이며, 시인이 부르는 노래는 그가 사는 세상, 그를 둘러싼 사물들이며 그의 일, 감정 등의 모든 것을 아름다움이 지배하는 세상으로 바꾸어놓기 때문이다.

하찮은 일상에 아름다움을 부여한 최초의 목가 시인

원래 시란 한 편의 노래로, 이따금씩 연이어 등장하는 시적인 주제들이 단락이라는 형태로 뭉쳐진다. 하지만 테오크리토스에게는 그런 건 아무래도 좋다. 그는 감정의 봇물이 들쑥날쑥한 파동으로 전개되도록 내버려둔다. 하지만 그 노래를 듣는 우리는 서정성의 한가운데로 몰입하게 된다. 테오크리토스에게는 관찰 또는 감정이나 사물의 정확한 재현이 아니라 관찰된 대상, 실제로 체험한 사랑, 요컨대 주어진 자료를 가지고 아름다움을 창조해내는 것이 관건이다. "백옥 같은 갈라테이아, 왜 당신은 굳어가는 우유보다도 희고, 새끼 양보다도 부드러우며, 어린 송아지보다도 활달하고, 청포도보다 빛나는 당신을 사랑하는 나를 밀어낸단 말입니까?" 주어진 자료라는 것은 시적인 파동을 전해주는 보잘것없는 매체에 지나지 않는다.

이렇게 해서 우리는 삶과 꿈의 경계에 놓인 세계로 진입하게 된다. 시인이 우리에게 제시하는 것은 삶의 체험이라기보다는 삶에서 출발하는 아름다운 꿈이라고 할 수 있다. 열정에 대한 몽상, 시간이 지날수록, 그리고 시적인 변화를 통해 평온해지며 빛을 발하게 되는 사랑의 고통 같은 것들 말이다.

이 정도면 우리는 벌써 칼리마코스에게서는 멀리 떨어져 있다. 오

아그리젠토의 올리브나무. 로제 비올레 사진.

래된 신화가 지니는 상투적인 특성 때문에 짜증스러워하던 칼리마코스는 그 신화들로부터 해묵은 아름다움을 털어내고는 신화의 진부하고 산문적인 바닥을 우리에게 보여주는 것으로 만족했다. 반면 테오크리토스는 시인이었다. 시인에게 무엇이든 주어보라. 고리타분한 신화, 괴상한 사랑 이야기, 아니 꼭 그런 게 아니더라도 굳어가는 우유나 청포도, 풀밭에서 뛰어노는 어린 송아지 등 일상의 하찮은 사물들, 무엇이라도 좋다. 시인의 손에서 모든 현실은 방사선이 된다. 그러니까 신선한 아름다움을 발한다는 말이다⋯⋯.

시켈리아 농부들의 노래에서 탄생한 전원시

이야기를 좀 더 진전시키고, 테오크리토스의 가장 독창적인 작품들을 소개하기에 앞서, 그가 그리스인들은 물론 우리를 위해서 새로운 문학 장르를 발명했음을 잊지 말아야 한다. 이 장르는 현대에 와서 엄청난 성공 가도를 달리게 되는데, 처음엔 전원 풍자 희극, 전원시 등으로 불리다가 차츰 목가, 현대적인 의미에서의 목가 단시 등으로 불리게 되었다. 전원시는 소설과 더불어 그리스인들이 마지막으로 발명한 장르다. 풍자 희극이, 전원적이건 아니건, 부차적인 장르이며 삶의 장면들을 짧게 간추려놓았고 매우 제한적이라는 건 전혀 중요하지 않다. 이 새로운 장르, 즉 테오크리토스와 헤론다스의 풍자 희극(나는 이 이름과 엄밀한 의미의 풍자 희극에 대해서는 다음 장에서 다시 언급할 것이다)과 비극의 관계는 격언시와 고전주의 서정시의 관계와 마찬가지라는 사실, 그리고 그것은 개인과 고대 공동체 사회의 관계와도 마찬가지다. 어쨌거나 예술이 또 다른 차원에서, 다시 말해서 시대적

요구가 반영된 차원에서 완벽함을 추구하며, 자신이 쳐놓은 테두리 안에서 시인이 우리를 즐겁게 해주는 능력을 발휘할 수만 있다면야 무슨 문제가 되겠는가. 여하튼 그리스의 시 역사가 서서히 막을 내려가는 무렵에 서사시나 서정시, 비극 등 예전의 고귀한 장르들이 탄생할 때에 비해서 훨씬 뚜렷하게 드러나는 (아니 덜 모호한) 역사적 상황 속에서 새로운 문학 장르의 탄생을 지켜본다는 건 흥미진진한 일이 아닐 수 없다. 특히 전원 풍자 희극의 탄생 과정이 이의 선배격인 고귀한 장르들의 탄생 과정과 크게 다르지 않다는 점은 더더욱 흥미를 북돋운다.

그리스에서 시에 관계되는 문학 장르의 탄생은 대부분의 문학 장르가 고대 문학 장르의 모방을 통해 재탄생한 르네상스 시대에 비해서 훨씬 자연스러웠다고 말할 수 있다. 그리스인들은 모방할 만한 앞 시대의 유물이라고는 전혀 물려받지 못했다. 그리스 서사시, 서정시, 비극 등이 이집트나 앗쉬리아 또는 수메르 등지에서 유행하던 비슷한 유형의 장르와의 접촉을 통해 빛을 보게 되었다는 주장은 이제까지 한 번도 제시된 적이 없으며, 앞으로도 그럴 것이라는 말이다. 우리는 그리스에서 확실하게 무엇을 볼 수 있는가? 서사시, 비극, 그외 다른 고전주의 시 장르는 전통으로부터, 민간에 널리 확산되어 있던 시적 관습에서 비롯되었다. 영웅 설화나 노래, 찬가 또는 춤, 신성한 제전, 해괴한 모방 풍습 등이 널려 있었다. 이러한 관습은 종교 축제나 노동 축제가 있을 때면 민중들 사이에서 풍성하게 꽃피었다. 그리고 이 같은 민간의 시적 전통을 가지고 특정 시인 또는 여러 명의 시인들이 민간 전통 수준에서는 무형으로 남아 있던 것에 예술적 형태를 부여함으로써, 또는 자신들의 권위를 이용하여 민간의 자발적인 영감에서 비롯되는 행위에 까다로운 법칙을 부과함으로써 문학 장르로 승화시켰다. 위대한 시인에 의해서 창조되거나 발명된 장르 치고 초창기에 그것을 발명한 예술가의 흔적, 생명을 불어넣은 창조자의 표시를 지니지 않은 것이 없다. 하지만 그 장르를 창조한 예술가는 장르를 구성하는 요소며 주제, 특성 등을 민간의 시적 전통에서 가져왔다. 그리스에서 하나의 시 장르가 탄생하기까지의 과정은 늘 그랬다. 민간의 시적 전통이 창조자에 의해 비옥하게 만들어지는 식이었다는 말이다.

호메로스(그리고 호메로스에 앞서서 활약했던 두세 명의 천재적 선구자)가 서사시를 위해, 테스피스, 프뤼니코스, 아이스퀼로스 등이 이전보다는 약간 더 뚜렷해진 역사적 배경 속에서 비극을 위해, 크라티노스와 아리스토파네스가 '팔리카'와 메가라의 소극과 더불어 희극을 위해 맡았던 역할을 테오크리토스는 그리스 시의 역사가 막을 내릴 무렵에 전원 풍자 희극을 발명함으로써 수행한 셈이다. 이 새로운 장르를 발명하기까지 테오크리토스는 시켈리아나 이탈리오타 지역의 민간 시적 전통에서 많은 영감을 받았으며, 이를 알렉산드리아에서 유행하던 문학적 경향과 결합시켰다. 민간 전통과 문학 경향의 융합, 이 조화로운 결합은 테오크리토스라고 하는 천재적인 시적 재능과 결단력을 가진 시인의 손끝을 통해서 훌륭한 결실을 맺을 수 있었다.

이제부터 잠시 동안 이 결합을 살펴볼까 한다.

민간 시 전통은 기원전 3세기 혹은 그 이전부터 시켈리아 농부들 사이에 널리 확산되어 있었다. 다른 많은 나라에서도 사정이 비슷하겠지만, 이 시라는 것들은 주로 농부들이 고된 작업을 하면서 부르던 일종의 노동요였다. 테오크리토스의 시에도 그 흔적이 고스란히 남아

있다. 내가 곧 인용하게 될 농업 노동자 밀론이 부르던 노래만 보더라도, 최근까지도 농촌 노동자들의 노동 현장에 으레 동행하게 마련인 노래들을 상기시킨다. 시켈리아에는 또한 시를 활용하는 독창적인 방식이 있었는데, 고대인들은 이를 가리켜 '부콜리아스모스' 라고 불렀다. '나는 풀 먹이러 간다' 라는 뜻을 지닌 '부콜리아스모스' 는 전원생활을 주제로 두 명의 목동이 번갈아가며 즉흥적으로 부르는 노래를 가리킨다. 즉흥적으로 노래를 만들어 부르는 이 방식은 아곤, 즉 시를 대상으로 하는 일종의 경합이었다. 그리스인들이 유난히 경합을 즐겼음은 우리 모두 익히 알고 있다. 경합은 그들이 제일 좋아하는 운동이며, 그리스식 인생에서 없어서는 안 될 감초 같은 놀이였다. 시 경합은 때로는 아주 단순한 형식으로 이루어졌다. 두 명의 가수가 도전을 하는데, 서로 번갈아 가면서 노래를 부른다. 그러면 심판이 점수를 매긴다. 그런데 엄밀한 의미의 '부콜리아스모스' 에서는 두 경합 참가자가 번갈아 가며 공을 주고받듯 짧은 절로 이루어진 노래를 주거니받거니 한다. 고대 그리스인들이 이를 지칭하는 용어로는 부콜리아스모스 외에 '번갈아 부르는 노래' 라는 의미를 지닌 '아모이베' 가 있다.

이 경합의 규칙은 명확했다. 운명에 의해 그렇게 결정이 되었건, 자발적으로 도전장을 내밀었건 여하간 두 명 중 한 명이 대략 두 줄 정도를 넘지 않는 짧은 구절을 즉흥적으로 노래한다. 경쟁자는 같은 주제를 가지고 변주곡을 만들어 불러야 한다. 길이는 앞사람의 노래 길이와 같아야 하며 리듬 또한 다르면 안 된다. 그런 다음 먼저 노래를 한 사람은 새로운 주제를 제시하며, 두 번째 참가자는 또다시 변주를 생각해내야 한다. 이렇게 해서 어느 한쪽이 스스로 졌음을 인정하거나, 심판이 승자를 선언하여 경합을 중단시킬 때까지 계속된다.

코마타스와 라콘 사이에 벌어진 다섯 번째 목가(염소치기와 양치기)의 경합은 대중적인 시 활용에 매우 가깝다. 몇 대목을 소개해보겠다. 코마타스가 먼저 야생화와 사람이 재배하는 꽃이라는 주제를 제시하자, 라콘은 맛없는 과일과 달콤한 과일이라는 주제로 받아친다.

> 코마타스 : "나무딸기나 아네모네를
>
>   담을 타고 올라가는 덩굴장미에 비교해서는 안 되지."
> 라콘 : "능금을 참나무의 도토리에 비교해서는 안 되지.
>
>   녀석들은 참나무 껍질처럼 꺼칠한데, 능금은 꿀 피부를 가졌거든."

조금 뒤로 가보자.

> 코마타스 : "내 애인은 내일 나한테서 비둘기를 받을 거야
>
>   내가 노간주 나무 둥지에서 녀석을 잡을 거거든."
> 라콘 : "내가 갈색 암양 털을 깎으면, 외투용으로
>
>   크라티다스는 아주 좋은 양털을 받게 될 걸세."

조금 더 뒤로 가면, 코마타스가 이웃집 포도밭을 쑥대밭으로 만드는 여우를 주제로 삼고, 라콘은 다른 이웃집 무화과들을 엉망으로 만들어놓는 쇠똥구리 주제로 이에 대응한다. 경합은 이런 식으로 계속된다. 경합이 진행될수록 우리는 민간 전통과 밀접한 관계를 가진 노래 속으로 점점 더 깊숙하게 들어간다.

여기서 우리는 목동들이 양 떼를 지키면서 이와 같은 즉흥 노래 경합을 벌였으리라고 짐작할 수 있다. 온화한 기후 속에서 반쯤은 한가

롭고 반쯤은 일을 하는 목동이라는 직업은 이처럼 시적 감수성을 개발하는 데 상당히 우호적이었다. 고대인들은 우리에게 가장 뛰어난 즉흥 노래 선수들은 도리스 지방에서 양 떼들과 사냥의 여신으로 추앙받는 아르테미스 제전을 기념하여 시켈리아의 몇몇 도시에서 벌어진 경합에 참가했다고 알려준다.

시를 활용하는 이 같은 방식이 생소하고 놀랍게 느껴진다면, 그건 우리가 북부 출신이기 때문일 것이다. 북부 사람들은 반응이 더딘 편인 데다, 말주변도 굼뜬 편이다. 우리의 문화라는 것이 어떤 면에서는 우리를 둔하고 미련하게 만든다고도 볼 수 있다. 보 지방 출신의 한 문인은 "우리는 경작자가 되기에는 지나치게 경직되었다"고 꼬집어 말했다.

그런데 테오크리토스 시대에 유행하던 부콜리아스모스와 유사한 시 사용 방식이 20세기에 들어와서도 지중해 연안 몇몇 나라에서 여전히 사용되고 있음이 입증되었다. 가령 코르시카의 양치기들이나 세르비아의 돼지치기들, 그리고 시켈리아의 목동들은 물론이거니와, 수천 년 동안 이어져 내려온 전통을 지켜나가는 것이 분명한 전형적인 즉흥 연주가들의 전형이라고 할 수 있는 스피데가 여기에 해당된다.

어쨌거나 테오크리토스 활동 당시 시켈리아에 부콜리아스모스를 차치하고라도, 대중적인 전원시가 존재했다는 사실은 의심할 여지가 없다. 테오크리토스는 전원 풍자 희극이라는 새로운 장르를, 순수하게 대중적인 차원에 머물러 있던 시가 낳은 몇몇 대표작들의 배경과 등장인물, 주제 등을 고급스러운 시문학 예술의 차원으로 옮겨놓았다. 농촌의 일용직 노동자 밀론이 전설적인 수확의 신 리튀에르세스

목동과 양 떼. 아그리젠토 인근. 로제 비올레 사진.

에게 바치는 노래를 예로 들어보자. 이 노래는 나이 든 농부 헤시오 도스(기원전 7세기경에 활동한 그리스의 구전 시인. 젊은 시절엔 목동 일을, 나이 들어서는 하사받은 작은 농지에서 농사를 지었다고 전해진다―옮긴이)의 실리적이고 긍정적인 투를 연상시킨다: 농부들의 지혜가 담긴 속담들로 가득 찬 이 노래는 대중적인 분위기를 물씬 풍기는 이미지와 농담들을 풍부하게 담고 있다. 예술, 즉 원석 상태인 시적 금속을 세련된 귀금속으로 변신시키는 연금술은 어디에서 시작하는가? 누가 감히 어느 지점에서 예술이 시작한다고 말할 수 있겠는가? 하긴, 그런 건 중요하지 않다. 출발점은 분명 온전히 대중적인 곳, 대지에 굳건하게 뿌리내린 농부 기질에서 찾아야 하는 것이 확실하다.

밀론 : 과일과 수많은 곡물의 여신 데메테르여,

이 밀들이 잘 자라서 많은 수확을 거두게 하소서!

밀단 묶는 인부들이여, 꽉 묶게나. 지나가는 사람이

무화과나무 토막으로 만든 인부들이 괜히 품삯만

축낸다는 말을 듣기 싫거들랑!……

마당에서 타작을 할 때라면 말일세, 정오엔 절대 깜빡 졸지 말게나!

그때가 물기 머금은 짚을 잘 마른 짚으로 만들기 제일 좋은 때라네!

수확철엔 종달새가 잠에서 깨어날 때부터 밭에 나가야 하네.

녀석이 잠들면 그때 일을 멈추게나. 뙤약볕이 내리쬘 땐 쉬어야지.

이보게들, 개구리 팔자가 상팔자라네.

녀석은 누가 자기에게 마실 것을 줄지 걱정하지 않으니까,

원하는 만큼 얼마든지 마실 게 널려 있지 않은가!

쩨쩨한 집사야, 자넨 우리한테 콩이나 듬뿍 삶아주렴,

커민 씨 자른답시고 네놈 손가락이나 자르지 말고 말일세.

　방금 사례로 제시한 시가 테오크리토스의 여러 출발점 중의 하나라고 할 수 있으며, 그는 여기서 출발해서 지극히 단단한 작품 세계를 구축했다. 테오크리토스는 전원 풍자 희극을 창조함으로써 이를 진정한 전원에서의 삶의 토대 위에 얹어놓았다. 테오크리토스는 이것저것 마구잡이로 이어 맞춰서 새로운 장르를 창조한 책상물림 시인이 절대 아니다. 그의 발명이라는 것은 사실 민간 시, 대중 시의 발견에서 시작되었다. 이 시를 그는 수집했다. 다만 민속을 사랑하는 애호가가 하듯이 무작정 수집한 것이 아니라, 소재와 형태를 재가공하고 즉흥 연주자들의 들쭉날쭉한 수준을 일정하게 끌어올려 예술 작품으로 재탄생시킨 것이다.

　비록 테오크리토스가 책상물림 문인은 아닐지 몰라도, 그가 문인임은 틀림없는 사실이다. 민간 전통에 문학적 존재감을 부여했다는 의미에서도 그렇고, 전원 풍자 희극 작품을 지속적으로 집필했다거나 문학적 전통을 수립했다는 점에서도 그렇다. 사실 민중적인 색채만이 전원 풍자 희극의 유일한 원천은 아니다. 테오크리토스에 앞서서 이미 풍자 희극, 즉 일상생활을 모방하는 사실주의적인 대화로 구성된 소극(笑劇)이 존재했음을 잊어서는 안 된다.

사실주의적 풍자 희극의 압권, 《쉬라쿠사이의 여인들》

사실주의적인 희극 장르에 있어서라면 테오크리토스의 《쉬라쿠사이의 여인들》이 단연 압권이다. 이 작품에는 부르주아지의 실존과 정

신 상태(끔찍한 말이지만 일부러 이 말을 선택했다)를 구성하는 변치 않는 요소들이 백일하에, 정물화적인 확실한 터치로 그려진다. 작품의 세부 사항 하나하나가 두 여인네를 실감나게 보여주며, 이들이 평소에 주고받는 대화를 자연스럽게 녹여낸다. 남편들의 어리석음에 대한 탄식이 있고, 도망치는 게 일인 하녀를 잡아오는 일상이 있고, 새로 장만하고 싶은 옷의 비싼 가격 앞에서 내지르는 허걱 소리, 고양이 녀석의 고약한 장난질이 고스란히 담겨 있다……. 또한 아낙네들이 자식들을 기르는 방식도 드러난다. 어떤 때에는 "사랑스러운 우리 아기"였다가 어느새 목소리가 높아지는가 하면, 말 안 들으면 귀신이 잡으러 온다는 소리도 들려온다……. 뒤로 가면서 우리는 길가로 나가 군중들 틈에 섞인 여인네들을 따라가게 된다. 마침 궁궐에서 잔치가 벌어지는 날이기 때문이다. 구경꾼들을 위해서 어리석기 짝이 없는 소일거리들이 마련되어 있다. 우리의 부르주아 여인들, 쉬라쿠사이 출신으로 알렉산드리아에 왔으니 리옹에서 파리에 상경한 격으로 부르주아인 동시에 시골뜨기인 이 여인들은 보는 것마다 입이 떡 벌어진다. 엄청난 교통량에 놀라고, 말 탄 헌병의 모습에 넋을 잃는가 하면 부딪치고 지나가는 사람들 때문에 화를 낸다. 길을 잃을까봐 두려워진 여인들은 예절 바른 남자의 도움을 받아들이는가 하면, 투덜거리는 남자와 맞장구를 치기도 하고, 마침내 궁궐에 들어가서는 유명한 여가수가 부르는 꾸밈 많은 노래에 의무적으로 찬사를 보낸다. 테오크리토스는 풍자를 가득 담아 그 노래를 인용한다.

그런데 이 같은 내용은 전체적으로 너무도 사실적이다. 비록 재미난 세부 묘사 등에서 보이는 사실주의는 잠시 후 보게 될 헤론다스의 작품에 비하면 톡 쏘는 맛이 떨어질 수도 있겠지만, 그럼에도 감칠맛까지 덜한 것은 절대 아니다.《쉬라쿠사이의 여인들》같은 풍자 희극을 통해서 테오크리토스는 사실주의적인 주제와 소재를 선호하는 동시대인들의 취향을 공유하고 있음을 보여주었다. 그가 그린 이 부르주아 풍속도는 당대 시인들은 물론 문학에 있어서 후반기에 활동한 모든 시대의 시인들이 안고 있는 고민, 즉 새로운 것, 진실한 것을 보여주어야 할 필요성에 대한 하나의 해답이었다. 새로우면서 진실한 것에 대한 추구는 19세기에 들어와 빅토르 위고의《동방시집》에서 피에르 로티에 이르는 이국적 문학 계보를 통해서 어느 정도 해소된다. 알렉산드리아에서 시켈리아 문학, 이국적 문학, 아니 향토 문학이란 과연 무엇이었을까? 당시 알렉산드리아에서 시켈리아는 일본이나 브르타뉴와 다를 바 없는 곳이었다.

하지만 테오크리토스는 당시 유행하던 사실주의적 풍자 희극에 추세대로 부르주아의 현실이나 이국적 취향을 담는 대신 전원의 현실이라는 내용물을 담음으로써 자신의 천재성을 유감없이 발휘한다. 어쩌면 그가 처음으로 이 같은 시도를 한 사람은 아닐 수도 있다. 당시엔 헤시오도스가 유행이었다. 하지만 다른 사람들이 헤시오도스를 가지고, 다시 말해서 문학을 가지고 전원시를 썼다면, 테오크리토스는 자신이 알고 있던 시켈리아 목동들의 생활, 그들이 부르는 노래, 그가 사랑해 마지않았던 풍경들을 가지고, 다시 말해서 자신의 어린 시절, 농부이자 시인이 되기를 꿈꾸었던 소망을 가지고 전원시를 쓴 최초의 시인이다.

사실주의는 테오크리토스를 에워싼 여러 가지 문학 경향 중의 하나에 불과했다. 그는 이 경향을 자신을 매혹시키는, 자신이 좋아하는 세계, 자신이 어린 시절부터 마음속에 간직해온 세계에 접목시켰다.

그는 그것을 자신의 시와 하나가 되게 했으며, 결국 그의 시는 사실
주의를 뛰어넘었다.

전원의 풍경과 삶을 사랑했던 시인

테오크리토스의 시 세계는 진실이면서 동시에 시다. 여기에서 진실
이란 감각과 체험이라는 재료에 대한 시인의 충실함을 가리킨다. 한
편 시란 요컨대 음색과 리듬, 감각의 취사선택, 이미지 등을 통해 진
실을 아름다움으로 변화시키는 힘을 말한다. 그런데 그 어떤 시의 세
계도 우선 진실에 토대를 두고 있지 않으면 아름다울 수 없다. 테오
크리토스의 시 세계는 놀라울 정도로 아름답다.

테오크리토스의 양치기들은 절대 엉터리 목동들이 아니다. 이들은
진정한 목동들이다. 이들은 절벽이 되어 바다로 떨어지는 가파른 바
위투성이 경사지 풀밭에서 가축들을 돌보느라 한가롭게 여유 부릴
짬도 없는 시켈리아 목동들이다. 가축들 중에는 이따금씩 대열에서
이탈하는 녀석들이 있다. 목동들은 지방 특유의 감탄사('싯타')로 녀
석들을 대열로 돌아오게 해야 한다. 싯타는 스위스 목동들이 쓰는
'아리아'라는 말에 해당한다. 코뤼돈(베르길리우스의 시에 나오는 목동─
옮긴이)은 풀밭에서 풀을 뜯다가 올리브 농장으로 내려가 올리브 잎
을 뜯어 먹는 송아지들을 잡으려고 달려간다. 달려가던 중 고약하게
도 한쪽 발에 금작화의 가시가 박힌다.

목동들은 가축들에게 물도 먹여야 한다. 그렇기 때문에 그 고장의
샘물이 있는 곳이라면 훤히 알고 있다. 젖 짜는 일도 게을리 해서는
안 된다. 목동들이 젖을 짜기 위하여, 짠 젖을 한동안 보관하기 위하

여 또는 금세 마시기 위하여 사용하는 각양각색의 항아리와 바구니, 그 외 각종 연장들은 생긴 모양과 용도에 따라 저마다 고유한 이름을 가지고 있다.

테오크리토스는 목동들의 복장도 그냥 지나치지 않는다. 짐승 가죽을 입었는지, 기르는 양들의 털을 깎아 뽑은 실로 짠 옷을 입었는지를 묘사한다. "자네가 입은 양가죽은 자네보다도 훨씬 냄새가 고약하군"이라고 라콘은 코마타스에게 말한다. 비평가들이 '향토색'이라고 일컫는 것들 중에서 테오크리토스는 특히 진짜 양 떼 냄새나 농부들의 냄새처럼 후각적인 요소에 큰 비중을 할애한다.

그가 그린 풍경화의 진실은 시켈리아나 이탈리아 남부 풍습의 전형을 보여주는 목동들의 생활상으로도 확대된다. 기후가 좋은 계절이면 목동들은 산을 떠나지 않으면서 이 초원 저 초원으로 옮겨 다닌다. 그럴 때면 주로 풀밭에서 별을 벗 삼아 야영을 하지만, 이따금씩 동굴에서 생활하기도 한다. 동굴에 부엌을 설치해서 반(半) 혈거인들처럼 산다는 말이다. 칼라브리아 지방에서는 지금까지도 동굴 생활이 완전히 잊히지 않은 채 명맥을 이어가고 있다.

한편 지역에서 서식하는 동물군과 식물군으로 말하자면, 대단히 다양한 종류가 등장한다. 테오크리토스에게 풍경은 나무 종류, 풀 종류 할 것 없이 두루뭉술하게 '매력적인 작은 숲'이나 '부드러운 초원'으로 뭉뚱그려버리는 프랑스의 후기 고전주의 경향이 단 한 번도 관찰되지 않는다. 키 큰 나무들과 키 작은 나무들, 꽃들은 제각기 아주 정확하고 음악적인 저만의 고유한 이름으로 묘사된다. 풍경 속에는 새들(밤새들도 포함하여)이며 벌레, 도마뱀, 개구리 등도 빠짐없이 등장한다. 목가에 등장하는 동물과 식물의 다양성은 그가 동물과 나

무를 사랑했던 그리스의 위대한 두 시인 호메로스와 아리스토파네스의 진정한 아들임을 입증한다. 그가 작품에 출연시킨 동식물의 이름을 일일이 열거할 필요까지야 있겠는가. 테오크리토스는 외부 세계, 즉 시골의 존재, 풍성함으로 이루어진 이 세계를 충분히 인정한 시인들 중의 하나로 손꼽히며, 이 세계는 강력한 힘으로 우리 앞에 자신을 드러낸다. 내면의 우수가 확장되는 공간으로서의 베르길리우스적인 자연이 아니라, 우리가 감각적으로 느끼는 세계이자 우리에게 존재하는 기쁨을 일깨워주는 자연, 우리가 가슴을 크게 열고 호흡하는 시골이 테오크리토스의 외부 세계다.

그런데 시인은 굳이 풍경을 꼼꼼하게 묘사하지 않으면서도 이 모든 것을 절절하게 표현했다. 테오크리토스에게 자연은 호메로스에게서도 마찬가지였지만 결코 그림 같은 묘사를 위한 구실이 아니었다. 간단하고 순수한 몇몇 장치만으로도 그는 우리를 사물의 삶 속으로 이끈다. 그의 시를 아무 대목이나 골라 잠깐만 들여다보면 우리는 어느새 하늘이나 바다의 뉘앙스, 실편백나무의 생김새, 소나무 사이를 스치고 지나가는 바람, 가을을 맞아 수확을 기다리는 농익은 과일의 향기, 풀 위에 떨어지는 마른 솔방울 소리 등을 느낄 수 있다……. 그 정도면 지울 수 없는 자연 속에서의 삶의 한순간을 창조하기에 충분하다. 마치 몇몇 감각이 우리 안으로 사물의 리듬이나 정감 어린 독특함을 끌어들이는 것 같다고나 할까. 항상 정확한 명사와 일상적인 형용사가 사용되고 있음도 눈여겨볼 만하다. 테오크리토스는 형용사의 지나친 남발이 우리를 주눅 들게 하거나 거부감을 안겨줄까봐 조심하는 것처럼 보인다. 사물의 풍요로움은 표현의 간소함으로 인해 오히려 한결 돋보인다. 표현의 간소함은 어디까지나 표면적으

로 드러나는 인상일 뿐, 감각의 적절하고 엄격한 선택이 전제될 때에만 가능하다. 이 선택 덕분에 우리를 자연에 이어주는 일종의 음악이 사물에서 우리에게로 전달될 수 있다.

진실은 이렇게 해서 아름다움으로 변화하기 시작한다.

인간미 물씬 풍기는 농부들의 등장

그런데 여기에서 등장인물들의 진실도 간과해서는 안 된다. 이 인물들이란 농부의 입장에서 생각하고 표현하는 진정한 양치기들을 가리킨다. 이들이 말하는 방식은 매우 직관적인 동시에 전통적이다. 이들은 마을에서 전해 내려오는 지혜에 의거해서 말하기를 좋아하기 때문에 속담을 자주 인용한다. 이들이 생각하는 방식은 당연히 시골에 만연한 미신들로 점철되어 있다. 거짓말을 하면 혓바늘이 돋는다느니 코에 뾰루지가 난다느니 물속에 비친 자신의 모습에 현혹되지 않으려면 침을 세 번 뱉어야 한다느니 늑대를 보면 말을 못하게 된다느니 하는 미신들이 대표적이다.

이들이 벌이는 토론도 지켜볼 만하다. 시골 리듬인지라 토론도 느릿느릿 진행된다. 토론의 주제는 주로 주인들의 장점이나 단점, 또는 없어진 물건 같은 것이 되는데, 토론이라고 해봐야 서로 상대방이 자기 것을 가져갔다고 비난하기 일쑤다. 이들의 놀이 장면도 흥미로운데, 완전히 어린아이로 돌아간 것처럼 치기가 넘친다. 예를 들어 어느 한 사람이 휘파람을 불어 자기를 뿌리치는 여자 앞에서 개를 짖게 만드는 식이다. 하긴 여자가 양 떼들에게 사과를 던져대기 시작한 후니 굳이 휘파람이 아니라도 개가 짖을 만도 하다.

　　그의 목가에 등장하는 인물들이 실제 인물 같은 부피를 지닐 수 있는 것은 개별화된 성격 덕분이기도 하다. 현대 사회에서라면 다프니스, 코뤼돈, 티튀루스, 메날카스 등은 여러 얼굴을 가진 한 명의 인물, 가령 사랑에 빠진 목동으로 개인적인 성격, 고유한 체취 등은 모두 배제된 추상적인 인물의 분신으로 표현되었을 가능성이 높다. 테오크리토스의 풍자 희극에서는 등장인물들이 한 쌍을 이루어 제시된다. 두 맞수 간의 성격 차이가 아무리 미미하다고 하더라도 극의 긴장과 흥미를 이끌어가는 주축이 된다. 《일리아스》에 나오는 전사들도 마찬가지다. 모두 용감무쌍하지만, 각자 자기 방식으로 용감하다. 그의 전원시 10편에 등장하는 두 명의 수확 노동자를 보자. 나이가 더 많은 밀론은 늘 투덜대며 불평을 하지만, '어리석은 짓', 그러니까 쓸데없는 짓은 하지 않고 맡은 일은 잘하려는 선한 농업 노동자다. 그는 경험이 많으며, 마음의 로맨스 따위엔 이끌리지 않는다. 빈정거리기는 하지만, 그의 빈정거림은 신랄한 풍자는 아니다. 그는 나름대로 내면 세계도 가꾼다. 동료가 부르는 노래의 음악성에 몸을 맡길 줄도 안다. 하지만 그는 농업 노동자라면, 젊은 처녀들에 관한 몽상보다는 자신의 일을 노래하는 편이 나을 거라고 믿는다. 그의 곁에는 자나깨나 사랑 타령만 하고, 애인만 생각하느라 일을 엉망으로 하는 젊은이 부카이오스가 있다. 부카이오스는 감상주의자이며 몽상가다. 그는 자신이 몽상가임을 안다. 그는 자신이 사랑하는 여인이 자기 눈에만 아름답게 보인다는 걸 알며, 스스럼없이 그렇게 말한다. 하지만 그는 열흘 전부터 일은 제쳐두고 이 여인의 매혹적인 음성에만 빠져서 산다. 애인의 음성은 그에게 야생 열매를 상기시킨다("당신의 음성은 보랏빛 가지 같군요!"). 그는 또한 햇볕에 그을린 피부의 기억에 젖어서 산다……. 그는 사랑하는 여인에게 온 세상을 주고 싶은데, 실제로 줄 수 있는 것이라고는 노래밖에 없다. 그의 노래는 자신이 사랑하는 대상을 제대로 표현할 수 없음에 대한 탄식으로 끝난다. "당신의 자태는, 그건…… 뭐라 말해야 좋을지 모르겠군요."

테오크리토스는 인물들을 창조하면서, 거의 느껴지지 않을 정도의 가벼운 터치로 아무렇지도 않다는 듯이 이들의 성격을 대비시켰다.

《목동들》이라는 제목이 붙은 전원시 4편에도 두 명의 목동이 등장한다. 밧토스와 코뤼돈, 이 두 사람의 대비는 제법 심도 있게 제시되고 있지만, 그렇다고 해도 눈이 번쩍 떠지는 시합 같은 사건은 일어나지 않는다. 그저 풀밭에서 다루기 까다로운 암소들과 옥신각신하면서 목동들끼리 나누는 일상적인 대화가 있을 뿐이다. 목동들은 가축에 대해서, 주인에 대해서 이야기한다. 대화 도중에 등장하는 몇몇 단서를 통해서 어렴풋이 주변 풍경도 짐작할 수 있다. 가시덤불 관목에 덮인 건조한 언덕, 초원에 드문드문 돋아난 금작화, 굵은 엉겅퀴, 그리고 그 아래쪽으로는 바다를 향해 내뻗은 올리브나무 농장.

코뤼돈은 천성적으로 선하며 천진한 영혼을 가진 자로, 그 자신은 이러한 사실조차 인식하지 못한다. 그는 암소들에게까지 타고난 선한 마음을 나누어준다. 암소들에게 지극 정성을 다하는 그는 암소들이 좋아하는 풀이란 풀은 속속들이 알고 있으며 그 풀을 먹이려고 애를 쓴다……. 노예로 사는 비천한 생활이 그에게 주는 모든 것을 그는 온화함으로 받아들인다. 가령, 풀 냄새를 좋아하는 만큼이나 풀피리 소리도 즐긴다. 말하자면 지극히 소박한 생활 속에서 피어나는 섬세한 감수성 그 자체인 것이다. 그는 부카이오스의 형제이며, 분명 테오크리토스의 형제이기도 하다.

밧토스는 삶에 무한한 신뢰를 느끼는 코뤼돈과는 정반대의 인물이다. 그는 신랄하며 빈정거리기 일쑤인 데다 동료를 대하는 태도도 몹시 심술궂다.

평론가들은 이 풍자 희극에 대해서 테오크리토스가 "착해빠진" 코뤼돈과 "입만 열면 불만을 토해내는" 밧토스 모두를 비웃는 일종의 희극이라고 평하기도 했다. 하지만 본격적인 '희극'이라는 용어를 사용하게 되면, 세련되지 못한 투박한 영혼을 가졌지만 인간미 물씬 느껴지는 인물들을 창조하는 테오크리토스의 독특한 음색을 왜곡하는 게 된다. 특히 이 작품에서 그는 신랄한 밧토스의 입을 통해, 그가 사랑했으나 일찍 죽음을 맞은 여인에 대한 지극한 애정을 빠른 템포로 이어지는 몇몇 행을 통해서 표현한다. 무슨 말이냐 하면, 과거의 상처를 보여주는 이 몇 줄의 시를 통해서 밧토스라는 인물의 신랄함과 심술의 근원이 설명된다는 말이다. 그도 한때는 다정한 사람, 코뤼돈과 같은 부류의 남자였던 것이다.

이 작품의 마지막 부분에 이르면, 이번에는 반대로 코뤼돈이 밧토스와 비슷한 부류임이 드러난다. 두 사람은 의기투합하여 늙은 주인의 연애담에 대해서 대단히 추잡한 대화를 주고받는다. 너무도 다른 점이 많은 두 남자가 우리도 모르는 사이에 전원시 전체를 관통하고 있던 일종의 전원적 다신교 경향 속에서 보기 좋게 하나가 되는 것이다.

하지만 등장인물들의 성격에서 드러나는 크고 작은 차이를 강조함으로써 풍자 희극을 소규모 심리극처럼 둔갑시켜서는 안 된다. 테오크리토스는 이 차이점들을 서정적인 효과를 위해 이용할 뿐이다. 테오크리토스를 통해서 대립적인 태도를 보이는 두 인물은 사실 같은 주제의 변주인 셈이다. 같은 상황에 처한, 같은 정서적 세계(사랑과 자

연이 지배하는 세계)에서 사는 두 인물은 하나의 화음으로 합쳐지는 서로 다른 두 '목소리'처럼 울린다. 그러므로 풍자 희극에서는 줄거리나 심리 묘사보다는 음악이 중요하다. 이미지를 모두 배제하고 이야기하자면 서정성, 즉 등장인물들 사이의 가벼운 대립, 시적 경쟁에 토대를 둔 내면의 움직임에 중점을 둔 장르가 풍자 희극인 것이다.

전원시 4편에 등장하는 두 목소리가 빚어내는 음악은, 일상의 소소한 일들에 매달리면서 반쯤은 들판에서의 생활 중에 일어나는 피치 못할 어려운 일들로 숨이 턱에 닿은 두 촌뜨기, 두 소박한 영혼이 들려주는 음악이다. 한 사람은 일상의 무게에 눌려 기질마저 완전히 신랄하게 바뀌었는가 하면, 다른 한 사람에게는 모든 것이…… 부드러움이라고 해야 맞을까? 두 사람의 대조적인 반응은 중요하지 않다. 두 인물은 전원생활의 한 부분을 이룬다. 요리조리 달아나는 가축, 엉겅퀴가 가득 피어난 풀밭, 사랑했지만 죽음이 앗아가버린 여인, 외양간 뒤에서 음란한 짓을 즐기는 호색한 주인 등이 전원생활의 구성 요소인 것과 마찬가지다. 이 모든 것은 테오크리토스의 예술 덕분에 삶에 대한 열렬한 사랑으로 다시 태어난다.

시적 진실의 두 요소: 사랑과 자연

테오크리토스의 서정성에는 사랑과 자연이라는 두 가지 중요한 요소가 적당히 혼합되어 사물과 감정을 그린 그의 풍경화에 시적 진실을 불어넣는다.

사랑은 모든 전원시에 산재해 있을 뿐 아니라, 온갖 종류가 모두 망라되어 있다. 테오크리토스가 등장인물의 입을 빌리지 않고 직접

말하는 경우도 가끔 눈에 띈다. 하지만 대부분의 경우 그는 자신으로부터 떨어져 나간 분신, 그의 사랑 경험을 자양분 삼아 자라났으며, 정념에 사로잡히거나 정념에 의해 파괴된 등장인물들을 통해 말한다. 전원시 1편에 등장하는 다프니스의 경우도 여기에 해당한다.

전원시 1편(〈튀르시스〉 또는 〈노래〉)은 처음에는 그저 양치기이면서 시인인 튀르시스와 염소치기가 주고받는 대화인 것처럼 보인다. 염소치기는 튀르시스에게 '다프니스의 정념'에 대해 이야기해달라고 조른다. 다프니스는 시켈리아 목동들의 신비스러운 수호신으로, 사랑때문에 죽어간 목동이다. 대화가 천천히 이어지는 가운데 풍경이 창조되고 그 안에서 사랑의 노래, 다프니스의 이상한 죽음을 알리는 우울한 노래가 울려 퍼질 참이다. 한편 풍경으로 말하자면, 우선 고독하게 솟아오른 산이 있고, 그 산에 정오의 침묵이 감돈다. 이따금씩 바람결에 스치는 소나무 소리와 바위틈을 타고 흘러내리는 샘물 소리가 들려온다. 양치기의 판 피리 소리도 감히 이 '공포스러운' 침묵을 깨지 못한다. "사냥으로 피곤해진 데다 짜증이 잔뜩 난 판 신이 금방이라도 분노로 콧구멍 하나 가득 거품을 물고 벌름거릴 것 같은 태세로 휴식을 취하고 있기 때문이다."

튀르시스는 노래를 부른다. 다프니스를 사로잡았으며, 그를 죽음으로 몰고 간 보기 드문 정념에 대해 이야기한다. 죽어가면서 다프니스는 그만의 비밀을 안고 갔다. 다프니스는 사랑을 했지만, 그 사랑을 피했다. 정념은 그를 온통 사로잡았지만, 그 상대가 누구였는지 우리는 알지 못하며, 그 자신도 알지 못했다. 테오크리토스는 짐짓 고의로 신화의 윤곽을 일종의 미광 상태, 즉 명암이 대조를 이루어 윤곽만 드러나도록 마무리했다. 자연은 목동의 고통을 지켜보면서 무슨 일 때문인지 자문해보지만 소용없는 노릇이다. 다프니스는 결국 죽음을 맞이하게 되고, 죽음과 더불어 사랑의 비밀은 그의 가슴속에 묻혀버린다. 그는 그 비밀을 인간들에게는 물론, 그의 죽음을 애도하기 위해 모여든 짐승들에게도 신들에게도 털어놓지 않았다. 시인은 우리들, 우리 독자들에게만 그 비밀이 마치 죽음을 맞이하게 예정되어 있는 인간의 조건과 관련된 막연한 불안감이라도 되는 것처럼 슬그머니 전달하지만, 우리는 곧 시적인 노래를 통해서 불안감으로부터 벗어나 영광됨을 맛본다.

튀르시스의 노래를 들어보자.

시작하시오, 나의 친구 뮤즈들이여, 나와 더불어 전원의 노래를 시작하자.

그를 위해서 재칼들이 애도하며, 늑대들이 애도한다.

그의 죽음을 두고 참나무 숲에서 나온 사자가 울음을 운다.

시작하시오, 나의 친구 뮤즈들이여, 전원의 노래를 시작하시오.

그의 발밑에서 암소들과 황소들이 음매음매 하면서 그를 에워싼다,

암송아지, 수송아지들이 애통해한다.

시작하시오, 사랑하는 뮤즈들이여, 전원의 노래를 시작하시오.

산에서 제일 먼저 찾아온 헤르메스가 말한다.

"다프니스, 누가 너를 괴롭히느냐? 너는 누구에게 그토록 큰 사랑을 품었단 말이냐?"

시작하시오, 사랑하는 뮤즈들이여, 전원의 노래를 시작하시오.

소치기, 양치기들이 오고, 염소치기들도 온다.

"도대체 무슨 일이냐?" 모두들 묻는다. 프리아포스가 와서 말한다.

"다프니스, 오, 가엾어라, 왜 이리 쇠진했는가, 왜 이리 괴로워하는가?"

네가 사랑하는 여인은 말이지, 두 발로 이 샘 저 샘을 찾아다닌다네.

시작하시오, 사랑하는 뮤즈들이여, 전원의 노래를 시작하시오.

이 숲에서 저 숲으로 너를 찾아다닌다네.

그 여자는 너를 찾아다닌다네, 너를 말일세! 에로스가 너를 방황하게 만들

었구나, 너는 이제 사랑을 어떻게 하는지 모른단 말인가?

너, 소치기 너는 이제 멍청한 염소치기에 불과하단 말인가?

염소치기는 가축들이 수컷의 공격을 받는 걸 볼 때면,

자기가 대신 숫염소가 되지 못하는 게 비통해서 두 눈이 빨개진다네!

시작하시오, 나의 친구 뮤즈들이여, 전원의 노래를 시작하시오.

"너는 여인들이 깔깔대고 웃으며 미친 듯이 까불어대면,

그들 장단에 함께 춤을 추지 못해 두 눈이 불타오른다네."

하지만 모두에게, 다프니스는 한마디도 대답하지 않았지. 그는 그저

지독한 상사병만 앓았지. 그는 병을 키웠다네

운명의 순간이 올 때까지.

다시 시작하시오, 뮤즈들이여, 나와 더불어 다시 전원의 노래를 시작하자.

아프로디테가 잔뜩 빈정거리며, 잔인한 웃음소리를 터뜨리며 나타
난다. 아프로디테는 사랑의 신을 무찔렀다고 자랑하는 그가 정말로
에로스에게 승리를 거두었다고 생각하는지 묻는다. 다프니스는 이번
만큼은 대답한다.

그녀에게, 다프니스는 대답했다.

"나쁜 퀴프리스, 미운 퀴프리스,

인간들에게 미움을 받는 퀴프리스,

너는 우리 모두에게 태양이 빛을 잃었다고 생각하는가?

다프니스는 하데스에 가서도

에로스에게는 날카로운 가시로 남아 있을 거요!

늑대들아, 재칼들아, 산속 동굴에 사는 곰들아,

안녕! 너희들의 소치기는 이제 더 이상 숲을,

덤불숲을, 숲 속의 빈터도 돌아다니지 않을 것이다. 안녕 아레투사여!

그리고 당신,

튀브리스에 아름다운 물을 흘려주는 맑은 강물아!……"

다시 시작하시오, 뮤즈들이여, 나와 더불어 전원의 노래를 다시 시작하자.

"오 판, 판 신이여, 당신이 뤼카이오스 산의 기나긴 등성이를 배회하거나

마이날로스 산을 방랑하고 있는 중이라면,

오시오, 수호신이여, 오시면서 나의 피리를 가져다주오,

꿀 향기가 나는 두꺼운 밀랍과

나의 입술을 이어주는 것을,

나로 말하자면 사랑이 이미 나를 하데스에게로 이끈다오!"

끝내시오, 뮤즈들이여, 이제 시간이 되었소, 전원의 노래를 끝내시오.

"이제, 제비꽃들이 나무딸기 위로도 엉겅퀴 위로도 꽃을 피울 거라네.

신선한 수선화가 노간주나무를 환하게 만들어주리라!

모든 것이 거꾸로 되거라!

너희들, 소나무들아, 배를 열리게 하거라!

다프니스가 죽으니, 사슴들아, 개들을 못살게 굴어라!

산부엉이야, 꾀꼬리들에게 승리를 거두거라!"

끝내시오, 뮤즈들이여, 이제 시간이 되었소, 나와 더불어 노래를 끝냅시다.

그는 거기에 대해서 더 이상 말을 하지 않소, 입을 다물어버렸소.

아프로디테는 그를 똑바로 세우려 했지.

모이라이로부터 오는 실이 모자랐다네.

다프니스는 검은 강물 속으로 들어갔지.

그는 물속에 잠겼다네, 뮤즈들의 총아,

요정들의 마음에도 들었던 그가.

친애하는 뮤즈들이여, 가시오, 이제 노래는 끝났소.

튀르시스는 이렇게 다프니스의 죽음을 노래했다.

도시의 삶에서 길어 올린 시골에 대한 향수

테오크리토스에게 자연과 사랑의 혼합, 즉 시는 독자들에게 예전처럼 삶의 방식이나 죽음의 방식(가령 필요하다면 영웅적으로 죽어야 한다는 식)이 아닌 삶으로부터의 도피, 망각으로의 달콤한 도피를 제안한다. "시는 인간의 기분을 치료한다. 시는 부드러움이지만, 그 부드러움을 찾기란 결코 쉽지 않다"고 그는 말한다. '부드러움'이라는 말은 테오크리토스의 작품 전체를 처음부터 끝까지 관통한다.

시는 인간에게 삶과 전투를 제공하는 것이 아니라 삶의 휴식이라고 할 수 있는 몽상, 삶에 대한 향수 어린 사랑, 삶에 대한 달콤한 망각, 삶을 대신할 수 있는 몽상을 제공한다.

'향수 어린' 몽상. 그의 감수성이 지닌 고유한 형태와 그가 전원시라는 장르를 발명하게 되는 상황이 결합함으로써 이 장르가 지니는 본질적인 특성 중의 하나가 결정된다. 테오크리토스는 앞에서도 말했듯이 도시 사람들을 위해 시를 썼다. 그는 그 자신이 피곤에 지친 사회, 사업가들과 공무원들로 이루어진 사회(알렉산드리아라는 도시 자체가 그랬으며, 우리가 사는 현대 사회도 다르지 않다)에 갇혀서 살았다.

코스 섬의 한적한 시골을 거닐었던 산책의 추억을 회상하는 내용을 담은 《탈뤼시아》가 코스 섬에서 쓰였으며, 시켈리아를 무대로 하는 전원시가 시켈리아에서 쓰였다는 주장은 그러므로 착오다. 착오치고도 상당히 저급한 착오다. 그건 테오크리토스의 시가 지닌 (향수 어린) 어조를 제대로 파악하지 못한 데서 비롯된 지나치게 단순하고 빈약한 사고력의 산물이다. 오히려 그와 반대로, 시골 생활을 다룬 전원시, 한결같이 이상적인 빛 속에 젖어 있는 이 작품들이 알렉산드리아라고 하는 거대 도시에서 마주하게 되는 망명 생활의 고독감 속에서 태어났으며, 그곳에서 쓰일 수밖에 없었으리라는 주장이 훨씬 설득력을 지닌다. 시골에서 성장했으며 자연을 사랑하나, 도시에서 살면서 끔찍한 권태를 맛보아야 했던 시인은 자신이 사랑하는 것들과의 이별 속에서 젊은 시절의 추억을 되살려내고, 상상 속에서 어린 시절의 풍경을 재창조했다. 그렇기 때문에 자연을 대하는 감정에 그렇듯 향수가 배어날 수 있으며, 이 향수야말로 그의 시에서만 느껴지는 흉내 내기 어려운 향취라고 할 수 있다. 테오크리토스는 피곤에 지친 세계를 본떠서 시를 썼다. 돈이면 만사형통인 이 세계에 그 자신도 심한 염증을 느꼈다. 그는 이 고단한 세계에서 나무와 풀밭, 맑은 물에 대한 향수를 길어 올렸으며, 양치기들의 소박한 생활에 대한 부러움을 전파했다. 그는 말하자면 청춘의 샘, 자연의 세계가 지니는 아름다움과 사랑의 천진함을 새삼스럽게 발견했다는 일종의 환상(어쩌면 환상 이상 가는 그 무엇)을 선사했다.

이것은 시에 관한 매우 현대적인 관점이라고 할 수 있다. 시는 더

이상 삶의 원칙이 아니라 삶을 뛰어넘으며, 삶 너머에 있다. 요컨대 시는 이승이 아닌 다른 세상, 곧 천국이다.

테오크리토스는 시인들의 낙원을 창조했다. 천국이란, 더구나 고대 그리스어에서 낙원이란 나무들이 자라며 목동들이 가축에게 풀을 뜯게 하는 거대한 풀밭을 뜻한다. 이 낙원에서 목동들은 모두 시인이다. 그들이 사는 거대하고 자유로운 그 정원에서는 모든 것이 아름답기 때문에 목동들은 자연스럽게 시인이 된다. 그들은 추함, 즉 영원토록 아름다운 날의 순수함을 퇴색시키는 모든 것, 예를 들어 비와 돈 걱정, 그 외 다른 근심들일랑 모두 던져버렸다. 하지만 무엇보다도 그들의 개인적인 관점, 개인적인 시선이 모든 현실을 아름다움으로 탈바꿈시킨다. 그러니 그들은 노래한다. 천박한 현실이라는 시커먼 상자 속에 갇혀 있더라도, 뮤즈들이 이들을 찾아오고 이들에게 자양분을 제공한다.

> "오 행복한 코마타스여, 너야말로 이 같은 달콤함을 실제로 맛보는구나……." (아, 나에게 그리스 원전, 그리스어의 마술 같은 소리를 다오! 단어의 음악성이 우리를 매혹시킬 때, 한낱 의미 따위는 무엇이란 말인가!)

> o machariste Kamata, ty then tade terpna pepontheis

> (이 노래 대신에 뜻을 옮긴답시고 단조롭기 그지없는 프랑스 단어를 늘어놓는 건 참으로 한심하기 짝이 없는 노릇이다!)

> "오 행복한 코마타스여, 너는 이 매혹적인 모험을 경험했으며, 이 상자 안

에 갇혀 있었고, 온 계절을, 시련의 여름을, 벌꿀을 먹으며 견뎌냈구나. 아! 그런데 너는 이제 더 이상 산 자들 가운데 있지 않구나! 나는 산에서 기쁘게 너의 노래를 들으며, 너의 아름다운 염소들을 돌볼 거라네. 그러니 너는 털가시나무나 소나무 아래서 **부드러움의 음악에 몸을 누이거라, 신성한 코마타스여……**."

hady melisdomenos katekekliso, theie Komata(이에 해당하는 번역은 위의 문장에서 굵은 활자 부분 ―옮긴이)

테오크리토스에 대해서는 이 정도만 해두자. 무엇과도 비교할 수 없는 그의 시적인 언어, 그리스의 여러 방언을 적절하고 감칠맛 나게 섞어 영리하고 참을성 있게 엮은 이 언어는, 모음 각각이, 또 이중모음 각각이 충분히 넓게 열려 다른 어느 음악보다도 아름다운 선율로 그의 시를 노래하는 이 언어는 우리를 경이롭게 만드는가 하면 우리를 압도한다. 그에게 할애한 이번 장을 완벽한 경지에 도달한 그의 예술과 더불어 이쯤에서 덮어두자.

하지만 그러기에 앞서, 막을 내려가는 여름, 과일이 익어가는 탐스럽고 찬란한 가을의 풍경을 보여주는, 《탈뤼시아》 중에서도 단연 압권인 빛나는 화폭을 한 번 흉내라도 내보자.

(이 시에 등장하는 인물들은 친구 집에서 탈뤼시아, 즉 데메테르 여신을 기리는 축제에 참석하기 위해 코스 섬에서 긴 시간 동안 산책을 하고 난 참이다.)

나로 말하자면, 에우크리토스와 아뮌타스와 함께 프라시다모스의 과수원에 도착하자, 우리는 기쁨에 들떠서 향기로운 동심초와 갓 베어낸 포도나

꽃을 따는 플로리스 요정. 폼페이. 앤더슨 사진.

무 줄기로 만든 깊숙한 침대에 몸을 눕혔다네. 우리 머리 위로 불어오는 훈풍이 백양목과 느릅나무를 가볍게 흔들었지. 아주 가까이에서 요정들의 동굴로부터 흘러나오는 신성한 물이 흐르는 소리가 들려왔네. 벌써 그림자를 드리운 나뭇가지 사이로 뜨거운 햇볕 아래서 몸을 태운 매미들의 귀를 찢는 듯한 울음소리가 울려 퍼지더군. 멀리, 가시 많은 나무딸기 덤불숲에서는 청개구리들이 서로를 부르는 소리가 올라왔다네. 종달새는 노래하고 방울새는 지저귀고 비둘기들은 구구구 울어댔지. 샘 주위에서는 붉은 벌 떼들이 붕붕거리며 날아다녔다네. 모든 것이 여름의 충만함, 과일의 계절만이 지니는 달콤한 향기를 발산하고 있었지. 발밑에는 배들이, 옆구리 근처에는 사과들이 풍성하게 굴러다녔네. 묵직한 자두나무 가지들은 농익은 열매들을 대지로 늘어뜨렸고…… 술통을 열고 4년 동안이나 통을 막고 있었던 막을 떼어냈다네…….

파르낫소스의 산에 사는 카스탈리아의 뉨페들이여, 말해주게, 이 포도주는 폴로스의 바위 동굴에서 늙은 케이론이 헤라클라스에게 준 포도주만큼이나 귀하지 않은가? 아나포스 강변에서 유명한 양치기인 건장한 폴뤼페모스, 산을 들어 배에 내리꽂던 그를 외양간에서 춤추게 만든 것도 바로 이 과실주였나? 그 포도주는 당신이 당신 샘에서 나는 물로 희석시킨 이 포도주와 맞먹을 만한가? 오, 요정들이여, 곡물 창고의 여신인 데메테르의 제단 근처에 있는 샘물 말일세. 나는, 아! 나는 여신이 쌓아놓는 밀에 내 키질용 삽을 찍어 내릴 수 있게 해달라고, 그리고 여신이 깔깔 웃으며, 두 손엔 밀 이삭과 양귀비를 가득 쥐고 나의 기도에 답해주기를 빈다네!

chapter 17

다른 형태의 도피
: 헤론다스와 사실주의적 풍자 희극, 그리스의 소설 《다프니스와 클로에》

세상에는 여러 가지 도피 방편들이 있다. 영웅들이 겪은 위험과 영예의 길을 보여줌으로써 인간의 위대함을 고취시키려는 목적을 가진 문학에 등을 돌릴 수도 있고, 일부러 인간의 비천함을 택해 온갖 조건 속에서 살아가는 자들의 가소로움과 우스꽝스러움, 쩨쩨함 등을 어처구니없이 웃어넘기는 대신 만천하에 고발할 수도 있다. 후자의 경우가 바로 추함, 찌푸린 얼굴을 그려내는 것으로 만족하는 천박한 사실주의의 길이다. 시인 헤론다스가 풍자 희극을 쓰면서 택한 길이기도 하다. 덕분에 그의 풍자 희극은 그 안에 담긴 믿을 수 없을 정도의 추함의 힘으로 인해 아름답다. 또한 헬레니즘 조각의 중심적인 경향도 같은 길을 택했다.

　위험을 동반하게 마련인 인간의 상승 욕구 기질을 다룰 것을 거부하고 이 길을 택하는 것은 고전시대 그리스인들이 생각했던 문학에

서 보자면 일종의 도피라고 할 수 있다. 생긴 그대로의 세계 속에서 인간들이 살아갈 수 있도록 돕되, 마주한 그 세계를 더 나은 세계로 변화시키는 것이 그리스 문학이 스스로에게 부과한 제일 중요한 목표였다. 그러기 위해서는 인간이 위대함에 다가가려는 욕망을 지녔을 뿐 아니라 약점(여기서 나는 비천함이 아니라 분명 약점이라고 말한다)을 지니고 있음을 인정해야 하고, 인간이 살아가는 환경인 이 세계 속에서 그의 위치를 제대로 가늠해야 하며, 세계를 움직이는 법칙과 자신의 마음을 움직이는 법칙을 분명하게 인식함으로써 가장 적절한 방식으로 현실에 적응할 수 있어야 한다. 이것이 이제까지 그리스 문학이 추구해왔던 목표였다.

헤론다스의 풍자 희극, 《뚜쟁이》, 《질투》

그런데 이번엔 헤론다스가 택한 길, 내가 천박한 사실주의의 길이라고 표현한 그 길을 잠시 따라가 보자.

　헤론다스라는 인물에 대해서는 거의 알려진 내용이 없다. 우리는 그저 1889년 대영박물관이 이집트 발굴 작업 과정에서 발견한 그리스 파피루스에 아홉 편의 풍자 희극이 들어 있었으며, 그 작품을 쓴 작가의 이름이 헤론다스였다는 사실 정도만 알고 있을 뿐이다. 풍자 희극은, 앞에서 소개한 테오크리토스를 통해서 살펴보았듯이, 친근한 대화를 통해서 현실을 모방하는 형식으로, 시켈리아에서 오래전부터 전해 내려오던 장르다. 대화 예술의 대가인 플라톤은 풍자 희극을 무척 즐겼다. 아리스토텔레스는 쉬라쿠사이의 오래된 풍자 희극들을 소크라테스 대화편, 그러니까 (플라톤과 크세노폰이 시도한 상상의 대화가 아니라) 소크라테스가 그의 제자들과 직접 나눈 대화와 같은 부류에 속하는 작품으로 분류했다.

헤론다스는 파격 단장격, 즉 절름발이 단장격이라고 하는 매우 독특한, 그리고 더할 나위 없이 추한 행으로 시를 씀으로써 이 장르를 새롭게 발전시켰다. 이에 따르면 시행은 끝부분에 가서 균형을 잃고 매몰되어버린다(어떤 수렁 속으로 매몰되는 것일까?).

그가 쓴 몇몇 풍자 희극을 살펴보기로 하자. 우선 《뚜쟁이》.

메트리케라는 젊은 여인이 하녀 하나만 데리고 혼자 집에 있었다. 남편은 이집트 여행 중이었다. 누군가가 문을 두드렸다. 메트리케의 나이 든 유모였다. 유모는 늘 메트리케를 보러 와야지 하면서 다섯 달 동안이나 못 왔다고 미안해했다. 솔직히 메트리케의 집이 너무 멀어서 어쩔 수 없었다는 것이었다! "골목길엔 진흙이 종아리까지 올라오는데, 이 가엾은 늙은이는 파리 새끼보다도 기운이 없으니 할 수 없는 노릇이지!" 의례적인 몇 마디 인사를 주고받은 다음, 유모는 찾아온 진짜 용건으로 들어갔다. 메트리케의 남편이 이집트라는 온갖 유혹으로 가득 찬 나라에 있으면서 마누라를 잊고 있다는 것이었다. "만드리스가 이집트로 떠난 지 벌써 열 달이나 되었는데, 아씨는 아무런 소식도 듣지 못하고 있잖아요. 아씨를 잊은 게 틀림없어요. 딴 색시를 본 게 틀림없다니까요. 그 나라야 아프로디테의 나라 아닙니까. 이 땅에서 좋은 거란 좋은 거는 죄 이집트에 있다더군요. 돈, 운동, 파란 하늘, 구경거리, 명예, 철학, 황금, 잘생긴 남자, 남매 신의 사원, 선한 왕, 박물관, 포도주…… 게다가 여자들, 그것도 한두 명이 아니라 아주 많은 여자들, 하늘이 그 많은 별들을 다 이고 있을 수가 없어서 지옥으로 내려보냈다는 처녀궁은 또 어떻고요! ……그런

데 딱한 우리 아씨는 여기서 이렇게 가만히 엉덩이로 의자만 덥히고 있다니!"

자, 이 대목에서 독자들은 이집트 예찬에 주목했을 것이다. 그 나라에 있다는 온갖 진귀한 것들을 열거하는 와중에 재치 있게 군주 예찬도 끼어들고, 부인 있는 남자를 붙잡아둘 만한 유혹거리(포도주, 구경거리, 여자들)도 유쾌한 방식으로 소개된다. 박물관, 철학자, 군주들의 선심도 소개되지만, 그런 것들은 아내에 대한 정절을 지키게 하는 데에는 별반 효력이 없어 보인다⋯⋯.

혹시 엿듣는 사람이 없는지를 넌지시 물어본 다음 늙은 유모는 방문한 진짜 이유에 대해 운을 뗀다. 아주 잘생긴 젊은 남자가 한 명 있는데, 그 남자가 어느 행렬에선가 메트리케를 본 이후로 상사병을 앓고 있다는 것이었다. 유모 역시 자나깨나 그릴로스라고 하는 이 남자 생각뿐이라고도 했다. 그도 그럴 것이, 그는 세상에서 제일 잘생긴 미남인 데다, 축전에서 상도 받은 운동선수이며, 돈도 많기 때문이었다. 그러니 메트리케가 눈 딱 감고 한 번만 유부녀로서의 덕목을 벗어던지면 어떻겠느냐고 유모가 제안했다. 그러면 메트리케가 상상하는 것보다 더 큰 행복이 기다리고 있을 것이라고 덧붙였다. 장황한 예찬에도 불구하고 메트리케는 거절했다. 메트리케의 답변은 대단히 교훈적이다. 자신은 정직하며 언제까지고 남편에게 충실한 여인으로 남겠다는 것이었다. 게다가 그런 제안을 한 유모에게 화를 내지도 않았다. 자신은 그렇게 까칠하고 속 좁은 여자가 아니라고도 말했다. 이윽고 메트리케는 하녀를 불러 유모에게 마실 것을 대접하라고 분부했다. 행주로 닦아 내민 잔을 들고 마시면서 늙은 유모는 이렇게 맛있는 건 처음 마셔본다고 호들갑을 떨었다.

　이제 《질투》라는 풍자 희극에 등장하는, 메트리케보다 덜 덕성스러운 여인을 보자. 중년 부인 비틴나는 노예 중의 한 명을 정부로 두고 있었다. 그런데 비틴나는 그 정부가 자신을 속이고 있다는 의심을 품고, 매우 심한 말로 그를 비난한다. 가엾은 노예는 최선을 다해 자신을 변호한다. "온종일 당신은 나를 나무랄 거리를 찾고 있군요, 비틴나. 나는 노예이니 당신 마음대로 하구려. 낮이고 밤이고 당신 심기를 살피며 불안해하느니 그 편이 나을 것 같소." 여자는 이 말을 문자 그대로 받아들였다. 비틴나는 그를 기둥에 묶고 밧줄로 꽁꽁 동여매라고 분부했다. 그러자 노예는 용서를 빌며, 다시는 그런 짓을 하지 않겠다고 약속했다. 이 고백은 여주인을 노발대발하게 만들었다. 비틴나는 노예를 감옥으로 끌고 가라고 명령했으며, 그곳에는 노예들을 벌주기 위한 특별한 장치가 마련되어 있었다. 여주인은 문제의 노예에게 등에 3천 번, 배에 1천 번의 채찍질을 가하라는 명을 내렸다. 그 말을 들은 노예는 사형선고를 받은 것이나 다름없다고 생각했다……. 그런데 노예가 감옥을 향해 출발하자마자 여주인은 마음을 바꾸었다. 그에게 한층 더 가혹한 벌, 즉 인두로 지지는 벌을 주기로 했던 것이다. 하지만 우리는 혹시 여주인의 분노가 누그러졌을지도 모른다는 짐작을 해볼 수 있다. 여주인의 심기를 잘 아는 젊은 여자 노예가 위험을 무릅쓰고, 축제날이니만큼 죄인에게 자비를 베풀어달라고 요청하자, 비틴나는 겉으로는 안 그런 척하면서 잠시 생각에 잠겼기 때문이다. 마침내 비틴나는 집으로 데려온 정부 노예에게 "이 축제가 끝나고 나면, 너는 너만의 축제를 맞이하게 될 거야"라고 말한다. 이 위협으로 작품은 막을 내리는데, 솔직히 우리는 비틴나의 위협을 진지하게 받아들이지 않는다. 질투로 인한 위기는 일단 지나

갔다고 판단되기 때문이다.

100행을 넘기지 않는 풍자 희극에는 많은 움직임이 담겨 있다. 등장인물들은 대체로 천박하고 상스럽다. 하지만 휩시퓔레에게 말하는 이아손의 '고상하고 기품 있는' 어조에서 탈피할 수 있어 오히려 우리는 신선함을 맛볼 수 있다!

이제 또 다른 작품을 소개할 텐데, 이 작품의 주제는 특별히 외설스럽지는 않지만, 그렇다고 덜 야만스러운 것도 아니다. 《학교 선생님》이라는 작품이다. 교실이 무대다. 메트로티메라는 이름을 가진 학부모가 교실로 들어선다. 그녀는 빠듯한 살림에 근근이 살아가는 집안의 안주인이다. 그녀의 늙은 남편은 자식들에게 아무런 권위도 없다. 이들 가족은 알렉산드리아에 본격적으로 세워지기 시작한 여러 층짜리 임대용 아파트에 세 들어 산다. 아들은 초등학교에 다닌다. 아니 다니지 않는다는 편이 더 정확하다. 짐꾼들하고 돈 따먹기 놀이를 하느라 노상 학교를 빼먹기 때문이다. 말썽쟁이 아들 녀석을 어찌해야 할지를 모르는 어머니는 아이를 데리고 학교로 가서 선생님에게 녀석의 등짝을 벗겨버리라고 부탁한다. 그러자 선생님은 몸집 큰 아이들 세 명을 불러 녀석을 꽉 붙잡으라고 하고는 부탁받은 대로 한다. 헤르쿨라네움의 벽화에 이 장면이 묘사되어 있다. 상반신을 숙인 한 학생의 등 위에 다른 한 학생이 올라가 있고, 나머지 한 학생은 그의 두 발을 붙잡고 있다. 헤론다스의 작품에 등장하는 선생님은 쇠꼬리 채찍을 힘껏 휘둘러 학생의 등짝을 내려친다. 매 맞는 학생이 아무리 비명을 지르고 애원을 해도 선생님의 채찍질은 계속된다. 아이는 선생님에게 용서를 빌고, 교실에 걸려 있는 뮤즈들의 이미지에 대고도 구원을 청한다. 등짝에 구렁이 가죽처럼 이리저리

줄이 간 다음에야 아이의 고통은 끝난다. 또다시 그런 짓을 하면 그 땐 두 발에 족쇄를 채워 아이가 끔찍하게 싫어하는 여신들이 지켜보는 가운데 학교에서 토끼뜀을 뛰게 할 것이라는 엄포도 뒤따른다.

그런데 어머니는 이런 체벌에도 좀처럼 만족스러워하지 않는다. 아이에게 채찍을 휘둘러 피곤해진 선생님에게 어머니는 "안 돼요, 아직 멈추지 마세요. 해가 떨어질 때까지 이 녀석을 때려주세요"라고 외친다.

이 장면만 놓고 보면 어머니가 과장되게 표현되었다고 할 수 있다. 하지만 시의 초반부에서 50행 정도에 걸쳐 아들의 말썽을 터진 봇물처럼 좔좔 쏟아내던 어머니를 기억한다면 이야기는 달라진다. 앞에서 어머니는 단단히 열 받은 서민 아낙네답게 어린 아들 녀석의 게으름과 배은망덕함을 상세한 사례까지 곁들여 가면서 시시콜콜 늘어놓았다. 요컨대 아들 녀석을 교육시키느라 비싼 돈을 들이는데, 녀석은 아직 낫 놓고 기역자도 모른다는 것이었다. 학교 문턱에도 가보지 못한 할머니가 줄줄 외우는 시를 녀석은 아직도 못 외우니, 그런 녀석은 차라리 당나귀나 돌보게 하는 편이 낫지 않겠는가. 또 한번은 녀석이 지붕에 올라가는 통에 여기저기서 기왓장이 과자 부숴지듯이 와장창 깨져버렸고, 그 바람에 "겨울이 다가올 때 눈물을 머금고 깨진 기왓장 한 장당 반 드라크메씩 물어주어야 했다니까요. 모든 세입자들이 입을 모아 콧탈로스, 이 메트로티메의 아들 녀석 짓이라고 말하니 어쩌냐고요. 게다가 그게 사실이고요. 그저 입 꾹 다물고 아무 말도 하지 않는 게 상책이었다니까요……"라고 한탄한다. 어머니의 탄식은 이런 투로 50행가량 이어진다…….

천박함의 극치, 《여자 파는 상인》

헤론다스의 풍자 희극 중에서도 천박함에 있어서 가히 압권은《여자 파는 상인》이다. 이 풍자 희극의 주인공은 갈보집 주인이다. 밧타로스라는 이름을 가진 그는 코스 섬에서 거주 이방인 자격으로 살고 있다.

탈레스라고 하는 젊은 남자가 한밤중에 그의 갈보집에 들어오더니 주인을 몇 대 갈기고 매춘부 한 명을 훔쳐갔다. 이제 무대는 법정이다. 헤론다스가 우리에게 제시하는 것은 밧타로스, 곧 의기양양한 원고의 논고다.

그의 연설은 아주 진지하며 나무랄 데 없는 위엄으로 가득 차 있어 감탄을 자아낸다. 그 연설문은 앗티케적 웅변술의 거장들이 구사하는 품격 높은 문체로 작성되었다. 밧타로스는 뤼시아스와 데모스테네스가 시민 법정에서 다루었을 법한 전통적인 주제를 전개해나간다. 하지만 여기저기에서 알게 모르게 그의 본성이 드러나던 중에 그는 문득 자신의 직업을 만천하에 공개하는 말을 쏟아낸다. 연설을 통해서 흘러나오는 고귀한 사고와 그 말을 하는 연설가의 실제 생활의 대조는 이 극에 희극적인 요소를 더해준다.

앗티케 웅변에 단골로 등장하는 주제 중의 하나가 부자와 가난한 자의 대립인데, 이는 언제나 시민 법정에서 제법 재미를 볼 수 있는 주제였다. 밧타로스는 이를 잊지 않았다. "그자는 바다로 여행을 하며, 그가 입은 털외투만 하더라도 값이 무려 3므나나 되는데, 나는 그저 낡은 외투와 더럽고 해진 신발을 끌고 육지에서 발품이나 팝니다. 이런 이유 때문에 그가 스스로에게 내 집 하숙인들 중에 한 명을 데려갈 권리를 부여한다면, 그것도 아닌 밤중에 홍두깨처럼 한밤중에 그런 일을 벌인다면, 시민 여러분, 이건 우리 도시의 안전과도 직

코린토스에서 발견된 청동 거울 뒷면에 새겨진 판화. 런던, 대영박물관.

결되는 문제이며, 여러분들의 자존심과 국가적 독립성은 탈레스로 인해 크게 훼손될 것입니다!" 이는 변호사들의 용어로 말하자면 소송을 확대하는 것이다!

이렇게 말한 다음 밧타로스는 케론다스의 법이라고 하는 난폭 행위에 관한 법을 들먹거렸다. 그는 법정의 서기에게 이 법 조항을 읽어주도록 요청했으며, 낭독하는 동안에는 원고의 논고에 할당된 시간을 측정하는 물시계를 정지시켜줄 것을 부탁하는 것도 잊지 않았다. 그런데 서기가 법 조항을 읽어 내려가는 도중에, 그에게 보상금이 지급되어야 한다고 인정하는 이 법이 너무도 마음에 든 그는 흥분에 겨워 낭독을 중단시킨다. "자, 이상이 케론다스라는 분이 하신 말씀입니다. 이 밧타로스가 멋대로 지어낸 말이 아니라는 거죠, 법정에 계신 시민 여러분. 문을 부순 행위에 대해서는 1므나라고 그는 말합니다. 주먹질도 한 번 할 때마다 1므나죠. 남의 집에 불을 지르거나 무단으로 침입할 경우에는 1천 드라크메, 그로 인한 피해에 대해서는 그 두 배를 지불하라고 그가 못 박았습니다! 이보게, 탈레스, 케론다스는 시민이었는데, 자네는 도시국가가 뭔지, 그 도시국가를 어떻게 통치하는지조차 알지 못하니……." 그는 젊은 남자에게 이런 식으로, 다시 말해서 법 준수가 몸에 밴 시민 같은 투로 훈계했다.

조금 뒤로 가면, 연설가들이 애용하는 수법 중의 하나인 비장한 분위기로 전환하기 위해서 그가 피해자, 그러니까 그가 하숙생이라고 말하는 뮈르탈레를 법정에 세운다. 아버지 같은 투로 그는 말한다. "어서 오너라, 뮈르탈레. 어서 와서 모든 사람 앞에 서거라. 부끄러워할 것 없다. 네 앞에서 사법관의 기능을 수행하고 계신 이분들은 아버지나 오빠 같은 분들이다. 보십시오, 시민 여러분. 그 불한당 같은 자가 폭력을 휘두르며 이 아이를 끌고 가면서 머리를 얼마나 힘껏 잡아당겼는지 보십시오."

끝부분에서 그는 노화에 대한 활유법을 사용함으로써 탈레스를 완전히 때려눕히는 일만큼은 자제했다. "아, 노화여, 그가 당신을 축복할지어다. 노화만 아니었다면 그는 예전에 사모스에서 '메뚜기' 필립포스가 그랬듯이(권투에 관한 일화를 암시하는 것 같은데, 우리로서는 정확한 맥락을 파악할 방법이 없다) 온몸의 피를 죄다 쏟아내야 했을 것이다. 아니, 자네, 지금 웃나? 그렇네, 나는 갈보집 포주라네. 그건 나도 부인하지 않겠네. 내 이름은 밧타로스이며, 내 조부님은 시쉼브라스, 부친은 시쉼브리스코스였지. 두 분 모두 갈보집을 경영하셨다네……." 가문과 직업에 대한 자부심이 묻어나오는 고귀한 반전이 아닌가!

이보다 더하면 더했지 절대 덜 고귀하다고 할 수 없는 결론은 원고의 소송 이유와 코스에 거주하는 모든 거주 이방인의 소송 이유, 그의 수상쩍은 조상들에 의해서 수호되어온 도시국가의 명예 등을 뒤죽박죽으로 만든다.

"아, 신사 여러분, 여러분들은 이 여자를 파는 상인 밧타로스를 지지하는 것이 아니라 여러분들의 도시에 거주하고 있는 모든 이방인들을 지지하는 거라고 분명하게 말씀하십시오. 코스의 존엄성이 무엇인지, 그의 조상인 메롭스의 존엄성과 텟살로스와 헤라클레스의 영광이 무엇이었는지를 보여줄 순간이 왔습니다. 아스클레피오스가 트릭카(텟살리아의 도시)로부터 어떻게 이곳에 왔는지, 포이베가 왜 하필이면 이곳에서 레토의 어머니가 되었는지 설명해줄 때가 되었습니다!"

자, 이것이 이소크라테스나 쿠르틀린의 작품에 등장해도 전혀 꿀리지 않을 갈보집 포주의 논고였다!

새로운 경향: 천박한 현실을 모방하는 문학

이제 헤론다스에 대해서 결론을 내려야 하지 않을까? 나는 이번만큼은 문학 비평이나 역사 비평의 언어가 아닌 삶의 언어로 결론을 내려볼까 한다. 물론 그렇게 말하면, 아무 내용도 없는 말처럼 비칠 수도 있음을 모르지 않는다. 그래도 나는 내 식으로 시도해보련다.

우선 한 가지 사실은 반드시 인정해야 할 것으로 보인다. 헤론다스의 시는 그 은밀한 본질에 있어서 이제까지 살펴왔던 그리스적인 시, 문학, 삶과 전적으로 이질적이다. 그리스 문학은 처음부터 끝까지, 에우리피데스와 아리스토파네스는 물론, 호메로스에서부터 박코스 신의 여제사장, 아르키메데스에 이르기까지 다른 무엇이기에 앞서 로고스, 즉 말이었다. 그리스 문학은 귀로 듣기 위하여, 몸으로 체험하기 위하여 존재했다. 어쨌거나 그것이 그리스 문학에서 상당히 큰 비중을 차지했다. 그런데 헤론다스와 더불어 남에게 들려주기 위해 애를 쓰는 말은 자취를 감추었다. 이제 실재를, 천박한 실재를 모방하는 것으로 만족하는 문학이 남았을 뿐이었다. 이는 분명 훗날 위대한 문학 작품들의 탄생으로 이어지게 될 것이었다. 그런데 고대 민족들의 자양분이 되고 휴식처가 되어준 그 큰 나무를 우리는 다시 볼 수 있을 것인가?

인간은 그 나무의 그늘로부터 도피하는 쪽을 택했다.

문학의 쇠퇴와 소설이라는 오락의 탄생

하지만 기독교 시대가 시작된 지 얼마 지나지 않아 또 다른 형태의 도피가 등장한다. 바로 그리스 소설이다. 문학사를 통틀어 이보다 더 간단한 시간 보내기, 심심풀이 오락, 놀이에 가까운 문학 장르가 과연 있었을까?

흔히 그리스 소설에 대해서 태어날 때부터 늙었다고, 조로했다고 말한다. 어쨌거나 그리스 소설이 천 년이라는 역사를 가진, 그사이 끊임없이 새로운 장르를 탄생시키고 장르마다 걸작품을 만들어내느라 지치고 피곤해진 문학으로부터 태어난 것은 엄연한 사실이다.

서사시, 서정시, 비극 같은 영광스러운 선배들은 벌써 오래전에 경주를 마쳤다. 웅변술은 수사학으로, 역사는 낭만적인 삶의 기록 또는 진위가 의심스러운 박학다식으로 변질되었다. 마지막 남은 시인들은 지리나 의학, 자연사 등에 운율을 붙이거나 격언시나 가다듬는 처지로 전락했다. 저물어가는 세기에 오로지 철학만이 여전히 밝은 빛을 비춰주고 있었다. 하지만 고대 그리스는 새로 도래하는 세계에 가장 현대적인 문학 장르를 물려줄 수 있을 때까지는 무대에서 완전히 사라져 휴식을 취하기를 거부하기라도 할 것 같은 완강한 기세로 소설이라는 장르를 발명해냈다.

소설은 갑작스럽게 등장해서 풍성한 결과를 낳았다. 서기 2세기 무렵의 일이다(롱고스의 《전원시》 또는 《다프니스와 클로에》는 이보다 훨씬 늦게 등장한다. 아마도 서기 5세기경쯤 될 것이다. 우리는 이 작가에 대해서는 아무것도 알지 못한다).

주제는 알렉산드리아의 연애시에서, 배경은 탐험가들의 반쯤은 허풍에 가까운 모험담에서, 어조는 유감스럽게도 천박한 감정의 기하학

구조에 따라 남녀상열지사라는 주제를 풀어가는 분야의 전문가들이
었던 당시 소피스트들에게서 차용한 그리스 소설은 이것저것 되는 대
로 짜깁기한 탓에 사실 보잘것없는 수준의 작품들이 대부분이었다.

　짜임새도 상투적이다. 반대에 부딪힌 사랑 때문에 여러 가지 모험
이 이어지는 것이 기본 얼개였다. 두 젊은이가 서로 사랑한다. 두 사
람은 누가 보아도 부러워할 만큼 눈부시게 아름다우며, 외모만 아름
다운 것이 아니라 정숙하고 서로에게 더할 나위 없이 충실하다. 그런
데 부모의 의지가 두 사람을 갈라놓는다. 질투심에 불타는 자들과 배
신자들이 두 사람을 호시탐탐 노린다. 운명(그 많던 신들은 어떻게 되었을
까?)이 이들이 꾸미는 모사를 지배하며, 두 사람이 가는 길목마다 무
수히 많은 난관을 예비해놓는다. 하지만 두 사람은 변함없는 사랑과
덕성으로 모든 시련을 극복하고 마침내 보상을 받는다. 고약한 줄 알
았던 운명은 알고 보니 선한 동반자였다. 운명의 힘으로 두 연인은
결합하고, 악한 자들은 죄를 뉘우치고 사죄를 하지 않는다면 벌을 받
게 된다(솔직히 이 소설 작품들에는 착한 강도들이 굉장히 많이 등장한다). 모든
이야기는 더할 나위 없이 교훈적으로, 더할 나위 없이 행복하게 마무
리된다. 이따금씩 영화에나 등장할 법한 근사한 입맞춤으로 끝나는
경우도 있다.

　이런 시나리오만으로도 부족해서 온갖 조잡한 기제들이 총동원된
다. 예를 들어 버려진 아이들이 어느 시점에 가면 갑자기 돈 많고 너
그러운 부모의 자식인 것으로 판명난다. 또 버림받은 애인들, 가령
바다에 던져졌다거나 산 채로 매장되었던 자들이 결말 부분에 멀쩡
하게 살아서 모습을 드러낸다. 심술 고약한 왕이며 교활한 마술사,
해적들은 이루 헤아릴 수 없을 정도로 무더기로 등장한다. 오만불손

한 중년 부인들이 불행하게도 젊은 미남 주인공들과 사랑에 빠진다. 주인을 납치해간 배를 헤엄쳐서 따라갈 정도로 충성심이 넘치는 늙은 하인들도 부지기수로 출현한다. 등장인물들과 작가가 곤경에 빠질 때마다 각종 꿈과 말도 안 되는 신탁이 등장하기도 한다.

마지막으로, 무대로 말하자면 거의 자동적으로 이국적인 곳으로 결정된다. 소설가는 의식적으로 열심히 이 부분을 다듬는다. 그는 맛살리아(마르세유) 출신 탐험가로 북부 바다와 세네갈 강 어귀를 여행한 자의 모험담을 읽었다. 또 알렉산드로스 원정 이후 그림이 좋은 페르시아, 마술적인 분위기를 풍기는 바빌로니아, 진기함을 간직한 인도 등으로 잔뜩 보강된 동방 연대기 등도 잘 알고 있다. 그는 또한 식물학과 동물학 관련 저작, 알렉산드리아 학자들이 작성한 희귀재 목록 등도 참고하였다. 미지의 세계 속에 이상적인 도시와 선한 야만인 민중들을 위치시키는 철학자들의 논문도 잊지 않았다. 이처럼 많은 자료를 섭렵한 그는 연인들을 광적인 템포로 세계 각지로 끌고 다니며, 풍경마다 향토색이라는 수상한 색을 입힌다. 왜곡된 바빌로니아가 재생지로 만들어진 이집트 모형과 경쟁한다. 탁발승들의 보좌를 받는 계몽군주 체제라는 희한한 방식으로 통치되는 아이티오피아에는 선한 감정들이 넘친다. 안개 자욱한 토울레(앞에서도 말했듯이 오늘날의 노르웨이를 가리킨다)를 넘어가면 매혹과 동시에 신-퓌타고라스주의가 만개한다.

여행의 열기는 이따금씩 연인들을 달나라 근처까지 이끌며, 덕분에 작가는 인간 영혼의 갈피갈피를 세심하게 살펴야 할 필요가 줄어든다. 항상 아름답고 열정적이며, 정직함에 불타는 그의 주인공들은 작품은 바뀌어도 변함없이 똑같은 틀로 찍어낸 듯이 천편일률적이

이집트 풍경. 앙리에트 그랭다 사진.

다. 지리적 차원이 심리적 차원을 대체한다. 모험의 우여곡절이 마음의 두근거림을 대신한다.

하늘이 도왔는지 이러한 소설 작품들은 또 다른 여행, 즉 그리스 문학이 우리에게까지 전해지기 위해 감행해야 했던 곡절 많은 기나긴 여행 과정에서 대부분 소실되었다.

최초의 연애소설, 《다프니스와 클로에》

하지만 《다프니스와 클로에》만큼은 우리에게 남아 있다.

이 작품에 결점이 없다고는 말할 수 없다. 이 작품은 그리스 소설에서 애용되던 몇몇 손쉬운 방편들을 그대로 답습하고 있다. 자기만족적인 꿈이며, 신분의 고귀함을 약속해주는 보라색과 황금색이 어우러진 화려함 속에 놓인 아이들, 운명과 마주하는 약속에 시간 맞춰 나타나는 경쟁자들과 해적들, 정결한 사랑과 그에 대한 보상, 죄를 뉘우치는 악인들. 운명은 사건의 추이를 복잡하게 만드는 것 같지만 사실은 너무도 쉽게 눈에 띄는 손으로 복잡함을 해결해준다.

롱고스의 소설은 그것이 세상에 나올 수 있도록 도와준 문학적 분위기에 다시금 편입되면서, 자신의 기교 또는 수법을 고스란히 드러내 보인다. 이것이야말로 많은 학자들이 빠지게 마련인 함정이다. 하나의 작품을 그 작품이 속한 장르를 지배하는 법칙에 입각해서 설명하려는 의욕에 사로잡힌 나머지 학자들은 작품을 그 자체로 향유할수도 있음을 자주 망각하는 것이다. 그런데 재능 있는 작가가 별 볼일 없는 장르에 뛰어드는 경우도 종종 있다. 이 경우, 문제의 재능 있는 작가는 유행하는 방식을 사용은 하되 어디까지나 절도 있게 사용

할 줄 안다. 그러니까 유행하는 방식을 가령 내면의 꿈을 표현하는 방식에만 제한적으로 도입한다는 말이다. 똑같은 줄을 가지고 고만고만하게 비슷한 인형들을 움직이는데, 그때까지는 지루하게 여겨지던 움직임이 어느 순간부터 매력적으로 바뀌게 된다는 것이다. 중요한 건 우리 안에서 문득 솟아올라 우리를 이끌어가는 쾌감의 정도가 아니겠는가.

학자들은 작품이 역사적인 설명의 테두리를 벗어나는 것을 그다지 달갑게 여기지 않는다. 그래서인지 이들은 《다프니스와 클로에》를 별로 좋아하지 않았다. 아니, 앞다투어 이를 비난했다. "퇴폐적이고 왜곡이 심한 작품"이라고 평한 학자도 있다……. 자신의 마음만을 유일한 기준으로 삼았던 괴테는 롱고스의 소설을 엄청 좋아했다. 괴테는, 에케르만(Johann Peter Eckermann, 1792~1854, 독일의 시인이자 작가—옮긴이)에 따르면, 이 작품이 지성과 예술, 취향에 있어서 걸작품이라고 말했으며, 거장 베르길리우스의 작품보다 오히려 한 수 위라고 평했다고 한다. 그런데 《헤르만과 도로테아》의 작가인 괴테의 평가가 그 권위를 인정받을 수 있을까? 헬레니스트들은 그에게는 그럴 자격이 없다고 평한다. 그리스 소설사 전문가인 로드는 "작가가 소설 곳곳에 흘려놓은 거짓 천진성은 원전으로부터 서투르게 복제된 것이 아니다"라고 말함으로써 괴테가 내린 판단의 '오류'를 설명할 수 있다고 믿는다. 그의 이 설명은 그 자신이 의도했던 것보다 훨씬 재미난 효과를 야기한다.

그렇다면 예술은 가짜, 즉 자연을 복제하는 가짜라는 말인가?

그리스의 자연에서 태어난 사랑 이야기

오, 매력 넘치는 레스보스의 전원이여, 그대는 원본, 그러니까 자연을 어쩌면 이다지도 감칠맛 나게 복제했단 말인가! 나는 지금 지리적인 레스보스에 대해서 언급하는 것이 아니다. 나는 작가가 정말로 그곳의 길들을 질주했는지 안 했는지는 관심이 없다(어떤 대목에선가 작가는 60여 킬로미터 중에서 10여 킬로미터 정도 오차를 보였다!). 나는 롱고스의 마음속에 펼쳐져 있던 레스보스, 즉 도시인들의 마음을 사로잡는 풀밭에서의 휴식, 휴가의 풍경, 음악과 빛으로 가득 찬 섬, 녹색의 초원과 푸른 하늘, 물위로 또렷하게 행복의 윤곽이 그려지는 그곳에 대해서 이야기하고 있는 중이다.

다프니스와 클로에는 그리스 소설에 등장하는 다른 주인공들처럼 광대한 세계를 주유하지 않았다. 두 사람에게는 동방으로의 이국적인 여행이나 극지방 탐험일지 같은 건 존재하지 않는다. 두 사람은 그저 가파르게 깎아지른 바위 위에 올라간 염소를 잡으러 가거나 씩씩거리며 뿔로 상대방을 들이받는 염소들을 떼어놓기 위해 달려갈 뿐이다. 이국적이건 향토적이건, 풍경을 위한 풍경 따위는 안중에 없다는 말이다. 언제나 눈앞에 펼쳐지는 매일 매일의 시골 풍경, 건조한 바위등성이와 바다가 늘 한 부분을 차지하는 그리스의 시골이 있을 뿐이다.

농장 앞에 쳐진 울타리와 흐드러지게 그 울타리를 장식하는 장미와 카네이션, 사과나무와 배나무, 올리브나무, 무화과나무들이 줄지어 늘어선 과수원, 양 떼들이 물결처럼 넘실거리며, 노간주나무와 가시덤불 숲 사이에서 솟아나는 샘, 쪽배들이 넘나드는 바다를 향해 달리는 풀밭.

이상화된 풍경. 하지만 절대로 '프랑스식' 정원처럼 추상적이지는 않은 풍경(로드의 주장에도 불구하고). 플라타너스와 소나무, 실편백나무와 월계수 등 다양한 수종의 나무들이 자라고, 많은 짐승들이 출몰하며, 산토끼들이 포도밭에서 깡충거리며, 개똥지빠귀와 산비둘기는 하늘을 날고, 벌레들이 붕붕거리는 지극히 구체적인 풍경.

그리스의 시는 모두 그리스만의 자연을 담고 있으며, 이 자연은 실제적인 동시에 몽상적이다. 이는 눈부신 빛과 소리, 냄새로 가득 찬 아리스토파네스의 자연과는 다른 종류의 자연이다. 아리스토파네스에게서는 가래가 뿜어내는 광채 속에서 땅을 일구며, 마을에서는 두엄이 썩어가는가 하면, 로즈마리의 향기가 나고, 새로 담근 포도주가 익어가는 냄새가 난다. 여인네들은 불어오는 바람에 풍만한 가슴을 맡기며, 울타리에서는 이름 모를 작은 새들이 재잘대고, 햇빛에 환장한 매미도 기를 쓰고 목청을 높인다. 이는 또한 헤시오도스의 떨떠름하고 성마른 자연과도 다르다. 사실 헤시오도스는 흘린 땀에 대해 수확이라는 보상을 주는 존재로서의 대지가 아닌 다른 용도로서의 대지를 사랑하기에는 지나칠 정도로 진정한 농부였다. 그런가 하면 평온하면서 가혹한 호메로스의 자연, 죽을 운명을 타고난 인간의 고통에 무심하며 이들의 기도에 귀를 닫아버리는가 하면 인간을 매혹시켜 결국 자신 앞에 무릎 꿇게 만드는 비정한 자연과도 다르다.

롱고스의 《전원시》의 출현과 더불어 평화롭고 온화하며 부드러운 자연, 인간과 인간의 몽상에 맞추어 온갖 혜택을 베풀어주는 자연, 인간의 슬픔을 위로해주며, 기쁨을 함께 나누는 자연이 등장한다.

우리는 너나없이 누구나 이 같은 자연, 즉 축제와 망각으로서의 자연, 오로지 부드러운 손길로 우리를 애무해주는 자연을 꿈꾸어왔다.

피곤함을 어루만져주며 고통과 권태를 잠재우는 신선한 애무, 게으름과 나태에 빠진 육체를 자극하고 관능으로 이끄는 활기찬 애무. 둘이 함께 가축을 돌보며 함께 식사를 하고, 사랑이 다가오는 짜릿함을 느끼는 쾌락, 함께 꽃을 따고 요정들에게 줄 화환을 엮는 즐거움, 마음이 아직 확실하게 알지 못하는 것을 입술로 대신 표현해주는 갈피리의 나지막한 탄식에 이르기까지, 대지가 일구어놓은 아름다운 정원에서 배려심 많은 청소년들이 주고받는 천진난만한 쾌락을 어느누군들 꿈꾸지 않았겠는가. 또 떠들썩하고 즐거운 포도 따기, 포도송이를 따는 마을 청년들에게 마실 것을 따라주는 마을 처녀들, 횃불 아래에서 짜는 포도즙, 나무 꼭대기에 대롱대롱 매달린 사과, 애인에게 주려고 그 사과를 따는 젊은 농부, 농부가 위험하게 나무 꼭대기에 올라간다고 화를 내다가 이내 사과를 받아들고 웃는 처녀, 시골 연인들을 들판에서 떼어놓는 한겨울의 눈, 펑펑 내리는 눈 덕분에 따뜻한 방 안에서 하나가 되어, 덤불숲에서 나누던 입맞춤을 주고받는 연인들…….

자연은 이제 막 태어나는 사랑의 공모자다.

사랑의 쾌락에 눈떠가는 시골의 연인들

오, 다프니스와 클로에의 부드러운 사랑이여, 우리 모두가 마음 깊은 곳에 간직하고 있는 첫사랑의 이미지를 어쩌면 이리도 감칠맛 나게 복제했단 말인가!

젊은이의 늠름한 구릿빛 등에 물을 끼얹어주며, 그 등을 어루만지고 또 만지는 처녀의 손길, 놀라움을 금치 못하는 소년의 눈을 통해

서 처음으로 눈부신 금발이 되어가는 소녀의 머리카락, 어린 소녀의 입맞춤, 톡 쏘는 새콤한 맛을 남기는 달콤한 이 입맞춤, 웃음과 눈물 속에서, 불면의 밤과 소스라치듯이 두근거리는 가슴속에서, 슬픔의 장막과 익숙한 얼굴에서 문득 느껴지는 매력 속에서, 친근한 눈길이 주는 새삼스러운 신선함 속에서 형체를 갖추어가는 사랑, 아, 관능과 부드러움을 배워가는 이 달콤하고 매혹적인 서투른 몸짓들……

그런데 한 가지, 주의하시라, 독자들이여. 이 작품은 '음란물'이다. 적지 않은 문헌학자들이 그렇게 결정했다. 외설스럽고 석연치 않은 책이라고 말한 학자도 있다. 그런 책이 현대에 들어와 각광을 받는다는 것은 나쁜 징조라고, 도덕심으로 무장한 헬레니스트들은 거든다. 그러니 독자들이여, 이 책이 당신 마음에 들었다면, 당신 자신이 어떤 사람인지 이제 좀 알 것 같지 않은가.

그런데 존경할 만한 오세르의 아미요 주교의 판단은 달랐다. 성직자로서의 의무에 누구보다도 충실했으며, 왕족 자손들의 가정교사이기도 했던 그는 롱고스의 소설을 최초로 프랑스어로 옮겼으며, 이 작품에 대한 그의 사랑은 그가 번역한 구절구절마다 배어나온다.

어쨌거나 감각적인 작품임에는 틀림없다. 사랑을 노래하겠다는 작품이 어떻게 그렇지 않을 수 있겠는가? 하지만 그렇다고 해서 이 작품을 음란물, 다시 말해서 (신중을 기하기 위해서 나는 음란물의 사전적인 의미도 확인해보았다) 풍습을 저해하는 작품이라고 치부해야 하는가? 과거에 그랬듯이, 다프니스가 여자친구 클로에의 가슴에 자신이 따온 사과를 올려놓았다고 해서, 그 사과가 입맞춤에 버금간다고 해서, 또는 같은 지점에 맴맴 울어대려 하는 매미를 올려놓았다고 해서 화가 부셰(François Boucher, 1703~1770, 프랑스의 화가로 전원풍경이나 신화 같은 고전주의적인 주제에 풍부한 장식을 곁들인 로코코 스타일의 작품을 주로 그린 것으로 유명하다—옮긴이)의 작품에 나타나는 대로의 연애시대를 들먹거릴 필요가 있을까? 나이 지극한 롱고스는 이 천진난만한 애무가 그저 "시골 촌뜨기들의 장난"이라고만 간단하게 말한다. 르네상스 시대의 인문주의자들도, 그들도 우리 못지않게 시대적인 관습과 시류로부터 자유롭지 않았을 터인데도, 서로에게 홀딱 빠진 청춘 남녀가 사랑이 무엇인지도 모르는 채 두 사람을 한결 확고하게 결합시켜줄 비밀스러운 무언가를 찾아나서는 이 이야기 때문에 정절이 크게 훼손된다고는 생각하지 않았다.

다만, 다프니스와 클로에가 점차적으로 사랑을 발견해나가는 이 여정에는 지나친 열의, 그러니까 모범생들에게서 보이는 외골수의 열성이 보여, 감동스럽기도 하지만 솔직히 때로는 실소를 금하기 어렵다는 점은 지적해두고 싶다. 인근 지역의 현자로 통하는 늙은 목동 필레타스로부터 두 사람은 일종의 성교육을 받는다. 상당히 우회적이라 알쏭달쏭한 설명을 통해서 이루어지는 사랑 입문임은 두말할 필요도 없다. 두 사람은 이 가르침의 실습에 돌입하며, 거기 적힌 의무를 자유의지에 따라 기꺼이 행한다. 다소 교과서적인 면도 없지 않지만 어쨌거나 서투른 가운데 나름대로의 진솔함이 드러난다. 요컨대 염소와 양들에게 모든 것을 배우는 이 시골 젊은이들은 천진함 그 자체다! 두 사람이 함께 사랑을 찾을 때 느끼는 동요, 무지함으로 인한 수치심, 벙어리 냉가슴 앓듯 혼자서 짐작만 하고 넘어가는 수줍음, 이런 감정들은 과연 희귀한 것일까? 깜찍하게도 두 사람이 서서히, 노인의 가르침에 따라, 사랑으로 인한 병에 유일한 처방이라고 알려진 "벌거벗고 함께 자기"(아미요 주교는 정확하게 그리고 매우 자연스럽

게 이렇게 옮겼다!)를 실천에 옮기는 장면을 상상해보라……. 두 사람이 첫날밤에 한 침대에서 "밤새도록 날카로운 소리를 지르며 사냥에 나선 고양이들처럼 눈을 감지 못하고" 실컷 사랑을 나눈 뒤 흡족해하는 광경은 또 어떤가. 이 작품에서는 그리스 문학을 힘차게 관통하고 있는 이교도적 자연주의가 죽지 않고 살아 있음을 느낄 수 있다. 이 이교도적 자연주의는 변태적으로 나타나지도 않는다. 약간 약화된 것은 사실이나, 그 대신 달콤하고 새로운 부드러움이 그 공백을 채운다. 고전주의 시대의 시에서 풍겨 나오는 강력한 육체의 향기가 반쯤 증발하면서 적당히 행복한 취기로 우리를 나른하게 만든다. 육체는 과거에 비해서 훨씬 덜 자발적인 대신 학습 지향적으로 변모한 동시에, 훨씬 덜 상처받으며, 기분 좋은 마음의 몽상에 한결 잘 어울린다. 사랑은 더 이상 삽포나 에우리피데스의 시에 나타나는 것처럼 존재의 뿌리를 뽑아버리고 얼음장 같은 죽음으로 몰아가는 질풍노도가 아니다. 사랑은 이제 서서히 저물어가는 맑게 갠 날에, 아름답기 때문에 자신이 선택한 여인과 함께하는 시간, 세상에서 가장 갖고 싶은 남자와 더불어 보내는 시간이다. 다프니스, 너의 클로에는 우유를 살짝 곁들여 같은 잔으로 마시는 포도주처럼, 그의 입에서 너의 입술로 전해지는 피리 소리가 빚어내는 멜로디처럼, 아름답고 부드럽구나. 클로에, 너의 다프니스는 피어나는 꽃보다, 시냇물의 노랫소리보다 소중하고 아름답구나. 아! 그의 품에 안긴 너는 그의 새끼 염소로구나! 이런 식으로 사랑의 달콤함은 이 세계의 부드러움과 밀접하게 연결되어 있다…….

요정과 신들과 농부들이 함께하는 전원시

신들도 자신들이 온화한 존재임을 상기하면서 선함을 가꿔나간다……. 신들의 얼굴에서는 이미 인간이 감히 쳐다볼 수도 없었던 찬란함, 벼락으로 표현되던 위엄이 사라져버렸다. 올림포스 산에는 어느새 그늘이 드리웠다. 까마득히 잊혔던 불멸의 존재들 가운데 몇몇은 이번 장에서 벌써 석양처럼 지평선 너머로 자취를 감추었다. 예전 세계는 축을 중심으로 돌았으며, 어느새 새벽의 여명이 이제껏 보아오던 낡은 얼굴을 비춘다.

하지만 레스보스의 시골에는 여전히, 적어도 당분간은 겸손한 몇몇 신들, 샘물과 관목 숲의 여신들처럼 가장 오래된 신들이 명맥을 이어가고 있다. 이 신들이 마지막까지 저물어가는 축제를 떠나지 않고 지킨다. 클로에가 암양의 젖을 짜는 바위틈에서 요정들의 삶은 계속된다. 머리를 풀어헤친 채 미소 띤 얼굴로 요정들은 샘물 주변에서 맨발로 춤을 춘다. 목동들은 동굴 벽에 들통과 대롱을 매단다. 어린 염소치기는 잊지 않고 요정들에게 매일 꽃이나 과일을 가져다준다. 요정들은 이 작은 선물에 기뻐하며 기꺼이 도움을 베풀어준다. 끝이 갈라진 발에 머리에는 뿔을 인 나이 든 판 신은 소나무 그늘 아래 앉아 친구 같은 짐승들과 놀이를 즐긴다. 제일 잘생긴 양을 골라 껍질을 벗긴 농부는 뿔이 그대로 달려 있는 양가죽을 판 신의 머리 위로 드리워진 나뭇가지에 넌다. 정답고 장난치기 좋아하는 판 신은 갑작스러운 불을 내거나 바다까지 들리도록 큰 소리로 나뭇가지를 뚝 부러뜨리는 장난을 즐기면서 시골 사람들을 지켜준다. 마을 축제에서는 포도주를 탄생시킨 디오뉘소스 신도 절대 잊는 법이 없다. 요란스럽게 발을 구르는 사튀로스들의 무리도 기억되고, 클로에의 어깨에 얹힌 새끼 사

슴의 가죽을 통해서 디오뉘소스 신의 무녀들도 기억된다.

《전원시》에 등장하는 신들은 이야기의 전개를 돕는 수단이며, 문체 효과를 위한 장식에 불과하다고 어느 비평가는 말했다. 사실 민간 신앙의 이미지만큼 자연스러운 것도 없다. 마을의 신, 농부들의 신과 과수원, 농장을 연결해주는 협약은 여전히 유효하다.

아폴론과 제우스, 퀴프리스와 아르테미스 등의 신들은 시인들에게 그저 헌옷이나 낡은 장식품으로 전락해버렸지만, 이교도적인 신들은 롱고스의 소설 속에서, 전원에 사는 소박한 이들의 마음속에서 여전히 건재한다. 이들은 언제나 첫째가는 재화, 즉 물과 포도주, 우유와 대지의 과실들을 허락해준다. 이들은 들판과 가축 떼들을 굽어살핀다. 이들은 또한 사랑을 지켜준다. 다른 어느 때보다도 친근하며, 올림포스의 제왕적 신들보다 훨씬 온화한 모습으로 다가오는 이들 신들은 열심히 일하는 농부들에게 손을 내밀고 미소를 보낸다.

이들은 영원히 모습을 감추어야 하는 순간에 딱하게도 요정이나 장난꾸러기 꼬마 악마로 변장한 채 오히려 그 어느 때보다도 숲 속 깊은 곳으로 파고드는 것처럼 보인다. 이들은 자신들이 등장하는 이 마지막 작품에서 인간의 다정한 눈길을 애원하며, 사라지게 되어 미안하다고 용서를 구하는 것 같다.

그런데 나는 앞에서 왜 도피라고 말했던가? 그리스 소설이 오직 오락만을 추구하기 때문일 것이다. 그렇다고 해서 그것이 그리스 소설을 비난할 이유가 될까? 그건 나도 잘 모르겠다. 어쨌거나 나는 이 작품에 마음을 빼앗겼다.

어쩌면 나는 그리스 시에 마지막으로 작별인사를 고하려는 욕망에서 앞의 글을 쓴 것은 아니었을까?

그러니 독자들이 직접 읽고 판단하기를 기다릴 수밖에! 그런데 그러기 위해서 독자들이 아미요의 번역본, 폴-루이 쿠리에가 절묘하게 가다듬은 판본을 입수한다면(그럴 확률이 매우 높지만), 그건 어디까지나 프랑스적인 작품임을 명심해야 한다! 너무도 완벽한 '번역본'이기 때문에, 그 판본을 읽고 난 다음 그리스 원본, 그러니까 롱고스의 그리스어 판본과 아미요의 프랑스어 번역본을 읽으면, 롱고스가 폴-루이 쿠리에를 서투르게 번역한 것 같다는 느낌을 지울 수가 없을 것이다.

chapter 18

에피쿠로스와 인간의 구원

……왜냐하면 그건 대표적인 물질이기 때문이다. 그런데 물질 숭배만큼 정신에 어울리는 것이 또 있을까? 정신을 숭상하는 정신은…… 이게 뭔지 알겠나? 너무 잘 알지.

— 프랑시스 퐁주, 《대지》

 이젠 그만하고 마무리를 지어야 한다. 마무리를 짓다니? 아니, 마무리까지는 아니더라도 일단 매듭을 지어야 한다. 무릇 필자는 비록 정통적인 역사 연구 방식을 따라가지 않는다고 하더라도, 역사가 마무리 지어지지 않는다는 사실은 잘 알고 있다. 역사는 계속된다.
 더구나 이 마지막 권에서 내내 필자는 척박한 쇠락기, 척박하지만 한편으로는 약속으로 충만한 그 시기의 한 중심에서 미래에 대한 전망을 끊임없이 피력했다. 이제 그가 오랜 시간을 함께해온 고대에 작

별을 고하면서 이 소중한 과거를 대표하면서 동시에 이 시기의 훌륭한 동반자가 되어줄 만한 인물을 골랐다.

바로 에피쿠로스다. 에피쿠로스는 자신의 동시대인들에게 그저 친구가 되는 것으로 만족했다. 그런 그가 이제 우리의 친구가 되어주기를!

가장 많은 오해를 받은 철학자

에피쿠로스는 대략 플라톤보다 한 세기 후, 그러니까 기원전 4세기 말에서 기원전 3세기 1사분기에 걸쳐 생존했던 인물이다. 그의 생각과 삶(환자로서의 삶)은 플라톤의 야심찬 관념주의에 대한 엄격하고 고통스러우면서도 평온한, 매우 인간적이면서도 고귀한 답변이다.

플라톤의 저술과 관련해서는, 잘 알다시피 매우 방대한 양에 이르는 모든 작품들이 지금까지 전해지고 있다. 에피쿠로스는 그보다 한층 더 방대한 저술을 남겼지만, 현대까지 전해지는 것이라고는 고작 친구들에게 보낸 제법 두툼한 세 통의 편지, 흔히들 '중요한 가르침'이라고 일컫는 80개의 경구, 그리고 그의 저작들에서 뽑아낸 열두어 쪽 정도의 발췌문이 전부다. 이처럼 대대적으로 그의 저작을 없애버린 의도는 그의 스승인 데모크리토스의 저작을 파괴하기 위해 동원되었던 이유와 다르지 않을 것이다. 그러나 이 두 사람의 인간 해방자는 로마 시대의 위대한 시인 루크레티우스라는 수호자를 통해 다시금 빛을 본다. 루크레티우스는 특히 제자인 에피쿠로스의 생각을 거의 왜곡하지 않고 충실하게 소개함으로써 두 사람의 명예를 바로 세워준다.

동시대인들이나 다음 세대의 사람들에게 에피쿠로스와 그의 가르침만큼 열광적인 옹호와 극단적인 반대를 동시에 불러일으킨 사람이나 교리는 없었다. 몇몇 사람들에게 에피쿠로스는 일종의 악마였다. 그는 인간들에게 가장 천박한 유물론, 즉 먹고 마시는 유물론을 제시했으며, 신에 대한 경멸을 가르치고, 세상에 '돼지들의 학교'를 선사했다. 에피쿠로스주의자라는 용어만 놓고 보더라도, 프랑스어에서 이 용어는 그다지 긍정적인 이미지를 지니고 있다고 볼 수 없다. 향락주의자, 감각주의자 또는 이보다 훨씬 노골적으로 아예 난봉꾼을 의미하기 때문이다. 그런가 하면 에피쿠로스를 거의 신과 동격으로 간주하는 사람들도 적지 않다. 그는 인간들이 쓸데없는 두려움과 고답적인 미신으로부터 해방되어 평온한 삶을 살도록 해주었다. 그러므로 그는 해방자이며, 치유될 수 없는 고통으로부터 인간을 구해준 치료사다. 사실 치유될 수 없는 고통이란 따지고 보면 인간의 돌이킬 수 없는 어리석음, 아니 얼마든지 치유 가능한 어리석음에 불과하지 않겠는가.

루크레티우스는 '기품 있는 열정'이라고 표현되는 문체를 빌려, 이렇게 선언했다. "그는 신이었다. 그는 오늘날 우리가 지혜라고 일컫는 삶의 법칙을 최초로 발견했으며, 자신이 정립한 학문을 통해 인간의 실존을 수많은 폭풍과 수많은 암흑으로부터 끌어내어, 이루 말할 수 없는 평온 속에, 이루 말할 수 없는 빛의 세계 속에 정착시켰다!"

우리는 있는 그대로의 에피쿠로스를 소개하고자 한다. 우선 그의 삶의 궤적을 정리해본 다음 그가 살았던 세계 속에 그를 다시금 위치시켜보기로 하자.

질병의 고통 속에서 영혼의 기쁨을 탐색하다

에피쿠로스가 살았던 시대만큼 비극적인 시대도 드물다. 에피쿠로스는 아테나이의 시민이었으며, 생애의 대부분을 아테나이에서 보냈다. 그는 기원전 341년 사모스에서 아테나이 출신 이주자이자 교사의 아들로 태어났다. 그가 열네 살이 되던 해에 그의 아버지는 아들을 테오스로 보냈다. 그는 그곳에서 데모크리토스의 제자 중의 한 사람에게 배웠다. 잘 알다시피, 데모크리토스는 원자로 이루어진 세계라는 사상을 통해 '공포의 부재'를 가르쳤으며, 이는 곧 그의 제자들에게 행복에 이르는 길을 열어주었다.

기원전 323년에 알렉산드로스 대왕이 사망하자, 에피쿠로스는 몇 해 동안 가난 속에서 망명자 생활을 한다. 이 기간 동안 그는 아직 어린 나이에 거의 독학으로 행복의 비결을 터득했으며, 스스로 이를 실천했고, 다른 사람들에게도 전파했다. 그 후 그는 아버지에게로 돌아갔으나, 혼자 사는 생활에 익숙해진 터라, 이미 생존을 위한 투쟁에 대한 성찰로 단단하게 무장하고 있었으며, 삶의 지혜를 터득하고자 부단히 노력했다. 요컨대 그는 열아홉이라는 나이에 벌써 어른이 되어 있었다.

그 나이에 그는 벌써 환자이기도 했다. 편지에서도 드러나듯이, 지나치게 예민하고 상처받기 쉬운 감수성을 소유한 그였지만, 그의 몸을 갉아먹는 위와 방광의 병, 당시의 의학 수준으로는 아무런 치료도 기대할 수 없었던 그 질병이 주는 고통으로 심신을 단련시킨 그는 치료가 불가능하다면 어떻게 해서든지 이 질병과 더불어 살아가는 쪽으로 마음을 먹었다. 하루에 두 번씩 토한다 한들 그것이 무슨 대수겠는가. 그는 모든 사람들처럼 행복해지기 위해 이 세상에 태어났음을 잘 알고 있었다! 그는 행복하기를 원했으며, 그러므로 행복할 것이었다. 그는 지극히 단순한 행복의 비결을 혼자만 간직하려 하지 않았다. 그것을 그가 만나는 모든 사람들에게 전파했으며, 그와 더불어 그들도 행복을 맛보도록 도와주었으며, 그들과 친구가 되었다. 서서히 그는 자신만의 교리를 다듬어나갔다. 12년 동안의 고독한 명상, 고통스러운 방광염, 12년 동안의 검소한 생활 끝에 에피쿠로스는 제자들을 가르치기 시작했다. 그는 오래도록 고통과 곤궁함 속에 머물렀지만, 이와 동시에 친구들에게 사랑받고 이들을 사랑하며, 진실 속에서 사는 인간의 심오한 기쁨도 맛보았다. 그는 바로 이 사실, 기쁨의 체험, 즉 자신의 몸이 매일 겪는 고통 속에서 소중하게 발견하는 기쁨을 토대로 자신만의 독특한 윤리 체계를 구축했다.

기원전 306년 여름, 서른다섯 살의 나이에 에피쿠로스는 아테나이로 거처를 옮겼다. 그곳은 과연 독보적인 사상의 중심지였다. 아테나이는 플라톤과 아리스토텔레스의 도시였으며, 새로운 사상이 먼 곳까지 그 빛을 전파할 수 있는 곳으로는 아테나이가 유일했다. 아테나이는 새로운 그리스적 지혜의 온상이었던 것이다. 제논도 그로부터 몇 년 후인 기원전 301년에 그곳에서 스토아 학파를 설립한다. 에피쿠로스는 친구들의 도움으로 기원전 306년에 정원을 구입한다. 꽃이 만발한 이 자그마한 정원에서 그는 죽을 때까지 제자들을 가르쳤다. 죽음을 맞이하는 날, 그는 진실 가운데에서 자신의 삶을 탐색하고 마감하면서 총체적인 소감을 기록했다. "오늘이 내 생에서 가장 아름다운 날, 나의 마지막 날이라네. 방광의 고통과 복통은 여느 때와 다름없이 항상 극심하며, 조금도 격렬함이 덜어지지 않았지. 하지만 이 모든 것에 대항해서, 나는 우리가 과거에 나눴던 대담을 회상할 때

면, 영혼의 기쁨을 내세운다네. 사춘기 때부터 나의, 그리고 지혜의 변함없는 친구였던 자네가 메트로도로스의 자녀들을 잘 돌봐주어야 하네."

그의 마지막 당부는 이랬다. 이 짧은 글귀는 에피쿠로스가 마지막으로 정신이 들었을 때 그 자리에 없는 친구들을 위해 구술한 것이다. 스승은 자신이 죽고 난 다음에도 그가 늘 그랬던 것처럼 가난한 자들과 어린아이들을 계속해서 돌보아주기를 원했다(그는 유언에도 이를 명시해두었다). 그는 유언에서 나이 든 하인이며 그의 충직한 동반자였던 뮈스(들쥐라는 뜻을 가진 이름)와 다른 세 명의 노예를 해방시켜주었다. 그중 한 명은 여자였다. 그는 니카노르를 보살펴줄 것을 부탁하면서 이렇게 말했다. "내가 했듯이 그를 살펴주게. 지혜에 대한 사랑 안에서, 자신들이 가진 것으로 내가 필요로 하는 것들을 베풀어주었으며, 나에게 가능한 모든 우정의 표시를 보여주고, 나와 함께 철학을 공부하면서 늙어가기를 택한 나의 동반자들이 결핍 속에서 지내지 않도록, 나의 능력이 허락하는 한도 내에서, 그들을 살펴주게."

특히 공동체라는 테두리 안에서 기쁨을 극대화시키려는 열망으로 에피쿠로스는 죽은 자들에게 해마다 제물을 바치라고 가르쳤으며, 함께 즐거워할 수 있는 기회인 생일날을 기념하고, 매달 20일에는 향연을 베풀 것을 지시했다. 20일은 이미 사망한 그의 친구 메트로도로스를 기리는 날이었다. 에피쿠로스는 같은 날을 기해서 자신을 기억하는 의식도 함께 거행해줄 것을 당부했다. 이러한 당부가 영혼의 불멸이나 죽은 자들의 불멸에 대한 그의 믿음을 함축하는 것은 아니다. 이런 의미에서 본다면 키케로의 판단은 잘못되었다. 오히려 그와 반대로 에피쿠로스는 살아생전에 그를 따르던 충직한 무리들에게

에피쿠로스. '인스블룬델 홀에 소장되어 있는 고대 대리석 조각 카탈로그' (대영박물관)에서 차용.

심어놓은 기쁨으로 충만한 분위기가 그의 사망으로 유야무야되는 것을 원치 않았다고 보아야 한다. 그는 친구들과 함께 한마음으로 훌륭한 스승을 추억하는 것보다 더 큰 기쁨은 없다고 생각했다.

이렇듯 따돌림당하던 에피쿠로스의 삶은 가히 성자의 삶에 비견할 만하다.

그런데 이 에피쿠로스라고 하는 성자는 하필이면 고대 세계가 처했던 가장 암울한 시기에 활동했다. 그의 생존 연대는 헬레니즘 시대가 저물어가는 징표들이 쏟아져 나오던 시기와 겹친다.

아테나이의 비참한 현실에 대한 철학적 대안

에피쿠로스의 일생을 점철하는 몇몇 사건을 보자. 아테나이에서는 기원전 307년부터 261년까지의 46년 동안 전쟁과 폭동이 끊이지 않았다. 전쟁을 겪으면서 그리스인들 사이에 오래도록 보존되어 내려온 헬라스 공동체라고 하는 의미마저도 거의 대부분 사라져버렸다. 그리스 포로나 여성에 대한 존중 따위는 자취를 감추고, 칼과 강간, 노예제도가 그 공백을 차지했다. 도시국가라고 하는 공식적인 틀 안에서 정당, 아니 허울만 남은 정당들은 권력, 아니 권력의 모사품을 차지하기 위해 투쟁을 벌였다. 아테나이에서는 네 차례에 걸쳐 이방인들이 개입하여 도시를 점령하고 껍데기뿐인 유령 헌법을 바꾸었으나, 개정 헌법은 한 번도 시행되지 못했다. 폭동도 세 번씩이나 일어났다. 아테나이는 네 번이나 포위되었다. 말하자면 살육과 방화, 살해와 약탈이 에피쿠로스의 일상이었던 것이다.

참상은 점점 심해지고, 그 범위도 확대되었다. 이는 사실 플라톤 시절에 이미 시작된 현상이었다. 그가 쓴《국가》의 한 대목이 악의 확산을 잘 말해주고 있으며, 플라톤 자신도 이를 모르지 않았다. 플라톤은 어떤 관점에서 보더라도 도저히 시민이라는 범주에 넣을 수 없는 부류의 사람들에 대해서 언급했다. 이들은 "상인도, 군인도, 아무것도 아니며, 빈민일 뿐"이었다. 이 빈민들이라면 우리도 익히 잘 알고 있다. 이들은 실직자들이고, 노동자들이다. 아니 그보다 더 고약하게도 한 번 빈곤층으로 전락해서 다시는 거기서 헤어나지 못하는, 결코 다시는 헤어나지 못할 보통 인간들이다.

나는 마지막으로 한 번 더 고대 사회를 좀먹은 악, 즉 노예제도를 규탄할까 한다. 자유시민의 노동은 노예들의 노동과는 도저히 경쟁 상대가 될 수 없었으며, 따라서 이에 저항하지 못하고 맥없이 무너졌다. 이는 예상 가능한 일이었지만, 실제로는 아무도 이를 대놓고 예측하지 않았다. 그러므로 결국 양쪽 모두에게 비참함이라는 결과를 안겨주었다.

아테나이의 위상이 절정에 도달했을 무렵, 잠시 동안이나마 몇몇 사람들이 주축이 되어 노예제도 폐지를 논의한 적이 있었다는 단서가 있다. 이 단서들은 막강한 파급력을 지녔다고는 할 수 없지만, 어쨌거나 우리는 에우리피데스를 통해서 그 같은 움직임이 사회에 몰고 온 파장의 메아리를 파악할 수 있다. 그러던 중 그리스를 점령한 마케도니아의 필립포스가 그리스는 노예제도 폐지를 금지한다는 내용을 명문화한 평화 협정의 체결을 강요했다. 이는 그리스 민족이 처한 재앙을 기정사실화하며, 더욱 건전한 사회를 탄생시키기 위해 열려 있던 유일한 문마저 닫아버리는 결과를 초래했다.

그 후로 노예제도는 더욱 확산되어 극성을 부렸다. 알렉산드로스

의 원정으로 산업과 상업이 발전함에 따라 노예의 수와 비율은 증가 일로를 달렸다. 다른 한편으로, 토지와 농업에 집중된 부는 소규모 토지 소유자들의 몰락을 가져왔다. 요컨대 고대 사회는 양극화되었다. 한쪽에는 대규모 토지 소유자들인 큰 부자들(당연한 말이지만 소유한 토지의 규모가 커질수록 부자의 수는 줄어들었다)이 있었고, 그 반대쪽에는 노예들이 위치했다. 노예들의 수는 끊임없이 증가했으며, 이들은 이미 가난을 면치 못하고 '비참해질 가능성'을 지니고 있던 자유시민들마저도 돌이킬 수 없는 비참함의 나락으로 끌어내렸다. 어떤 상황에서도 항상 노예제도가 승리를 거두었으며, 이는 재앙적인 결과를 초래했던 것이다. 고대 사회에서 노예의 수는 꾸준히 증가했으며, 서력기원이 시작될 무렵에 정점을 찍었다.

한 고대인은 기원전 4세기에 포카이아의 시민이 처음으로 그의 나라에 1천 명의 노예를 끌어들였는데, 그 결과 절대적인 빈곤층으로 전락하게 된 그 나라의 가난한 시민들이 폭동을 일으켰다는 이야기를 전한다. 투입된 노예들로 인하여 자유노동자들은 졸지에 일자리와 먹을거리를 빼앗겼기 때문이다. 이들 자유노동자 한 명당 네다섯 명의 식솔이 딸려 있었으리라고 가정한다면, 상황은 더욱 심각해진다.

이처럼 노예제도와 자유노동의 공존은 고대 노동자들에게는 견디기 힘든 재앙이었다. 이러한 상황에서는 노동을 조직한다거나 노동자들의 저항을 조직할 수 있는 가능성이 원천적으로 봉쇄된다. 노동자들의 삶은 제어가 불가능한 자본의 힘에 종속되게 마련이다. 그리스 사회에서 노예 노동의 본격적인 활용은 소규모 생산자들의 대대적인 몰락을 가져왔다. 요컨대 노예 노동은 자유노동자 계급의 왜곡과 소멸을 초래한 것이다.

아테나이에서는 기원전 4세기가 막을 내려가는 고통스러운 시기에, 한동안 나라에서 나서서 가난한 자유시민들에게 식량과 임금의 배급을 체계적으로 조직하기도 했다. 하지만 오래도록 이 같은 노력을 경주하기에는 나라의 형편이 너무도 곤궁했다. 그리고 그 노력이라는 것도 별로 효과가 없었다. 따라서 나라에서는 배급을 곧 중단했다. 이따금씩 공무원들에게 봉급을 주지 못하는 경우도 발생했다. 그뿐 아니라 급기야는 실직자들을 수출하기에 이르렀다. 이들의 고통스러운 외침을 더 이상 듣지 않기 위해서였을까? 나라에서 이민을 강요받은 이들 중 일부는 최후의 수단으로 무장 조직에 들어가 그리스 세계 전역을 돌며 노략질을 일삼기도 했다.

경제가 와해되어가는 이 세계에서 인간의 삶은 너무도 불확실한 나머지 모든 것이 우연의 손에 좌우되는 것 같았다. 상황이 이러니 새로운 신, 새로운 숭배가 등장하는 것은 어찌 보면 지극히 자연스러운 일이다. 튀케(우연을 의미하는 이름) 여신은 이렇게 해서 창조되었다. 튀케 여신 숭배는 점점 확대되었다. 인간들, 얼마 전까지만 해도 학문을 통해서 자연과 사회를 움직이는 안정적인 법칙을 탐구하던 그 인간들은 이제 세계와 인간의 조건에 대해 무모하고 우연적인 생각을 하게 되었다. 그만큼 그들의 삶엔 안전판이 결여되어 있었다! 에피쿠로스의 시도 또한 이러한 상황에 대한 하나의 답변이라고 할 수 있다.

이와 동시에 승승장구하는 노예제도, 당시 사회가 안고 있는 모든 필요에 대해 적절한 해결책이 되어주리라고 믿었던 이 제도는 생산이라는 관점에서 보자면 결격 사유가 많은 제도였다. 노예는 마치 천성적으로 그렇게 태어나기라도 한 것처럼(!) 경제를 진전시키기에는

역부족이었다. 플라톤에서 콜루멜라에 이르기까지, 또 크세노폰, 카토, 바르로의 저술을 통틀어 볼 때, 노예에게도 가능한 모든 배려를 해야 하는데, 이는 물론 인본주의적인 정신에 입각해서라기보다 주인의 이익을 위해서 반드시 그래야 한다는 주장만이 천편일률적으로 들려온다. 물론 당시에는 아무도 귀담아듣지 않았던 주장이다. "노예 노동은 백정의 노동이나 다름없다"고, 로마의 별 볼일 없는 농업 전문가로 서기 1세기 무렵, 즉 고대 사회에서 노예제도가 가장 성행했던 시기에 활동했던 콜루멜라는 말했다. 그는 "노예들은 농업에 많은 해악을 끼친다. 이들은 소들을 아무한테나 맡기며, 제대로 먹이지도 않고, 땅을 갈 때는 머리라고는 전혀 쓰지 않으며, 필요한 양보다 훨씬 많은 양의 곡물을 파종한다. 땅에서 생산되는 것들을 소홀히 하며, 타작하기 위해 너른 공터로 운반해온 곡물들을 도둑질하거나 도둑맞도록 가만히 내버려두며, 타작이 끝난 곡물을 안전한 곳으로 옮기지 않는다. 청부업자들과 이들 노예들 때문에 농장은 폐허가 되어버린다"고도 했다. "주인이 적극적으로 감시하지 않으면, 군대에서 장군이 자리를 비웠을 때와 마찬가지의 결과가 빚어진다. 아무도 자신이 해야 할 의무 사항을 준수하지 않는 것이다……. 노예들은 그저 되는 대로 아무렇게나 일한다……. 노예들은 곡물을 가꾸기보다는 망쳐놓을 생각을 더 많이 한다"는 구절도 눈에 띈다. 모든 종류의 노예 노동으로 관찰을 확대하고 이를 비판한 대플리니우스는 다음과 같이 덧붙였다. "들판을 노예들에게 경작하라고 하는 것은 좋은 생각이 아니다. 왜냐하면 피로에 지치고 혼자 일해야 한다는 절망을 강요당하는 자는 제대로 일을 해낼 수 없기 때문이다!"

이 같은 몇몇 인용문들은 원칙적으로 에피쿠로스가 활동을 시작할 무렵에 이미 정착되어가던 상황의 자연스러운 귀결을 보여줄 뿐이다. 에피쿠로스가 살았던 세계는 이미 파괴가 예정된 세계, 따라서 불안 속에서 살 수밖에 없는 세계였다(노예들의 노동에 대한 이 같은 고대인들의 평가가 편견으로 가득 찬 것으로 보일 수도 있겠으나, 그래도 이 평가가 부분적으로는 틀리지 않았음을 인정해야 한다. 현대에 들어와서도, 즉 19세기까지 미국의 노예 주인들도 똑같은 평가를 계속했음을 잊어서는 안 된다).

에피쿠로스의 지혜가 맞서고자 했던 역사적 환경을 간단하게 요약하자면 대략 이 정도가 될 것이다.

플라톤은 이러한 재앙의 시기가 막 시작되려고 할 때 활동했다. 그는 그의 눈앞에서 시작되고 있는 심상치 않은 조짐이 커다란 재앙이 될 것임을 예상했으며, 그보다 후배인 에피쿠로스는 바로 그 재앙의 한가운데에서 살았다.

플라톤은 고개를 들기 시작하는 불안감에 두 가지 대안을 제시했다.

한편으로 그는 인간의 영혼은 심판을 받고 난 다음 지상에서 베푼 정의에 대해 보상을 받는다고 말함으로써 인간의 희망을 내세로 이동시켰다. 이는 물론 불의에 대한 벌을 받지 않으며, 인간이 되었건, 짐승이 되었건 지상에서 다시 살라는 분부를 받지 않은 영혼에만 해당되는 경우다.

그렇다고 플라톤이 인간 사회에 대한 관심을 완전히 저버린 것은 절대 아니다. 그가 두 번째 대안, 즉 인간 사회 개혁을 제안한 것도 그 때문이다. 그는 특히 그의 저서 《국가》에서 이상국가의 상을 통해서 그가 상상하는 개혁을 전개해나갔다.

지상에서의 개인의 행복이라는 화두

에피쿠로스는 플라톤의 두 가지 대안 중에서 그 어느 것도 받아들이지 않았다. 새롭게 전개되는 역사적 상황, 어느 때보다 가혹해진 그 상황에 대한 에피쿠로스의 대답은 동시에 플라톤식 관념주의에 대한 그의 답변이기도 하다. 에피쿠로스는 플라톤의 관념주의가 몽상적이며 잘못된 세계관에 토대를 두고 있다고 보았다.

사회의 개혁에 관해서라면, 에피쿠로스는 때가 너무 늦었다고 생각했다. 플라톤의 시대였다면, 사회의 집단적인 구원이 여전히 가능할 수도 있었겠지만, 에피쿠로스의 시대에는 저마다 각자의 개인적인 구원만을 열망했다. 그러므로 그는 이상국가 같은 것에는 추호의 관심도 없었으며, 오로지 개인의 구원만을 즉각적으로 추구했다. 이 시점에서는 역사가 너무도 불운한 국면에 접어든 탓에, 사회 정의나 사회적 진보 등을 돌아볼 여지조차 없었다. 이는 분명 모든 분야에서 진보를 추구했던 그리스 사상, 그리스 문명의 후퇴를 의미한다. 하지만 비참함과 고통으로 인한 압력이 너무 셌다. 인간들은 그저 저마다 즉시 구원받고 싶어했다. 에피쿠로스는 가장 시급한 불부터 끈 셈이다. 그는 도스토옙스키가 말한 "지상의 양식이라는 깃발"을 높이 들어올렸다.

지상의 양식…… 분명 그렇다. 에피쿠로스는 플라톤의 첫 번째 대안, 즉 내세에서의 지복을 약속하는 노선은 따라가지 않았다. 이 제안은 그가 보기에 너무 안이할 뿐 아니라 기만적이었다. 그는 영혼불멸을 믿지 않았다. 그는 인간들에게 즉각적으로, 현재의 삶에서 행복해지는 방법을 가르쳐주고자 했다. 소박하고 제한적인 행복일지 모르나, 그럼에도 확실하고 누구나 자신의 두 손으로 길어 올릴 수 있

는 행복을 말이다.

에피쿠로스 철학의 위대한 점은 플라톤이나 그의 뒤를 이은 기독교처럼, 하늘로의 도피를 제안하는 대신 지상에서 무언가 할 것을 제안했다는 데에 있다.

매우 실리적인, 다시 말해서 가장 마음을 잡아끄는 목표를 향해 곧장 달려가는 지혜, 곧 개인의 행복이라는 화두는 이렇게 해서 등장한다. 그렇다. 에피쿠로스는 현대의 한 '철학자'가 말했듯이, "지상의 행복을 원할 정도로 고상함이 결여된 자들" 중의 한 사람이다.

그에게 철학은 지식인들의 유희나 교수들을 위한 사치하고는 거리가 멀었다. 그것은 가장 시급한 문제를 해결하기 위한 치열한 작업이었다. "철학을 하는 척해서는 안 된다. 병이 들었을 때에는 건강을 되찾으려는 척을 해서는 안 되며, 실제로 건강을 되찾아야 한다." 인간을 인간이 앓고 있는 병에 대한 유일한 치료라고 할 수 있는 진리로 이끌기 위해서는 한순간도 허비해서는 안 된다. 빨리 치료 방법을 찾아내야 한다. 행복은 기다려주지 않는 시급한 요구다. 삶은 우리가 상상하지 못할 정도로 짧다. "우리들 각자는 이제 막 태어난 것 같다는 심정을 안고 삶과 작별한다."

에피쿠로스는 이 같은 다급함을 안고 성찰했으며 진리를 탐구했다.

죽음과 신에 대한 공포로부터의 해방

그런데 도대체 진리란 무엇인가? 행복을 찾고, 그것을 주기 위해서는 우선 인간이란 매우 불행하다는 것과, 왜 그렇게 불행한지를 깨달아야 한다. 인간은 왜 불행한가? 두려워하기 때문이다. 그러므로 두려움,

인간 존재 각자의 마음 깊은 구석에 깃들어 있으면서 늘 우리를 엄습해오는 이 불안감을 몰아내야 한다. 현실에 대한 균형 잡힌 관점을 통해 이 불안감을 몰아내고 나면, 그때 비로소 행복이 태어날 수 있다. 앞에서도 말했듯이, 소박하지만 확실한 행복이 우리를 찾아온다.

인간은 불행하다고 에피쿠로스는 단언했다. 그런데 사실 인간은 기쁨을 위해 태어났다. 에피쿠로스는 기쁨의 필요성, 기쁨의 소박함, 기쁨의 즉각성에 대한 뿌리 깊은 확신을 지니고 있었다. 기쁨은 언제나 우리가 손을 내밀면 잡힐 만한 곳에 있다. 하지만 인간들은 두려워한다. 이 두려움은 현실에 대한 그릇된 생각에 의해 지배된다. 도대체 무엇에 대한 두려움이란 말인가?

우리가 가진 으뜸가는 두려움, 우리의 가장 본질적인 두려움은 죽음에 대한 두려움이다. 모든 인간은 자신이 언젠가 죽는다는 것을 안다. 모든 인간은 죽음을 두려워한다. 죽음에 대한 생각이 어디를 가나 따라다닌다. 그렇기 때문에 인간은 그 생각에서 벗어나기 위해 끊임없이 기분전환을 필요로 한다. 그러나 제아무리 황당한 기분전환을 즐기고 있을 때에도 이 생각은 줄곧 인간을 사로잡으며, 새로운 지평선이 열리지 않도록 꽉 막아버린다. 죽음에 대한 생각 앞에서 인간은 마치 곧 끝 모를 심연으로 빨려 들어갈 것 같은 공포와 현기증으로 가득 찬다.

내가 더 중언부언할 필요도 없다. 우리에게는 이미 몽테뉴가 있고, 파스칼이 있다. 두 사람 모두 에피쿠로스의 생각으로 무장한 거장들이다.

죽음 다음가는 공포가 있다면, 그것은 죽음의 공포와 연결된다고 할 수 있는 신에 대한 공포다. 인간은 신들이 높은 하늘에서 그들을 살펴고, 관찰하고 있다고 상상한다. 신들이 인간의 삶에 개입하며, 신의 지고한 권위에 복종하지 않고, 이를 우습게 여기는 인간에게는 벌을 내린다고 믿는다. 그렇기 때문에 인간들은 신탁을 경청하며 제사장들에게 전조를 읽어줄 것을 요청하며 앞으로 취해야 할 행동에 대해 묻는다. 그러다 보니 인간의 삶에는 엄청난 부조리와 광기, 심지어 때로는 범죄까지도 판을 치게 된다. 신화적 전통에 따르자면, 종교로부터 영감을 받아 이루어지는 범죄라니, 이 얼마나 역설적인가. 에피쿠로스를 열렬하게 탐독했던 라틴어 시인 루크레티우스는 아가멤논이 저지른 끔찍한 범죄, 그러니까 이피게네이아가 이른바 여신의 지시에 따라 다른 사람도 아닌 자신의 친아버지에 의해 죽임을 당하는 그 사건도 신탁에 의해서 이루어졌음을 상기해보라고 외친다. 루크레티우스는 이 대목에서 저 유명한 분노의 외침을 들려준다.

"Tantum religio potuit suadere malorum!"

"종교 때문에 우리가 다다르게 되는 중죄의 심연!"이라는 뜻이다.

자, 그렇다면 죽음과 신에 대한 공포라는 이중의 굴레에서 벗어나지 못하는 한, 인류는 비참함의 수렁 속에서 살아야 한다.

그런데 이 두 가지 공포는 과연 근거가 있는 것일까? 에피쿠로스는 절대 그렇지 않다고 확신한다. 그는 두 가지 공포로부터 인간을 해방시키기 위해 모든 노력을 기울였다. 그러기 위해서는 이 세계가 무엇인지를 인간들에게 이해시켜야 하며, 이 부조리한 존재, 허수아비에 지나지 않는 죽은 존재인 신들에게 그 어떤 자리도 내주지 말아야 한다.

에피쿠로스가 대담하게도 그의 가장 괄목할 만한 해방작전을 수행하는 것은 바로 이 대목에서다. 그의 작전은 어찌 보면 이 세상에서

가장 단순하다고 할 수 있다. 그는 말하자면 우리의 손을 잡고 이렇게 속삭이는 것 같다. "자, 이 세계를 좀 바라보십시오. 모든 것을 비추는 태양 아래서 이 세계를 똑똑히 바라보시란 말입니다. 우리에게 훗날 드러내 보이겠다는 구실로 현실을 감추는 신화 따위는 어디에도 없습니다." 그는 우리에게 말한다. "똑똑히 바라보십시오. 두 눈을 크게 뜨고 보란 말입니다. 그리고 자연에서 오는 소리를 들으십시오." 우리는 그저 이렇게 대답하는 수밖에 없다. "네, 우리는 지금 보고 있습니다, 듣고 있습니다." 물, 하늘, 인간의 경작지를 포함하는 대지, 요컨대 '노동('경작된 들판'을 가리키기 위해 그리스인들은 '노동'이라는 말을 사용했다)', '에르가(양탄자 짜기처럼 여인들의 인내심을 요하는 작업이나 남자들이 전쟁에서 창이나 칼로 이루어낸 정복 등을 두루 가리키는 말)', 그 외에 뱃사공들의 팔뚝 힘으로 차지하게 되는 너른 바다…… 매일 먹을 빵, 손을 뻗어 딸 수 있는 과일, 집을 짓고 곡물을 경작할 수 있는 땅, 예전에는 온통 숲으로 뒤덮여 있었으며, 야수들 차지였던 그 땅. 에피쿠로스는 그 땅을 가리키며 우리에게 말한다. "자, 보십시오, 그리고 들으십시오. 이 모든 것을 부인하시겠습니까? 아닙니다. 우리는 이처럼 명백한 사실을 부인할 수 없습니다. 이 모든 것은 분명 존재합니다. 이 모든 것의 상당 부분은 여러분의 손으로 일군 것입니다. 피땀 어린 진정성으로 여러분들을 묶어두는 이 감각의 세계, 확실하게 부인할 수 없도록 자신을 입증하는 이 세계는 여러분이 살아 있는 한 언제까지고 지속될 것입니다……. 그러니 여러분은 이처럼 명백하고 유일한 현실을 믿지 않으면 무엇을 믿으시겠습니까?"

　에피쿠로스는 감각에서 출발한다. 그는 〈헤로도토스에게 보내는 편지〉(그에 따르면, 자신의 교리를 요약하는 편지)에서 분명하게 말한다.

"육체는 존재한다네. 기회가 있을 때마다 감각이 그걸 증명하며, 이성은 이 사실에 입각해서 가설을 내놓아야 할 걸세." 물론 에피쿠로스 자신도 이 사실에서 출발했다. 그는 아주 멋진 방식으로 이성을 활용했다. 같은 편지에서 그는 이렇게 말한다. "우선 무엇보다도 먼저 무(無)에서는 아무것도 나올 수 없음을 인정해야 하네. 만일 그렇지 않다면 모든 것은 파종할 필요도 없이 모든 것으로부터 태어난다는 말이 될 테니까."

"우리가 우선적으로 내세우는 원칙은 바로 무로부터는 아무것도 생겨날 수 없다는 사실이다(곧바로 그는 "신의 권능에 의해서는"이라는 말을 덧붙인다)"······"만일 사물들이 무에서 온다면, 모든 종은 아무것에서나 태어날 수 있으니, 파종 따위는 필요 없을 것이다"라는 루크레티우스의 말은 결국 에피쿠로스가 한 말의 번역에 지나지 않는다.

(방금 보았듯이, 루크레티우스와 에피쿠로스의 말이 이처럼 정확하게 일치[이런 대목은 상당히 많다]한다는 사실로 미루어, 우리가 루크레티우스를 통해 숨겨진 에피쿠로스를 발견한다 해도 크게 무리가 없을 것으로 보인다. 그럼에도 우리는 매우 신중한 태도를 유지했다.)

에피쿠로스가 물질적 세계에 확고한 현실성을 부여했음은 명백한 사실이다. 이 점은 그리스가 낳은 이 사상가의 강점이며, 여기에서 그는 드러내놓고 기쁨을 표시한다. 우리의 감각이 우리에게 보여주는 세계, 누구도 부인할 수 없는 명백함으로 우리 앞에 펼쳐지는 온갖 색채와 형태, 움직임으로 이루어진 세계, 삶의 매 순간 우리를 기쁨으로 충만하게 만들어주는 이 세계는 실재한다. 우리가 존재하는 것처럼 이 세계도 존재하며, 우리가 사는 동안 이 세계도 우리 안에서 살 것이며, 우리가 죽고 난 후에도 이 세계는, 비록 영원토록은 아

닐지라도 지속될 것이다.

요컨대 에피쿠로스는 순진하게 감각의 증언을 믿었으며, 우리에게서 감각을 떼어내기를 원하지 않았던 철학자였다. 한마디로 그는 상식적으로 생각한 철학자였던 것이다. 우리는 감각을 해방시킨 태양처럼 환한 세계, 기쁨의 세계가 에피쿠로스뿐만 아니라 우리에게도 분명 존재한다는 것을 알기만 하면 된다. 에피쿠로스는 이 세계를 반갑게 맞아들이기 위해 이따금씩 감동적인 인사말을 던진다. "태양은 세계를 돌고, 커다란 목소리로 우리에게 행복을 위해 이제 그만 깨어나라고 외친다."*

플라톤 관념론의 반대편에 선 유물론자

플라톤은 물질세계의 존재를 부정했으며, 감각이 우리에게 보여주는 세계를 비존재라는 용어로 표현했다. 그는 자신의 위에, 자신 너머에 이상적 형태로 이루어진 세계를 창조했으며, 이 세계는 이성에 의해서만 접근 가능하다고 주장했다.

반면 에피쿠로스는 우선 자신의 눈으로 보는 현실을 현실로 받아들였다. 그는 원자론를 제시한 대선배 철학자 데모크리토스의 물리학을 완성했다. 이 세상에는 원자들과 이들의 움직임, 그리고 공백이 있을 뿐이다. 모든 현실, 즉 우리가 보는 물체와 존재들은 물론, 너무 작은 원자들로 구성되어 있기 때문에 우리의 눈으로는 볼 수 없는 물체와 존재들을 모두 포함하는 현실의 모든 종은 예외 없이 여기에서

---

*이 구절에 관해서는 587쪽에 또 다른 해석이 등장한다.

비롯된다. 영혼은 존재한다. 플라톤식 신화에서 지나치게 칭송을 받은 영혼, 시인이면서 철학자인 플라톤에 의해 허망한 불멸을 약속받거나, 죄를 저질러 악마의 불구덩이로 떨어지거나, 어쨌거나 영혼은 분명 존재하지만 일시적일 뿐이며, 자신의 본질을 잘 파악하고, 평화로운 상태로 세계의 모든 존재들이 타고난 해체의 운명을 받아들인다면 기쁨으로 충만해질 수 있다.

　신들도 존재한다. 하지만 이 신들이란 물질적인 원자로 구성된 복합적인 구조물로 이루어져 있다. 이데아도 분명 있지만, 이는 우리의 외부, 즉 절대적인 세계 속에 존재하는 비물질적인 존재가 아니라, 우리의 정신이 낳은 산물, 다시 말해서 우리의 육체적인 삶의 토양에서 자라나 꽃을 피우고 열매를 맺은 결과물에 불과하다.

　에피쿠로스는 그의 물리학적 이론에서 강력한 유물론의 토대를 마련한다. 강력하다고는 하지만 당시의 유물론은 명백한 한계를 지니고 있었으며, 그중에서도 그 정당성을 학문적으로 입증할 수 없다는 점이 가장 심각한 한계라고 할 수 있다. 이는 물론 당시 학문의 수준으로는 어쩔 수 없는 노릇이었다. 여하튼 이러한 유물론은 지속적으로 철학적 탐구의 자양분이 되고 있으며, 좀 더 광범위하게는 인간의 정신 에너지에 활력소가 되고 있다고 해도 과언이 아니다.

　이 같은 사실을 현대인들은 잘 알고 있다. 또 설사 몰랐다고 하더라도 잠시 자신의 경험을 떠올리기만 해도 알게 된다. 가령, 원자 사진을 찍고, 개수를 세어보고 무게를 달아보면 금세 알 수 있다. 현대인은 원자핵을 분열시켜 에너지를 방출할 수 있다. 원자는 현대 학자들에게는 더 이상 추측에 불과한 존재가 아니다. 원자에 대해서는 누군가가 발명한 것이 아니라 발견했다고 말하는 것이 옳다. 원자는,

관념론적 편견에 의해 눈이 먼 학자가 아니라면 누구에게나 허구가 아니라 엄연한 사실이다. 원자는 물체이며 객관적인 현실인 것이다.

하지만 에피쿠로스는 당시의 학문적 수준으로 인해 원자를 추측하는 단계에 머물러 있을 수밖에 없었다. 그러나 이 얼마나 천재적인 추측인가. 그는 데모크리토스의 뒤를 이어 그의 이론을 한층 발전시켜나가면서 이 세계는 우리 눈에는 보이지 않는 기본 입자들로 구성되어 있다고 주장했다. 그가 말한 기본 입자들이란 창조된 것이 아니며, 소멸하지 않고 변하지도 않으며 더 이상 쪼개지지 않고 영원히 운동을 지속하는 것들을 가리킨다.

에피쿠로스는 물질에 이론의 여지가 없는 현실성을 부여했다. 그는 플라톤에 의해 부정되었던 우리의 신체에 대해서도 물질로 이루어진 물체로서의 진정한 본질을 인정했다. 그는 또한 우리의 영혼이 자연의 다른 모든 존재들처럼 소멸하는 존재로서의 특성을 지니고 있다고 주장했다.

이렇듯 이 세계에는 물체들, 즉 끊임없이 운동하며 공중에서 뭉치는 원자들로 이루어진 존재들만이 있을 뿐이다. 원자들은 뭉치면서 신체만을 형성하는 것이 아니라, 우주 속에서 거대한 공백에 의해 분리되는 무수히 많은 세계를 이룬다고 에피쿠로스는 생각했다. 태양과 대지, 항성들과 생명을 품은 우리의 세계는 우주에 있는 수많은 세계들 가운데 하나에 불과하다. 훗날 학문적으로 사실임이 확인된 이 가설에 에피쿠로스는 또 하나의 가설을 덧붙인다. 이 여러 세계들 사이의 공간 속에 신들이 존재한다는 가설이었다. 에피쿠로스는 이 사이 공간을 '사이세계'라고 명명했으며, 그 안에서 기거하는 신들에 대해서는 물질적이며 행복하고 완벽한 존재라고 가정했다.

이상이 대략 살펴본 에피쿠로스의 물리학이다. 상당히 단순하다. 아니, 솔직히 말해서 지나치게 단순하다. 에피쿠로스는 물리학을 등한시하지는 않았으나, 그로부터 도출되는 윤리적 개념에 관심이 많았기 때문이라고 해석할 수 있다. 그는 유물론적 물리학의 토대 위에 매우 독창적이며, 견고하면서도 대담하고, 안도감을 주면서도 용기 있는 윤리학을 정립했다.

신의 섭리가 아닌 원자 운동으로 세계를 설명

우선 신들과 신들에 대한 두려움이라는 주제를 보자. 에피쿠로스는 신을 믿었다. 그는 따라서 엄격한 의미에서의 무신론자는 아니었다. 하지만 그는 인간의 삶에서 신을 제거해버렸다. 그러니 실제로 그는 무신론자였다고 할 수 있다. 사이세계에서 행복과 지고의 평화 속에서 사는 신들이 왜, 무엇 때문에 인간들에게 관심을 보이고 인간들에게 해를 주겠는가? 신들은 자신들의 지복 외에 다른 문제에 대해서는 그다지 관심이 없다. 신들은 그러므로 우리에게 바보가 아닌 바에야 우리도 그렇게 해야겠다는 좋은 본보기를 제시한다. "신들은 전혀 우리를 필요로 하지 않는다. 그리고 우리는 우리의 힘만으로는 신들의 은혜를 포착할 수 없다"고 에피쿠로스는 말한다. 그런가 하면 그는 "신들이 잘못한 사람들에게 벌을 내리고 선한 사람들에게는 상을 주는 일로 고민하리라고 상상하는 건 어리석기 그지없는 짓"이라고도 말한다. 그러니 제발 하늘만 바라보지 말고 인간이 사는 모습을 한번이라도 제대로 관찰해보라! 거기에서 뭔가 비슷한 것이 보이지 않는가? 내세에 가서 받는다는 벌이나 상으로 말하자면, 그건 확실

히 몽상에 지나지 않는다. 영혼은 육체가 태어나기 전에도 후에도 결코 불멸의 존재가 아니다.

이 세계도 인류의 역사도 신의 섭리에 따른 행위로는 설명되지 않는다. 사실 신의 섭리에 따른 행위란 어디에서도 합리적이고 정의로우며 선하지 않다. 그건 인간의 삶이 전적으로 무질서하기 때문은 아니다. 인간의 삶 속에서 언뜻 언뜻 질서가 느껴진다면, 그건 자연 속에 등장한 인간이 만들어놓은 것이다. 이 세계에서 인간이라는 동물이 지배하기 시작한 순간부터 진보는 가속화되었으며, 인간의 지배가 계속되는 한 진보는 멈추지 않을 것이다. 이것은 인간 고유의 임무이기도 하다. 그러므로 모든 것은 첫째, 원자의 운동, 둘째, 인간의 필요와 필요로 하는 것을 충족시키기 위해 인간이 획득해가는 제어 능력, 이렇게 두 가지만으로도 설명 가능하다. 다시 말해서 신이 없어도 얼마든지 설명된다.

어쨌든 이 세계를 설명하기 위해서 신을 끌어들일 필요는 전혀 없다. 특히 문명은 인간만으로 설명 가능하다. 불행하게도 에피쿠로스가 저술한 원전은 전해지지 않지만, 그의 제자인 루크레티우스가 전개한 아름다운 문명 발전사는 얼마든지 접할 수 있다.

그중에서 몇몇 특징을 소개해보자. 인간은 최초의 생명체들과 마찬가지로, 대지에서 탄생했다. 인간은 처음엔 야만적인 집단에 불과했다. 이들 최초의 인간들에게는 언어도 주거지도 기술도 예술도, 아무것도 없었다. 가족도 없었으며, 이따금씩 일시적인 짝짓기가 전부였다. 사냥, 물고기 잡기, 동굴에서 불안한 선잠 자기, 이것이 우리 조상들의 일상이었다. 그러다가 차츰 인간들은 하늘에서 떨어진 불을 보관하는 법을 익혔다. 그러고는 스스로 불을 만들어내게 되었다.

인간들은 움막을 지었으며, 의복과 도구, 무기 등을 만들었고 짐승을 길들여 가축으로 만들었다. 이윽고 농업이 시작되었고, 도시들이 생겨났으며, 정치 조직이 생겨났고, 권리와 정의라는 개념도 만들어졌다. 여러 세기가 흐르면서 인간이라는 종은 몇몇 여가 활동도 즐기게 되었다. 춤과 노래, 시를 발명한 것이다. 여기까지는 좋았는데, 그 후부터 사정은 고약해지기 시작한다. 문명과 더불어 허황된 야심들도 뻗어나가기 시작했다. 부에 대한 만족할 줄 모르는 탐욕, 무슨 일이 있어도 상대방을 지배하려는 광기, 그리고 이 모든 것을 이용하는 종교적 신앙, 전쟁, 사회 붕괴, 그에 따른 문명의 와해 등이 줄을 이은 것이다.

그렇다고 해서 우리가 우리 힘으로 정복한 문명의 신에 대해 감사할 필요가 없다는 말은 아니다. 에피쿠로스는 문명이란 "경험과 노동의 열매"라고 말했다. "시간과 인간의 노력이 모든 발명품들을 생산하고 이것들을 광명의 세계로 이끄는 것"이 바로 문명이다. 문명이란 다름 아니라 신에게 호소하기보다는 우리 자신을 믿는 것이다. 특히 신에 대한 두려움에서 벗어나는 것이 관건이다. 이 두려움은 우리를 마비시키고 미쳐 날뛰게 만들기 때문이다. 우리 자신에 대한 믿음, 우리의 소박하지만 확실한 지혜에 대한 믿음. 신에 대한 두려움이 사라지고 나면 우주는 더 이상 수수께끼가 아니며, 더 이상 불안감을 조성하지 않는다.

그래도 죽음에 대한 두려움은 남는다. 이 두려움은 신에 대한 두려움에 비해서 훨씬 절망적이면서 부조리하다. 죽음은 우리에게 아무것도 아니다. 정말로 아무것도 아니다. 우리는 단순히 기절을 했을 때나 마찬가지로 그것을 의식조차 할 수 없다. 우리의 존재, 존재한

다는 우리의 의식을 구성하는 입자들은 모두 부패한다. 모든 복합물이 분해되는 것과 마찬가지 이치다. 이는 전적으로 자연스러운 현상이다. 게다가 문제의 부패나 분해가 일어나는 순간이면, 그걸 의식해야 하는 우리는 이미 사라지고 없다. 지금까지 보관되어오고 있는 한 통의 편지에서 그는 결정적인 논리를 통해 죽음은 우리에게 아무것도 아님을 입증해 보인다. "우리가 살아 있는 한, 죽음은 현재가 될 수 없다네. 그리고 죽음이 닥쳤을 때면 우리는 이미 이 세상에 없거든." 그러니 우리는 단 한순간도 죽음과 접촉할 여지가 없다. 죽음 앞에서 우리가 느끼는 공포, 우리의 동요는 귀신을 상상하는 어린아이가 느끼는 공포만큼이나 어리석다. 일단 죽고 나면, 우리는 태어나기 이전에도 그랬던 것처럼 이 세계에서 일어나는 일에 무심할 것이다. 우리는 한 세기 전에 살고 있지 않았다고 통곡을 하지는 않는다. 그렇다면 어째서 앞으로 한 세기 후에 살아 있지 못하게 되었다고 통곡을 해야 한단 말인가?

물론 에피쿠로스는 죽음에 이르기 전에 겪을 수도 있는 신체적인 고통까지도 잊은 것은 아니다. 하지만 그 정도의 고통이라면, 우리는 충분히 견뎌낼 만한 용기와 존엄성을 지니고 있지 않은가? 에피쿠로스는 이렇게 말할 자격이 있다. 그 자신이 여러 해 동안 신체적인 고통 속에서 살았기 때문이다. 중환자였던 그는 결코 불평하지 않았으며, 신체적 고통이 그가 느끼는 평화와 행복을 망가뜨리지도 않았다. 자, 그렇다면 인간에게 남는 것은 무엇인가? 그가 말하는 지혜는 얼핏 보기에 부정적인 것 같다. 그런데 에피쿠로스에게는 그렇지 않다. 고통이 잠시만 중단되면, 단순한 필요, 아주 기초적인 욕구가 충족되면, 인간이 타고난 소명을 수행하는 데 충분하다. 인간을 훼손하고

그를 소리 지르게 만드는 고통을 멀리 떼어놓기만 하면, 인간이 자신을 완벽하다고 느끼는 데 충분하다. 인간의 소명은 바로 기쁨이며, 이는 아무리 반복해서 말해도 지나치지 않다. 그러니 고통을 없애라. 기쁨을 얻기 위해서는 그것으로 충분하다.

빵과 물이면 만족했던 '쾌락' 주의자

보다시피 에피쿠로스의 말을 믿는다면, 이 얼마나 간단한가. 육체는 배고픔, 목마름, 추위로부터 벗어나기 위해 비명을 지른다. 이 비명을 잠재우기 위해서는 그다지 많은 것이 필요하지 않다. 소박한 천성은 많은 것을 요구하며 까다롭게 굴지 않는다. 더 이상 배고프지 않고, 더 이상 목마르지 않으며, 더 이상 추위로 괴로워하지 않는다면, 그것이 즐거움이다. 시시해 보이지만 불변의 즐거움이다. 나는 앞에서 에피쿠로스의 지혜는 소박하지만 확실하다고 말했다. 행복해지기 위해 갖추어야 할 요구 사항이 이토록 검박하다는 사실로 미루어 우리는 당시 사회가 처해 있던 처절한 절망 상태를 짐작할 수 있다. 그가 제시하는 지혜는 위협받고 있는 인간의 본질을 구원해준다. 인간은 지극히 단순하게 말하자면 그저 괴로워하지 않기, 두려워하지 않기, 허황된 망상 속에서 살지 않기만을 소망했다. 에피쿠로스는 인간들에게 죽을 뻔한 고비를 넘긴 기쁨, 말하자면 사형을 받을 뻔했다가 살아난 자가 느끼는 기쁨을 선사했다. 이 같은 기쁨은 시시해 보이는 겉모습과는 달리 매우 강렬한 기쁨이 될 수 있다. 이를 통해서 인간은 온전할 수 있으며, 자의식을 회복할 수 있다. 욕망을 제한함으로써 그것을 충족시킬 수 있다. 이 같은 기쁨을 느끼는 사람은 대부분

의 인간들이 상실한 삶의 균형을 다소 되찾을 수 있다. 삶의 균형을 상실한 사람들이란, 항상 새로운 필요, 새로운 욕구, 다시 말해서 충족시키기보다는 잊어버리는 편이 훨씬 간단할 인위적인 욕구를 찾아 나서는, 말하자면 광인(狂人)들이다. 이들 광인들은 항상 소박하고 자연스러운 삶의 한계를 뛰어넘으려고 한다. 사실상 이들은 에피쿠로스가 말했듯이 "삶을 위해 필요한 수단"을 찾아다니느라 바쁜 나머지 삶을 살 겨를이 없다. 현자는 삶이란 내일을 위한 것이 아님을 안다. 삶이란 우리가 살고 있는 바로 이날, 이날의 매 순간이다. 행복의 매 순간, 즐거움 속에서 충족된 욕구 각각(이때 욕구가 소박한 욕구인지 아닌지는 중요하지 않다. 중요한 건 그것의 충족 여부다), 즐거움의 매 순간은 영원히 소유하는 것이나 마찬가지다. 이로써 세계는 내 안에 받아들여지고, 삶은 제대로 살아진다. 흘러가는 시간은 더 이상 배반당한, 즉 충족되지 않은 욕구의 연속이나 잃어버린 재화, 위협당하고 실망만 안겨주는 희망이 아니다. 우리는 더 이상 시간에 휩쓸리지 않고, 기쁨의 소유 속에 머무르게 된다.

이러한 지혜에서는 강력함과 대담성이 엿보이는데, 바로 인간은 기쁨을 위해 태어났으며, 기쁨은 육체, 그리고 산다는 의식과 육체를 삶 속에서 밀접하게 결합시키는 데에서 얻어진다고 끊임없이 반복하는 점이다. 에피쿠로스는 대단히 파격적으로 보이는 다음과 같은 구절을 남겼다. "모든 선의 원칙과 뿌리는 복부의 쾌락에 있다."(이는 한 번도 배고픔을 경험해본 적이 없으며, 아무 데로도 가지고 갈 수 없는 희귀한 물품을 소유하는 것 같은 일에서 쾌락을 추구해왔던 사람들에게는 물론 말도 안 되는 치욕이자 비난거리였다.) 사실 우리 주변을 둘러보건대, 아니 머지않은 장래에 우리가 살고 있는 바로 이 나라에서도 마찬가지겠지만, 의식의 물질적 조건에서 출발하지 않는 지혜란 완전히 상상적인, 허구적인 지혜에 불과할 뿐임을 잊지 말아야 할 것이다. 아니, 상상적이고 허구적이라는 말만으로는 부족하다. 그것은 비인간적이다. 에피쿠로스는 사고하고 표현하는 능력은 먹고 마실 수 있는 자유, 호흡할 수 있는 기쁨과 밀접하게 연결되어 있다는 사실을 단 한순간도 잊지 않았다.

유물론적인 지혜는 오늘날이라고 해서 그 출발점이나 원칙에서 볼 때 에피쿠로스의 지혜와 크게 다르지 않다. 하지만 오늘날 우리는 예전에 비해서 무한히 늘어난 욕구를 충족시키는 일이 얼마든지 가능하고, 또 정당화되는 세계에서 살고 있음을 감안할 때(욕망의 실현이 어느 모로 보나 위협받고 있는 것이 사실이긴 하지만), 유물론적인 입장에서 출발한 에피쿠로스의 지혜는 한층 야심적으로, 다른 어느 지혜보다도 가장 야심적인 지혜로 다가온다.

에피쿠로스는 우리가 커다란 기쁨, 커다란 쾌락(그는 쾌락이라는 말에 아무런 두려움이나 거부감을 느끼지 않았다)을 경험할 수 있다고 힘주어 말한다. 하지만 이때의 쾌락은 단순하고 소박하며 자연스러운 것이어야 하며, 사는 데 반드시 필요한 것에 응답하는 것이어야 한다. 굶어 죽지 않기 위해서 먹고, 목이 타서 죽지 않기 위해 마시되, 진정으로 배가 고프고 목이 마를 때에만 그렇게 해야 한다는 식이다. "빵과 물은 배가 고프고 목이 마를 때에 우리 손에 들어오게 되면 얼마나 감탄스러운 것이 되는가!" 그러니 맛있는 것을 먹고 시원한 음료수를 마시며 사랑의 쾌락을 맛보는 것 또한 다르지 않다. 단, 그것이 필요, 즉 자연적이고 진정한 욕구에 응답하는 것일 때에 한해서만 그렇다. 인위적인 필요를 고안하거나 절대 충족될 수 없을 만큼 야심적인 삶

을 살기 위해 쾌락을 단순한 것이 아닌 복잡한 것으로 만들어가는 것
은 쾌락과 기쁨을 증대시키는 것이 아니라 오히려 그 반대로 영원히
말살시키는 것이다.

쾌락이란 자신의 욕구를 확실하게 파악하고 있으며, 이 욕구를 도
저히 실현할 수 없다고 판단될 때에는 이를 제어하고 배제하는 자에
게 주어지는 합당한 보상이다. 쾌락과 기쁨은 절제를 알고, 온유와
용기로 스스로를 통제할 수 있는 자들에게 보상을 내린다. 지나치게
방탕하고 타락했다는 비난을 받아온 이 교리에서 중심을 이루는 쾌
락이라는 개념은 사실 용기라고 하는 가장 고귀한 덕성의 소유를 전
제로 한다. 용기는 흰 돛에 수놓는 붉은 줄처럼 그리스 민족에게서
태어난 첫째가는 덕목으로, 그리스의 역사 전체를 관류한다. 시간과
더불어, 좀 더 정확하게 말하면 소크라테스 이후 용기는 현실 존중과
현실에 대한 명확한 이해에 토대를 둔 성찰하는 용기, 이성적인 용기
로 변했다. 경탄할 만한 고대의 지혜가 공교롭게도 고대가 막을 내려
가는 무렵에 꽃을 피운 것이다! …… 이러한 덕성은 에피쿠로스에
따르면 어떠한 상황에서도 우리에게 완벽한 평온을 보장해준다. 아
무것도 두려워하지 않는 인간, 아주 적은 것으로도 만족할 줄 아는
인간은 언제나 사는 것이 행복하다. "밥 한 술 뜨고, 물 한 모금 마시
고, 등짝 눕히고 자는 것, 이것이 바로 에피쿠로스다. 그는 새벽이 되
면 벌써 비단 친구들뿐만 아니라 제우스 신하고도 토론할 태세를 갖
추었다"고 한 고대인은 평했다. 이것이 적잖은 사람들이 방탕의 화
신으로 취급하고자 했던 자의 초상화다!

노예와 여자를 차별하지 않는 에피쿠로스적인 우정

여러 해 동안 방광 결석으로 인한 모진 통증을 불평 한 번 않고 묵묵히 견디던 환자, 통증을 견딜 수 없으면 자신의 집 안뜰로 실려 가던 에피쿠로스는 그럼에도 삶은 가장 기본적인 욕구만 충족된다면 살아볼 가치가 있다고 주장했다. 특히 인간의 열정 중에서 가장 고귀하며, 자신의 삶을 밝혀주고 따뜻하게 지펴주며 고양시켜주는 열정, 그가 우정이라고 부르던 그 열정이 주는 기쁨 속에서라면 더더구나 살만하다고 강조했다. 에피쿠로스는 우정 속에서 자신을 온전하게 실현했다. 그는 우정 속에서 선함을 발휘하고, 우정 속에서 자신이 아닌 다른 인간, 그와 똑같이 언젠가는 죽음을 맞이하게 될 피와 살로 이루어졌으며, 믿을 수 없을 정도로 고통스러운 아픔을 나누어 가지며, 동시에 이 육체를 가장 유효한 도구로 삼는 공통의 기쁨과 공통의 쾌락, 즉 상대방을 사랑하는 축복을 발견한다. 이것이 바로 에피쿠로스가 말하는 우정의 출발점이다.

　에피쿠로스의 제자들, 친구들은 보잘것없는 누추한 그의 집 안뜰에서 그와 만났다. 그는 이들에게 우정은 사는 즐거움을 무한대로 배가시킨다고 말하곤 했다. 우정, 다시 말해서 필요한 것을 나누고, 소박한 쾌락을 공유하는 것이야말로 에피쿠로스가 말하는 제한적인 지혜의 결실이다. 그런데 우정에 의해서 이 지혜는 더 이상 제한적이지 않게 된다. 지혜가 인간 공동체 전체로 확산되기 때문이다. 에피쿠로스의 사망 당시 친구들이 어찌나 많았던지 그 수가 여러 도시 전체의 인구 수와 맞먹었다고 말한 고대의 한 문필가도 있지 않았던가?

　그토록 편협하고 고립된 것처럼 보이는 이 에피쿠로스라고 하는 현자에게는 그러므로 따뜻하고 형제같이 느껴지는 무엇인가가 있었

다고 보아야 한다. 그는 말하자면 누구나 찾아와서 목을 축이고 가는 넉넉한 샘물이었던 것이다. "에피쿠로스의 삶은, 다른 사람들의 삶과 비교해볼 때, 남다른 온화함과 절제로 인하여 마치 신화나 전설 같은 면이 있다"고 그의 제자 중의 한 명은 회상했다.

지금부터는 에피쿠로스라는 인물, 그 인물의 지혜가 지닌 최후의 빛이 찬란하게 타오르는 우정이라고 하는 개념을 좀 더 찬찬히 뜯어보자.

솔직히 고대의 모든 지혜, 우리가 철학의 학파라는 냉정하기 그지없는 용어로 지칭하는 학교들은 대개 우정의 온상으로 제시된다. 같은 스승의 지도를 받아 진리를 찾아가는 사람들 사이에는 밀접한 관계가 성립된다. 이들에게 진리는 이들의 간소한 삶에 없어서는 안 되며, 삶 자체이고, 도시국가들의 몰락으로 인해 고립된 인간들을 새로운 공동체로 묶어주는 절대적인 것이다.

에피쿠로스가 아테나이로 가기 위해 아시아를 떠날 때, 대다수의 제자들과 친구들은 그대로 남아 있고 몇 명만 그를 따라 나섰다. 몸은 멀어졌어도 이들의 관계는 끊어지지 않았으며, 그가 그곳을 다시 찾을 때면 한층 더 돈독해졌다. 에피쿠로스는 두세 차례 아테나이를 잠시 떠난 적이 있는데, 이는 "이오니아에 있는 친구들을 만나기 위해서"였다.

이들은 서신을 교환했다. 이 과정에서 산문 서신이 탄생하게 되는데, 솔직히 이는 훨씬 앞선 플라톤 시절에도 이미 존재했다. 하지만 그런 일은 사실이기에는 너무도 놀라운 사건이었으므로, 현대인들은 오래도록 플라톤의 서신에 의혹을 품었다. 오늘날에 와서는 이 같은 의혹은 대부분 해소되었다. 〈여섯 번째 편지〉에서 플라톤은 그다지 멀지는 않지만 각기 다른 곳에 사는 세 명의 제자들에게 "상호 관계를 통해서 내적인 우정을 다지도록 노력해보라"고 충고했다. 우리는 플라톤 이전에도 이미 퓌타고라스의 친구들이 여러 모임을 이루고 있었음을 알고 있으며, 이들 사이에는 분명 서신 왕래가 있었을 것으로 짐작된다.

어쨌거나 서로 다른 곳에 고립되어 있는 에피쿠로스 추종자들은 편지를 주고받았다. 이 편지들은 때로는 교리의 기본이 되는 쟁점들을 명확하게 설명하는 장문의 논문인가 하면, 실용적인 충고, 도덕적인 격려 등을 친밀하고 우애 어린 투, 형이 방황하는 사춘기 동생을 대하는 투로 적어 보낸 지극히 개인적인 글들이기도 하다. 어쨌거나 이들의 편지는 지적 난이도가 매우 높은 논쟁에 경영진의 궤변이 끼어들기도 하는 등 이래저래 우정을 주고받는 통로였다. 청소년들은 자신이 행복을 찾아가는 과정에서 겪은 어려움에 대해서 스스럼없이, 단순하고 명확하게 말하는 이 스승을 무한히 신뢰했다. 이들이 주고받은 편지는 때로는 로마서나 고린도서, 사도 바울의 서신 같은 어조를, 때로는 베드로와 야곱의 어조를 보여준다. 하지만 이는 에피쿠로스의 어조이며, 한결같이 우정의 담금질 속에서 그와 함께하는 자들과 공유해온 진리를 탐구하는 어조임에는 변함이 없다. 에피쿠로스를 추종하는 자들의 무리는 기원전 3세기 무렵에 마치 기독교의 '교회'처럼 세워졌다. 도시국가들이 몰락하거나 유명무실해지기 시작한 이후로 인간들은 무엇보다도 공동체라는 지붕을 필요로 했다.

에피쿠로스가 사는 데 가장 기본이 되는 요소들을 소유함으로써 비교할 수 없을 정도로 강도 높게 삶의 기쁨을 맛보았다면, 그것은 그가 고독의 심연, 절망의 헐벗음을 몸소 겪고 거기에서 벗어난 사람이

기 때문이다. 그는 자신이 획득한 사람들 사이의 우정을 통해서 값을 매길 수도 없는 이 귀중한 재산은 자신의 삶이 멈추지 않는 한 그 어느 누구도 그에게서 빼앗아갈 수 없음을 잘 알게 되었다. 그 혼자만이 삶의 비참함을 겪는 것은 아니다. 모름지기 모든 인간들이 그와 같은 비참함을 겪는다. "대지 전체가 고통 속에서 산다. 그렇기 때문에, 이렇게 고통스러운 삶 때문에, 우리 인간들은 가장 많은 선물을 선사받았다." 그런데 똑같은 이유 때문에 우정도 경험하게 되었다. 우정은 에피쿠로스의 가장 놀라운 발견이다. 그리고 가장 그리스적인 발견이기도 하다. 에피쿠로스의 태도는 그리스라는 사슬의 또 다른 끝에서 아킬레우스가 뤼카온에게 한 말을 상기시킨다. "그러니 죽거라, 친구여, 자네보다 훨씬 나은 녀석이었던 파트로클로스는 벌써 죽었다"는 이 말은 앞에서도 이미 인용한 적이 있다. 적에게 던지는 이 이상한 말을 두고 적지 않은 학자들이 이를 제대로 이해하기보다 수수께끼 같은 이 문장 자체를 수정하려고 시도했다. 죽음을 선사하려는 바로 그 순간에 자신처럼 죽어야 할 운명을 타고난 다른 인간과 자신이 이론의 여지없이 연결되어 있음을 느끼는 이 사람보다 더 수수께끼 같은 인물은 찾아보기 힘들다. 에피쿠로스는 이렇듯 친구건 적이건 가리지 않고 '친구'라고 말할 수 있는 사람이었다. 우정을 제외하고는 그 어떤 감정도 우리를 불행을 겪은 친구들에게 이어주는 이처럼 뿌리 깊은 연대감을 설명할 수 없다. 우리는 모두 인간이라면 누구나 받게 마련인 시련, 곧 죽음을 기다리는 지원자가 아니던가.

에피쿠로스적인 우정은 그러므로 에피쿠로스라는 인물의 총체를 완벽하게 확인시켜준다. 그가 말하는 우정은 선(善) 또는 지고선의 현현인 신을 소유하거나 거기에 도달하기 위해 거쳐가야 하는 과도

기가 아니다. 에피쿠로스의 우정은 그 자체로서 궁극성을 지닌다.

  그런데 우정 숭배가 철학의 거의 모든 학파에 확산되어 있었다고
는 하나, 그렇다고 해서 에피쿠로스적인 우정과 퓌타고라스적인 우
정, 플라톤적인 우정 사이에 차이점이 없는 것은 아니다. 예를 들어,
다른 부류에서는 우정은 어디까지나 남성들만의 전유물이었으나 에
피쿠로스 집단(우리는 그의 제자들의 이름만으로도 성별을 얼마든지 알 수 있
다)에서는 모든 인간에게 개방되어 있었다. 몇몇 제자들은 합법적인
부인을 대동하고 스승을 만나러 오기도 했다. 하지만 레온티온, 헤데
이아, 에로티온, 니키디온을 비롯하여 무리 중에 섞여 있는 몇몇 이
름들로 미루어보건대, 쾌락을 추구하는 '자유부인들'도 포함되어 있
었다고 짐작된다. 또 이 때문에 점잖지 못한 소문이 났을 수도 있다.
에피쿠로스의 정원에서만큼은 이들도 동등하게 대접받았으며, 이들
또한 똑같은 피와 살, 똑같은 원소들로 이루어져 있으면서 이들을 선
택한 친구들과 쾌락을 나누며, 친구들 중의 일부의 '정부'로 사는
삶, 모험으로 가득 찬 삶, '자유부인'으로서의 삶, 결혼이라는 이름
의 계약으로 연결되지 않는 삶을 사는 이들도 인간의 존엄성이 인정
되었다. 이 여자들은 이 모임에서만큼은, 예전에 '창녀들'이 그랬던
것처럼, 더 이상 결혼한 여자들의 노예로서 존재하는 것이 아니었다.
누군가가 나서서 이들에게도 영혼이 있으며, 그와 더불어 이 여자들
이 함께 탐구하는 영혼을 지키기 위해 노력했다.

  에피쿠로스는 이들 '자유부인들' 중 몇몇의 지적, 도덕적 수준을
높이 평가하여 이들 중 한 명에게 무리에서 정한 규칙에 따라 여자의
순번이 되자 거리낌 없이 의장직을 맡기기도 했다.

  이들 젊은 여인들의 이름은 이들이 노예 상태에 있었음을 말해준

다. 따라서 우리는 이들 젊은 여인들의 예를 통해서 에피쿠로스 추종자의 무리들이 고대 사회에서 가장 끈질기게 맥을 이어가고 있는 편견에 대해 일종의 승리를 거두었다고 감히 말할 수 있다. 우정의 승리라고나 할까.

에피쿠로스적인 우정은 남자와 여자의 화해를 유도하며 이들을 해방으로 이끄는 것으로 그치지 않는다. 그 이상이다. 아까도 말했듯이, 에피쿠로스에게 우정은 그 자체로 목적이기 때문이다. 그렇다면 무슨 목적이란 말인가?

행복하고 평온한 삶이라는 철학적 목적

에피쿠로스는 행복의 정복과 소유가 고독 속에서 완성된다고 믿기엔 너무도 그리스적인 사람이었다. 바꿔 말해서, 행복은 여러 인간들의 공동 연구의 열매라고 믿었던 것이다. 우정은 스승과 제자들이 함께하는 이상적인 사회를 형성하므로 그를 충만하게 채워주었다. 인간의 삶은 공동체 안에서 치유될 수 있다. 우정은 그러므로 지혜에 도달하기 위한 수단으로 그치는 것이 아니라 지혜 그 자체다. 결국 영혼의 평화는 이처럼 스승과 제자의 마음과 마음 사이에서 찾아지며, 이때의 평화란 동요가 없음을 뜻하는 '아타락시아'에 그치는 것이 아니라 총체적인 평온, 완전한 행복주의, 지고의 조화를 의미한다.

우정에 관해 전해 내려오는 몇몇 단상을 소개한다. 어쩌면 지나치게 많아 보일 수도 있는 이 단상들은 에피쿠로스주의의 정점으로 인도한다. 훗날의 기독교가 이웃에 대한 사랑 속에서 절정에 도달한 것과 마찬가지로 에피쿠로스주의는 우정 속에서 열매를 맺는다.

"지혜가 우리 삶의 행복을 위해 우리에게 제공하는 모든 선 중에서 우정이 단연 가장 위대하다."

"우정이 우리를 도울 수 있는 건 친구들이 우리에게 주는 도움 때문이라기보다 친구들이 우리를 도와주리라는 믿음 때문이다."

"우정은 비록 도움을 필요로 하는 데에서 출발한다고는 하지만 항상 그 자체를 위해 추구되어야 한다."

"삶의 필요가 우정을 탄생시킨다. 그렇지만 우정을 형성하고 유지시키는 건 행복의 충만함에 도달한 자들과의 공동체적인 삶이다."

"현자는 고문당하는 친구를 볼 때 그 자신이 고문당하는 것만큼이나 괴로워한다."

"우정은 세상 주위에서 즐겁게 원무를 즐긴다. 마치 전령처럼 우정은 우리에게 이렇게 말한다. 서로 서로를 축하하기 위해 잠에서 깨어나시오."

(마지막 문장에 등장하는 '행복macarismos'은 구원의 사상을 담고 있는 종교 용어다. 에피쿠로스의 친구들에게는 구원받았음을 서로 축하하는 규칙이 있었다. 이 마지막 문장은 '축하'라는 말 대신 '행복'이라는 말을 넣어서 "전령처럼 우정은 우리에게 행복을 위해 깨어나라고 외친다"라고 번역해도 무방하다.[*])

"우리 친구의 죽음을 울면서 애도하지 말고 그에 대한 기억을 우리 마음속에 간직하면서 깊이 새기자."

에피쿠로스식의 우정에 관해서라면 다소 추상적인 위의 문장들이 아닌 다른 구절들을 인용할 수도 있을 것이다. 소실된 편지들에는 상당히 의미심장한 사례들이 포함되어 있었다. 하지만 개인적인 어조

---

[*] 한편 이 글을 놓고 처음엔 의견이 분분했다. 일부 학자들은 "우정이⋯⋯ 원무를 즐긴다"라고 읽지 않고 "태양이 원무를 즐긴다"라고 주장했다. 앞서 570쪽에서는 후자의 의미로 번역했다.

로 작성된 이 편지들의 대부분에서 지나친 정감은 배제되었다. 이 문장들을 쓴 자들은 문장만 간직했을 뿐, 이 문장들이 담고 있는 역사적 맥락은 매몰차다 싶을 정도로 제거했다.

군데군데에서 우리는 심하게 손상되기는 했지만 그래도 아주 사소한 것도 배려하는 마음이 담겨 있는 감동적인 짧은 쪽지들을 발견할 수 있다. 에피쿠로스가 어린아이에게 "얌전해야 한다"고 타이르는 이 편지도 좋은 예에 해당된다.

"퓌토클레스와 나, 헤르마르코스와 크테십포스, 우리는 무사히 람프사코스에 도착했단다. 우리는 거기서 테미스타와 다른 친구들을 만났지. 모두 건강하게 잘 지내고 있더구나. 너와 엄마도 잘 지내고 있기를 바란다. 그리고 네가 예전처럼 항상 아빠와 마트론(아이를 학교에 데려다주는 노예)에게 순종하기를 바란다. 우리는, 다른 사람들도 모두 같은 마음이지, 너를 정다운 마음으로 사랑하니, 내 말을 믿으렴. 넌 무슨 일에나 우리에게 순종적이니 말이다."

어린 제자들을 대하는 에피쿠로스의 다정함은 다른 편지에서도 고스란히 드러난다. 이제 고작 열여덟 살인 퓌토클레스가 스승을 찾아왔을 때, 그는 "나는 너의 밝고 환한 모습을 기다리기 위해 편한 자세를 취하고 싶구나"라고 적었다. 그는 이 소년을 친구인 폴뤼아이노스에게 부탁하고, 다른 친구인 이도메네우스가 그 아이에게 너무 많은 용돈을 주지 않도록 하라고 당부했다. "자네가 퓌토클레스를 부자로 만들려거든, 그 아이의 재산을 자꾸 더하지 말고 그 아이의 욕구를 자꾸 덜어내게나."

이처럼 사랑을 듬뿍 받은 소년들은 스승을 향한 감사와 우정의 표시를 감추지 않았다. 하지만 정 많은 스승은 이들에게 어디까지나 소박하고 단출한 감사의 표시만을 허락했다.

이번엔 콜로테스의 경우를 보자. 그는 에피쿠로스의 초창기 제자, 즉 이오니아의 람프사코스에서 제자가 된 사람이다. 에피쿠로스와는 특별히 친밀한 우정으로 맺어진 사이였다. 에피쿠로스는 기꺼이 그를 콜로타라스 또는 콜로타리온 등의 애칭으로 부르곤 했다. 그런데 어느 날 에피쿠로스가 자연에 대해 강론을 펼치고 있을 때, 콜로테스가 갑자기 그의 앞에서 무릎을 꿇었다. "내가 한 말에 감격한 너는 문득 내 무릎을 끌어안으며, 자연에 관한 우리의 철학과는 어울리지 않게, 나에게 온갖 방식으로 입을 맞추려는 욕망에 사로잡혔는데, 몇몇 사람들은 그러한 입맞춤을 신앙 행위나 기도 중에 활용하기도 한다더군. 어찌 되었든 나는 이제 너에게 똑같은 영광, 똑같은 존경의 표시를 되돌려주어야만 하는 입장이 되고 말았구나……. 너는 이제 불멸의 신 안에서 너의 길을 가거라. 그리고 우리도 역시 불멸의 존재라고 생각하거라……." 에피쿠로스의 편지는 이런 식으로 계속된다. 콜로테스는 감정을 외부로 표현해야만 직성이 풀리는 기질을 지닌 사람이었다. 그에게 에피쿠로스는 빛이었으므로, 이런 식으로 경배 인사를 올린 것이었다. "너는 이제 모습을 드러내거라, 티탄이여, 그러면 모든 것이 암흑이 되리라!" 스승은 그의 예기치 못했던 행동에 미소를 지었으며, 위에 인용한 구절에서 드러나듯이 유머를 섞어 반격을 가했다. 그는 사춘기의 가장 심각한 욕구가 말과 행동에 규범이 되어줄 만한 멘토를 발견하는 것임을 알고 있을 정도로 청소년기에 대한 이해가 깊었다. 그는 "현자를 경배하는 것은 그를 경배하는 자들에게는 더할 나위 없이 좋은 일"이라고 말했다. 초창기 제자들의 어조는 보통 사람들보다 훨씬 우월한 존재의 삶을 공유하는 특권

을 누린 자들의 어조였다. 에피쿠로스적인 우정의 공유 속에서 이들
은 신적인 존재와 함께한다는 느낌을 전달받았다.

　오랜 세월이 지난 후, 모든 신성에 노골적으로 반대하던 루크레티
우스는 오직 에피쿠로스에 대해서만은 여러 차례에 걸쳐서 그가 신
적 존재라고 거듭 말했다. "그는 신이었다네! 그렇다네, 멤미우스,
오로지 한 분의 신만이 처음으로 오늘날 우리가 지혜라고 부르는 삶
의 길을 찾았다네!"

　"오 열린 길이여, 단순하고 곧은 길이여!" 열광의 순간에 키케로는
에피쿠로스주의에 대해 언급하면서 그렇게 말했다.

　스승을 믿으며, 스승에게 복종하고 서로 사랑하는 것이 바로 에피쿠
로스주의에 의해 열린 길이다. 로마 앞에 열려 있다는 말일까? 로마
제국이 그 길을 따라가지 않았다는 사실은 우리도 이미 잘 알고 있다.

　말이 나온 김에, 다른 어느 것보다도 비장하며, 에피쿠로스주의가
루크레티우스 시절에 맞이하게 되는 역사의 마지막을 장식하는 장면
에 주목해보자. 다름 아니라 스파르타쿠스를 도와 폭동을 일으켰다
가 카푸아노에서 로마에 이르는 대로상에 늘어선 십자가에 매달리게
된 노예 6천 명의 이미지다. 언뜻 보기에는 다른 어느 때보다도 견고
해 보이던 고대 사회의 기반을 처음으로 뒤흔들어놓은 이미지다. 루
크레티우스의 시대는 에피쿠로스의 시대보다 결코 동요가 덜했다고
말할 수 없다. 독재 정권의 뒤를 잇는 또 다른 독재 정권, 전쟁이 끝
나면 또다시 이어지는 전쟁, 하나의 음모의 뒤를 잇는 또 다른 음모
등 내란과 음모, 살인과 유혈 진압으로 점철된 무질서의 통치는 결국
피로 얼룩진 로마 공화국의 붕괴를 초래했다. 하지만 뭐니 뭐니 해도
가장 비극적인 장면은 십자가에 매달린 6천 명의 노예들이 빚어내는

풍경이었을 것이다. 비극적인 동시에 이해할 수 없는 장면.

대관절 누가 노예들의 반란과 그 반란에 종지부를 찍은 끔찍한 진압이 무엇을 의미하는지 이해할 수 있었겠는가? 루크레티우스는 로마의 기사로, 생각이 곧은 인물이었지만, 그의 생각은 편협한 틀을 벗어나지 못했다. 그는 에피쿠로스주의자로서 사고했지만, 그의 사고는 노예제도라고 하는 썩은 뿌리를 버팀목 삼아 힘겹게 연명하고 있는, 그래서 이미 사형선고를 받은 것이나 다름없는 사회, 스스로를 죽음으로 몰아가지 않는 한 노예제도를 제거할 수 없는 사회의 테두리를 한 발짝도 벗어나지 못했다. 그는 그의 무신론을 저주했으나, 저주만으로는 그를 구하기에 역부족이었다!

기독교에 의해 왜곡된 에피쿠로스 철학

에피쿠로스주의는 서기 4세기 무렵까지 명맥을 이어갔다. 당시에 채집된 아주 감동적인 증언이 전해져 내려온다. 에피쿠로스의 먼 제자뻘(멀다고는 하나 대단히 충직한 제자임이 분명한 것이, 올곧음을 추구해온 이 학파에서는 이단이란 존재하지 않았다) 되는 사람이 아테나이에서 스승이 교육을 펼친 지 500년이 지난 후에도 여전히 에피쿠로스의 가르침이 지속되고 있음을 증언해 보인 것이다.

고대 세계가 자신의 덕목에 대해 모든 믿음을 상실하고 자신이 쌓아올린 위대한 가치들을 포기한 채, 신퓌타고라스주의니 그노시스설이니 하는 신비주의적인 위안에 탐닉할 때, 아니 그것으로도 부족해서 아예 천박하기 이를 데 없는 미신에 빠져 들어갈 무렵, 오이노안다(오이노안다는 캄파도키아 지방에 위치한 곳으로 노인은 그곳에 살았다)의

디오게네스라고 하는 노인이 공회당의 한 벽에 이른바 '에피쿠로스의 전언'이라고 할 만한 문구를 새겼다. 미신에 절었던 디오게네스의 동시대인들은 이 메시지를 이해할 수조차 없었다. 하지만 우리에게는 고대의 지혜를 간직한 최후의 기념비적인 문구라고 해도 과언이 아니다.

"나이가 들면서 삶의 석양을 향해 인도되자, 매 순간 나의 행복의 충만함에 대한 향수 어린 노래를 부르며 이 세계에 작별을 고하게 되기를 기대하면서, 나는 불시에 죽음을 맞이하게 될까 두려워 좋은 품성을 가진 자들에게 도움을 주기로 결심했다. 한 사람 또는 두 사람, 세 사람, 네 사람, 아니 몇 명이 되더라도 상관없고, 하여간 단 한 사람이라도 절망에 빠져 있다면, 그리고 내가 그를 도와주라는 부름을 받는다면, 나는 그에게 최선의 충고를 주기 위하여 나의 능력이 허락하는 한 모든 일을 할 것이다. 오늘날, 앞서도 말했듯이, 대부분의 사람들은 마치 전염병에라도 걸린 것처럼 모두 병자들이다. 이들은 세계에 대한 그릇된 믿음으로 인한 병자들이며, 양 떼들처럼 모방을 통해 서로 서로 병을 전파하는 탓에 병이 더욱 깊어진다. 그뿐 아니라, 우리가 죽은 다음에 살게 될 사람들에게 도움을 주는 것은 당연하다. 비록 아직 태어나지는 않았을지라도, 그들도 우리와 한 가족이기 때문이다. 인간에 대한 사랑이 우리에게 이곳을 지나가게 될 이방인까지도 도우라고 지시한다. 책에 적힌 좋은 말들은 이미 널리 퍼졌으므로, 나는 이 벽을 이용해서 공개적으로 인류에 대한 처방을 제시하기로 결심했다."

그가 제시하는 처방은 에피쿠로스가 제정했으며, 그의 《중요한 가르침》 속에 수록되어 보존되고 있는 '테트라파르마콘'과 다르지 않

다. 이 처방은 열두 개의 그리스 단어로 요약되는데, 번역하면 다음과 같다.

> 신들에 대해서는 전혀 두려워할 이유가 없다.
>
> 죽음에 대해서는 전혀 두려워할 이유가 없다.
>
> 고통은 얼마든지 견딜 수 있다.
>
> 행복에 얼마든지 도달할 수 있다.

하지만 기독교 사상은 오랫동안 에피쿠로스의 유물론이나 무신론을 신앙의 가장 위험한 적, 영적 지배를 위해 함락시켜야 할 적으로 간주해왔다. 알렉산드리아의 클레멘스는 "바울 사도가 철학자들을 공격했다고 하는데, 그는 오로지 에피쿠로스주의자들만을 염두에 두고 있었다"고 기록했다. 플라톤의 관념론은 새로운 법 전문가들의 눈에 기독교 사상에 훨씬 동화하기 쉬워 보였으며, 따라서 에피쿠로스의 사상에 비해 질서 파괴적인 파급력이 훨씬 약했다. 플라톤은 그러므로 적이라기보다 동맹, 기독교적 유심론의 확고한 지지 기반으로 인식되었다. 플라톤의 꿈은 희한하리만치 기독교적 '진리' 속에서 형상화될 수 있었다. 이와 동시에 굶주림이 허기진 식인귀처럼 전 세계를 떠돌던 고대 말엽이니만큼 "먹고 마시는 데 열중하는 철학", 복부의 쾌락을 추구하는 철학은 더 이상 먹을 것을 제공하지 못한다는 치명적인 약점을 안고 있었다.

굶주림 속에서, 유혈 낭자한 사회적 동요 속에서 민중들은, 적어도 문명화를 경험했던 민중들은 와해되었고, 죽어갔다……

그 후 아주 오랜 기간 동안 에피쿠로스 사상은 깊은 잠에 빠져 있

었다. 아주 죽은 것일까? 아니, 그렇게는 생각하지 않는 것이 옳다. 에피쿠로스 철학은 결코 죽을 수 없을 것이다. 그것은 우리 인간의 진정한 여러 얼굴들 중의 하나를 반영하기 때문이다. 잠든 이 얼굴은 깊은 잠 속에서 숨을 고르고 있는 것처럼 보인다. 로마의 테르메 박물관으로 가서 그 얼굴을 바라보라. 흐르는 시간을 거부하는 것처럼 보이지만 이 수수께끼 같은 시간이 그가 꿈꾸는 세계에 합류하게만 해준다면 언제라도 잠에서 깨어날 준비가 되어 있는 얼굴이 아닌가.

크고 작은 혁명들이 우리가 사는 우주를 전복시킨다……. 혁명은 역사의 흐름을 바꾸어놓으며, 때로는 이 흐름을 가속화한다. 새로운 계급, 새로운 민족, 계급 없는 민족들이 이 세계를 관통한다. 에피쿠로스가 남긴 유산은 그들의 것이다. 그는 그들을 기다리고 있다. 몽테뉴는 에피쿠로스에게서 잊고 있던 조상을 발견했으며, 그래서 그와 한 가족이 되었고, 그의 생각을 이어받았다. 가상디, 자유사상가들이 몽테뉴의 뒤를 이었고, 백과사전파가 에피쿠로스의 독창적인 목소리를 인정했다. 헬베티우스는 '행복'에 대해서 장문의 시(솔직히 작품성으로 말하자면 수준 미달이다)를 썼고, 〈쾌락 예찬〉이라는 글도 남겼다. 아나톨 프랑스, 앙드레 지드 등도 그에게 동조한다……. 카를 마르크스는 에피쿠로스를 인간 해방자들 중의 한 명으로 예우한다.

인류는 죽음의 공포를 극복했는가? 인류는 신들이 존재했다는 사실을 완전히 망각했는가? 아직은 그렇지 못하다. 투쟁은 여전히 진행 중이다.

에피쿠로스가 다시 부상한다. 언제나의 모습 그대로, 하늘의 은하수가 변하지 않는 것처럼 늘 같은 모습으로 나타난다.

그가 잠들어 있는 동안, 인간들은 망원경이니 현미경이니 하는 수

많은 기구들을 발명했으며, 그 기구들을 가지고 물질을 구성하는 원자들의 춤을 관찰하고 사진 찍으며 다시금 재현해낸다. 에피쿠로스도 이 기구들 중의 하나를 집어들고 들여다보면서 기쁨의 웃음을 짓는다. 이제야 비로소 원자들을 볼 수 있게 되다니……

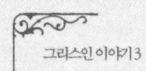

고대 그리스사 연표

기원전

2000년경	인도유럽어족, 펠로폰네소스에 정착 / 크레테 미노아 문명
1600년경	뮈케나이 문명
1400년경	크놋소스 궁전 불에 탐
1200년경	그리스에서 뮈케나이 문명 쇠락
1180년경	트로이아 전쟁 발발
1100년경	페니키아인, 알파벳 발명
1000년경	에트루리아인, 이탈리아에 도래
800년경	스파르타 체제의 형성
776년	최초의 올림픽 개최
753년	로마 건국
750년경	호메로스, 《일리아스》 완성
650년경	참주의 등장 / 뤼디아에서 최초의 주화 등장
612년경	여류 시인 삽포 탄생
594년	솔론, 집정관에 취임
585년	탈레스, 일식을 예언
560년경	참주 페이시스트라토스 등장
546년	아테나이 참주 정치 시작
528년	페이시스트라토스 사망
510년	참주정의 종식
508년	클레이스테네스, 개혁 추진
492년	페리클레스 출생
490년	아테나이, 마라톤 전투에서 페르시아에 승리
480년경	헤로도토스 출생
480년	테르모퓔라이 전투 발발 / 그리스, 살라미스 해전에서 승리
479년	델로스 동맹 체결
472년	아이스퀼로스의 《페르시아인들》 상연
469년	소크라테스 출생
461년	페리클레스, 최고재판소의 특권을 폐지
460년경	데모크리토스 출생
460년	데모크리토스, 힙포크라테스, 투퀴디데스 출생
460~450년	아이스퀼로스, 《사슬에 묶인 프로메테우스》 지음

458년	《오레스테이아》 상연
451~450년경	부모 모두 아테나이 시민일 경우에만 자식에게 시민권 부여
431년	펠로폰네소스 전쟁 발발
429년	페리클레스, 전염병으로 사망
427년	플라톤 출생
423년	아리스토파네스, 《구름》 지음
421년	아리스토파네스, 《평화》 지음
420년	소포클레스, 《오이디푸스 왕》 지음
411년	아테나이, 시켈리아 원정 참패
411년	《뤼시스트라테》 상연
406년	에우리피데스 사망
405년	소포클레스, 《콜로노스의 오이디푸스》 지음
404년	아테나이 패배, 펠로폰네소스 전쟁 종결
399년	소크라테스 사망
384년	아리스토텔레스 출생
380년	이소크라테스, 《파네귀리코스》 지음
371년	스파르타, 테바이에 패배
359~336년	필립포스 왕, 마케도니아 통치
347년	플라톤 사망
341년	에피쿠로스 탄생
338년	카이로네이아 전투 발발
334년	알렉산드로스, 동방 원정 시작
333년	잇수스 전투 발발
332년	튀루스 함락
323년	알렉산드로스 사망
301년	제논, 스토아 학파 설립
300년경	헤로필로스 출생
287년	아르키메데스 출생
275년	에라스토테네스 출생
240년경	에라시스트라토스 사망
195년	에라스토테네스 사망
146년	로마, 코린토스 정벌, 그리스 지배

참고문헌

에우리피데스에서 출발하여 알렉산드로스에 도달하는 시기를 몇 가지 예를 통해 설명하고 있는 이번 책《그리스인 이야기》제3권은 제1, 2권에 비해 분량이 훨씬 많다. 무려 5세기, 아니 그 이상 되는 긴 시기를 다루고 있으니 그럴 수밖에 없다. '소포클레스에서 소크라테스까지'라는 부제를 달고 있는 제2권의 경우 고작 50년 남짓한 시간을 다루고 있음을 감안한다면 쉽게 이해가 될 것이다.

제3권을 집필하면서 저자는 앞에서 다루었던 시기로의 회귀, 의도적인 망각은 물론 일반적으로 그리스 문명의 종말기라고 간주되는 일부 연대들을 뒤로 미루거나 앞으로 당기는 모험도 마다하지 않았다. 이는 적지 않은 독자들이 '임의적'이라고 여길 수도 있는 저자의 선택에서 비롯된다. 가령 저자는 다른 저자들에 비해 그리스 철학자들에게 훨씬 적은 지면만을 할애했다. 반면, 과학적 지식에 열광하는 오늘날과 같은 시대라면 더욱 관심을 가질 학자들에게 기꺼이 큰 비중을 두었다.

주요 자료인 그리스 작가들의 작품 전집을 제외하고, 저자가 참고 또는 인용한 나머지 저술들의 목록은 아래와 같다. 저자는 때로는 이들 저술 가운데에서 무지막지하게 인용하기도 했는데, 아마도 독자들이 이 책을 읽으면서 참 잘 썼다고 생각한 대목들이 바로 그런 대목들일 것이다.

저자는 사랑하는 사람들의 도움 덕분에 비로소 자신이 책을 쓸 수 있다며, 기쁜 마음으로 반복해서 말하곤 했다.

Chapter 1 · 2 · 3

《그리스인 이야기》제2권의 참고문헌을 보라. 그 밖의 참고문헌은 다음과 같다.

Albin Lesky, *Die Griechische Tragödie*, Leipzig, Teubner, 1938, pp. 133 ss.

André Bonnard, *Euripide dans la Tragédie des Bacchantes*, Alma Mater

III, N° 17, Février 1946.

Chapter 4

Albert Thibaudet, *La Campagne avec Thucydide*, N. R. F., 1922.

Jacqueline de Romilly, *Thucydide et l'Impérialisme Athénien*, Paris, Les Belles Lettres, 1947.

Jacqueline de Romilly, *Histoire et Raison chez Thucydide*, Paris, Les Belles Lettres, 1956.

Chapter 5

Aimé Puech, *Les Philippiques de Démosthène*, Paris, Mellottée s. d.

Paul Cloché, *Démosthènes (sic) et la Fin de la Civilisation athénienne*, Paris, Payot, 1937.

Georges Mathieu, *Démosthène l'Homme et l'Œuvre*, Paris, Boivin, 1948.

Chapter 6 · 7

Auguste Diès, *Autour de Platon. Essais de Critique et d'Histoire*, 2 vol., Paris, Beauchesne, 1927.

Auguste Diès, *Platon*, Paris, Flammarion, 1930.

Roger Godel, *Cités et Univers de Platon*, Paris, Les Belles Lettres, 1942.

Raymond Simeterre, *Introduction à l'Etude de Platon*, Paris, Les Belles Lettres, 1944.

André Bonnard, *Socrate selon Platon*, Lausanne, Mermod, 1945.

Pierre-Maxime Schuhl, *Platon et l'Art de son temps*, Paris, Presses universitaires de France, 1952.

Henri Marrou, *Saint-Augustin et l'Augustinisme*, Paris, Editions du Seuil, 1955.

*** *Etat et Classes dans l'Antiquité esclavagiste*, Recherches interna-

tionales. Editions de la Nouvelle Critique, juin 1957.

Chapter 8

W. D. Ross, *Aristote*, Paris, Payot, 1930.

Will Durant, *Vie et Doctrine des Philosophes(Aristote)*, Paris, Payot, 1932.

J.-M. Le Blond, *Traité sur les Parties des Animaux L. 1er. Aristote philosophe de la Vie. Introduction et Commentaire*, Paris, Aubier, 1945.

S.-F. Mason, *Histoire des Sciences*, Paris, Colin, 1956.

Chapter 9

Sources Antiques. Arrien, *Expédition d'Alexandre*.

Plutarque, *Vie d'Alexandre et De la Fortune ou Vertu d'Alexandre*(1-2).

Georges Radet, *Alexandre le Grand*, Paris, L'Artisan du Livre, 1931.

Ulrich Wilcken, *Alexandre le Grand*, Paris, Payot, 1933.

René Grousset, *De la Grèce à la Chine*, Monaco, Les Documents d'Art, 1948.

Paul Cloché, *Alexandre le Grand et les Essais de Fusion entre l'Occident grécomacédonien et l'Orient*, Neuchâtel, Messeiller, 1953.

André Bonnard, *Alexandre et la Fraternité*, Europe 1958, pp. 38 à 58.

Chapter 10

Bouché-Leclercq, *Histoire des Lagides*, t. I. Paris, Leroux, 1903.

Chapter 11

W. W. Tarn, *La Civilisation héllénistique*, Paris, Payot, 1936.

Chapter 12 · 13 · 14

Heronis Alexandrini, *Opera quae supersunt omnia*, Vol. 1. *Pneumatica et Automata(recensuit Schmidt)*, Leipzig, 1899.

Benjamin Farrington, *Greek Science II Theophrastus to Galen*, Penguin Books Harmondsworth, Middlesex, 1944.

J. D. Bernal, *Science in History*, London, Watts & Co, 1954.

*** *Histoire de la Science*, Encyclopédie de la Pléiade, N. R. F., 1957.

Pierre Rousseau, *Histoire des Techniques*, Paris, Fayard, 1956.

Arnold Reymond, *Histoire des Sciences exactes et naturelles dans l'Antiquité gréco-romaine*, 2e édition. Paris, Presses universitaires de France, 1955.

Chapter 15 · 16 · 17

Ph.-E. Legrand, *La Poésie alexandrine*, Paris, Payot, 1924.

Apollonios de Rhodes, *Les Argonautiques*, traduction française par De la Ville de Mirmont. Bordeaux, Gounouilhou, 1892.

Marshall M. Gillies, *The Argonautica of Apollonios Rhodius*, Book III. Cambridge at the University Press, 1928.

Ettore Bignone, *Teocrito*, Bari, 1934.

André Bonnard, Préface à: Longus, *Daphnis et Chloé*, Lausanne, Mermod, 1945.

Chapter 18

Xénia Atanassiévitch, *L'Atomisme d'Epicure*, Paris, Presses universitaires de France s. d.

Paul Nizan, *Les Matérialistes de l'Antiquité*, Démocrite-Epicure-Lucrèce. Editions sociales internationales, Paris, 1938.

Corrado Barbagallo, *Le Déclin d'une Civilisation ou la Fin de la Grèce Antique*, Paris, Payot, 1927.

A.-J. Festugière, *Epicure et ses Dieux*, Paris, Presses universitaires de France, 1946.

나는 소르본 도서관에 제출되었으며 아직 출판되지 않은 클로드 모세의 '기원전 4세기 무렵 그리스 도시국가들의 쇠락과 관련한 정치적 사회적 양상' 이라는 제목의 저술을 활용할 수 있는 특전을 누렸다. 이 자리를 빌려 그에게 깊은 감사를 표한다. 나는 또 나의 친구이며 뇌샤텔에서 물리학 교수로 일하는 사뮈엘 가뉴뱅에게도 감사의 마음을 전한다. 이 친구 덕분에 나는 알렉산드리아의 헤론이 고안한 '증기기계'에 대해서 많은 것을 배웠다.

찾아보기

그리스인 이야기 3

에우리피데스에서 알렉산드로스까지

1판 1쇄 2011년 3월 31일
1판 4쇄 2018년 10월 26일

지은이 | 앙드레 보나르
옮긴이 | 양영란

펴낸이 | 류종필
편집 | 이정우, 최형욱
마케팅 | 김연일, 김유리
표지·본문 디자인 | 이석운, 김미연

펴낸곳 | (주)도서출판 책과함께
　　　　주소 (04022) 서울시 마포구 동교로 70 소와소빌딩 2층
　　　　전화 (02) 335-1982
　　　　팩스 (02) 335-1316
　　　　전자우편 prpub@hanmail.net
　　　　블로그 blog.naver.com/prpub
　　　　등록 2003년 4월 3일 제25100-2003-392호

ISBN 978-89-91221-80-2 03920
ISBN 978-89-91221-77-2 (세트)

이 도서의 국립중앙도서관 출판예정도서목록(CIP)은
서지정보유통지원시스템 홈페이지(http://seoji.nl.go.kr)와
국가자료공동목록시스템(http://www.nl.go.kr/kolisnet)에서 이용하실 수 있습니다.
(CIP제어번호 : CIP2011001026)